Direito Privado

Direito Privado

TEMAS ATUAIS E TRANSVERSAIS – VOLUME I

2023

Coordenadores
Armindo Saraiva Matias
Ruben Bahamonde Delgado
António Pedro Pinto Monteiro

ALMEDINA

DIREITO PRIVADO
TEMAS ATUAIS E TRANSVERSAIS – VOLUME I

COORDENADORES
Armindo Saraiva Matias
Ruben Bahamonde Delgado
António Pedro Pinto Monteiro

EDITOR
EDIÇÕES ALMEDINA, S.A.
Avenida Emídio Navarro, 81, 3D
3000-151 Coimbra
Tel.: 239 851 904 • Fax: 239 851 901
www.almedina.net • editora@almedina.net

DESIGN DE CAPA
EDIÇÕES ALMEDINA, S.A.

PRÉ-IMPRESSÃO
EDIÇÕES ALMEDINA, SA

IMPRESSÃO E ACABAMENTO
PAPELMUNDE

Abril, 2023

ISBN
978-989-40-1169-9

DEPÓSITO LEGAL
515013/23

ALMEDINA | GRUPOALMEDINA

ÍNDICE

NOTA PRÉVIA

A presente obra foi desenvolvida no âmbito do Projeto de I&D: Autotutela e Realização do Direito Privado, sediado no Ratio Legis – Centro de Investigação e Desenvolvimento em Ciências Jurídicas da Universidade Autónoma de Lisboa, coordenado pelos Professores Doutores Ruben Bahamonde Delgado e António Pedro Pinto Monteiro. Temos o firme ensejo de que esta obra seja a primeira de várias publicações regulares, que permitam uma melhor e mais ampla difusão dos resultados da investigação realizada pela nossa comunidade académico-científica no domínio específico do Direito Privado.

Agradece-se à Universidade Autónoma de Lisboa, pelo apoio brindado e pela confiança depositada, nas pessoas do seu Diretor do Departamento de Direito, Professor Doutor Pedro Trovão do Rosário, do Diretor do Centro de Investigação Ratio Legis, Professor Doutor Manuel Guedes Valente, e de todos os restantes colegas, colaboradores e alunos que, de forma direta ou indireta, contribuíram para criar as condições que permitiram que este trabalho seja agora publicado.

PREFÁCIO

Decorreram já alguns anos desde o primeiro momento em que surgiu a ideia de criar uma coletânea de estudos de Direito Privado realizados por alunos e professores da Universidade Autónoma de Lisboa, que tivesse por escopo principal divulgar os trabalhos de investigação científica deste ramo do Direito, produzidos pela nossa comunidade científica e académica, nomeadamente no âmbito dos diversos programas de Mestrado em Direito ofertados. Com efeito, foi patente a necessidade de criar um veículo que permitisse divulgar os melhores trabalhos de investigação desenvolvidos pelos nossos estudantes de mestrado e afetos ao projeto de investigação "Autotutela e Realização do Direito Privado" do Ratio Legis – Centro de Investigação e Desenvolvimento em Ciências Jurídicas, da Universidade Autónoma de Lisboa. É certo que não se pretende monopolizar esta produção científica, pois muitos trabalhos são publicados noutros canais de divulgação, nomeadamente monografias ou em revistas da especialidade. No entanto, existe um significativo número de contributos científicos, com relevante interesse, que apelaram ao nosso dever no sentido de criar a correspondente plataforma de divulgação, o que resulta neste primeiro volume da coleção intitulada *Direito Privado – Temas Atuais e Transversais,* da Universidade Autónoma de Lisboa, de 2023.

Os coordenadores desta obra, o Professor Doutor Armindo Saraiva Matias, o Professor Doutor Ruben Bahamonde Delgado e o Professor Doutor António Pedro Pinto Monteiro, docentes do Departamento de Direito da Universidade Autónoma de Lisboa, investigadores do Ratio Legis – Centro de Investigação e Desenvolvimento em Ciências Jurídicas, e investigadores integrados do JusGov – Centro de Investigação em Justiça e Governação da Escola de Direito da Universidade do Minho, assumiram o labor de selecionar os textos mais atuais, relevantes e interessantes de um ponto de vista jurídico-científico, para partilhar com toda a comunidade, científica e académica, sem esquecer também os profissionais da prática do direito nas suas diversas vertentes. Trata-se de um conjunto de textos que resultam, na sua maioria, de dissertações de mestrado publicamente defendidas e inseridas no projeto de investigação "Autotutela e Realização do Direito Privado", e outros resultantes de trabalhos de investigação realizados por mestrandos no contexto da sua fase curricular, nomeadamente no âmbito da Unidade Curricular "Seminário de Investigação de Contratos Civis e Comerciais".

Os diversos programas de Mestrado em Direito da Universidade Autónoma de Lisboa apostam decididamente numa modalidade pedagógica focada no *learning by doing*, providenciando um processo de ensino/aprendizagem que potencie e dinamize as principais valências dos novos investigadores, nomeadamente através da escolha e desenvolvimento de temas científicos da especialidade no formato de artigos ou capítulos de livro, entre outros. Esta experiência tem constatado um resultado muito satisfatório, não apenas pelo facto de permitir uma maior integração dos nossos estudantes mestrandos e mestres nas atividades do Centro de Investigação e nos seus diversos projetos, como também pelos interessantes resultados produzidos, que ora se partilham.

Os coordenadores desta obra assumiram também o labor de revisar os textos selecionados, tentando limar as arestas que os mesmos apresentassem e solicitando, em consequência, as correspondentes correções aos seus autores. Em todo o caso, como é apanágio de qualquer publicação científica, esta responsabilidade reside, em *ultima ratio*, nos próprios autores, cujo compromisso se considera firme e honesto.

Homenageiam assim, o primeiro volume desta coleção de Direito Privado, onze textos da autoria de investigadores portugueses e brasileiros cujas diversas temáticas se inserem todas neste ramo de direito. Neles são abordadas matérias tão interessantes como a mediação em empresas familiares, a mediação familiar, a exceção de não cumprimento do contrato, a conciliação judicial, o negócio jurídico processual atípico no âmbito do processo civil, a exoneração e exclusão de sócios nas sociedades por quotas, o princípio da boa-fé objetiva nos contratos de direito privado, a proteção dos direitos das minorias nas assembleias de condóminos, a falta e vícios da vontade na declaração negocial, a cessão da posição contratual e a locação operacional ou *renting*.

Estamos satisfeitos com o resultado dos esforços realizados e esperamos certamente que essa mesma satisfação se manifeste nos leitores, na medida em que as investigações apresentadas sejam quer de interesse quer de utilidade para que, pedra a pedra, o edifício do conhecimento possa alcançar maiores desenvolvimentos e patamares mais elevados.

Lisboa, 18 de janeiro de 2023

ARMINDO SARAIVA MATIAS
RUBEN BAHAMONDE DELGADO
ANTÓNIO PEDRO PINTO MONTEIRO

MEDIAÇÃO EM EMPRESAS FAMILIARES NO BRASIL E EM PORTUGAL

MEDIATION IN FAMILY COMPANIES IN BRAZIL AND PORTUGAL

BRUNO ALBANO VIZZOTTO[1]

RESUMO: Este artigo baseia-se num resumo da nossa dissertação de mestrado apresentada na Universidade Autónoma de Lisboa (UAL), em outubro de 2020, devidamente atualizado, cujo tema procura explicar o modo como vem ocorrendo a adesão e a eficácia da mediação de conflitos em contexto empresarial no âmbito familiar, no Brasil e em Portugal. Atualmente, as denominadas ferramentas de Resolução Alternativa de Litígios (RAL) vêm cada vez mais ganhando visibilidade mundialmente nos meios acadêmico e jurídico. Este estudo apresenta as diversas modalidades de ferramentas, de entre as quais se encontra a Mediação. Em particular, tem-se como objeto de estudo a Mediação Empresarial de Conflitos no Contexto da Empresa Familiar, assim como as teorias e conceitos mais arraigados ao tema em questão. O artigo faz uma síntese dos conflitos no contexto da empresa familiar; da resolução de conflitos e da mediação empresarial, trazendo, brevemente, o conceito e os instrumentos da RAL e seu advento nos países Brasil e Portugal; aborda a mediação de conflitos em empresas familiares e, por último, a mediação em empresas familiares em ambos os países. Os resultados alcançados a partir da análise comparativa de dados selecionados permitem apontar o seguinte: no Brasil, especialmente devido ao grande número de empresas familiares, a solução de conflitos apoia-se na Lei Brasileira de Mediação (Lei n.º 13.140) que envolve tanto as pessoas físicas como jurídicas, incluindo a solução de controvérsias em entidades públicas. Em Portugal, encontra-se uma proteção para além da legislação local, pois, uma vez que se trata de um país integrante da União Europeia, tem a sua mediação empresarial também resguardada pelo respaldo das normas e experiências europeias neste ramo.

Palavras-chave: *Mediação. Empresa Familiar. Brasil. Portugal.*

---

[1] Formado em Direito pela Associação de Ensino Unificado do Distrito Federal (1991) e Engenharia pela Escola de Engenharia Mauá (1977). Mestrado (e doutorando) em Ciências Jurídicas pela Universidade Autónoma de Lisboa (2020). MBA em Administração Pública pela Fundação Getúlio Vargas – FGV (1083).

ABSTRACT: This paper is based on a summary of a master's thesis presented at Universidade Autónoma de Lisboa (UAL), in October 2020, whose theme aims to explain the adhesion and effectiveness of conflict mediation in a business context within the scope of family in Brazil and Portugal. Currently, the so-called Alternative Dispute Resolution (ADR) tools are increasingly gaining visibility worldwide in academic and legal circles. This study presents the different modalities of tools among which Mediation is found. In particular, it analysis the Business Mediation of Conflicts in the Context of the Family Business, as well as the theories and concepts most rooted in the theme in question. This paper will summarize the conflicts in the context of the family business; conflict resolution and business mediation, briefly bringing the concept and instruments of ADR and its advent in the countries of Brazil and Portugal; will address conflict mediation in family businesses and, finally, mediation in family businesses in Brazil and Portugal. The results obtained from the comparative analysis of selected data allow us to point out the following: in Brazil, especially due to the large number of family businesses, the Brazilian Mediation Law (Law No.) supports conflict resolution. It involves physical and legal, including dispute settlement in public entities. In Portugal, there is protection beyond local legislation, since, as it is a member of the European Union, its business mediation is also protected by the support of European standards and experiences in this field.

Keywords: *Mediation. Family business. Brazil. Portugal.*

I. INTRODUÇÃO

Vivenciamos um período histórico do Direito que veio recentemente recorrer a recursos alternativos ou, mais especificamente, às denominadas ferramentas de Resolução Alternativa de Litígios (RAL) que, de maneira paralela às jurisdições vigentes tradicionais relacionadas ao Estado, ganham cada vez mais visibilidade no meio acadêmico e jurídico mundial.

Sabe-se que a mediação empresarial é hoje um dos recursos jurídicos que mais crescem mundialmente. Nos casos do Brasil e de Portugal, parece que isso ocorre devido aos fatores vantajosos para as partes em conflito, o que aparentemente pode ser comprovado pelo alto grau de exequibilidade e efetividade.

Por processo de mediação entende-se aquele em que as partes negociam e resolvem seu conflito usando a ajuda de um terceiro qualificado e neutro. Nesses termos, a mediação pode ser usada para uma variedade de propósitos como negociar contratos, organizar parceria, criar novo negócio, romper negócio existente ou resolver disputas de pessoal.

Devido a diversos fatores como o crescente clamor social, o afastamento das discussões e anseios da população, empecilhos financeiros e administrativos, excesso de burocracia e exacerbada judicialização dos conflitos, parece que o Poder Judiciário enfrenta dificuldades, cada vez maiores, em resolver todas essas questões a ele encaminhadas. A contrapartida negativa desse processo fica evidente: tramitações longas, custo elevado, ineficácia e baixa qualidade na prestação dos serviços judiciais, insegurança, partes atendidas insatisfeitas com o sistema ao término do processo, bem como dificuldades do próprio sistema ao lidar com a complexidade de tantos conflitos.

A nível mundial, a média de representatividade das empresas familiares varia de 65% a 80%[2], alcançando no Brasil mais de 90%, segundo pesquisa do Instituto Brasileiro de Geografia e Estatísticas (IBGE) e do Serviço Brasileiro de Apoio às Micro e Pequenas Empresas (Sebrae)[3]. Em Portugal, mais da metade das empresas são familiares, e elas representam 60% dos postos de trabalho, o que varia entre 50% a 70% da contribuição para o PIB gerado pelo setor privado.[4]

Como referência, nos EUA as empresas familiares configuram a espinha dorsal da economia americana; respondem por 64% do produto interno bruto do país, geram 62% dos empregos no país e representam 78% de toda a nova geração de empregos.[5] A maior parte da riqueza da América está nas empresas familiares, que, por sinal, compreendem 90% de todas as empresas na América do Norte, segundo o Censo dos EUA.[6]

---

[2] GERSICK, K. E.; HAMPTON, D. M. MC C.; LANSBERG; I. – *De Geração para Geração*: Ciclos de Vida das Empresas Familiares. São Paulo: Negócio Editor, 1998.

[3] Folha de Londrina – *No Brasil, 90% das empresas são familiares.* SEBRAE/SC – Artigos para MPE'S. PUBLICAÇÃO: 03/10/2005. Disponível em: http://www.sebrae-sc.com.br/newart/default.asp?materia=10410.

[4] TSF – *Portugal: Um país de empresas familiares.* TSF – Rádio Notícias. Publicação: 18 de janeiro de 2017. Disponível em: https://www.tsf.pt/economia/interior/portugal-um-pais-de-empresas-familiares-5612344.html.

[5] ASTRACHAN, J.H.; SHANKER, M.C. – *Family Businesses Contribution to the U.S. Economy*: A Closer Look, 2003. http://coles.kennesaw.edu/centers/cox-family-enterprise/cox-family-documents/FB-in-US-2003.pdf.

[6] Family Owned Businesses Retrieved January 2019. https://www.inc.com/encyclopedia/family-owned-businesses.html.

Mas, apesar dessas estatísticas, problemas ocorrem em sua existência: pesquisas apontam que a cada 100 empresas familiares abertas e ativas no Brasil, apenas 30 sobrevivem à primeira sucessão e cinco chegam à terceira geração. Parece que os conflitos ocorrem principalmente no momento da transição de uma geração para a outra por motivos de desavenças entre os herdeiros pelo poder, causando o distanciamento dos familiares quando não agravado ainda mais por processo judicial.

No estudo apresentado, utilizando como método o direito comparado e tendo como objeto as legislações portuguesa e brasileira sobre a mediação, procurou-se investigar como as leis dos referidos países avançam em relação às práticas jurídicas de mediação no contexto da empresa familiar, um instituto que, embora recente e ainda pouco conhecido, vem tomando um espaço significativo no contexto das resoluções de litígios.

II. CONFLITOS NO CONTEXTO DA EMPRESA FAMILIAR

Trata-se de difícil tarefa efetuar uma lúcida separação entre os limites da família e da empresa, visto que uma empresa familiar pode ser definida como qualquer negócio em que dois ou mais membros da família estejam envolvidos e a maioria da propriedade ou controle esteja dentro da própria família.[7] Portanto, a maior dificuldade da gestão da empresa familiar é precisamente harmonizar o papel profissional (técnico, racional e objetivo) com o papel familiar (afetivo e subjetivo). Apesar dessa necessidade de sobrevivência os conflitos são inerentes a qualquer negócio.

Nas palavras de Vasconcelos[8], o "conflito é dissenso. Decorre de expectativas, valores e interesses contrariados. Embora seja contingência da condição humana, e, portanto, algo natural, numa disputa conflituosa costuma-se tratar a outra parte como adversária, infiel ou inimiga". Nesse tipo de conflito individual o que ocorre é uma desordem entre duas

---

[7] ROSSATO NETO, Félix João / CAVEDON, Neusa Rolita – *Empresas familiares: desfilando seus processos sucessórios. Cad. EBAPE.BR* [online]. 2004, vol.2, n.3 [cited 2019-04-03], pp.01-16. Disponível em: <http://www.scielo.br/scielo.php?script=sci_arttext&pid=S1679-39512004000300007&lng=en&nrm=iso>.

[8] VASCONCELOS, Carlos Eduardo de – *Mediação de conflitos e práticas restaurativas*. São Paulo: Método, 2008, p. 19.

pessoas, na maioria das vezes por um desagrado mútuo ou conflito de personalidade.[9]

Já no local de trabalho, a Universidade do Colorado-Boulder cita como causas primárias de conflitos a má comunicação, os valores e os interesses diferentes, os recursos escassos, os conflitos de personalidade e o baixo desempenho.[10] Portanto, o conflito social refere-se às diferenças interpessoal, intragrupal e intergrupal.[11]

O Conflito Empresarial Interpessoal inclui disputas entre pares, bem como conflito entre supervisor e subordinado.[12] As causas principais de litígio dentro de organizações empresariais relacionam-se a conflito de papéis, comportamento agressivo passivo e até mesmo caso amoroso no trabalho. Conflito de papéis implica uma circunstância de conflito onde a pessoa desempenha múltiplos papéis na organização.

Outro tipo de conflito que pode ser encaixado nesta conjunção é o assédio[13]. Trata-se de um tipo de comportamento depreciativo ou ameaçador dirigido a um empregado individual ou a um grupo de empregados. Vários são os exemplos de assédio no local de trabalho, apenas para citar alguns, podemos destacar o assédio sexual, ameaça permanente de demissão, exigência de jornada extra de trabalho, desvio de função, discriminação salarial segundo sexo, idade ou raça, punição a quem recorra à Justiça e outros.

Apesar do alto índice de omissão na comunicação do assédio pelas vítimas e testemunhas, o problema é conhecido, notório e manifesto. Não há como esconder essa realidade de comportamento pervertido no âmbito de trabalho das empresas. Com o empoderamento cada vez maior das mulheres esse tipo de conflito pode gerar, no futuro, um alto grau de exteriorização que levará, por conseguinte, a um aumento significativo nas demandas judiciais. Mesmo

---

[9] Conflict Resolution Principles 150". Supervisor Essentials Training. TOOLINGU. Retrieved 1 December 2012.

[10] Resolving Workplace Conflict, University of Colorado-Boulder.

[11] JOHNSON, Richard Arvid – *Management, systems, and society: an introduction.* Pacific Palisades, Calif.: Goodyear Pub. Co. 1976, pp. 148–142.

[12] BILLIKOPF, Gregorio – *Party-Directed Mediation: Facilitating Dialogue Between Individuals.* University of California (on-line) 3rd Edition, 2014.

[13] O assédio baseia-se na repetição ao longo do tempo, de práticas vexatórias e constrangedoras, fundamentadas a partir de prejulgamentos em relação a sexo, cor, raça, idade, incapacidade ou, sintetizando, em informação genética, além de religião, nacionalidade e outras discriminações.

porque o assédio foge da classificação de simples conflito para encaminhar-se a uma tipificação criminal.

O Conflito Empresarial Intragrupal surge dentro do grupo por causa da escassez de liberdade, posição e recursos. As pessoas que valorizam a independência tendem a resistir à necessidade de interdependência associativa e, até certo ponto, à conformidade dentro das regras de um grupo. As pessoas que buscam o poder, portanto, lutam com os outros pela posição ou status dentro da equipe. Recompensas e reconhecimento são frequentemente vistos como insuficientes e inadequadamente distribuídos, e os membros tendem a competir uns com os outros por esses prêmios.[14]

O Conflito Empresarial Intergrupal ocorre sob aspectos bem definidos. A denominada tensão horizontal envolve a competição entre funções, por exemplo, vendas versus produção, pesquisa e desenvolvimento versus engenharia, compras versus estoque e assim por diante.

Finalizando, existe a possibilidade de a contenda ser resolvida por uma autoridade superior que determinará a sua resolução, elegendo o grupo que possui razão.[15] Mas, nenhum desses resultados é feliz. Disputas resolvidas com base no poder, como por meio de uma greve, um bloqueio em uma disputa trabalhista ou uma arbitragem hierárquica superior são muitas vezes profundamente ressentidas pelo perdedor. Tais assentamentos podem ser resistidos, e o vencedor vir a ser derrotado por caminhos subterrâneos que são difíceis de detectar e combater. Quando isso acontece, nenhum lado ganha; ambos são perdedores.

Além dos conflitos empresariais gerais elencados, em empresas familiares os principais pontos para onde os litígios convergem são encontrados em situações envolvendo empregados familiares *versus* não familiares, qualificação de empregos, salários e remuneração e, com bastante ênfase, na sucessão quando se determina quem assumirá a liderança e/ou a propriedade da empresa quando a geração atual se aposentar ou vir a óbito.

O sucesso para evitar conflitos a quem vai assumir um negócio é ter um plano bem definido em vigor. Quando a sucessão é adiada, os anciões da família que permanecem envolvidos na empresa familiar podem desenvolver

---

[14] MILLS, Theodore M – *The Sociology of Small Groups*. Englewood Cliffs, N.J.: Prentice-Hall., 1967, pp. 14–17.

[15] JONES, John E.; PFEIFFER, J William –*The 1973 annual handbook for group facilitators*. San Diego, Calif.: University Associates. pp. 106–109, 1973.

uma preferência pela manutenção do *status quo*. Essas pessoas podem resistir à mudança e se recusam a assumir riscos, mesmo que tal atitude possa inibir o crescimento dos negócios.

III. DA RESOLUÇÃO DE CONFLITOS À MEDIAÇÃO EMPRESARIAL

A Resolução Alternativa de Litígios (RAL) surgiu nos Estados Unidos da América (EUA) entre as décadas de 1960 e 1970. Este conjunto de procedimentos de resolução de conflitos esteve relacionado aos "*Criticals Legal Studies*, um movimento crítico da lei que surgiu nos Estados Unidos da América no fim dos anos 60".[16] Esses métodos espalharam-se rapidamente por toda a Europa até, por consequência, chegarem a Portugal. Com isso, a RAL veio outorgar uma resposta rápida e eficiente aos conflitos, trazendo assim economia de recursos antes despendidos para a solução destes em processos jurídicos tradicionais.

A RAL apresenta dispositivos para solução de conflitos de maneira informal, voluntária, sigilosa e autodeterminante nas modalidades mediação, conciliação, negociação e arbitragem. A Resolução Alternativa de Litígios por si só exibe o termo "alternativa" que começa precisamente por questionar a hegemonia do direito material legislado, visando, assim, encontrar soluções diversificadas para o problema. Os dispositivos da RAL, conforme leciona Mariana França Gouveia[17], "[...] podem definir-se como o conjunto de procedimentos de resoluções de conflitos alternativos aos meios judiciais".

A este respeito, esclarece Mariana França Gouveia[18] que o comportamento da Resolução Alternativa de Litígios tem enfoque bastante distinto. De acordo com a referida autora, a solução jurídica adequada fica relevada no segundo plano porque nesta área não se procura a solução processual, mas o método que mais se harmoniza à resolução do problema. Daí, sugere a autora, que o método seja divergente do tradicional Direito Processual (Civil, Administrativo, Constitucional ou Penal), que é simplesmente um atributo do direito material, significando, com isso, que o Direito Processual deva ser

[16] GOUVEIA, Mariana França – *Curso de Resolução Alternativa de Litígios*. 3ª. ed. Coimbra-PT: Almedina, 2018, p. 28.

[17] GOUVEIA, Mariana França – *Idem*, p. 17.

[18] GOUVEIA, Mariana França – *Idem*, p. 21.

neutro quanto ao resultado identificado pelo direito material correspondente. Portanto, o Direito Processual não deve figurar-se explícito no tocante à resolução a que o direito material diz respeito.

Gouveia[19] menciona, ainda, duas perspectivas completamente diferentes nos meios de resolução alternativa de litígios: a dos direitos ou a dos interesses. Explica a autora que, enquanto a ótica dos direitos é claramente a tradicional dos tribunais estaduais baseada em discussões de argumentos legais, a outra, a dos interesses, tem como ponto de vista os interesses das partes. Isso implica dizer que o que se negocia são interesses e não necessariamente direitos. Ainda segundo a referida autora, o que é alternativo, antes de tudo, é a abordagem ao litígio, a percepção das suas características não jurídicas – sociais, psicológicas até, históricas, antropológicas, lembrando que essas técnicas e procedimentos permeiam todas as áreas do Direito e atingem toda a sociedade, tendo aplicação em conflitos desde os mais corriqueiros como os litígios familiares e de vizinhança até conflitos de âmbito internacional de alta complexidade.

A. O caso brasileiro

Pode-se ponderar que, antes do advento da Justiça Especial, numerosas demandas eram sufocadas diante de tamanha formalidade na Justiça Comum, restringindo o acesso à mesma. Nessa perspectiva é que surgem procedimentos orais, simples, pautados na economia de despesas e burocracias usuais, visando sempre a pacífica conciliação dos envolvidos em litígio.

Pode-se afirmar que, para a Justiça Brasileira, os Juizados Especiais Cíveis – ou como antes eram chamados, Juizados de Pequenas Causas – representam uma enorme evolução no que tange a agilidade e eficácia processual. Porém, cabe ressaltar que o sistema jurídico que vem do período colonial, e que servia meramente como mecanismo de manutenção do poder imperial português nos primeiros séculos, deixou um legado de profundo enraizamento burocrático no sistema judicial brasileiro. E isso foi o que motivou as forças liberais a fomentar a luta por reformas institucionais que culminaram com a implementação de formas mais plenas e igualitárias de justiça que se avizinha nos dias atuais.

[19] GOUVEIA, Mariana França – *Idem*, p. 15.

Mais recentemente, o Novo Código de Processo Civil (NCPC), aprovado pela Lei n.º 13.105/2015, mostrou grande avanço, tanto na inserção de maior amplitude da convenção de arbitragem quanto na celeridade do processo judicial em si. Já em maio de 2015, por intermédio da Lei 13.129, a reforma da Lei de Arbitragem foi sancionada, trazendo em seu cerne consideráveis inovações e alterações, objetivando dar maior eficácia, consistência e credibilidade ao instituto.

Outro grande passo em busca da ampliação do acesso à Justiça em processos alternativos de conflitos foi dado com o sancionamento da Lei de Mediação, Lei nº 13.140, de 26 de junho de 2015, onde a RAL brasileira passou a ocupar relevante espaço no estudo dos fundamentos da mediação e negociação, sem afastar-se da principiologia fundamental prevista tanto na Carta de 1988 como no Novo Código de Processo Civil.

B. O caso português

Vale lembrar que o sistema de justiça que hoje vigora em Portugal nasce após a revolução liberal, como parte do seu programa político. De acordo com Paula Costa e Silva[20], antes disso, o sistema vigente assentava-se no poder absoluto do monarca que ditava leis justificadas, quase sempre, por legitimidade divina. O advento da democracia liberal buscou mudar esta realidade, atribuindo ao povo a legitimidade e o monopólio de construir o Direito. Com isso, a identificação do Direito como lei ficou conhecida como legalismo ou estadualismo ou, ainda, positivismo, como bem observa António Manuel Hespanha.[21]

A partir de meados do século XX, em diversos ordenamentos, começaram a surgir outras respostas que vieram a ser conhecidas sob a sigla RAL (Resolução Alternativa de Litígios).[22] E Portugal veio participar desta demanda somente após a instauração do regime democrático em 1974, conforme cita Viana, Andrade, Novais.[23]

---

[20] COSTA E SILVA, Paula – *A Nova Face da Justiça*, 2009, p. 21.

[21] HESPANHA, António Manuel – O celeidocópio do Direito, 2007, p. 20.

[22] Do inglês ADR: *Alternative Dispute Resolution.*

[23] VIANA, ANDRADE, NOVAIS – *Resolução de conflitos de consumo em linha em Portugal e na União Europeia – A plataforma europeia de resolução de conflitos em linha (RLL).* Scientia Iuridica – Tomo LXV, 2016, n.º 341.

A esse respeito, segundo Gouveia, podemos dividir o desenvolvimento dos meios de RAL em quatro grandes momentos: 1. A criação de centros de arbitragem; 2. A criação e desenvolvimento dos Julgados de Paz; 3. A aposta em sistemas de mediação; 4. A aprovação de leis de arbitragem e de mediação em 2011 e 2013.[24]

Portanto, em Portugal, os meios de RAL podem ser adjudicatórios ou consensuais. Os mecanismos adjudicatórios, de que a arbitragem é o exemplo típico, são aqueles que atribuem o poder de decisão a um terceiro. Já os consensuais visam à solução através da obtenção de um acordo, permanecendo nas partes, portanto, a capacidade de decisão do litígio.[25]

A mediação também segue rota parecida uma vez que a transposição da Diretiva 2008/52 CE, que aprovou conclusões sobre modos alternativos de resolução de litígios em matéria civil e comercial, de forma a simplificar e melhorar o acesso à Justiça, foi abrangida na Lei da Mediação (Lei 29/2013, de 19 de abril). Um marco importantíssimo alcançado pelo Estado que atinge vários aspectos da resolução de conflitos, destacando-se os efeitos da convenção de mediação, onde as partes podem prever os procedimentos da mediação no âmbito de um contrato, e a suspensão dos prazos de caducidade e prescrição, a partir da data em que for assinado o protocolo de mediação.

A referida Lei derroga categoricamente a Portaria 203/2011[26] e incorpora a mediação privada diretamente no âmbito das normas legais. Portanto, o artigo 13.º da LM é límpido quando agora determina expressamente que os prazos de caducidade e prescrição se suspendem a partir da data em que for assinado o protocolo de mediação.

Resumindo: em Portugal a Lei n.º 29/2013, de 19 de abril, em termos objetivos, faz com que a atividade de mediação se torne mais válida e ágil propiciando uma forma alternativa de resolução de litígios mais informal, veloz, econômica e transigente, que permite às partes o total controle sobre o processo, de seu início ao fim.

---

[24] GOUVEIA, Mariana França – *Curso de Resolução Alternativa de Litígios*. 3ª. ed. Coimbra-PT: Almedina, 2018, p. 34.

[25] GOUVEIA, Mariana França – *Idem*, p. 19-20.

[26] Artigo 49.º e) LM.

C. Conceitos de Mediação

Etimologicamente, a palavra Mediação, originada do latim *mediare*, significa mediar, intervir, dividir ao meio. Trata-se, portanto, de uma forma de resolução extrajudicial para solução de conflitos, onde existe a figura do mediador, ou mediadores, exercendo a função de aproximar as partes envolvidas no conflito, para que elas tenham liberdade de discutir o objeto em questão, e consigam chegar a um consenso que não traga o sentimento de derrota para nenhuma delas. A decisão que ao final chegarem, será apenas o que as partes acordarem, tendo que ser respeitada sua autonomia.

Para Fredie Didier[27], a mediação é uma técnica não-estatal de solução de conflitos, pela qual um terceiro se coloca entre os contendores e tenta conduzi-los à solução autocomposta. O mediador é um profissional qualificado que tenta fazer com que os próprios litigantes descubram as causas do problema e tentem removê-las. Trata-se de técnica para catalisar a autocomposição.

Torna-se salutar o que descreve Ruben Bahamonde[28] ao propor que o objetivo nas intervenções alternativas não é caracterizar e qualificar as várias fontes de conflito, mas, sim, identificar os vários instrumentos existentes para a gestão de conflitos, a fim de obter os melhores resultados possíveis, particularmente com foco na mediação.

Por se caracterizar como um mecanismo de autocomposição, a mediação leva as partes a manterem possível a relação familiar ou profissional após a resolução do conflito, diferentemente de métodos de heterocomposição, onde sempre existirá um ressentido derrotado dentro da causa. Esse instrumento rastreia uma gama de princípios que devem ser seguidos, dentre eles: liberdade, não-competitividade, poder de decisão, isenção, competência, confidencialidade, autonomia das decisões e autocomposição.

Fazendo um sintético apanhado desses princípios, podemos assim sumarizá-los: o da Liberdade é aquele que garante às partes envolvidas o conhecimento sobre a forma como será conduzido o procedimento. O princípio da Não-competitividade busca transcender o modelo competitivo tradicional em que há um perdedor contra um vitorioso. O princípio do

---

[27] DIDIER JR, Fredie – *Curso de Direito Processual Civil.* Bahia: Juspodivm, 17ª edição, v.1, 2015, p. 78.

[28] BAHAMONDE, Ruben – *The structuring principles of Mediation in Portugal.* Galileu Revista de Direito e Economia. V. 15, n. 2, dec. 2018, p. 133.

Poder de Decisão impõe a coautoria dos envolvidos no conflito de modo que possam escolher e definir a melhor alternativa na resolução do conflito. Assim, cabe ao mediador somente mediar, não podendo escolher a mais perfeita alternativa. O princípio da Isenção é aquele que determina o modo como o mediador deve oferecer tratamento ao método, mantendo-se no processo como terceiro imparcial e isonômico, abstendo-se de oferecer qualquer tipo de privilégio às partes. O princípio da Competência é aquele que exige do mediador sua capacitação e habilitação para exercer sua função. O princípio da Confidencialidade é fundamental para a credibilidade e seriedade do trabalho. Resume-se em dizer que o processo é sigiloso. O princípio da Autonomia das Decisões e Autocomposição concede às partes envolvidas no conflito o poder de decidir pela melhor resolução encontrada pelos litigantes.

O Direito português também se baseia em princípios para definir o instituto, cita como princípios da Mediação previstos pela Lei 29/2013, de 19 de abril, os seguintes: a) da voluntariedade (art. 4.º); b) da confidencialidade (art. 5.º); c) da igualdade e da imparcialidade (art. 6.º); d) da independência (art. 7.º); e) da competência e da responsabilidade (art. 8.º) e, finalmente, f) da executoriedade (art. 9.º).[29]

IV. MEDIAÇÃO DE CONFLITOS EM EMPRESAS FAMILIARES

No caso de litígio familiar em empresas, a busca pela harmonização envolve questões mais profundas, notadamente a possibilidade de quebra do afeto dos laços consanguíneos e a possibilidade de colocar em risco o legado familiar, seja pela divisão de bens e ações ou de falência, entre outros exemplos. Tudo isso denota grandes riscos e enormes desafios para o mediador que atua neste contexto.

A. Mediação Empresarial Familiar – Origem, Definição e Benefícios

O termo conciliação é frequentemente usado como sinônimo de mediação, particularmente em contexto de disputas internacionais. Vale ressaltar que a

[29] LOPES, Dulce; PATRÃO, Afonso – *Lei da Mediação Comentada*. 2ª. ed. Coimbra-PT: Almedina, 2016, pp. 29-72 e BAHAMONDE, Ruben – *The structuring principles ...*, pp. 131-153.

definição de mediação (e conciliação) obviamente exclui um procedimento em que o terceiro tem o poder de proferir uma decisão vinculante, que em tal caso seria qualificado de arbitragem.

Há que se lembrar que o conflito tem preço e gera um alto custo para a empresa, seja em recursos financeiros, oportunidades e tempo perdidos, que prejudicam a sua eficiência. A respeito de benefícios da mediação empresarial, importa citar Diego Faleck[30] que pontua alguns aspectos relevantes que devem ser lembrados como a drástica redução de despesas, a redução expressiva de custos diretos e indiretos de resolução de conflitos, a solução rápida das disputas, com economia de tempo, entre outros. Para Kovach[31], a grande vantagem da mediação é a flexibilidade de procedimentos e técnicas. Além de serem juridicamente vinculantes, os acordos alcançados em mediação são "emocionalmente vinculantes", já que as partes têm uma voz clara no processo, colocam esforços e trabalham na elaboração do acordo, estão satisfeitos com o resultado e têm menor probabilidade de renegar seus termos.

Sobre os fatores que têm contribuído para o crescimento da mediação empresarial no mundo, encontram-se citados pelo professor da Faculdade de Direito de Cambridge, Inglaterra, Neil Andrews[32]: a percepção de que os processos judiciais são imprevisíveis, a constatação da onerosidade do processo adjudicativo baseado em tribunais, a limitada participação direta das partes no processo judicial, a vitória assegurada somente a uma das partes no julgamento final, e a percepção de que as disputas judiciais são visíveis para todos quando, o contencioso, deveria ser uma guerra privada.

Diego Faleck[33] cita como benefícios que geram a harmonização na mediação empresarial a minimização de inseguranças quanto aos resultados do litígio e a diminuição do desgaste de relacionamentos importantes para a empresa. Ainda que não alcance acordo imediatamente, a mediação

---

[30] FALECK, Diego – *Mediação empresarial: introdução e aspectos práticos*. Revista de Arbitragem e Mediação. São Paulo, n. 42, jul. 2014, p. 265.

[31] KOVACH, Kimberlee K – *Good Faith in Mediation*: Requested, Recommended, or Required – A New Ethic. 38 S. Tex. L. Rev. 575, 1997, p. 306.

[32] ANDREWS, Neil – *Mediação e arbitragem na Inglaterra*. Revista de Processo, Brasília, v. 37, n. 211, p. 281-316, set. 2012, p. 112.

[33] FALECK, Diego – *Mediação empresarial: introdução e aspectos práticos*. p. 265.

traz o benefício de melhorar a compreensão da disputa por ambas as partes e, em consequência, o estreitamento de pontos que posteriormente poderão ser submetidos ao Poder Judiciário ou à arbitragem, e com isso planta-se a "semente" do acordo, que talvez seja concretizado em momento futuro.

Para William Ury, cofundador do *Harvard Negotiation Project*, conhecido por ter auxiliado diversos conflitos empresariais e políticos em escala internacional, ao final do processo de mediação não haverá uma parte perdedora e uma parte vencedora, e sim, necessariamente, duas partes vencedoras que conseguiram resolver juntas determinada situação.

B. Modalidades da Mediação Empresarial

A mediação empresarial é comumente apresentada nas seguintes modalidades: a) Mediação interna, intraempresarial ou intraorganizacional; b) Mediação entre empresas ou interempresarial; c) Mediação externa ou extra-empresarial ou entre empresas e entes não-empresariais; e d) Mediação empresarial judicial.

A Mediação interna, intra-empresarial ou intraorganizacional relaciona-se, geralmente, a questões vinculadas às atividades internas da empresa, tais como: questões organizacionais, recursos humanos, judiciais trabalhistas, questões entre administradores e sócios, administradores e empregados, acionista ou quotistas e a empresa, ou entre sócios.

A Mediação entre empresas ou inter-empresariais decorre da lógica empresarial e da questão do compartilhamento e distribuição de lucro entre elas. Normalmente, as controvérsias entre empresas derivam de contratos mal elaborados onde cláusulas deixam de ser cumpridas. Vale destacar que os contratos, especialmente aqueles elaborados há algum tempo, normalmente se ativeram a determinados interesses e condições econômicas específicas da época, condições estas que podem ter sido modificadas e que posteriormente mostraram não ser vantajosas para alguma das partes.

A Mediação externa, extra-empresarial ou entre empresas e entes não-empresariais pressupõe a lógica não empresarial, que pode ser da empresa para a sociedade e envolve questões embasadas na definição da função social do contrato e a crítica ao parâmetro do lucro, ou outras questões que decorrem das relações entre a empresa e: o consumidor, a sociedade, entes não empresariais (ONGs, fundações, etc.) e entes não empresariais internacionais (países, associações estrangeiras, etc.) e Poder Público (administração pública direta e indireta).

Questões deste gênero envolvem, principalmente, relações de consumo e preservação do meio ambiente. Estas últimas demandas, normalmente, relacionam-se com o ambiente externo onde a empresa se insere e, também, com o seu papel na interação com a comunidade que a cerca. Como qualquer problema, o ecológico é um dos mais complexos porque envolve o conceito de direito difuso ou trasindividuais onde muitos atores interagem e possuem pontos de vista dissonantes.

A mediação empresarial judicial é, resumidamente, modalidade subdividia em mediação empresarial judicial trabalhista (individual ou plural); mediação empresarial judicial trabalhista coletiva; mediação empresarial judicial cível individual; mediação empresarial judicial cível coletiva; mediação empresarial judicial criminal (crimes comuns, societários, ambientais, e acordos de leniência).

C. Procedimento-padrão do Mediador Empresarial

Esse negociador tem por finalidade, em momentos de crise da empresa, quando surgem as desavenças, harmonizar o ambiente empresarial e trazer benefícios relevantes para o negócio focando na valorização da imagem corporativa, na busca pela eficiência produtiva, na expansão do mercado, na otimização dos recursos produtivos e muitas vezes na valorização da gerência empresarial. Esta valorização, frequentemente passa pela substituição da cúpula gerencial por profissionais não-familiares ou CEO externo com função de serem o vértice do crescimento futuro do negócio.

O mediador empresarial, por sua vez, é um observador neutro que não está investido emocionalmente e pode passar pelo cerne da questão a fim de esclarecer como se resolve a disputa. A posição em que se encontra no conflito o possibilita a descortinar a verdadeira Justiça porque ouve as partes, procura entender o que está por trás do conflito, tenta harmonizar os litigantes e induz os mesmos a chegarem a uma solução. Diferentemente, do processo judicial onde, corriqueiramente, o Juiz diz a lei às partes, mas pode verdadeiramente não distribuir a Justiça, pois não conhece as idiossincrasias por trás do aparente conflito. Ele o mais das vezes segue os códigos de processos e por seus meandros se perde nas brechas processuais, não sendo capaz de distribuir a verdadeira Justiça.

Na mediação, as partes participam voluntariamente do processo e, como resultado, o medo e a ansiedade são bastante reduzidos. Ocorre que para que o instrumento de mediação possa ser eficaz, as partes devem querer francamente a resolução do conflito. Se o princípio da boa-fé não prevalecer, para ambas as partes, a escolha do instrumento da mediação deve ser declinada em detrimento do processo jurisdicional ou arbitragem. Não haverá possibilidade de êxito quando a boa-fé não prevalecer. Como diz a máxima: quando um não quer, dois não fazem.

O maior obstáculo das partes e do bom mediador situa-se na resistência ou mesmo incapacidade de enfrentar situações onde os papéis não se encontram bem definidos, ou seja, onde o organograma não determina as funções a serem cumpridas de acordo com o fluxograma da empresa. Nesses casos, prevalecem conflitos onde o ego é o maior responsável e os problemas situam-se na luta pelo poder[34].

D. Técnicas extrajudiciais

O sigilo, diferente do processo judicial, se faz como regra e, principalmente, em casos envolvendo membros de família, é um aspecto essencial. O mínimo desgaste das partes ocorre porque a mediação busca uma resolução construída pelas partes, não oferecendo desgaste como no processo judicial que dá margem a se impetrar infindáveis recursos, que muitas vezes são requeridos como mero instrumento de procrastinação.

David Sirmon e Michael Hitt[35] examinaram, há alguns anos, as estratégias por trás de empresas familiares de sucesso e descobriram que o sucesso está

---

[34] Há conflito de interesses quando alguém não é independente em relação à matéria em discussão e pode influenciar ou tomar decisões motivadas por interesses distintos daqueles da organização. Essa pessoa deve manifestar, tempestivamente, seu conflito de interesses ou interesse particular. Caso não o faça, outra pessoa poderá manifestar o conflito. É importante prezar pela separação de funções e definição clara de papéis e responsabilidades associadas aos mandatos de todos os agentes de governança, inclusive com a definição das alçadas de decisão de cada instância, de forma a minimizar possíveis focos de conflitos de interesses.

[35] SIRMON, David G.; HITT, Michael A., – *Managing Resources: Linking Unique Resources, Management and Wealth Creation in Family Firms* (June 1, 2003). Entrepreneurship Theory

diretamente ligado a quão bem uma empresa gerencia os cinco recursos exclusivos que cada empresa familiar possui: capital humano, capital social, capital paciente, capital de sobrevivência e custos de governança.

O primeiro recurso é o capital humano da família, ou "círculo interno". Ele refere-se aos conjuntos de habilidades, de diferentes membros da família, que se usa para criar bens e serviços. Compreende todos os nossos conhecimentos, hábitos, habilidades, talentos e experiência e, também, nossos atributos sociais e de personalidade. Esse capital humano é carregado para a empresa como um *cache* complementar de conhecimento, onde é utilizado dentro do fluxograma da empresa para aumentar a probabilidade de sucesso do negócio.

Quanto ao capital social, os membros da família o trazem como um recurso extremamente valioso para o crescimento econômico da organização, na forma de contatos e outras relações sociais – internas e externas – que complementam o capital econômico.

O capital paciente é outro nome dado para capital de longo prazo. Quando a empresa familiar faz um investimento financeiro na forma de financiamento de capital ou dívida de membros da família sem a expectativa de obter um lucro breve ela está se utilizando do capital paciente. Nesse tipo de operação, a família está disposta a obter retornos mais consideráveis no futuro. Atualmente, esse tipo de investimento tem sido cada vez mais usado para retratar inversões de longo prazo em projetos sociais autosustentáveis. Portanto, o relacionamento familiar entre os investidores e os administradores pode fazer a diferença diante de uma ameaça de liquidação.

O chamado capital de sobrevivência, ou capital econômico é aquele que a empresa necessita para sobreviver a qualquer risco. A empresa familiar deve calcular o montante deste capital, que é colocado à disposição dos membros da família para garantir empréstimos de emergência para que o empreendimento não fracasse.

E finalmente, a empresa familiar deve gerenciar sua capacidade de manter os custos de governança sob controle e estabelecer políticas e acompanhamento contínuo de sua implementação, pelos membros do seu corpo diretivo.

---

and Practice, Vol. 27, No. 4, pp. 339-358, 2003. Disponível em: SSRN, https://ssrn.com/abstract=1341636.

V. MEDIAÇÃO EM EMPRESAS FAMILIARES NO BRASIL E EM PORTUGAL

Estima-se que em torno de 90% das empresas no mundo são familiares. Empresas estas que convivem com preocupações que vão além da de empreendedores de sociedade convencional, vez que têm finalidade não só de sobreviver, mas também de nutrirem a próxima geração. No entanto, nem sempre as empresas familiares alcançam sucesso, nem sempre sustentam a lucratividade necessária e nem sempre conseguem garantir que conflitos internos não sejam gerados.

A. Mediação em empresas familiares no Brasil

Existe um preconceito enraizado na cultura brasileira de considerar as empresas familiares como organizações de menor porte e expressão no mercado. Isto é sabido. No entanto, a representatividade econômica das empresas familiares formalmente constituídas está entre 70% e 90%, no Brasil.[36] E encontram-se nesse perfil desde uma modesta padaria até gigantescas e reconhecidas corporações.[37] Atualmente, as empresas familiares geram 65% do Produto Interno Bruto (PIB) brasileiro e empregam 75% da força de trabalho.[38]

De um modo geral, o instituto da mediação teve início com base em observações de modelos similares instituídos na França e nos Estados Unidos, e datados respectivamente em 1989 e 1990, com o intuito de estreitar as relações entre os indivíduos e a Justiça e tornar, assim, mais ágil e eficaz

---

[36] LETHBRIDGE, Eric – Tendências da empresa familiar no mundo. *Revista BNDES*, n.7, Brasília, 1997. Disponível em: http://www.bndes.gov.br/conhecimento/revista//rev707.pdf. Acesso em 07 nov. 2019.

[37] Só para citar algumas principais empresas familiares no Brasil, temos: Ipiranga (família Gouveia Vieira); Gerdau Açominas (família Gerdau); CSN (família Steinbruch); Casas Bahia (família Klein – recentemente adquirida pelo grupo Pão de Açúcar – Abílio Diniz); Sadia (família Fontana, adquirida pela Perdigão – Br& Foods); TAM (família Rolim); Rede Globo (família Marinho); Odebrecht (família Odebrecht); Klabin (família Klabin); Banco Itaú Holding Financeira S.A., GoL Linhas Aéreas Inteligentes S.A., Localiza Rent a Car S.A., Marcopolo S.A., Natura Cosméticos S.A., NET serviços de Comunicações S.A., Pão de Açúcar Cia. Brasileira de Distribuição S.A, Saraiva S.A. Livreiros Editores, Suzano Petroquímica, Randon S.A. Implementos e Participações e Ultrapar Participações S.A.; entre tantas outras.

[38] BRASIL, IBGE, 2018.

o processo de demanda e julgamento frente o judiciário. No entanto, a origem desse tipo de instrumento é bem mais antiga, os artigos 160 e 161 da Constituição Imperial já previam relações extrajudiciais similares à mediação, lá pelos idos de 1824. Tais relações são agora resguardas pelos incisos I e II do artigo 98 da atual Constituição Federal.

Assim, a mediação é instaurada no Brasil a partir da aprovação do Projeto de Lei n.º 4.827/98, apresentado pela Deputada Zulaiê Cobra Ribeiro, inspirada pelo modelo de mediação francês.

No ano de 2000, o Ministério do Trabalho configurou-se como pioneiro na aplicação de técnicas extrajudiciais para resolução de pleitos a partir da busca de alternativas práticas para tal. O respaldo para semelhantes alternativas encontra-se na criação da Lei n.º 10.101, de 19 de dezembro daquele mesmo ano.

Em 2015, surge no Brasil um novo sistema de solução de conflitos, e que agora se inicia e fortalece no meio empresarial a partir das alterações na Lei de Arbitragem, com a concepção do Novo Código de Processo Civil e especialmente pela introdução da Lei de Mediação (Lei n.º 13.140/15).

Ora, se cerca de 90% de todas as empresas brasileiras são de origem familiar, denotando alta representatividade desse tipo de empresa e, por outro lado, são aquelas que mais enfrentam conflitos em sua gestão, é de se admirar que, no Brasil, a aplicação do instituto da Mediação Empresarial somente tenha se consolidado recentemente no país, especialmente, por ter sido o termo incorporado no Código Civil Brasileiro de 2002. Em outras palavras, vê-se no instituto da Mediação mais que uma ferramenta de dissoluções conflituosas, é providencial, inclusive, na estrutura que dá sustentação à economia do país.

B. Conceito segundo legislação brasileira

A Lei brasileira n.º 13.140/15, em seu art.º 1.º, § único, descreve mediação de conflitos como todo aquele processo no qual uma parte alheia é escolhida por partes litigantes para auxiliar na busca por uma decisão simultânea e justa para todos os envolvidos.

A Lei de Mediação brasileira (Lei n.º 13.140/2015)[39] cursa importantes aspectos pertinentes à prática da mediação no país, sobretudo materializando

[39] "Dispõe sobre a mediação entre particulares como meio de solução de controvérsias e sobre a autocomposição de conflitos no âmbito da administração pública; altera a Lei no

um ambiente ainda mais propício para o desenvolvimento desse importante instituto. Em resumo, a Lei de Mediação disciplinou: a) o método de mediação antevendo expressamente alguns dos consagrados princípios norteadores do instituto; b) a prática da mediação judicial; c) a prática da mediação extrajudicial; e d) a possibilidade do emprego da mediação em conflitos envolvendo a administração pública.

Como instrumento adequado para a prevenção e solução de disputas, controvérsias e conflitos, vê-se, portanto, que existe no Brasil uma crescente e ampla área de aplicação para a Mediação Empresarial – que se dá com a positivação das normas sobre Mediação no CPC/2015 (Lei n.º 13.105/2015) e na Lei de Mediação (Lei n.º 13.140/2015).

C. Dos princípios da mediação empresarial no Brasil

Os princípios fundamentais da mediação encontram-se publicados no Art. 2.º da Lei n.º 13.140/2015, sendo eles: imparcialidade do mediador; isonomia entre as partes; oralidade; informalidade; autonomia da vontade das partes; busca do consenso; confidencialidade e boa-fé.

O Princípio da Imparcialidade do Mediador[40] encontra-se respaldado pela Lei da Mediação, em seu art. 5.º[41] e pelo CPC[42] cujo conteúdo se alastra

9.469, de 10 de julho de 1997, e o Decreto no 70.235, de 6 de março de 1972; e revoga o § 2º do art. 6o da Lei nº 9.469, de 10 de julho de 1997" In: BRASIL – LEI Nº 13.140, DE 26 DE JUNHO DE 2015.

[40] "Art. 1º, anexo III, da Resolução Nº 125, CNJ ... IV – Imparcialidade – dever de agir com ausência de favoritismo, preferência ou preconceito, assegurando que valores e conceitos pessoais não interfiram no resultado do trabalho, compreendendo a realidade dos envolvidos no conflito e jamais aceitando qualquer espécie de favor ou presente;[...]".

[41] Lei 13.140/2015, no art. 5.º, fortalece o princípio disciplinando que: "Art. 5º. "Aplicam-se ao mediador as mesmas hipóteses legais de impedimento e suspeição do juiz". "Parágrafo único. A pessoa designada para atuar como mediador tem o dever de revelar às partes, antes da aceitação da função, qualquer fato ou circunstância que possa suscitar dúvida justificada em relação à sua imparcialidade para mediar o conflito, oportunidade em que poderá ser recusado por qualquer delas".

[42] CPC estabelece: "Art. 170. No caso de impedimento, o conciliador ou mediador o comunicará imediatamente, de preferência por meio eletrônico, e devolverá os autos ao juiz do processo ou ao coordenador do centro judiciário de solução de conflitos, devendo este realizar nova distribuição.

em seus artigos 170 e 173. Este princípio possui tamanha relevância que se encontra unificada na própria acepção do termo "mediação" como sendo um artifício de dissolução de conflitos autocompositivo pelo qual as partes nomeiam um terceiro neutro para prestar assistência na direção do diálogo com finalidade de restaurar a comunicação, com ou sem obtenção de acordo. Isto é, a mediação encontra-se regulada na restauração da comunicação sadia.

Assim, a imparcialidade deve ser algo percebível às partes envolvidas gerando confiança no mediador e no próprio procedimento.

O Princípio da Isonomia entre as partes tem sua analogia regida pelo princípio da imparcialidade, pois somente em um ambiente neutro as partes podem ser verdadeiramente versadas de forma isonômica, de modo que a garantia de um princípio é salutar à garantia do outro. Este princípio já está na intimidade da legislação brasileira, previsto constitucionalmente no art. 5º, caput e inciso I; e 37, caput, CF/88. Também encontra abrigo no art. 139, I, do CPC. Em se tratando de mediação, a isonomia entre as partes é amparada pelo art. 2º da Lei de Mediação.[43]

O Princípio da Oralidade que também orienta a mediação encontra-se estabelecido no Art. 166, CPC e no art. 2.º, III, da Lei da Mediação. Este princípio evidencia sua força em relação aos demais em todo o sistema processualista civil, e se apresenta com ainda maior robustez na mediação. Trata-se de uma manifestação do princípio da informalidade, pois não é admissível tomar termo de diálogo informal nos procedimentos medianeiros. Somente teremos a lavratura do seu termo final ao término do procedimento de mediação, quando for celebrado acordo ou quando não se justificarem novos esforços para a obtenção de consenso.

Parágrafo único. Se a causa de impedimento for apurada quando já iniciado o procedimento, a atividade será interrompida, lavrando-se ata com relatório do ocorrido e solicitação de distribuição para novo conciliador ou mediador.
CPC Art. 173. Será excluído do cadastro de conciliadores e mediadores aquele que: [...] II – atuar em procedimento de mediação ou conciliação, apesar de impedido ou suspeito.[...]".
A imparcialidade é requisito indispensável em qualquer método de resolução de conflitos que se pretenda justo. O mediador e toda equipe envolvida no procedimento não podem tomar partido, pois a condução do diálogo entre as partes deve ser feita de modo imparcial, preservando a credibilidade da mediação.

[43] 2º da Lei de Mediação: "A mediação será orientada pelos seguintes princípios: [...] II – isonomia entre as partes; [...]".

Cabe frisar que o termo final de mediação, na hipótese de celebração de acordo, constitui título executivo extrajudicial e, quando homologado judicialmente, título executivo judicial (art. 20, parágrafo único, Lei 13.140).

O Princípio da Informalidade encontra-se assegurado pelo Art. 166, CPC e art. 2º da Lei da Mediação. O princípio da informalidade sugere que não existe uma forma pré-estabelecida de conduzir a mediação, salvo algumas orientações gerais colocadas pela lei.

O Princípio da Busca do Consenso encontra-se respaldado pelo Art. 166, CPC[44] e art. 2º da Lei da Mediação[45] – trata-se do mais óbvio princípio da mediação, pois constitui seu principal objetivo, qual seja, a busca por uma solução construída pelas partes. De modo que o acordo a ser celebrado seja fruto do consenso entre elas.

O Princípio da Confidencialidade encontra-se previsto no Art. 1º, anexo III, da Resolução Nº 125, CNJ[46], no art. 166.º do CPC[47]. A confidencialidade

---

[44] Art. 165. Os tribunais criarão centros judiciários de solução consensual de conflitos, responsáveis pela realização de sessões e audiências de conciliação e mediação e pelo desenvolvimento de programas destinados a auxiliar, orientar e estimular a autocomposição.
[...]
§ 3º O mediador, que atuará preferencialmente nos casos em que houver vínculo anterior entre as partes, auxiliará aos interessados a compreender as questões e os interesses em conflito, de modo que eles possam, pelo restabelecimento da comunicação, identificar, por si próprios, soluções consensuais que gerem benefícios mútuos".

[45] A Lei de Mediação, no art. 2º, VI, define: "A mediação será orientada pelos seguintes princípios: [...] VI – busca do consenso; [...]" Por sua vez, o CPC, determina: "Art. 3o Não se excluirá da apreciação jurisdicional ameaça ou lesão a direito. [...] § 2o O Estado promoverá, sempre que possível, a solução consensual dos conflitos. § 3º A conciliação, a mediação e outros métodos de solução consensual de conflitos deverão ser estimulados por juízes, advogados, defensores públicos e membros do Ministério Público, inclusive no curso do processo judicial.

[46] Resolução Nº 125, CNJ: São princípios fundamentais que regem a atuação de conciliadores e mediadores judiciais: confidencialidade, decisão informada, competência, imparcialidade, independência e autonomia, respeito à ordem pública e às leis vigentes, empoderamento e validação. I – Confidencialidade – dever de manter sigilo sobre todas as informações obtidas na sessão, salvo autorização expressa das partes, violação à ordem pública ou às leis vigentes, não podendo ser testemunha do caso, nem atuar como advogado dos envolvidos, em qualquer hipótese;[...]

[47] Art. 166, do CPC. A conciliação e a mediação são informadas pelos princípios da independência, da imparcialidade, da autonomia da vontade, da confidencialidade, da

é a obrigação de sustentar o sigilo sobre todas as informações obtidas na sessão, salvo autorização expressa das partes, violação à ordem pública ou às leis vigentes, não podendo o mediador ser testemunha do caso, nem atuar como advogado dos envolvidos, em qualquer hipótese.

O Princípio da Boa-fé encontra-se estabelecido no Art. 5.º do CPC que estabelece que aquele que de qualquer forma participa do processo deve comportar-se de acordo com a boa-fé. E pelo Art. 2.º, Lei 13.140, que a boa-fé é um princípio que alimenta todo o ordenamento jurídico e não poderia ser diferente com o instituto da mediação. A doutrina divide o entendimento da boa-fé em boa-fé subjetiva e boa-fé objetiva. Em caso de mediação entre empresas, os pressupostos da boa-fé objetiva normalmente são levados ao ambiente da resolução de conflitos de maneira natural. Mais difícil haver nestes casos a supressão dos pressupostos da boa-fé subjetiva; casos muito mais comuns encontrados em mediações envolvendo relações inter-pessoais, como em disputas entre sócios de uma empresa, onde a síndrome do ego inflado – ou "transtorno de personalidade narcisista", mais tecnicamente falando – pode impedir, ou mesmo descartar, a indicação do método de resolução de litígio em estudo.

Outros princípios fundamentais da mediação encontram-se publicados na Resolução Nº 125, CNJ sendo eles: decisão informada, competência, independência e autonomia, respeito à ordem pública e às leis vigentes, empoderamento e validação.

O Princípio da Decisão Informada encontra-se estabelecido pelo Art. 1º, anexo III, parágrafo II, da Resolução Nº 125, CNJ como um dos princípios fundamentais que regem a atuação de conciliadores e mediadores judiciais. Trata-se da obrigação de nutrir plenamente o jurisdicionado de conhecimento a respeito dos direitos que lhe são reconhecidos pela lei e do contexto fático da mediação na qual está inserido.

oralidade, da informalidade e da decisão informada. § 1o A confidencialidade estende-se a todas as informações produzidas no curso do procedimento, cujo teor não poderá ser utilizado para fim diverso daquele previsto por expressa deliberação das partes."

O Princípio da Competência que se encontra no Art. 1º, anexo III, da Resolução Nº 125, CNJ[48] e no Art. 167.º, CPC, § 1.º[49] preconiza que o sucesso de qualquer atividade depende de capacitação, e não poderia ser diferente com a mediação que trabalha sentimentos tão complexos e profundos. Assim, o mediador precisa de conhecimentos técnicos sobre os métodos de resolução de conflitos e habilidades para aplicar esses conhecimentos de modo eficiente.[50]

O Princípio da Independência e Autonomia encontra-se previsto pelo Art. 1º, anexo III, da Resolução Nº 125, CNJ[51] e também citado no art. 166, do CPC.[52]

[48] Art. 1º, anexo III, da Resolução Nº 125, CNJ- São princípios fundamentais que regem a atuação de conciliadores e mediadores judiciais: confidencialidade, decisão informada, competência, imparcialidade, independência e autonomia, respeito à ordem pública e às leis vigentes, empoderamento e validação. [...]
III – Competência – dever de possuir qualificação que o habilite à atuação judicial, com capacitação na forma desta Resolução, observada a reciclagem periódica obrigatória para formação continuada;[...]".

[49] Art. 167.º , CPC, § 1o, prevê: "Preenchendo o requisito da capacitação mínima, por meio de curso realizado por entidade credenciada, conforme parâmetro curricular definido pelo Conselho Nacional de Justiça em conjunto com o Ministério da Justiça, o conciliador ou o mediador, com o respectivo certificado, poderá requerer sua inscrição no cadastro nacional e no cadastro de tribunal de justiça ou de tribunal regional federal.

[50] Pinho, Humberto Dalla Bernardina. *Direito Processual e Administração Pública: A mediação e as perspectivas para o processo civil contemporâneo.* Rio de Janeiro: Forense Universitária. 2010.

[51] Art. 1º, anexo III, da Resolução Nº 125, CNJ- São princípios fundamentais que regem a atuação de conciliadores e mediadores judiciais: confidencialidade, decisão informada, competência, imparcialidade, independência e autonomia, respeito à ordem pública e às leis vigentes, empoderamento e validação. [...]
V – Independência e autonomia – dever de atuar com liberdade, sem sofrer qualquer pressão interna ou externa, sendo permitido recusar, suspender ou interromper a sessão se ausentes as condições necessárias para seu bom desenvolvimento, tampouco havendo dever de redigir acordo ilegal ou inexequível. [...]

[52] Art. 166. A conciliação e a mediação são informadas pelos princípios da independência, da imparcialidade, da autonomia da vontade, da confidencialidade, da oralidade, da informalidade e da decisão informada.
[...] § 4o A mediação e a conciliação serão regidas conforme a livre autonomia dos interessados, inclusive no que diz respeito à definição das regras procedimentais.

O mediador Rosa[53] explica que, pelo princípio da independência e da autonomia, o mediador tem direito de atuar sem a influência de qualquer pressão. Para tanto, ele tem a faculdade de se recusar a atuar no caso, suspender ou interromper a sessão de mediação se entender que não estão presentes as condições adequadas ao seu funcionamento e também não é obrigado a redigir um acordo que seja ilegal ou inexequível.

Por outro lado, as partes também gozam de autonomia, posto que não são obrigadas a permanecer no processo de mediação (art. Art. 2º, §2º, da Lei 13.140/2015), não são obrigadas a celebrar acordo (art. 20 da Lei 13.140/2015), podem recusar o mediador e escolher outro que seja de sua preferência (art. 4º da Lei 13.140/2015), podem alegar o impedimento/suspeição do mediador, podem definir regras procedimentais da mediação (art. 166, §4º, CPC).

O Princípio do Respeito à Ordem Pública e às Leis Vigentes encontra-se citado no Art. 1º, anexo III, da Resolução Nº 125, CNJ.

O Princípio do Empoderamento está no Art. 1º, anexo III, da Resolução Nº 125, CNJ, no parágrafo VII em que se descreve o empoderamento como o "dever de estimular os interessados a aprenderem a melhor resolverem seus conflitos futuros em função da experiência de justiça vivenciada na autocomposição".

O Princípio da Validação encontra abrigo no Art. 1.º, anexo III, da Resolução Nº 125, CNJ[54].

D. Vantagens da mediação empresarial familiar no Brasil

As vantagens da mediação ressaltadas pela legislação brasileira encontram-se observadas de modo universal, tais como: o poder do acordo de ser exequível de imediato; outorgar menos dissentimento e requerer cooperação das partes; os resultados não se evidenciarem como inaceitáveis ou inesperados já que as partes mantêm o controle do resultado (CPC/2015, art.º 166.º);

---

[53] ROSA, Conrado Paulinho da – *Desatando nós e criando laços: os novos desafios da mediação familiar*. Belo Horizonte: Del Rey. 2012.

[54] Art. 1º, anexo III, da Resolução Nº 125, CNJ- VIII – Validação – "dever de estimular os interessados perceberem-se reciprocamente como serem humanos merecedores de atenção e respeito".

confidencialidade quanto ao acordo contratual (CPC/2015, art.º 166.º, § 1.º e Lei 13.140/2015, artigos 2.º, VII; 14; 30 caput e § 1.º); estímulo do poder judiciário ao uso da mediação pelas partes por meio do programa indicado pela Corte (CPC/2015, art. 2.º, § 3.º).

E. Mediação em empresas familiares em Portugal

Apesar de não existirem estatísticas precisas sobre o tema, em Portugal estima-se que as empresas familiares representam de 70% a 80% do tecido empresarial das terras da Pátria-Mãe brasileira. Essas empresas contribuem com 50% do emprego e geram de 60% a 65% do Produto Interno Bruto[55] e muitas delas são bastante representativas, em qualquer lista das maiores empresas europeias e mundiais, para a geração de emprego e para o PIB.

A mediação de conflitos empresariais neste país, tão incipiente quanto no Brasil, tem evitado os reveses que ocorrem quando o caminho escolhido para a resolução da disputa se configura a dos tribunais jurisdicionais. Adversidades como a da imprevisibilidade do tempo de resolução da disputa, dos gastos financeiros e da energia emocional despendidas pelos litigantes e direção da empresa, e acima de tudo, da total ignorância sobre a previsibilidade do resultado do conflito, são preservadas ao se recorrer a esse método de resolução de litígios.

A Lei Modelo e a Diretiva 2008/52/CE do Parlamento Europeu e do Conselho, de 21 de maio de 2008, foram instrumentos fundamentados e estabelecidos nos princípios aplicáveis à mediação, por meio da Lei n.º 29/2013, de 19 de abril, bem como dos regimes civil e comercial, dos mediadores e da mediação pública.

F. Conceito segundo legislação portuguesa

A Mediação Empresarial portuguesa é embrionária e, portanto, encontra-se respaldada pela recente Lei portuguesa n.º 29/2013, de 19 de abril, que conceitua mediação como "a forma de resolução alternativa de

[55] ASSOCIAÇÃO DAS EMPRESAS FAMILIARES. Disponível em: http://www.empresasfamiliares.pt/quem-somos.

litígios, realizada por entidades públicas ou privadas, através do qual duas ou mais partes em litígio procuram voluntariamente alcançar um acordo com assistência de um mediador de conflitos". [56]

No entanto, já debelava respaldo na Diretiva 2008/52/CE do Parlamento Europeu e do Conselho, que transporta para o ordenamento jurídico português, precisamente para a Lei da Mediação, o conceito de mediação apresentado como sendo o "processo estruturado, independentemente de sua designação ou modo como lhe é feita referência, através do qual duas ou mais partes em litígio procuram voluntariamente alcançar um acordo sobre resolução do seu litígio com a assistência de um mediador. Este processo pode ser iniciado pelas partes, sugerido ou ordenado por um tribunal ou imposto pelo direito de um Estado-Membro".[57]

De modo abrangente, nos países europeus, a mediação tem caráter voluntário e confidencial, não podendo o conteúdo das sessões de mediação ser divulgado nem utilizado como prova em tribunal. A mediação é um meio de resolução alternativa de litígios célere, que dura, em média, três meses.

A atual postura do sistema de justiça oficial portuguesa nasce a partir do advento da democracia liberal que objetivou atribuir ao povo a legitimidade e o monopólio de construir o Direito[58], e é neste contexto que se adentra a RAL. Os meios de RAL têm conhecido um desenvolvimento brutal, impulsionado pelo poder público, desde o início do milênio, podendo ser dividido em quatro grandes momentos: 1) a criação de centros de arbitragem; 2) a criação e desenvolvimento dos Julgados de Paz; 3) a aposta em sistemas de mediação; 4) a aprovação das leis de arbitragem e de mediação em 2011 e 2013.[59]

Ao contrário do que se prega acerca dos fatores que deixam em crise a justiça brasileira (quantidade e morosidade), defende a doutrinadora Mariana França Gouveia[60] que, em Portugal, a crise da justiça não se dá necessariamente pelos mesmos motivos, sendo neste país o fator 'qualidade', isto é, "os meios de resolução alternativa de litígios postulam uma abordagem diferente do conflito, procurando a solução mais adequada" – sendo este o fator de maior interesse e ganho com a aplicação dos meios de RAL.

---

[56] PORTUGAL. Lei n.º 29/2013, de 19 de abril. Capítulo I, Artigo 2.º, a.

[57] Artigo 3.º da Diretiva.

[58] GOUVEIA, Mariana França – *Curso de Resolução Alternativa de Litígios*. p. 25.

[59] *Idem* – Op. Cit. p. 34.

[60] *Idem* – Op. Cit. p. 25.

Ainda sobre a difusão da alternativa do uso da mediação na área empresarial nesse país, a aplicação de resolução alternativa de litígios, em especial a mediação, na área comercial, do mesmo modo como ocorre na civil, são mais adaptados a casos onde alguns fatores são determinantes como, por exemplo, aqueles representados por empresas parceiras que possuem realidades econômico-financeiras singulares, determinando, por conseguinte, *timings* comerciais e legais divergentes. Neste exemplo, problemas de entregas de mercadorias e remessas financeiras podem gerar conflitos de difícil gerenciamento.

Outro caso típico é aquele em que o tempo de convívio com empresas parceiras tornou-se tão alongado que os vínculos comerciais e pessoais entre os dirigentes se converteu em tradição e, por isso, são importantes as suas manutenções. E, ainda, quando os litigantes avaliam que os custos do processo de litigância em juízo jurisdicional são demasiado elevados vis-à-vis ao valor do litígio. Outro caso propício à mediação ocorre quando os contendores avaliam que a complexidade da disputa em tribunal é muito significativa e por essa razão a resolução não seria alcançada em prazo razoável, para não prejudicar o andamento do negócio e o equilíbrio financeiro demandado pelos custos da disputa.

Outro ponto importante de debates doutrinários a respeito da mediação em Portugal tem sido quanto a sua forma de atuação. Doutrinadores têm questionado se a mediação deve ser meramente facilitadora ou se deve também ser interventora. Conforme descreve Gouveia[61], a mediação facilitadora centraliza a atuação do mediador na reabertura das pessoas ao diálogo, visando a intenção de que a sua intervenção seja o menos visível possível (embora determinante). Ou seja, quanto menor a presença do mediador, melhor o resultado. Quanto ao modelo interventor, este "pressupõe uma postura mais ativa do mediador, não se limitando a trazer as partes ao diálogo, mas agindo também ao nível do mérito da questão".[62] Explica Gouveia que, "um dos pontos de discórdia é a possibilidade de o mediador apresentar propostas de acordo"[63] – o que na mediação facilitadora é inadmissível. Ao que diz respeito à descrição do mediador, a própria Lei da Mediação em seu artigo 26.º b), o entende ser "um terceiro e independente,

---

[61] GOUVEIA, Mariana França – *Curso de Resolução Alternativa de Litígios*. p. 49.

[62] GOUVEIA, Mariana França – *Curso de Resolução Alternativa de Litígios*. Ib*Idem*.

[63] GOUVEIA, Mariana França – *Curso de Resolução Alternativa de Litígios*. Ib*Idem*.

desprovido de poderes de imposição aos mediados, que os auxilia na tentativa de construção de um acordo final sobre o objeto do litígio".[64] Portanto, pela LM o dever do mediador é que este se abstenha de impor/propor qualquer acordo aos mediados.

G. Dos princípios da mediação empresarial em Portugal

Independentemente da natureza do litígio que seja objeto de mediação, a Lei nº 29/2013, de 19 de abril prevê, nos artigos 3.º a 9. vº do Capítulo II, os princípios gerais aplicáveis à mediação portuguesa com base no respeito ao conjunto de regras da voluntariedade, confidencialidade, igualdade e imparcialidade, independência, competência e responsabilidade e executoriedade.

O Princípio da Voluntariedade encontra-se estabelecido pelo art. 4.º da Lei nº 29/2013 da Lei nº 29/2013. A Lei portuguesa não se limita a consagrar a voluntariedade da mediação como mero consentimento à sua realização, exigindo a necessidade de obtenção de uma aceitação esclarecida e informada das partes para a sua concretização. Além disso, a voluntariedade da mediação está plasmada de forma plena, não só por permitir a desistência de qualquer das partes em qualquer momento do seu decurso (art. 4.º, n.º 2), mas, sobretudo, porque a recusa em iniciar ou prosseguir o procedimento de mediação não consubstanciará uma violação do dever de cooperação (art. 4.º, n.º 3).

O princípio da voluntariedade também é evidente na adoção do acordo mesmo efetivamente elaborado pelas partes, na medida em que só é vinculativo se o aceitarem livremente. Este princípio não pode ser prejudicado nos casos em que um sistema de mediação obrigatória é imposta que implique a verificação da mediação como pré-requisito, ou seja, uma ação só poderá ser levada a um tribunal depois de esgotada a via de mediação. Em outras palavras, as partes não podem ser prejudicadas pelo uso da mediação, mas outra questão aqui colocada é a possibilidade de o Estado incentivar o uso de meios de resolução de litígios, nomeadamente a mediação, conferindo vantagens aos quem os usa. Conforme lecionam Lopes e Patrão[65], nestas

---

[64] PORTUGAL. Lei n.º 29/2013, de 19 de abril. Capítulo I, Artigo 2.º, b.

[65] LOPES, Dulce; PATRÃO, Afonso – *Lei da Mediação Comentada*. 2ª. ed. Coimbra-PT: Almedina, 2016.

situações, parece não haver obstáculo a tal política, uma vez que destinam-se a assegurar um melhor funcionamento do sistema de administração da justiça.

O Princípio da Confidencialidade (Art. 5.º da Lei nº 29/2013) na mediação assume-se como condição *sine qua non* da sua própria eficácia, na medida em que os mediados apenas manifestarão liberdade para revelar os seus interesses e demais informações essenciais à obtenção do acordo final, se sentirem que as declarações produzidas no âmbito das sessões de mediação não serão divulgadas futuramente. A inexistência de confidencialidade manteria as partes presas às suas posições e contribuiria para a manutenção da estratégia de ocultação da informação à parte contrária.

Segundo Lopes e Patrão[66], a confidencialidade é um pilar fundamental na promoção de meios alternativos de resolução de conflitos e em particular na mediação. Com efeito, as partes teriam muito pouca abertura para compartilhar ou divulgar informações que não fossem acessíveis à outra parte se essas informações pudessem ser usadas posteriormente em tribunal se a mediação fosse frustrada. Além disso, para que o processo de mediação seja efetivo, é necessário que as partes se envolvam dinamicamente na solução do problema, o que só é possível após o compartilhamento dos interesses de cada parte.

A exigência desta confidencialidade é também evidente na mediação que decorre nos Tribunais de Justiça de Paz, na mediação laboral[67], na mediação familiar[68], na mediação penal[69], no Código Europeu de Conduta para Mediadores[70] e na Diretiva sobre a mediação[71], pelo que sua essencialidade no processo de mediação é inegavelmente expressa.

---

[66] Idem.

[67] Veja-se 2º do artigo 24º do Manual de Procedimentos e Boas Práticas do Sistema de Mediação Laboral disponível em: (23.11.2017):http://www.dgpj.mj.pt/sections/gral/mediacao-publica/mediacao-anexos/manual-de-boas-praticas/downloadFile/file/SML_Manuel_boas_praticas.pdf?nocache=1351089425.34.

[68] Ver artigo 2º do Despacho 18778/2007, que estabelece que o FMS exerce a sua atividade garantindo voluntariedade, celeridade, proximidade, flexibilidade e confidencialidade.

[69] O n.º 5 do artigo 4.º da Lei n.º 20/2007, de 12 de junho, relativa à mediação penal dispõe expressamente que o conteúdo das sessões de mediação é confidencial e não pode ser apreciado como prova em processo judicial.

[70] Ponto 3.1 do Código de Conduta Europeu para Mediadores.

[71] Artigo 7.º da Directiva 2008/52/CE, de 21 de Maio de 2008, relativa a certos aspectos da mediação civil e comercial.

A Lei de mediação prescreve no seu art. 5.º o princípio da confidencialidade, devendo o mediador manter sob sigilo todas as informações de que tenha conhecimento no âmbito do procedimento de mediação, delas não podendo fazer uso em proveito próprio ou de outrem. O teor literal da norma apenas refere o dever de confidencialidade relativamente ao mediador, não o aludindo expressamente quanto às partes.

Reforçando o dever de confidencialidade do mediador, prescreve o legislador no art. 28.º que, excetuadas as circunstâncias do n.º 3 do art. 5.º, este profissional não pode ser testemunha, perito ou mandatário em qualquer causa relacionada, ainda que indiretamente, com o objeto do procedimento no qual foi mediador. No âmbito dos sistemas públicos, a violação do dever de confidencialidade é expressamente sancionada no art. 44.º, n.º 2 da Lei n.º 29/2013, quando se subsuma ao disposto no art. 195.º do Código Penal. Neste caso deverá a entidade responsável pelo sistema público de mediação, no qual se tenha verificado a predita violação, participar a infração às entidades competentes.

Essa confidencialidade, que deve ser respeitada tanto pelo mediador[72] quanto pelas partes, não é absoluta. Estão previstos desvios em caso de razões imperiosas de ordem pública, designadamente para assegurar a proteção do interesse superior da criança, ou quando estiver em causa a proteção da integridade física ou psíquica de uma pessoa. A enumeração dos casos que derrogam o princípio da confidencialidade não é exaustiva, podendo este princípio declinar sempre que se trate de direitos ou interesses cuja proteção seja superior aos protegidos pelo princípio, ou seja, o sucesso da mediação.[73]

O princípio da confidencialidade também pode ser desrespeitado quando tal seja necessário para efeitos de aplicação do acordo alcançado, mas apenas na medida em que seja particularmente necessário para proteger os interesses.[74] Por fim, uma terceira causa de desvio do princípio da confidencialidade do acordo seria a própria vontade das partes mediadas. Faz sentido que um processo de natureza voluntária, caracterizado pela sua flexibilidade, permita

[72] O artigo 28.º da Lei da Mediação estabelece expressamente que o mediador de conflitos não pode ser testemunha, perito ou agente em nenhum caso relacionado com o objeto do procedimento de mediação.

[73] LOPES, Dulce; PATRÃO, Afonso – *Lei da Mediação Comentada*. 2ª. ed. Coimbra-PT: Almedina, 2016.

[74] Veja não. 3º do artigo 5º da Lei da Mediação.

aos mediados renunciar ao princípio da confidencialidade, podendo utilizar todas as informações obtidas durante o procedimento. Entretanto, outra questão é saber qual o efeito dessa declaração negocial das partes em relação ao mediador. Neste ponto, concordamos com o entendimento de Dulce Lopes e Afonso Patrão[75] de que tal declaração entre os mediados não obriga e nem pode obrigar o mediador a desrespeitar a confidencialidade, pondo em causa outro princípio tão ou mais importante do que aquele, a independência do mediador.

No Princípio da Igualdade e Imparcialidade (Art. 6º), de forma inovadora relativamente à Diretiva 2008/52/CE, o legislador português vem consagrar, de forma expressa, o princípio da igualdade no art. 6.º, n.º 1, merecendo as partes tratamento equitativo durante todo o procedimento de mediação. Consequentemente, deve o mediador gerir o procedimento de forma a garantir o equilíbrio de poderes e a possibilidade de ambas as partes participarem no mesmo.

A igualdade preconizada pelo mediador de conflitos repercute-se na exigência de imparcialidade da sua conduta (art. 6.º, n.º 2), devendo o mesmo revelar qualquer circunstância que, precisamente, possa diminuir a isenção de comportamentos que lhe é exigida [Art. 26.º, f) e 27.º]. Aponta o legislador no n.º 4 do art. 27.º algumas das circunstâncias que poderão colocar em causa a independência do mediador, designadamente a existência (1) de uma relação familiar com as partes; (2) de um interesse financeiro quanto ao resultado da mediação; (3) ou ainda de uma relação profissional com qualquer das partes. Em todos estes casos deverá o mediador recusar ou pedir escusa relativamente ao exercício da sua atividade.

No Princípio da Independência, fundamental é a profissionalização dos mediadores que consagra a sua independência e consequente inexistência de vínculos de subordinação deste especialista. Estabelece o legislador, por isso, que a conduta do mediador deve ser livre de qualquer pressão, seja esta resultante dos seus próprios interesses, valores pessoais ou de influências externas (art. 7.º, n.º 2).

Esta é a opção da Recomendação da Comissão n.º 98/257/CE, de 30 de março24, cujo Ponto I prescreve que o mediador, quando seja nomeado ou remunerado por uma empresa ou associação profissional, não deve ter

---

[75] LOPES, Dulce; PATRÃO, Afonso – *Lei da Mediação Comentada*. 2ª. ed. Coimbra-PT: Almedina, 2016.

exercido funções na mesma, nem para nenhum dos seus membros, nos três anos anteriores à sua entrada em funções.

O Princípio da Competência e Responsabilidade (art. 8.º da Lei nº 29/2013) é norteado pelo objetivo de promover a qualidade da mediação, estabelece o legislador, no art. 8.º, o princípio da competência, podendo os mediadores adquirir formação teórico-prática nesta área específica, nomeadamente através de cursos realizados por entidades formadoras certificadas pelo Ministério da Justiça, nos termos prescritos no art. 24.º e regulamentados na Portaria n.º 345/2013, de 27 de novembro. Estas normas espelham o ensejo do legislador no sentido de promover a qualidade da mediação, tal como exigia a Diretiva 2008/52/CE no seu artigo 4.º, n.º 2.

Contudo, atendendo ao teor literal do artigo 8.º, n.º 1, a formação especializada em mediação parece prescrita como mera possibilidade e não como uma exigência obrigatória.

Por outro lado, apesar de o legislador não referir expressamente qualquer consequência direta para o fato de o mediador não adquirir as competências adequadas ao exercício da sua atividade, a verdade é que os mediadores que não frequentem ações de formação ministradas por entidades certificadas não podem integrar a lista de mediadores organizada pelo Ministério da Justiça, tal como se define na Portaria n.º 344/2013, de 27 de novembro, artigo 3.º, n.º 1, alínea b e, consequentemente, os acordos por si obtidos não terão força executiva nos termos do artigo 9.º, n.º 1, alínea e.

O Princípio da Executoriedade (art. 9.º da Lei nº 29/2013) estabelece a necessidade de que seja o mediador de conflitos inscrito na lista organizada pelo Ministério da Justiça, onde constam mediadores nacionais de Estados membros da União Europeia ou do espaço econômico europeu provenientes de outros Estados membros, para que o acordo de mediação tenha, por si só, força executiva, sem necessidade de homologação judicial (artigo 9.º, n.º 1).

É louvável a opção do legislador por se considerar não apenas viável à luz do ordenamento jurídico português, como também imperiosa à consagração da efetividade da mediação como método de resolução de conflitos. A executoriedade do acordo de mediação depende, contudo, da verificação cumulativa dos requisitos enunciados no n.º 1, do art. 9.º, em concreto: (1) que o litígio possa ser objeto de mediação; (2) que a lei não exija homologação judicial no caso concreto; (3) que as partes tenham capacidade para a sua celebração; (4) que a mediação se realize nos termos legalmente previstos; (5) que o conteúdo do acordo de mediação não viole a ordem pública; (6) que o mediador do acordo final tenha sido um profissional inscrito na lista de mediadores de conflitos organizada pelo Ministério da Justiça.

Verificados os requisitos legais, o acordo de mediação constituirá título executivo extravagante, podendo ser executado em caso de incumprimento das estipulações estabelecidas pelos mediados.

Relativamente ao critério de homologação do acordo obtido em mediação, prescreve o art. 14.º, n.º 3, que deve verificar-se se o mesmo respeita a litígio que possa ser objeto de mediação, a capacidade das partes para a sua celebração, se respeita os princípios gerais de direito, se respeita a boa-fé, se não constitui um abuso do direito e o seu conteúdo não viola a ordem pública. Constata-se, assim, um maior grau de exigência nesta sede, ao indicarem-se como critérios de homologação a boa-fé e o abuso de direito, os quais não constam como requisitos de executoriedade no art. 9.º.

H. Vantagens da mediação empresarial familiar em Portugal

Recentemente Portugal lançou a Lei n.º 144/2015 que entrou em vigor no dia 23 de março de 2016, focalizada nos conflitos ocorridos em contexto empresarial no formato 'empresa e cliente', para abonar o consumidor em casos de litígios decorrentes dos serviços da empresa, visando dar agilidade, por meio de centros de arbitragem de conflitos de consumo distribuídos em todo o país. Dentre outras demandas, a Lei n.º 144/2015 determinou que fornecedores de bens ou prestadores de serviços em território nacional devem oferecer aos consumidores, de forma clara e facilmente acessível, informações relativas às entidades de RAL disponíveis a que se encontram vinculados por adesão, além do sítio eletrônico na Internet (Art.º 18.º, n.º 1).

VI. CONSIDERAÇÕES FINAIS

Não existe apenas uma definição de empresa familiar na doutrina. Porém é lógico supor que, num ambiente onde dois ou mais membros de uma família trabalhem e a maioria da propriedade ou controle esteja dentro da própria parentela, o negócio pode ser classificado como empresa familiar.

Por esse motivo, essa categorização de empresa traz consigo uma carga muito significativa de antagonismos intrínsecos aos interesses próprios da empresa e da família, isso porque nesta prevalecem os preceitos éticos, os juízos de valores e as políticas sustentadas na racionalidade substantiva e, naquela, a orientação pelas leis de mercado, a maximização dos recursos, o êxito econômico pautado pela racionalidade instrumental. Portanto, os papéis são divergentes, e essa contradição leva a uma singular gestão que busca conciliar a função empresarial clássica (racional e objetiva) com o comportamento familiar (humano e subjetivo).

É nesse ambiente empresarial familiar, cujo convívio e os laços afetivos são de intensa carga emocional, seguidos muitas vezes de rivalidades pessoais permeadas de disputas afetivas e de poder, que surgem variáveis fatores geradores de conflitos. Conflitos que se tornam muitas vezes impossíveis de serem discutidos entre os seus membros, porque há uma dificuldade muito grande em separar problemas familiares dos problemas empresariais, o emocional do racional.

Normalmente todos esses litígios, originados de conflitos mal gerenciados, desembocam no sistema judiciário, mas o excesso de carga processual, burocracia e formalidades no processo civil retarda o andamento dos tramites judiciais. Portanto, procedimentos da Mediação Empresarial podem criar benefícios mesmo se nenhuma resolução completa da disputa tenha sido alcançada.

Em comparação com essas vantagens, a mediação empresarial em âmbito familiar tem apenas alguns pontos fracos: acima de tudo, a dependência da cooperação de todas as partes e a falta de um arcabouço legal coerente que assegure a finalidade e a aplicabilidade dos resultados. E a dependência da cooperação das partes é inerente à natureza de qualquer processo que vise uma solução consensual: elas só devem ser julgadas se houver uma chance razoável de concordância.

Arrematando, o entendimento que se tem hoje é de que os métodos alternativos e consensuais para resolução de conflitos são benéficos para ambos os lados e, acima de tudo, ajudam a desafogar os já saturados sistemas jurídicos brasileiro e português – o que ocorre também noutros países.

No que se refere à aderência e eficácia da Mediação Empresarial no âmbito Familiar, tem-se, tanto no Brasil quanto em Portugal, uma vasta lista de instituições disponíveis para a prestação do serviço de mediação empresarial, que vêm galgando espaço entre a sociedade e se especializando cada vez mais para melhor atuar com sucesso neste ramo.

Portanto, concluímos que a aderência à Mediação de Empresas Familiares no Brasil e Portugal não poderia ter outro resultado: cresce junto ao judiciário, à sociedade e, principalmente, aos empresários que buscam e encontram neste recurso uma ferramenta eficaz para prevenir conflitos que possam interferir na harmonia do ambiente empresarial e, em último caso, resolver litígios de uma forma mais econômica, célere e construtiva.

REFERÊNCIAS

ANDREWS, Neil – *Mediação e arbitragem na Inglaterra*. Revista de Processo, Brasília, v. 37, n. 211, p. 281-316, set. 2012.

BAHAMONDE, Ruben – *The structuring principles of Mediation in Portugal*. Galileu Revista de Direito e Economia. V. 15, n. 2, dec. 2018.

BILLIKOPF, Gregorio – *Party-Directed Mediation: Facilitating Dialogue Between Individuals*. University of California (on-line) 3rd Edition, 2014.

COSTA E SILVA, Paula – *A Nova Face da Justiça*, 2009.

DIDIER JR, Fredie – *Curso de Direito Processual Civil*. Bahia: Juspodivm, 17ª edição, v.1, 2015.

FALECK, Diego – *Mediação empresarial: introdução e aspectos práticos*. Revista de Arbitragem e Mediação. São Paulo, n. 42, jul. 2014.

GERSICK, K. E.; HAMPTON, D. M. MC C.; LANSBERG; I. – *De Geração para Geração*: Ciclos de Vida das Empresas Familiares. São Paulo: Negócio Editor, 1998.

GOUVEIA, Mariana França – *Curso de Resolução Alternativa de Litígios*. 3ª. ed. Coimbra-PT: Almedina, 2018.

HESPANHA, António Manuel – O celeidocópio do Direito, 2007.

JOHNSON, Richard Arvid – *Management, systems, and society: an introduction*. Pacific Palisades, Calif.: Goodyear Pub. Co. 1976.

JONES, John E.; PFEIFFER, J William –*The 1973 annual handbook for group facilitators*. San Diego, Calif.: University Associates, 1973.

KOVACH, Kimberlee K – *Good Faith in Mediation*: Requested, Recommended, or Required – A New Ethic. 38 S. Tex. L. Rev. 575, 1997.

LETHBRIDGE, Eric – Tendências da empresa familiar no mundo. *Revista BNDES*, n.7, Brasília, 1997. Disponível em: http://www.bndes.gov.br/conhecimento/revista//rev707.pdf. Acesso em 07 nov. 2019.

LOPES, Dulce; PATRÃO, Afonso – *Lei da Mediação Comentada*. 2ª. ed. Coimbra-PT: Almedina, 2016.

MILLS, Theodore M – *The Sociology of Small Groups*. Englewood Cliffs, N.J.: Prentice-Hall., 1967.

PINHO, Humberto Dalla Bernardina – *Direito Processual e Administração Pública: A mediação e as perspectivas para o processo civil contemporâneo*. Rio de Janeiro: Forense Universitária. 2010.

Resolving Workplace Conflict, University of Colorado–Boulder.

ROSA, Conrado Paulinho da – *Desatando nós e criando laços: os novos desafios da mediação familiar*. Belo Horizonte: Del Rey. 2012.

ROSSATO NETO, Félix João / CAVEDON, Neusa Rolita – *Empresas familiares: desfilando seus processos sucessórios. Cad. EBAPE.BR* [online]. 2004, vol.2, n.3 [cited 2019-04-03], pp.01-16. Available from: <http://www.scielo.br/scielo.php?script=sci_arttext&pid=S1679-39512004000300007&lng=en&nrm=iso>.

SIRMON, David G.; HITT, Michael A., – *Managing Resources: Linking Unique Resources, Management and Wealth Creation in Family Firms* (June 1, 2003). Entrepreneurship Theory and Practice, Vol. 27, No. 4, pp. 339-358, 2003. Available at SSRN: https://ssrn.com/abstract=1341636

VASCONCELOS, Carlos Eduardo de – *Mediação de conflitos e práticas restaurativas*. São Paulo: Método, 2008.

VIANA, ANDRADE, NOVAIS – *Resolução de conflitos de consumo em linha em Portugal e na União Europeia – A plataforma europeia de resolução de conflitos em linha (RLL)*. Scientia Iuridica – Tomo LXV, 2016, n.º 341.

*

ASSOCIAÇÃO DAS EMPRESAS FAMILIARES. Disponível em: http://www.empresasfamiliares.pt/quem-somos.

ASTRACHAN, J.H.; SHANKER, M.C. – *Family Businesses Contribution to the U.S. Economy*: A Closer Look, 2003. http://coles.kennesaw.edu/centers/cox-family-enterprise/cox-family-documents/FB-in-US-2003.pdf.

BRASIL – Lei nº 13.140, de 26 de junho de 2015.

BRASIL, IBGE, 2018.

BRASIL. CPC

BRASIL. Resolução Nº 125, CNJ

CONFLICT RESOLUTION PRINCIPLES 150. Supervisor Essentials Training. TOOLINGU. Retrieved 1 December 2012.

Family Owned Businesses Retrieved January 2019. Disponível em: https://www.inc.com/encyclopedia/family-owned-businesses.html.

FOLHA DE LONDRINA – *No Brasil, 90% das empresas são familiares.* SEBRAE/SC – Artigos para MPE'S. Publicação: 03/10/2005. disponível em: http://www.sebrae-sc.com.br/newart/default.asp?materia=10410.

PORTUGAL. Lei n.º 29/2013, de 19 de abril.

TSF – *Portugal: Um país de empresas familiares.* TSF – Rádio Notícias. Publicação: 18 de janeiro de 2017. Disponível em: https://www.tsf.pt/economia/interior/portugal-um-pais-de-empresas-familiares-5612344.html

MEDIAÇÃO FAMILIAR: UM MÉTODO ALTERNATIVO NA RESOLUÇÃO DE CONFLITOS

FAMILY MEDIATION: A METHOD OF ALTERNATIVE DISPUTE RESOLUTION

DAIANA TOLFO BITENCOURT[1]

RESUMO: A história da humanidade apresenta-nos uma realidade em que o ser humano ininterruptamente convive com o conflito e o que determina o desdobramento deste conflito é a capacidade de comunicação entre as partes. Neste sentido, o presente estudo tem como objetivo abordar o método alternativo de resolução de conflitos, denominado: Mediação. Mais concretamente, este estudo centra-se na mediação familiar, que é apresentada como uma alternativa à justiça tradicional, de caráter extrajudicial, privado e voluntário. Para tanto, discute o direito fundamental de acesso à justiça, bem como os obstáculos para seu pleno exercício e eficácia; aborda a evolução e o tratamento dado à mediação familiar em Portugal e no Brasil. Ademais, apresenta a constelação familiar e a sua aplicabilidade nos tribunais como instrumento capaz de contribuir na identificação de questões ocultas que geram os conflitos familiares, auxiliando na sua resolução.

Palavras-chave: *conflitos familiares, meios alternativos, mediação familiar.*

ABSTRACT: The history of humanity presents us with a reality in which the human being uninterruptedly lives with conflict, and what determines the unfolding of this conflict is the ability to communicate between the parties. In this sense, the present study analysis the alternative method of conflict resolution, called: Mediation. Family mediation is presented as an alternative to traditional justice, of an extrajudicial, private and voluntary nature. To this end, this study discusses the fundamental right of access to justice as well as the obstacles to its full exercise and effectiveness; addresses the evolution and treatment given to family mediation in Portugal and Brazil. In addition, it presents the family constellation and its applicability in the courts as an instrument capable of contributing to the identification of hidden issues that generate family conflicts, helping to resolve them.

Keywords: *family conflicts, alternative means, family mediation.*

---

[1] Mestre e Doutoranda em Ciências Jurídicas, Psicanalista, Mediadora Familiar, Consteladora Sistêmica e especialista em Constelações Familiares. Atualmente, desenvolve o projeto "Posturas Sistêmicas na Advocacia".

I. INTRODUÇÃO

Os conflitos são inerentes à condição humana e estão presentes em todos os campos da vida social, provando que não é algo excepcional, mas sim real e indiscutível. Por vezes, as partes, por estarem envolvidas emocionalmente, não conseguem resolver de modo adequado seus conflitos, havendo casos em que necessitam da ajuda de terceiros para auxiliá-los na resolução.

Ocorre que a prestação de uma tutela jurisdicional por parte do Estado não está sendo oferecida de modo satisfatório, pois ocasiona morosidade às resoluções, não correspondendo ao respeito a preservação da dignidade da pessoa humana e ocasionando a constante insatisfação pela decisão arbitrada.

Pensando em algumas relações conflitivas que muitas famílias vivenciam, considera-se que a mediação familiar pode ser acertadamente uma alternativa na busca por uma resolução de controvérsias.

A preocupação com a duração excessiva dos litígios não é algo recente, pois, desde 1950, com a Convenção Europeia para a Proteção dos Direitos do Homem e das Liberdades Fundamentais, já se falava em "um prazo razoável".

Atualmente, admite-se que ambos os sistemas judiciais (português e brasileiro) perpassam por dificuldades pela incapacidade de responder de forma rápida e eficaz ao grande volume de litígios que lhes são apresentados.

Neste sentido, uma vez que a prestação jurisdicional por intermédio do Estado não está conseguindo atender de forma satisfatória a tamanha demanda na busca pelo alcance de satisfazer os direitos dos cidadãos, é cada vez maior o interesse por meios alternativos de resolução de conflitos, principalmente os extrajudiciais.

Tanto em Portugal quanto no Brasil, o compromisso com a solução das controvérsias tornou-se algo almejado pelo Estado Democrático de Direito. Entretanto, percebe-se um intenso processo de expansão e adensamento do direito positivo na sociedade moderna, ou seja, há uma potencialização dos conflitos de toda ordem, tendendo a assumir a forma de um processo judicial e contribuindo para a crise no judiciário.

A percepção das mudanças na família e, por consequência, no Direito de Família, evidencia a necessidade de um novo modelo de resolução de conflitos. Nesse aspecto, a Mediação Familiar, enquanto instrumento de diálogo entre as partes, tem um importante contributo.

Não se buscou neste trabalho a substituição do Poder Judiciário devido ao fato deste ser insubstituível, mas sim apresentar outra possibilidade, além do judiciário, para a resolução desses conflitos.

Neste estudo, foi observada a mediação de forma interdisciplinar, sistêmica e não cartesiana, preocupando-se com o real motivo do conflito, dada a importância de tratar-se, ainda, das constelações familiares sistêmicas.

Diante desse contexto, ressalta-se que o mérito da mediação parte do objetivo de recuperar e de reconstituir a comunicação que se perdeu ou que está fragilizada entre as partes, devolvendo, assim, a autonomia para conduzir os problemas pessoais e possibilitando minimizar os conflitos. A mediação diferencia-se das práticas de jurisdição tradicionalmente empregadas, principalmente porque leva em consideração o pluralismo de valores e a presença de diversificados sistemas de vida alternativos. Nesse sentido, a sua finalidade precípua consiste em reabrir os canais de comunicação que foram fechados e em reconstruir laços sociais que, muitas vezes, estão vulneráveis.

A proposta deste trabalho é fomentar o pensamento na mediação não somente como meio alternativo de acesso à justiça que aproxima o cidadão comum e desobstrui o judiciário, mas também desvincular-se do objetivo quantitativo do tratamento dos conflitos, chamando a atenção para a qualidade e para a eficácia nas resoluções destes. Do exposto, o estudo da mediação, como um método alternativo de resolução de conflitos extrajudicial no âmbito familiar, é válido pela necessidade de demonstrar aos envolvidos as vantagens que a sua aplicabilidade traz ao fazer justiça em tempo hábil, visto que, em âmbito familiar, um conflito pode causar sérias consequências emocionais e patrimoniais. Dessa forma, evidencia-se, juntamente com a mediação, a técnica da constelação familiar sistêmica aplicada no judiciário brasileiro e em alguns países europeus.

Por consequência, o último capítulo dessa pesquisa, será dedicado às constelações familiares, utilizando-se de uma visão mais ampla e interdisciplinar para a solução do conflito, considerando a técnica inovadora na resolução de conflitos.

II. DO ACESSO À JUSTIÇA

Nas civilizações primitivas, onde não existiam leis impostas pelo Estado, as resoluções dos conflitos eram praticadas "com as próprias mãos", utilizando-se da força física, moral ou econômica por meio da vingança privada que recebe o nome de autotutela[2].

Conforme as relações sociais foram-se sofisticando, a justiça privada foi-se afastando e o Estado passou a exercer sua soberania por meio do monopólio da aplicação do Direito, transferindo para si a tutela dos conflitos e para os cidadãos o direito de recorrer à justiça ou ao direito de ação. Um terceiro nomeado pelo Estado dita quem tem o direito para o caso concreto de forma impositiva. Entretanto, com o passar do tempo, percebeu-se que o acesso à justiça, para ser visto como um meio de concretização da cidadania, não se constituía apenas por ter a mera oportunidade do acesso aos tribunais, mas também uma real e efetiva tutela jurisdicional. A partir de então, o direito de acesso à justiça tem sido reconhecido por meio de garantias dadas aos cidadãos para que pudessem exercer seus direitos de modo não apenas formal, mas também de forma efetiva, célere e justa.

Em Portugal e no Brasil, o direito de acesso à justiça é um princípio constitucional. O princípio garantidor do acesso à justiça está consagrado no artigo 20º da Constituição da República Portuguesa, que tem justamente por epígrafe "acesso ao direito e tutela jurisdicional efetiva". Dessa maneira, garante-se constitucionalmente que o direito ao efetivo acesso à justiça deve ser reconhecido e tratado como um direito fundamental do cidadão, prestado por meio do Poder Judiciário que é o detentor do "monopólio para a solução de conflitos". No Brasil, o princípio garantidor do acesso à justiça está consagrado na Constituição de 1988, artigo 5º, XXXV, enquadrado dentro dos Direitos e Garantias Fundamentais, mais especificamente nos Direitos Individuais e Coletivos. Segundo esse artigo, "a lei não excluirá da apreciação do Poder Judiciário lesão ou ameaça a direito". Em decorrência dessas garantias, o Poder Judiciário encontra-se demasiadamente abarrotado de processos, tornando-o cada vez mais lento. Atualmente, a morosidade processual é um fator extremamente negativo, constituindo-se em óbice ao efetivo acesso do cidadão à busca da solução de seus conflitos.

Assim, diante da situação caótica, tornou-se necessário garantir aos cidadãos um melhor acesso à justiça por meios alternativos de forma que pudessem reduzir as vias tradicionais, facilitando mecanismos de resolução extrajudiciais, de forma a não necessitar da intervenção do judiciário.

[2] Autotutela ou autodefesa, o mais forte impunha a sua vontade com o emprego da própria força. Age e faz justiça conforme sua vontade.

Neste sentido, vimos a preocupação da União Europeia em desenvolver as ADRs (Alternative Dispute Resolution) em resposta ao número elevado de processos, o que contribuía na morosidade no judiciário, bem como em seu alto custo.

Os meios de resolução alternativa de litígios (RAL) incentivam a desjudicialização dos litígios com o intuito não apenas de resolver a crise institucional do acesso à justiça, como também permitir um tratamento diverso sobre o conflito com práticas paralelas à atividade jurisdicional.

Neste sentido, a expressão RAL engloba todos os mecanismos que permitam uma justiça diferente da judicial e que constituem, deste modo, uma resolução alternativa (e complementar em relação aos tribunais estaduais) dos litígios, incluindo aqui, igualmente, aqueles meios que possibilitem evitar a existência de um litígio nos tribunais estaduais.[3]

III. A MEDIAÇÃO COMO MEIO ALTERNATIVO NA RESOLUÇÃO DE CONFLITOS

A chamada crise do direito é, no seu aspecto epistemológico, uma forma de expressar em poucas palavras que o positivismo não é mais considerado o único fundamento filosófico possível para o Direito.

Percebe-se que a avaliação superficial não garante a resolução de um litígio e que novos instrumentos de resolução de conflitos tornaram-se necessários neste século. Os agentes que se dispõem a tratar o conflito devem estar preparados para acessar a complexidade que se mostra evidente na conflituosidade que desponta a cada dia e que, muitas vezes, não tem como ser suprimida.

Neste sentido, percebe-se que os cidadãos acabam por ter suas esperanças frustradas quando depositadas no Poder Judiciário, perdendo assim a confiança na sua capacidade de solucionar conflitos atendendo a uma concepção de Justiça, vinculada aos valores da sociedade e, por isso, buscam alternativas para tratar seus problemas[4].

---

[3] MONTEIRO, António Pedro Pinto; SILVA, Artur Flamínio da; Mirante, Daniela. *Manual de Arbitragem*. Coimbra: Livraria Almedina, 2019, p.47.

[4] SOARES, Samira Iasbeck de Oliveira. *Mediação de Conflitos Ambientais*. Curitiba: Juruá Editora, 2010, p. 80.

Atualmente, o Direito volta-se mais para o aspecto teleológico e visa libertar-se da visão reducionista e binária do positivismo. Assim, pode abrir espaço para diversificar nas formas possíveis de tratamento de conflito[5]. Nesse sentido, o uso crescente de métodos alternativos de resolução de disputas deve-se a dois fatores: por um lado cresce a percepção de que o Estado vem falhando no tratamento dos conflitos em razão da sobrecarga dos tribunais, de elevados custos e do excesso de formalismo. Por outro lado, também existe uma percepção cada vez mais crescente de que a resolução de disputas não está adstrita às fórmulas positivadas. A efetividade do ordenamento jurídico processual brasileiro pode ser melhorada com as oportunidades de fazer uso de mais processos construtivos, ou seja, métodos que conservam e fortalecem os vínculos sociais entre as partes[6].

A mediação é conhecida por contar com a interferência de um terceiro, menos ativo do que na conciliação, facilitador das possibilidades de um acordo, voluntária e mutuamente aceito pelas partes em relação às questões em disputa, desejando substituir a aplicação coercitiva e terceirizada de uma sanção legal[7]. Caracteriza-se por uma grande liberdade, mas que não é total, visto que os programas de mediação partem de um protocolo, onde o sucesso será alcançado se as partes desejarem participar da mediação, comprometendo-se a respeitar os procedimentos antes de se engajarem no diálogo. O trabalho começa, normalmente, a partir de um consentimento prévio entre os sujeitos envolvidos no litígio sobre a maneira pela qual o processo mediativo será conduzido. A partir daí, as partes poderão abordar todos os aspectos do conflito, inscrito muitas vezes num tecido social complexo, levando em conta as relações mantidas pelos interessados[8].

A mediação, assim como outras formas de tratamento de conflitos[9], não é um fenômeno novo, sempre existiu, e está sendo revisitada em meio a uma profunda crise dos sistemas judiciários para a resolução de conflitos. Uma

---

[5] *Ibidem.*

[6] SOARES, Samira Iasbeck de Oliveira. Curitiba: Juruá Editora, 2010, p. 82.

[7] MOORE, Christopher W. *O processo de mediação*: estratégias práticas para a resolução de conflitos. Trad. Magda França Lopes. Porto Alegre: Artmed, 1998, p. 28.

[8] GARAPON, Antoine. *O juiz e a democracia: O guardião de promessas.* Tradução Maria Luíza de Carvalho. 2. ed. Rio de Janeiro: Revan, 2001. p. 228-229.

[9] COSTA, Alexandre Araújo. Cartografia dos métodos de composição de conflitos. In: AZEVEDO, Andre Gomma de (Org.). *Estudos em arbitragem, mediação e negociação.* Brasília: Grupos de Pesquisa, 2003. p. 163-164.

crise que se aprofunda não apenas por problemas estruturais, subjetivos, mas também em virtude de uma hipertrofia legislativa acompanhada de grande variabilidade e consequente incoerência interna, que desencadeia uma pluralidade de pretensões substantivas que, ao invés de cumprir sua função de segurança jurídica, termina por causar um esvaziamento de eficácia da própria lei, desafiando o juiz no ato de julgar. Isso amplia o espaço de argumentação e fundamentação da sentença judicial, elevando-se a possibilidade de decisões divergentes e frustrando ainda mais as expectativas daqueles que recorrem ao Poder Judiciário[10].

A negociação é a base da mediação. Os conceitos da prática negocial aplicam-se na mediação com o objetivo de facilitar o desenrolar da disputa e o diálogo racional assume vital importância para o alcance de um resultado positivo.

A mediação familiar apresenta-se como uma alternativa na resolução de conflitos familiares devido às vantagens a ela associadas como celeridade, custos reduzidos, facilitadora da comunicação e colaboração, possibilitando que as partes cheguem a um consenso único e exclusivamente pela vontade delas, sem decisão judicial que decrete o vencedor.[11] Dotada de flexibilidade e simplicidade,[12] permite que a linguagem utilizada seja a mais próxima ao entendimento das partes. Todavia, semelhante a outros meios de resolução de conflitos, a mediação não possui apenas pontos positivos, fazendo com que esta não seja a melhor alternativa. Nos casos de violência doméstica, situações onde uma das partes encontra-se em posição de inferioridade ou submissão em relação a outra, maus-tratos infantis e doenças de cunho psicológico ou mental, a mediação familiar é desaconselhável ou não permitida. Por ser um procedimento célere, reduz o desgaste emocional dos envolvidos. Outra característica relevante da mediação é o *rapport*[13] utilizado pelo mediador.

Mais uma vez, ressalta-se a importância do julgamento preliminar acerca da adequação dos métodos disponíveis para resolver cada conflito. A mediação

---

[10] CAMPILONGO, Celso Fernandes. *O Judiciário e a democracia no Brasil*. Revista da USP, São Paulo, n. 21, p. 116-125, mar/maio. 1994, p. 122.

[11] *Ibidem*.

[12] CRUZ, Rossana Martingo. *Mediação Familiar. Limites materiais dos acordos e o seu controlo pelas autoridades*. Coimbra: Coimbra Editora, 2011, p. 64.

[13] Rapport é uma técnica utilizada para criar conexão com a outra pessoa, possibilitando uma maior confiança no processo de comunicação.

é uma prática importante, mas que tem características específicas e a sua utilização inadequada acarretará danos ainda maiores aos envolvidos do que a existência do conflito já proporciona. Se os ruídos sociais remanescerem após uma abordagem com vistas à solução do conflito, indica a falha do mecanismo e que, consequentemente, precisa ser reavaliado.

O estudo sobre a mediação passou a fazer parte dos currículos das universidades de Direito e os advogados são instigados a orientar seus clientes quanto aos procedimentos que a prática envolve. As vantagens não se resumem à economia de custos pelas partes, mas especialmente porque substitui o risco e a incerteza por trás de uma decisão judicial proferida por um juiz escolhido aleatoriamente para resolver o conflito por uma solução elaborada pelas próprias partes, com a ajuda de um mediador (dependendo do contexto do conflito, além do mediador, é possível que uma comissão composta por várias pessoas com diferentes qualificações participe das sessões) escolhido por elas. A solução mediada é ainda mais valiosa e significativa em disputas onde a relação entre as partes é de longa duração e permanente, pois abrangerá todo o litígio entre as partes, principalmente quando se está diante de questões mais sensíveis[14]. Em último caso, falhando o processo de mediação, as partes não estariam impedidas de levar a um juiz o caso que ainda se encontra em litígio para que seja julgado.

A Lei da Mediação[15] em Portugal consolida as mediações em território português, seja esta consumada por entidades públicas ou privadas, definindo mediação no seu artigo 2º, como "a forma de resolução alternativa de litígios, realizada por entidades públicas ou privadas, por meio do qual duas ou mais partes em litígio procuram voluntariamente alcançar um acordo com assistência de um mediador de conflitos."

O ponto essencial da mediação reside na ideia de que é por meio das partes que se encontra a solução dos conflitos, pois é derivada do princípio da voluntariedade (art. 4º LM).

---

[14] PINHO, Humberto Dalla Bernadina de. Uma leitura processual dos Direitos Humanos. O direito fundamental à tutela adequada e à opção pela medição como via legítima para a resolução de conflitos. In: KLEVENHUSEN, Renata Braga (Coord.). *Temas sobre Direitos Humanos*. Rio de Janeiro: Lumen Juris, 2009. p. 71.

[15] Lei n.º 29/2013, de 19 de abril. Transposição da definição que consta na Diretiva, 2008/52/ /CE.

O legislador português repudiou a denominada mediação obrigatória, determinando o princípio da voluntariedade como estruturante deste método de resolução de litígios, aliás na senda da proposta do legislador comunitário. A importância deste princípio é destacada no direito português, o que ressalta o fato de o legislador o ter incluído na própria noção de mediação (cfr.alínea a, do art. 2)[16]

Definindo o mediador como alguém desprovido de poderes de imposição (art. 2º LM)[17], na mediação, o terceiro imparcial tem a incumbência de facilitar a comunicação entre os participantes para que estes busquem todas as razões potencializadoras do conflito deflagrado a fim de desfazê-lo, alcançando voluntariamente uma solução mutuamente aceitável.

IV. MEDIAÇÃO FAMILIAR EM PORTUGAL E NO BRASIL

A. O Conflito Familiar

O conflito familiar que desencadeia a ruptura conjugal não é linear e não resulta de um único motivo. Ele traduz-se num sistema complexo e dinâmico, o que nos leva à necessidade de se ter uma percepção interdisciplinar que envolve diversas ciências do conhecimento.

Conforme nos ensina Ganancia[18], "Os conflitos familiares, antes de serem conflitos de direito, são essencialmente afetivos, psicológicos, relacionais antecedentes de sofrimento e dizem respeito a casais que, além da ruptura, devem imperativamente conservar as relações de pais, em seu próprio interesse e no interesse das crianças".

É sabido que, para o ser humano, a ruptura na esfera familiar é uma das experiências mais sofridas e estressantes na vida das pessoas. Isso se deve por diversos fatores como o sentimento de culpa e fracasso. Por estas razões, é indispensável olhar para o conflito familiar como algo que compreende

---

[16] LOPES, Dulce; PATRÃO, Afonso. Lei da Mediação Comentada. 2ª ed. Coimbra: Livraria Almedina, 2016, p. 31.

[17] GOUVEIA, Mariana França. *Curso de Resolução Alternativa de Litígios*. 3.ª ed. Coimbra, Almedina. 2015, p. 51.

[18] GANANCIA, Daniele. *Justiça e mediação familiar: uma parceria a serviço da comparentalidade.* Revista dos advogados nº 62, p. 7.

sentimentos, emoções e valores subjetivos que vão além de uma perspectiva puramente jurídica[19].

Como sintetiza Cátia Marques Cebola[20], "Los individuos que componen la relación familiar cambian su percepción del conflicto, incluso las emociones podrán variar. De esta forma, la solución del conflicto deberá poder adaptarse al mismo para responder a los cambios sufridos, lo que constituye una dificultad añadida en el caso del proceso judicial".

O conflito familiar apresenta uma realidade metajurídica que envolve um conjunto de fatores sentimentais e emocionais não objetivados pelo direito e, em razão de suas peculiaridades e complexidades, a mediação familiar apresenta-se como uma importante alternativa.

B. Objetivos da Mediação Familiar

A mediação não é meramente uma maneira de deslindar conflitos, mas sim um instrumento que auxilia as partes a reatarem a comunicação e a administrarem seus conflitos. Nessa senda, José Luis Bolzan de Morais e Fabiana Marion Spengler dissertam sobre os objetivos da mediação, afirmando que estes se referem ao restabelecimento da comunicação e à prevenção/tratamento dos litígios (por meio de uma visão positiva no intuito de encará-lo como meio de socialização, mudança e evolução social), visando à inclusão social e com o objetivo de promover a paz social[21].

A corroborar, a mediação não tem o condão simplesmente de resolver os conflitos entre os envolvidos, mas bem gerir as relações existentes a fim de que as pessoas preservem seus vínculos afetivos e consigam construir uma sociedade fundamentada na cultura de paz[22]. Nesse aspecto, Luis Alberto

---

[19] FARINHA, António: Lavadinho, Conceição. *Mediação Familiar e Responsabilidades Parentais.* Coimbra: Livraria Almedina, 1997 p.36-37.

[20] CEBOLA, Cátia Marques. *La mediación: Un nuevo instrumento de la administración de la justicia para la solución de conflictos.* Disponível em: https://iconline.ipleiria.pt/bitstream/10400.8/761/1/DDAFP_Marques_Cebola_C_LaMediacion.pdf.

[21] MORAIS, José Luis Bolzan; SPENGLER, Fabiana Marion. *Mediação e Arbitragem: Alternativas à Jurisdição.* 2. Ed. Porto Alegre: Livraria do Advogado, 2008, p. 139.

[22] SALES, Lília Maia de Morais; ALENCAR, Emanuela Cardoso O; FEITOSA, Gustavo Raposo. *Mediação de Conflitos Sociais, Polícia Comunitária e Segurança Pública.* Revista Sequência, nº 58, p. 281-296, jul. 2009, p. 290.

Warat já afirmava no início dos anos 2000 que o objetivo da mediação é a mudança das pessoas e de seus sentimentos. Apenas assim, seria possível mudar e proceder ao redimensionamento do conflito[23].

É por intermédio da Mediação Familiar que se entende ser possível conquistar formas de resolução de litígios mais eficazes e eficientes do que as decisões judiciais, proporcionando, desta forma, a redução de ações em tribunais e contribuindo para a melhoria do funcionamento do sistema jurídico[24]. Nesse sentido, a Mediação Familiar apresenta alguns objetivos essenciais:

a) Auxiliar o casal, independentemente se o convívio entre pais e filhos foi cessado por quaisquer motivos, incentivando sempre o contato parental na forma da lei.
b) Auxiliar os pais em situação de ruptura a qualquer tempo durante o processo de separação ou divórcio de forma que se encontre uma solução alternativa para o litigio no que tange a competição pelos filhos.
c) Propiciar um meio alternativo ao litígio de tribunal, tendo em vista o seu excessivo tempo de duração, seu alto custo e seu intenso desgaste emocional.

Segundo Bernal[25], o objetivo da mediação familiar é prover a oportunidade de acordo da maneira menos conflitante sem ater-se à necessidade de impedir a separação ou divórcio.

A mediação familiar fundamenta-se na concepção do ser humano como agente capaz, auxiliando as partes a alcançarem uma solução construída por elas mesmas e conscientizando-as sobre suas próprias escolhas e ações, diferentemente das soluções dadas pelo Poder Judiciário que, por meio de sentenças, forçam vínculos afetivos entre as pessoas.

---

[23] WARAT, Luis Alberto. *O ofício do mediador.* Florianópolis: Habitus, 2001, v.1, p. 31.

[24] FARINHA, Antônio; LAVADINHO, Conceição. *Mediação Familiar e Responsabilidades Parentais.* Coimbra: Livraria Almedina, 1997, p. 41.

[25] BERNAL, Trinidad. *La mediación: Una solución a los conflictos de ruptura de pareja.* 2. ed. Madrid. Colex, 2002, p. 84.

C. Mediação Familiar em Portugal

O conceito de família tem passado por importantes transformações, fazendo surgir na cultura portuguesa a convicção que o modelo clássico de família tende a modificar-se. Neste sentido, faz-se necessário que o Direito da Família acompanhe esta evolução no sentido de propor soluções adequadas às novas demandas apresentadas.

É neste contexto que Portugal estabeleceu os princípios gerais aplicáveis à mediação civil e comercial, seu regime jurídico, dos mediadores e da mediação pública na Lei 29/2013, de 19 de abril e consagrou novas soluções para a resolução de conflitos em matéria familiar ao revogar o Despacho n.º 18 778/2007 e publicar o Despacho n.º 13/2018.

Optando claramente pela voluntariedade do procedimento, garantida como um dos princípios da mediação, o direito português expressamente preceitua que é necessário obter o consentimento esclarecido e informado das partes para a realização da mediação, cabendo-lhes a responsabilidade sobre as decisões tomadas no decurso do procedimento. Além da voluntariedade, a mediação familiar é regida pelos princípios estabelecidos na Lei n.º 29/2013, conforme estabelecido no art.2.º, 1 do SMF.

Prevê, ainda, a possibilidade de que as partes convencionem contratualmente de forma que os litígios emergentes da relação jurídica sejam submetidos à mediação. A convenção deverá ser escrita, considerando-se exigível a partir do momento em que as partes celebram o contrato ou mesmo a partir da troca de qualquer outro documento escrito e assinado pelas partes tais como: carta, telegrama ou meios eletrônicos de comunicação[26].

a) Origem e desenvolvimento da mediação familiar

A Mediação Familiar começa a dar os primeiros passos em solo português em 1990, com a criação do Instituto Português de Mediação Familiar por uma "iniciativa conjunta de psicólogos, terapeutas de família, magistrados e juristas"[27]. Em 1994, este mesmo Instituto e o Centro de Estudos

---

[26] *Ibidem.*

[27] RÍOS, P Lucas. *Mediação Familiar. Estudo preliminar para uma regulamentação da mediação familiar em Portugal.* Verbo Jurídico, v. 2, 2005, p. 5.

Judiciais foram responsáveis pelo primeiro curso de formação em mediação familiar.

No ano de 1997, são realizadas várias etapas que levam à promoção da mediação familiar. No mês de janeiro, é criada a Associação Nacional de Mediação Familiar (ANMF), composta por magistrados, advogados, terapeutas de família e psicólogos, formados em Mediação Familiar, com o objetivo de promover e divulgar o exercício profissional da mediação familiar[28]. No mesmo ano, o Gabinete de Mediação Familiar (GMF) inicia seu funcionamento com o propósito de garantir serviço público e gratuito de Mediação Familiar com competência territorial limitada à cidade de Lisboa, aplicando-se apenas em situações de conflito no que diz respeito à regulamentação do exercício do poder parental e violações do regime do exercício desse poder pelo qual a região de Lisboa é competente[29].

O Decreto-Lei n.º 206/2006 no seu artigo 16.º institui o Gabinete para a Resolução Alternativa de Litígios (GRAL) com o objetivo de promover o acesso ao direito, aos meios extrajudiciais de resolução de conflitos, aos centros de arbitragem, aos julgados de paz e aos sistemas de mediação.

Foi o Despacho n.º 18 778/2007[30] que reestruturou o serviço público de Mediação Familiar ao criar o Sistema de Mediação Familiar (SMF), regulamentando e alargando a mediação familiar a várias zonas de Portugal.

Atualmente o Sistema de Mediação Familiar (SMF) é consagrado pelo Despacho n.º 13/2018, regido pelos princípios gerais consagrados na Lei n.º 29/2013 de 19 de abril que, apesar de não regulamentar especificamente a Mediação Familiar, estabelece princípios comuns à mediação em Portugal e pelas garantias de celeridade, proximidade e flexibilidade.

O SMF não possui competência para mediar em todas as matérias relativas aos conflitos familiares. Neste sentido, o art.4.º elencou o rol de matérias permitidas: a) Regulação, alteração e incumprimento do regime de exercício das responsabilidades parentais; b) Divórcio e separação de pessoas e bens; c) Conversão da separação de pessoas e bens em divórcio; d) Reconciliação

---

[28] Farinha, António e Lavadinho, Conceição. *Mediação Familiar e Responsabilidades Parentais*, 1997, p. 22.

[29] Despacho 12 368/97 do Ministro da Justiça. En Diario da República. 283/97, II série, de 9/12/97. p. 15.039-15.040.

[30] Atualmente revogado pelo Despacho n.º 13/2018.porém mantendo na essência o implementado em 2007.

dos cônjuges separados; e) Atribuição e alteração de alimentos, provisórios ou definitivos; f) Privação do direito ao uso dos apelidos do outro cônjuge; g) Autorização do uso dos apelidos do ex-cônjuge ou da casa de morada da família; h) Prestação de alimentos e outros cuidados aos ascendentes pelos seus descendentes na linha reta. Em relação à intervenção do SMF, o art. 6.º[31] dispõe como esta poderá ser realizada.

Como ressalta Lucas Rios, essa valorização da mediação deve ser enquadrada na tendência atual de que, no Direito português, existe para desjudicializar questões familiares e conceder uma preferência legal por soluções consensuais para conflitos[32].

Neste mesmo sentido, Ruben Bahamonde[33] expõe que a promoção da mediação em Portugal passou por um substancial avanço em razão do esforço despendido pelo legislador com vistas a positivar os princípios e regras básicas que imprimem as características desse tipo de procedimento, atribuindo a segurança jurídica almejada ao seu desenvolvimento. Porém, não se nega que a disseminação da mediação como um meio eficaz para solucionar disputas resulta principalmente de um grande esforço por parte do Estado, centros de mediação, universidades, advogados bem como outros agentes próximos ao público com vistas a desmistificar tabus e colocar fim aos temores que ainda permeiam a mediação.

b) Posturas dos Mediadores

O Código Europeu de Conduta para Mediadores[34] estabelece princípios jurídicos que determinam a atuação dos mediadores e dos centros de

---

[31] Artigo 6.º Intervenção do SMF: 1 – A intervenção do SMF pode ter lugar em fase extrajudicial, a pedido das partes, durante a suspensão do processo, mediante determinação da autoridade judiciária competente obtido o consentimento daquelas e na pendência de processo de promoção e proteção, por determinação da autoridade judiciária ou da comissão de proteção de crianças e jovens competente, obtido o consentimento das partes.

[32] RÍOS, P Lucas. *Mediação Familiar. Estudo preliminar para uma regulamentação da mediação familiar em Portugal.* Verbo Jurídico, v. 2, 2005, p. 9-10.

[33] BAHAMONDE, Ruben. *The structuring principles of Mediation in Portugal.* GALILEU – Revista de Economia e Direito, v. XIX, nº2, 2018, p. 22-23.

[34] O texto original do Código está disponível, em língua inglesa, em https://ec.europa.eu/civiljustice /adr/adr%20ec%20code%20conduct%20en.pdf.

mediações, ressaltando os princípios da voluntariedade, imparcialidade, confidencialidade e flexibilidade. Possui como objetivo principal possibilitar a manutenção das garantias e da confiança tanto para o mediador quanto para o processo de mediação propriamente dito.

No SMF, o conceito de mediador familiar está previsto no art.7.º, definindo-o como um profissional especializado neutro e imparcial, sem poderes impositivos, que conduz a mediação no sentido de apoiar as partes para que estas ponham termo ao conflito.

Para Cezar-Ferreira[35], o mediador vai ajudar os litigantes a definir o problema. O mediador não é um juiz que decide, não é um advogado que orienta e não é um terapeuta que trata. Ele promove a aproximação das partes, trabalha em favor da flexibilidade e da criatividade dos mediandos e facilita o diálogo como forma de realização do acordo.

Observa Arsênio[36] que em muitos casos aquilo que ocasionou o conflito é a impossibilidade de conversar ou a errônea interpretação do que foi dito. Por isso, a tarefa do mediador é fazer com que as partes restabeleçam a comunicação. Assim, também destaca Petrônio Calmon[37], que o mediador é o facilitador da comunicação, criador de opções para a fluidez do diálogo travado entre os participantes.

Segundo Rosa[38], o mediador não é um mero assistente passivo, mas sim alguém que utiliza técnicas especiais para atingir determinados objetivos, escuta as partes, questiona-as e cria opções para facilitar o diálogo, sem propor (ou impor) "soluções" para o conflito. Neste sentido, Barbosa[39] disserta sobre a importância da Mediação ser interdisciplinar por excelência, pois o trabalho deve proporcionar a complementaridade dos saberes e práticas de várias ciências.

---

[35] CEZAR-FERREIRA, V.A.M. *Família, Separação e Mediação: uma visão psicojurídica.* 2. ed. São Paulo: Malheiros, 2007, p. 159.

[36] ARSÊNIO, J. *A Mediação como facilitador dos processos judiciais.* In: SILVA, D.M.P. (Coord.). Psique Edição Especial – Psicologia Jurídica. São Paulo: Escala, 2007, n. 5, p. 43.

[37] CALMON, Petrônio. *Fundamentos da Mediação e da Conciliação.* Brasília: Gazeta Jurídica, 2013, p. 118.

[38] ROSA, C.P. *Nova lei da Guarda Compartilhada.* São Paulo: Saraiva, 2015, p. 152.

[39] BARBOSA, A.A. *Mediação no Direito de Família.* Repertório IOB de Jurisprudência. São Paulo, n. 14, 2ª quinzena de julho/1999, p. 6.

c) *Princípios fundamentais da mediação familiar*

A mediação, enquanto uma prática de cidadania, permite enaltecer os valores humanos, abrindo caminhos para que elas mesmas sejam capazes de, através do diálogo e da cooperação, chegarem a um acordo, tendo por base princípios aos quais o mediador deve obediência.

O Capítulo II da Lei n.º 29/2013 é a lei que trata, entre outras matérias, dos princípios gerais aplicáveis a toda mediação realizada em Portugal. Sendo assim, tais princípios (autonomia da vontade das partes, voluntariedade, confidencialidade, isonomia entre as partes, imparcialidade do mediador, princípio da concorrência e da responsabilidade e o princípio da força executória) também permeiam a mediação familiar.

Um dos princípios básicos da mediação é o *empowerment,* controle do processo pelas partes. A autonomia da vontade das partes se materializa na responsabilidade dos envolvidos pela escolha da utilização da mediação, podendo sair quando quiserem do processo, decidem sobre o rumo do diálogo estabelecido numa sessão, bem como chegar a um acordo, tendo liberdade de tomar suas próprias decisões[40]. Neste mesmo sentido, o Livro Verde propõe, no parágrafo 64, que "poderia ser inútil obrigar alguém a participar num ADR contra a sua vontade...".[41]

Entre outros princípios implícitos que podem ser citados, estão os da informalidade, da comunicação, da oralidade, da busca do consenso e da informação.

Destaca-se ainda, o princípio da executoriedade. Este princípio previsto no art. 9ºda LM, possibilita ao acordo um poder executório, sem a necessidade de homologação judicial. Ao estabelecer a obrigatoriedade automática, potencializa a eficácia do processo de mediação, uma vez que estabelece que seus efeitos se encontram-se no mesmo nível de uma decisão judicial[42].

Referidos princípios não são taxativos e se estendem no âmbito de aplicabilidade do conflito. O instituto da Mediação tem como pedra angular

---

[40] CARVALHO, Jorge Morais. *A consagração legal da mediação.* Julgar nº 15, Coimbra Editora, 2011.

[41] Texto oficial em Português do Livro Verde disponível no endereço eletrônico https://eur-lex.europa.eu/legal-content/EN/ALL/?uri=CELEX:52002DC0196.

[42] BAHAMONDE, Ruben. *The structuring principles of Mediation in Portugal.* GALILEU – Revista de Economia e Direito, v. XIX, nº2, 2018, p. 146.

o princípio da dignidade humana, sendo, também, um instrumento de aplicabilidade dos princípios e garantias constitucionais.

Nesse sentido, é necessário entender que o êxito na mediação não está relacionado diretamente à feitura de um acordo, mas sim no conjunto de todas as questões envolvidas, notadamente as circunstâncias éticas bem como a satisfação das partes[43].

D. Mediação Familiar no Brasil: Evolução histórica da mediação no Brasil e a busca por novos mecanismos de resolução de conflitos

Ao elevar a República Federativa do Brasil ao patamar de Estado Democrático de Direito, a chamada Constituição Cidadã de 1988, trouxe em seu art.1º, inciso III, o fundamento à dignidade da pessoa humana. É a partir de tal princípio que emanam diversos outros direitos essenciais.

Neste sentido, os meios alternativos de resolução de conflitos ganham destaque como solução pacífica das controvérsias. O próprio Código de Processo Civil de 2015 previu em seu art. 3º, §2º, que o "Estado promoverá, sempre que possível, a solução consensual dos conflitos".

A utilização dos meios consensuais de resolução de conflitos como a mediação, se torna meio eficaz de efetivar o acesso à justiça e à paz social, pois se apresenta como uma via alternativa de acesso à justiça, além de ser propulsora da democracia, pois a inclusão do instituto da mediação no novo CPC e a própria Lei da Mediação promoveram várias melhorias e vantagens que podem ser atingidas pelo referido instituto, tais como: a) menor desgaste emocional e custo financeiro; b) adoção de soluções adequadas às reais demandas; c) maior satisfação dos envolvidos; d) maior celeridade na solução de conflitos pessoais, familiares ou referente aos negócios; e) desburocratização na solução de conflitos, uma vez que impera a informalidade nas sessões; f) possibilidade de ter o litígio solucionado por profissional sugerido pelos litigantes, consoante à natureza da questão: g) além da garantia de privacidade e sigilo[44].

---

43 AZEVEDO, André Gomma de (Org.). *Manual de Mediação Judicial*. Brasília: Conselho Nacional de Justiça, 2016. Disponível em: http://www.cnj.jus.br/files/conteudo/arquivo/2016/07/f247f5ce60 df2774c59d6e2dddbfec54.pdf. Acesso em: 22 nov. 2019.

44 PEREIRA, Clóvis Brasil. *Conciliação e Mediação no Novo CPC*. 2015. Disponível em: http://www.prolegis.com.br/conciliacao-e-mediacao-no-novocpc-no-03/. Acesso em: 7 Fev. 2020.

Com efeito, o novo CPC tornou-se mais democrático, exercitando a cidadania com a pretensão de alcançar o mundo contemporâneo e garantindo às partes envolvidas a utilização da mediação na resolução de suas contendas. Superando o próprio modelo tradicional contencioso, trouxe novas perspectivas que priorizam a redução dos conflitos pelo viés da justiça consensual.

Invariavelmente, para que a aplicação da mediação tenha os resultados esperados, é preciso desmistificar a cultura do litígio e instaurar a comunicação e o diálogo na resolução de conflitos, sendo imprescindível a mudança de paradigma, pois o cenário contemporâneo demanda por melhoramentos nos canais de comunicação entre as partes.

A partir da Resolução n. 125/2010, o Conselho Nacional de Justiça (CNJ) avançou passando a incentivar a mediação e a conciliação, com a instituição da Política Judiciária Nacional de tratamento aos conflitos de interesses, cabendo aos órgãos judiciários ofertar mecanismos aptos a solucionar controvérsias, especialmente os meios consensuais. Em seu art. 2º, verifica-se o objetivo de que a prestação dos serviços seja de boa qualidade e que se fomente a difusão da cultura de pacificação social[45].

Cabe pontuar que a mediação pode se dar tanto pela via judicial como extrajudicial. Esta última já existia no sistema jurídico, ainda que não regulamentada. Contudo, em 2015, sobreveio a Lei de Mediação (Lei 13.140/2015) que trouxe regramentos atinentes à mediação extrajudicial e também institucionalizou a judicial.

No mesmo ano, também, editou-se o Novo CPC (sua vigência, contudo, começou em março de 2016), cuja seção V foi destinada ao regramento das atividades dos mediadores e conciliadores judiciais, o qual incentiva a prática da mediação dentre os operadores jurídicos, conforme se pode depreender da leitura de seu art. 3º, § 3º e art. 165 e seguintes[46]. Em seu art.3º, §2ºe §3º, fica evidente que o legislador destacou as soluções consensuais

[45] SILVEIRA, T.P. Resolução 125 do CNJ como mecanismo facilitador na solução de litígios. In: SPENGLER, F.M; NETO, S.T. (Orgs.). *Mediação enquanto política pública: o conflito, a crise da jurisdição e as práticas mediativas*. Santa Cruz do Sul: EDUNISC, 2012, p. 78.

[46] BRASIL. Lei n. 13.105 de 16 de março de 2015. Dispõe sobre o Código de Processo Civil, 2015. Disponível em: http://www.planalto.gov.br/ccivil_03/_ato2015-2018/2015/lei/l13105.htm. Acesso em: 7 Fev. 2020.

dos conflitos, determinando que os operadores do direito estimulem tais métodos[47].

Ponto relevante do presente estudo encontra-se no art. 694[48], segundo o qual, nas ações que versem sobre família, o juiz deverá dispor do auxílio de profissionais de outras áreas a fim de que todos os esforços sejam empreendidos para uma solução consensual. Esse dispositivo, reforça a questão da interdisciplinaridade e a análise multidisciplinar de conflitos envolvendo ações familiares.

Diante do cenário de um Poder Judiciário em crise, a mediação se apresenta como um importante mecanismo de resolução de conflitos mais célere, prático e eficaz no direito de família. Ela empodera as partes na tratativa de seus litígios, respeitando a autonomia, a liberdade, bem como a dignidade de cada um dos envolvidos. Por observar o princípio da Mínima Intervenção Estatal que conduz o Direito de Família, questiona-se se a mediação judicial é o meio mais adequado nas soluções de conflitos ou se os esforços deveriam ser empregados na mediação extrajudicial, fora do ambiente judiciário e antes da propositura da ação.

As mediações extrajudiciais serão realizadas por existir cláusula contratual[49] quanto a obrigatoriedade da autocomposição em caso de conflito ou quando há o convite[50] de uma das partes para realizar a mediação. Neste caso, os honorários[51] do mediador ficarão a cargo da parte que teve a iniciativa. Esta penalidade é discutível, especialmente por se tratar de campo extrajudicial.

---

[47] Atual CPC, Art. 3º, § 2º O Estado promoverá, sempre que possível, a solução consensual dos conflitos. §3º a conciliação, a mediação e outros métodos de solução consensual de conflitos deverão ser estimulados por juízes, advogados, defensores públicos e membros do Ministério Público, inclusive no curso do processo judicial.

[48] Art.694. Nas ações de família, todos os esforços serão empreendidos para a solução consensual da controvérsia, devendo o juiz dispor do auxílio de profissionais de outras áreas de conhecimento para a mediação e conciliação.

[49] O art. 2º, §1º e 22 não estipula que as partes devam chegar a um acordo no processo de mediação, e sim, estipula que as partes busquem a mediação em um primeiro momento, antes de recorrerem ao judiciário.

[50] Art. 21 da Lei da Mediação. O convite para o procedimento de mediação extrajudicial poderá ser por qualquer meio de comunicação, deverá estipular o propósito da negociação, data e local. A recusa ao convite ensejará sanção, ainda que ela seja vencedora no processo judicial.

[51] Referente a gratuidade prevista no art.4º, §2º refere-se à mediação judicial.

Diferentemente quanto aos requisitos impostos aos mediadores judiciais[52], na mediação privada qualquer pessoa poderá exercer a função como mediador extrajudicial[53], desde que as partes nele confiem. Entretanto, a participação dos envolvidos nesse processo de mediação deve ser garantida de maneira isonômica.

Na hipótese de acordo entre as partes por intermédio da mediação, será considerado título executivo extrajudicial ou título executivo judicial, na hipótese de ser homologado judicialmente.

Neste contexto, em relação à mediação familiar, Águida Arruda Barbosa[54] a descreve como sendo um instrumento utilizado para concretizar os ideais de distribuição de justiça, enfatizando as diferenças através do acolhimento e reconhecimento do conflito. Com isso, ao tratar do direito de família, a resolução dos conflitos vai muito além da simples materialização objetiva, pois quando "vestígios de amor" vão parar no judiciário um método como a mediação pode preservar os laços e a estrutura familiar[55].

Nesse trilhar, a mediação é percebida como sendo a melhor maneira de resolução de conflitos familiares, visto que, ao trabalhar com conflitos de extrema complexidade, sejam eles emocionais e sentimentais, acabam por proteger a relação entre os envolvidos por meio da intervenção do mediador na busca dos seus objetivos. Todavia, migrar de uma cultura litigiosa fortificada em nossas raízes para uma nova maneira de solucionar conflitos é algo difícil, que demandará tempo e exigirá adaptações dos operadores do direito, da própria sociedade, principalmente dos litigantes envolvidos em demandas familiares[56].

---

[52] Art. 11 da Lei da Mediação. O mediador deverá ser cadastrado junto aos Tribunais, graduado há pelo menos dois anos em curso superior e formação em escola de mediadores.

[53] Art. 9º poderá funcionar como mediador extrajudicial qualquer pessoa capaz que tenha a confiança das partes e seja capacitada para fazer mediação, independente de integrar qualquer tipo de conselho, entidade de classe ou associação, ou nele inscrever-se.

[54] BARBOSA, Águida Arruda. Mediação Familiar: Instrumento para a Reforma do Judiciário. In EHRHARDT JÚNIOR, Marcos; ALVES, Leonardo Barreto Moreira (coord.) Direito das famílias: em busca da consolidação de um novo paradigma baseado na dignidade, no afeto, na responsabilidade e na solidariedade. Salvador: Jus Podivm, 2010, p. 386.

[55] PEREIRA, Rodrigo da Cunha. Direito das Famílias no CPC-2015 e os restos do amor. *Instituto Brasileiro de Direito de Família*. ago. 2016. Disponível em: http://www.ibdfam.org.br/artigos/autor/Rodrigo%20da%20Cunha%20Pereira. Acesso em: 7 Fev. 2020.

[56] LIMA, Flávio Pereira. Reflexões sobre o novo CPC: a mediação e a advocacia. 2015. Disponível em: http://jota.info/reflexoes-sobre-o-novo-cpc-a-mediacaoe-a-advocacia. Acesso em: 7 Fev. 2020.

Infelizmente, o ser humano ainda está fortemente contaminado pelo que Morais[57] chama de "laços de aço", fruto de uma herança da modernidade que coisificou o homem, despojando-o de sua subjetividade. Este, por sua vez, encontra sérias dificuldades de voltar seu olhar a si próprio, o que dificulta ainda mais considerar o outro, dado que foi, de maneira geral, educado para o conflito.

V. DIREITO SISTÊMICO: CONSTELAÇÕES SISTÊMICAS COMO MÉTODOS INTEGRATIVOS NA RESOLUÇÃO DE CONFLITOS NO DIREITO DE FAMÍLIA

A. Pensamento Cartesiano e Pensamento Sistêmico

Descartes, em sua obra "Discurso do Método", propõe que só se considere verdadeiro o que for evidente, o que for intuitivo com clareza e com precisão racional[58]. O raciocínio cartesiano e as ideias mecanicistas haviam se instituído, transformando o mundo numa grande máquina pré-programada e perfeita que funcionaria dentro da relação causa e efeito, percepção que ficou caracterizada como visão mecanicista, baseada em um modelo reducionista cartesiano[59].

Na metade do século XX, um novo campo se abriu, esta nova forma de pensar foi denominada de "Pensamento Sistêmico". A visão sistêmica aliada ao pensamento sistêmico possibilitou que fossem observados os fenômenos do mundo com lentes diferentes. Os acontecimentos que antes eram vistos isoladamente passaram a ser compreendidos em seu contexto como um todo repleto de inúmeras interações. Assim, esse novo pensamento, em sua compreensão, alcança uma nova concepção para se perceber a ciência e a vida na ciência: a concepção sistêmica da vida[60].

Paradigmas que embasam essa concepção se mostram atuantes na prática e na teoria das Constelações Familiares em que os sistemas familiares constroem

---

[57] MORAIS, J.L.B. *A subjetividade do tempo: uma perspectiva transdisciplinar do Direito e da Democracia*. Porto Alegre: Livraria do Advogado, 1988, p. 66.

[58] DESCARTES, René. *Os pensadores*. II vol. São Paulo: Nova Cultura, 1987. p. 28.

[59] CAPRA, Fritjof. Luisi, Pier Luigi. *A Visão Sistêmica da Vida*. 1 ed. SP: Editora Cultrix, 2014. p. 61.

[60] *Ibidem*.

um padrão de interação que geração após geração se repetem até que seja restaurada uma nova ordem. São sistemas interligados geracionalmente e que se auto-organizam, se autorreproduzem e se autoconstroem, repetindo o padrão atemporalmente formando a sua própria diferença evolutiva, funcionando em diferentes níveis de complexidade entrelaçada[61].

Assim, em nossa reflexão, as Constelações Familiares se apoiam nas estruturas teóricas dos aportes da Abordagem Sistêmica[62] e incorporam os princípios da Concepção Sistêmica da vida, nos pressupostos de interconectividade e inter-relacionamento das partes com o todo, formando uma intricada e complexa rede de relações comunicantes.

B. As Constelações Familiares Sistêmicas Segundo Bert Hellinger

Uma das ferramentas da mediação que mais vem se popularizando ao longo do tempo e obtendo bons resultados, é a Constelação Familiar. A metodologia criada por Bert Hellinger nos anos de 1970 surge e apresenta-se como uma técnica humanizada que objetiva a superação do conflito, uma vez que possibilita que as partes de um processo, entendam suas responsabilidades, sentimentos, anseios e motivos subjetivos que os levaram a chegar ao litígio e encontrem o caminho para sua resolução. Neste sentido, tem por objetivo identificar traumas familiares e trazer à tona questões mal resolvidas que desencadearam os conflitos na família.

Segundo Emília Santana[63], em um sistema familiar, cada integrante é uma peça importante. Por esta razão, a maneira como atuaram os traumas, os valores e os sentimentos que possui, interferem em todo o sistema, mesmo nas gerações futuras.

A partir das constelações familiares, Bert Hellinger desenvolveu uma ciência dos relacionamentos humanos ao descobrir algumas ordens (leis sistêmicas) que regem as relações. Observou três leis universais que regem

---

[61] GRAÇA, M.H. *Constelações Familiares com Bonecos*. 3.ª ed. Curitiba: Juruá, 2018, p. 42.

[62] A Abordagem Sistêmica é baseada nos conceitos da Teoria Geral dos Sistemas, tem princípios fundamentados no Humanismo, tornou-se uma abordagem da Psicologia especialmente na Terapia Familiar. (GRAÇA, 2018, p. 44).

[63] SANTANA, Emília. *Constelação Sistêmica Familiar: as leis do amor*. São Paulo. Editora Alfabeto. 2018.

os sistemas e a nossa vida: a Lei do Pertencimento, a Lei do Equilíbrio e a Lei da Hierarquia. O conhecimento de tais ordens nos conduz a uma nova visão a respeito do Direito e de como as leis podem ser elaboradas e aplicadas de modo a trazerem paz às relações, liberando do conflito as pessoas envolvidas e facilitando uma solução harmônica.

C. Constelações Sistêmicas como Meio de Resolução de Conflitos Familiares

A publicação da Lei 13140/15 e do Novo Código Civil de 2015, traçou uma mudança no paradigma do Direito brasileiro ao regulamentar a mediação e consagrar a cultura jurídica de pacificação e a preferência pelos procedimentos consensuais como modelo de resolução de conflitos, com o condão de soluções mais céleres e menos onerosas se comparada aos processos levados aos tribunais. Entretanto, o juiz Sami Storch[64], na sua jornada como jurista, percebeu que somente os conhecimentos tradicionais do Direito não são suficientes em determinados conflitos, pois relacionamentos humanos nem sempre se orientam pelas leis positivadas. Desta forma, muitas vezes, os conflitos não são sanados por decisão judicial, pois não pedem resolução na esfera jurídica. Nestes casos, outros recursos complementares são necessários para se atingir uma efetiva resolução das questões trazidas ao judiciário.

Outrossim, o uso das técnicas da Constelação familiar no judiciário, denominado como Direito Sistêmico[65], tem se mostrado uma ferramenta de grande valia como instrumento auxiliar na resolução de conflitos, em especial no que tange a compreensão da raiz dos conflitos familiares.

Foi com a utilização dos métodos sistêmicos no Direito, cuja finalidade consiste na aplicação de uma gama de posturas, estratégias e técnicas baseadas

[64] O Juiz de Direito do Tribunal de Justiça da Bahia Dr. Sami Storch, foi o precursor na utilização das abordagens sistêmicas como instrumento de resolução de conflitos nas audiências de conciliação de demandas de família.

[65] A expressão Direito Sistêmico foi introduzida no cenário do mundo jurídico a partir das observações e estudos iniciados em 2004 por Sami Storch, que basicamente, ampliou o olhar em direção à filosofia hellingeriana. Refere-se à aplicação das técnicas das Constelações Sistêmicas no judiciário.

na teoria sistêmica de Hellinger[66], que as Varas de Família estão conseguindo aumentar em até 90% os índices de conciliação em casos como a disputa pela guarda de um filho, alienação parental, inventários, regulamentação de visitas e pensão alimentícia. Neste sentido, percebe-se como resultado, a conquista de maior respeito e consideração entre as partes em conflito.

Segundo Luciana Otoni e Luiza Fariello[67], os juízes que têm passado por capacitação para aplicá-la percebem que a justiça apresenta outras alternativas ao litígio que não apenas a sentença. Mais do que isso, viabiliza que o litígio seja devolvido aos seus proprietários, a fim de que eles próprios sejam capazes de compreendê-lo e buscar a pacificação.

D. Aplicação das Constelações Familiares no Poder Judiciário em Contendas em Âmbito Familiar

Com a evolução dos procedimentos judiciais e a necessidade de adaptar novos mecanismos para resolver disputas, alguns sistemas legais criaram métodos alternativos para resolver conflitos.

A Constelação Familiar tem sido aplicada ao direito brasileiro a partir da Lei de Mediação (Lei.13.140/2015), como uma ferramenta extrajudicial autocompositiva, amparada pela Resolução de nº 125/10 do CNJ, que estimula a solução pacífica de conflitos.

As constelações sistêmicas são comumente utilizadas pelos tribunais em fase preliminar aos processos judiciais. Atualmente, é utilizada ao menos em 16 dos 27 estados do país com resultados positivos superiores aos apresentados pelas próprias audiências de conciliação, mediação ou arbitragem.

Portugal está dando os primeiros passos na aplicação das constelações sistêmicas, mas já se pode, desde o ano de 2017, falar em expansão de tribunais e processos no emprego da ferramenta. Em outubro de 2018, foi

---

[66] O Direito Sistêmico tem como fundamento as Constelações Familiares, método psicoterapêutico de abordagem sistêmica fenomenológica, desenvolvido por Bert Hellinger, pelo qual só há o direito, quando a solução traz paz e equilíbrio para todo o sistema.

[67] OTONI, Luciana; FARIELLO, Luiza. *Constelação Pacífica: conflitos de família no Judiciário. Agência CNJ de Notícias.* 2018. Disponível em: http://www.cnj.jus.br/noticias/cnj/ 86659-constelacao-pacifica-conflitos-de-familia-no-judiciario. Acesso em: 03 dez. 2019.

organizado o I Encontro de Direito Sistêmico e Constelações Familiares, na Faculdade de Direito de Lisboa pela Revista Lusobrasileira de Alienação Parental, levando ao conhecimento do público português os principais pontos da filosofia hellingeriana. À época, foram realizadas exposições sobre as ordens do amor e os benefícios do uso da filosofia sistêmica à justiça, desde o lugar de cada um dos operadores, seja na fase extrajudicial ou na fase judicial.

Nesse encontro, também foi compartilhado que o uso das constelações familiares é uma realidade nos Tribunais de Portugal, sendo que o primeiro a implementar foi o Juízo de Família e Menores de Mafra do Tribunal Judicial da Comarca de Lisboa Oeste, por meio do Magistrado Dr. Joaquim Manuel Silva e da Psicóloga Dra. Leonor Monteiro, a primeira consteladora de Tribunal em Portugal.

O fundamento legal utilizado foi o art. 22º[68] da lei 141/2015 de 08 de setembro, que diz que o magistrado pode solicitar um assessor técnico externo. É sob a égide deste diploma legal que o uso das constelações familiares tem sido possível nos Tribunais Portugueses.

Em resposta aos resultados positivos nos casos bem sucedidos em Mafra, outros Tribunais e Juízes aderiram a esta abordagem, especialmente os Juízes de Direito Dr. António Fialho e Dr. Vítor Pedro Nunes, lotados no Juízo de Família e Menores do Barreiro, a Dra. Ana Chambel, Juíza Coordenadora dos Tribunais do Barreiro, Moita e Montijo.

Do exposto, depreende-se que Portugal e Brasil estão contribuindo, cada um ao seu tempo, para propagar a cultura da pacificação social, compartilhando as suas experiências com o mundo e atestando que o Direito Sistêmico é mais uma alternativa adequa aos seus cidadãos para se alcançar a justiça.

VI. CONCLUSÃO

As relações sociais implicam o encontro de pessoas com interesses diferentes, o que pode ensejar situações conflituosas. Assim, a mediação familiar busca soluções desses conflitos por meio de ações judiciais e

[68] Art. 22º – "1- Em qualquer fase do processo e sempre que o entenda necessário, o juiz pode nomear ou requisitar assessores técnicos externos, a fim de assistirem a diligências, prestarem esclarecimentos, realizarem exames ou elaborarem pareceres.

extrajudiciais. Também pode ser considerada um meio alternativo de resolução de conflitos que confere, muitas vezes, menos desgaste e maior nível de satisfação às partes, mais velocidade para o judiciário e menos custo ao Estado e, ao mesmo tempo, continua alcançando os objetivos constantes na legislação.

Quando se possibilita às partes superar a dicotomia culpado-inocente, ideia ultrapassada no que tange às verdades referentes ao relacionamento entre pessoas, o que se deseja é ir além das provas e alegações que constam no processo, evitando-se a escalada do litígio familiar: esse é o maior objetivo da prática da mediação.

Considera-se, ainda, que a mediação com o auxílio das constelações familiares é possível intervir por intermédio de uma abordagem interdisciplinar, incluindo os aspectos jurídicos e psicológicos, sendo reconhecidas as relações de fato e de direito.

A mediação não pode ser considerada apenas como uma prática de negociação dos conflitos, ela é o conjunto de mecanismos ou técnicas empregadas para o resgate do ser humano e principalmente da família.

Verifica-se que a mediação, juntamente com a técnica da constelação familiar, traz o propósito de romper as barreiras conjunturais, de amparar na letra fria da lei a base emocional do ser humano, visando levá-lo ao seu próprio interior para encontrar uma nova forma de vivência bem como as causas que desajustaram o relacionamento.

Os legisladores brasileiros e lusitanos já preveem leis para solidificar os meios extrajudiciais. Contudo, para a mudança de uma cultura de litígios para uma cultura pacífica e humanizada, é necessário um esforço não só do legislador, como também de advogados, estudantes de Direito e sociedade.

REFERÊNCIAS

a) Livros:

CALMON, Petrônio – *Fundamentos da Mediação e da Conciliação*. 4ª ed. Brasília: Gazeta Jurídica, 2013.

CEZAR-FERREIRA, V.A.M – *Família, Separação e Mediação: uma visão psicojurídica*. 2. ed. São Paulo: Malheiros, 2007.

CAPRA, Fritjof. Luisi, Pier Luigi – *A Visão Sistêmica da Vida*. São Paulo: Cultrix, 2014.

CRUZ, Rossana Martingo – *Mediação familiar – Limites materiais dos acordos e o seu controlo pelas autoridades*. Coimbra: Coimbra editora, 2011.

DESCARTES, René – *Os pensadores*. II vol. São Paulo: Nova Cultura, 1987.

Farinha, Antônio H.L; Lavadinho, Conceição – *Mediação Familiar e Responsabilidades Parentais*. Coimbra: Livraria Almedina, 1997.

GARAPON, Antoine – *O juiz e a democracia:* O guardião de promessas. Tradução Maria Luíza de Carvalho. 2 ª. ed. Rio de Janeiro: Revan, 2001.

GOUVEIA, Mariana França – *Curso de Resolução Alternativa de Litígios*. 3.ª ed. Coimbra: Almedina, 2015.

GRAÇA, M.H – *Constelações Familiares com Bonecos*. 3.ª ed. Curitiba: Juruá, 2018.

LOPES, Dulce; PATRÃO, Afonso. Lei da Mediação Comentada. 2ª ed. Coimbra: Livraria Almedina, 2016.

MONTEIRO, António Pedro Pinto; SILVA, Artur Flamínio da; Mirante, Daniela. *Manual de Arbitragem*. Coimbra: Livraria Almedina, 2019.

MOORE, Christopher W – *O processo de mediação: estratégias práticas para a resolução de conflitos*. Trad. Magda França Lopes. Porto Alegre: Artmed, 1998.

Morais, J.L.B. *A subjetividade do tempo*: uma perspectiva transdisciplinar do Direito e da Democracia. Porto Alegre: Livraria do Advogado, 1988.

RÍOS, P Lucas – *Mediação Familiar. Estudo preliminar para uma regulamentação da mediação familiar em Portugal*. Verbo Jurídico, v. 2, 2005.

ROSA, Conrado P – *Nova lei da Guarda Compartilhada*. São Paulo: Saraiva, 2015.

SAMPER, Trinidad B – *La mediación: Una solución a los conflictos de ruptura de pareja*. 2. ed. Madrid: Colex, 2002.

SANTANA, Emilia – *Constelação Sistêmica Familiar: as leis do amor*. São Paulo: Alfabeto, 2018.

SOARES, Samira Iasbeck de Oliveira – *Mediação de Conflitos Ambientais*. Curitiba: Juruá, 2010.

WARAT, Luis Alberto – *O Ofício do Mediador*. Florianópolis: Habitus, 2001, v.1.

b) Capítulo de livro:

BARBOSA, Águida Arruda – Mediação Familiar: Instrumento para a Reforma do Judiciário. In Ehrhardt Júnior, Marcos; ALVES, Leonardo Barreto Moreira (coord.). *Direito das famílias: em busca da consolidação de um novo paradigma baseado na dignidade, no afeto, na responsabilidade e na solidariedade*. Salvador: Jus Podivm, 2010.

COSTA, Alexandre Araújo – Cartografia dos métodos de composição de conflitos. In: AZEVEDO, André Gomma de (Org.). *Estudos em arbitragem, mediação e negociação.* Brasília: Grupos de Pesquisa, 2003.

FICHTNER, José Antônio – MANHEIMER, Sergio Nelson; MONTEIRO, Andre Luis – Questões concernentes à anulação de sentenças arbitrais domésticas. In: MUNIZ, Joaquim de Paiva. (Coord.). *Arbitragem e Mediação: Temas controvertidos.* Rio de Janeiro: Forense, 2014.

PINHO, Humberto Dalla Bernadina de – Uma leitura processual dos Direitos Humanos. O direito fundamental à tutela adequada e à opção pela medição como via legítima para a resolução de conflitos. In: KLEVENHUSEN, Renata Braga (Coord.). *Temas de Direitos Humanos.* Rio de Janeiro: Lumen Juris, 2009.

Silveira, T.P – Resolução 125 do CNJ como mecanismo facilitador na solução de litígios. In: Spengler, F.M; NETO, S.T. (Orgs.). *Mediação enquanto política pública: o conflito, a crise da jurisdição e as práticas mediativas.* Santa Cruz do Sul: EDUNISC, 2012.

c) Artigo de revista:

ARSÊNIO, J – *A Mediação como facilitador dos processos judiciais.* In: SILVA, D.M.P. (Coord.). Psique Edição Especial – Psicologia Jurídica. São Paulo: Escala, 2007 n. 5.

BARBOSA. Águida Arruda – *Mediação no Direito de Família.* In: Repertório IOB de Jurisprudência. São Paulo. n. 14, 2ª quinzena de julho/1999.

CAMPILONGO. Celso Fernandes – *O Judiciário e a democracia no Brasil.* In: Revista da USP. São Paulo. n. 21, mar/maio. 1994.

CARVALHO. Jorge Morais – *A consagração legal da mediação em Portugal.* In: Coimbra. nº 15, 2011.

DELGADO, Ruben Bahamonde. The structuring principles of Mediation in Portugal. In: *GALILEU – Revista de Economia e Direito.* Lisboa. v. XIX, nº 2, 2018.

GANANCIA. Daniele – *Justiça e mediação familiar: uma parceria a serviço da comparentalidade.* In: Revista dos advogados nº 62, 2001.

SALES. Lília Maia de Morais – *Mediação de Conflitos Sociais, Polícia Comunitária e Segurança Pública.* In: Revista Sequência, nº 58, 2009.

d) Websites:

AZEVEDO, André Gomma de (Org.) – *Manual de Mediação Judicial.* [consultado em: 22 de novembro de 2019]. Disponível em: http://www. cnj.jus.br/files/conteudo/arquivo/2016/07/f247f5ce60df2774c59d6e2dddbfec54.pdf.

Brasil. Constituição da República Federativa do Brasil. 05 Out. 1988. [consultado em: 18 de novembro de 2019]. Disponível em: http://www.planalto.gov.br/ccivil_03/constituicao/constituicao.htm

_____. Lei n. 13.105 de 16 de março de 2015. Dispõe sobre o Código de Processo Civil, 2015. [consultado em: 07 de fevereiro de 2020]. Disponível em: http://www.planalto.gov.br/ccivil_03/_ato2015-2018/2015/lei/l13105.htm.

______. Lei n. 13.140 de 26 junho de 2015. Dispõe sobre a mediação entre particulares como meio de solução de controvérsias e sobre a autocomposição de conflitos no âmbito da administração pública, 2015. [consultado em: 07 de fevereiro de 2020] Disponível em: http://www.planalto.gov.br/ccivil_03/_Ato2015-2018/2015/Lei/L13140.htm.

CEBOLA, Cátia Marques. *La mediación: Un nuevo instrumento de la administración de la justicia para la solución de conflictos.* [consultado em 15 de agosto de 2022]. Disponível em: https://iconline.ipleiria.pt/bitstream/10400.8/761/1/DDAFP_Marques_Cebola_C_LaMediacion.pdf.

LEI n.º 29/2013, de 19 de abril. [consultado em: 18 de novembro de 2019]. Disponível em: https://dre.pt/dre/detalhe/lei/29-2013-260394.

LIMA, Flávio Pereira – *Reflexões sobre o novo CPC: a mediação e a advocacia.* 2015. [consultado em: 7 de fevereiro de 2020]. Disponível em: http://jota.info/reflexoes-sobre-o-novo-cpc-a-mediacaoe-a-advocacia.

OTONI, Luciana; FARIELLO, Luiza – *Constelação Pacífica: conflitos de família no Judiciário.* Agência CNJ de Notícias. 2018. [consultado em: 3 de dezembro de 2019]. Disponível em: <http://www.cnj.jus.br/noticias/cnj/86659-constelacao-pacifica-conflitos-de-familia-no-judiciario>

PEREIRA, Clóvis Brasil – *Conciliação e Mediação no Novo CPC.* 2015. [consultado em: 7 de fevereiro de 2020]. Disponível em: http://www.prolegis.com.br/conciliacao-e-mediacao-no-novocpc-no-03/.

A EXCEÇÃO DO CONTRATO NÃO CUMPRIDO NO ÂMBITO DA COLIGAÇÃO CONTRATUAL ENVOLVENDO UMA CONCESSIONÁRIA DE SERVIÇO PÚBLICO

THE EXCEPTION OF A NON-PERFORMED CONTRACT IN THE SCOPE OF LINKED CONTRACTS INVOLVING A PUBLIC SERVICE CONCESSIONAIRE

David Azulay[1]

RESUMO: O presente trabalho propõe-se a analisar a possibilidade de uma concessionária, diante do descumprimento do Poder Concedente de suas obrigações, invocar, a seu favor, a exceção do contrato não cumprido contra uma empresa terceira, com a qual mantenha relação contratual que objetive a aquisição de insumo necessário à prestação do serviço público, sempre que o Poder Público permanecer em mora. A indagação torna-se especialmente relevante, considerando que os contratos administrativos (incluindo-se aí o contrato de concessão) caracterizam-se por serem dotados de um regime específico, em que o contratante público possui um conjunto de poderes de autoridade sobre o particular, que visam, em última instância, resguardar o princípio geral da prevalência do interesse público. Pela mesma razão, isto é, visando a garantia do interesse público, as concessionárias de serviço público estão subordinadas a uma série de princípios, tais como o da modicidade e continuidade. Desse conjunto de normas e princípios, decorre, em muitos casos, a impossibilidade de o particular invocar a seu favor, contra o Poder Público, a exceção do contrato não cumprido. É o caso, por exemplo, de quando a paralisação do serviço implicar grave prejuízo para a realização do interesse público. Daí, então, a indagação sobre a possibilidade de oposição da *exceptio* contra as demais partes que integram a união de contratos envolvendo a concessão.

Palavras-chave: *exceção do contrato não cumprido; coligação contratual; concessionária de serviço público.*

ABSTRACT: This paper analysis the possibility of an utility company, due to the non-compliance of the Granting Authority with its obligations, invoke, in its favor, the

[1] Mestre em Ciências Jurídicas pela Universidade Autónoma de Lisboa. Graduado pelo IBMEC. Sócio do escritório DSMA Azulay Advogados, com atuação nas áreas de contencioso civil, direito do consumidor, direito administrativo, contratos e direito das sucessões.

exception of a non-performed contract against another third party company, with which it maintains a contractual relationship that aims at the acquisition necessary input for the provision of public service, as long as the Government remains on arrears. The inquiry becomes especially relevant, considering that administrative contracts (including the concession contract there) are characterized by having a specific regime, in which the public contractor has a set of powers of authority over the individual, which aim, ultimately, to safeguard the general principle of the prevalence of public interest. For the same reason, that is, aiming to guarantee the public interest, public service concessionaires are subjected to a series of principles, such as the principle of moderation and continuity. From this set of rules and principles, it follows, in many cases, that it is impossible for the individual to invoke, in his favor, against the Public Power, the exception of a non-performed contract. This is the case, for example, when the interruption of the service entails serious damage to the realization of the public interest. Hence, then, the question about the possibility of opposition of the exception against the other parties that are part of the union of contracts involving the concession.

Keywords: *exception of a non-performed contract; linked contracts; public service concessionaire.*

I. EXCEÇÃO DO CONTRATO NÃO CUMPRIDO

A. Conceito e efeitos

A exceção do contrato não cumprido ou exceção de não cumprimento[2] é a faculdade que cada uma das partes detém, nos contratos bilaterais (sinalagmáticos), de recusar o cumprimento da sua prestação enquanto a contraprestação devida não for cumprida pela outra parte ou esta não oferecer o cumprimento simultâneo da contraprestação. Em outras palavras, nenhuma das partes pode exigir o cumprimento da prestação sem que, antes, tenha cumprido a parte que lhe cabia.

"Nos contratos bilaterais", segundo as lições de Caio Mario, "as obrigações das partes são recíprocas e interdependentes: cada um dos contratantes é simultaneamente credor e devedor um do outro, uma vez que as respectivas obrigações têm por causa as do seu cocontratante, e, assim, a existência

[2] ABRANTES, José João – *A Excepção de não cumprimento do contrato: conceito e fundamento.* 2.ª ed. Coimbra: Almedina, 2014. ISBN 978-972-40-4953-3, p. 35.

de uma é subordinada à da outra parte"[3]. Inexistindo o cumprimento da prestação por uma das partes, pode a outra invocar a seu favor a *exceptio*.

A exceção do contrato não cumprido constitui, portanto, um meio de defesa indireta contra a pretensão da outra parte. O seu objetivo não é a resolução do contrato e isenção do excipiente do dever de cumprir a prestação que lhe cabia, mas apenas o direito de recusar a prestação que lhe cabe (momentaneamente), todo o tempo em que a outra parte não cumprir a sua parte, como leciona Humberto Theodoro Júnior[4].

A exceção do contrato não cumprido, tratando-se de simples defesa dilatória[5], tem como principal efeito a suspensão da exigibilidade da obrigação do demandado a cumpri-la (isto é, do excipiente), durante todo o tempo que o excepto recursar-se ao cumprimento da contraprestação[6]. A *exceptio* caracteriza-se, portanto, pelo seu efeito de dilação do tempo de cumprimento da prestação do excipiente até a satisfação da parte que compete ao excepto, como forma de manter o equilíbrio da relação contratual, nesse estado de mora de uma das partes.

No direito português, o instituto da exceção do contrato não cumprido encontra previsão no art. 428.º e seguintes do Código Civil, nos seguintes termos: "Art. 428.º n. 1. Se nos contratos bilaterais não houver prazos diferentes para o cumprimento das prestações, cada um dos contraentes tem a faculdade de recusar a sua prestação enquanto o outro não efectuar a que lhe cabe ou não oferecer o seu cumprimento simultâneo". Observe-se, ainda, que, tratando-se de contratos administrativos, será aplicável o art. 327.º do Código dos Contratos Públicos.

No direito brasileiro, a referida regra encontra previsão no art. 476.º do Código Civil, que assim dispõe: "Art. 476º. Nos contratos bilaterais, nenhum dos contratantes, antes de cumprida a sua obrigação, pode exigir o implemento da do outro".

---

[3] PEREIRA, Caio Mário da Silva – *Instituições de Direito Civil*. 22.ª ed. Rio de Janeiro: Editora Forense, 2008. Vol. 3. ISBN 978-85-02-153462-2. p. 67.

[4] THEODORO JÚNIOR, Humberto – *O contrato e seus princípios*. 2.ª ed. Rio de Janeiro: AIDE, 1999. ISBN 8532100872. p. 88.

[5] LOPES, Miguel Maria de Serpa – *Exceções substanciais: exceção de contrato não cumprido (exceptio non adimpleti contractus)*. Rio de Janeira: Freitas Bastos, 1959. ISBN: 85-7453-108-1. pp. 135, MIRANDA, Pontes de – *Tratado de direito privado*. São Paulo: Revista dos Tribunais, 2012. Vol. 26. ISBN 9788520343210. p. 100 e GOMES, Orlando – *Contratos*. 26.ª ed. Rio de Janeiro: Forense, 2009. ISBN: 9788530925208. p. 92.

[6] ABRANTES, José João – *Op. Cit.* p. 111.

B. Pressupostos

A recusa do excipiente em cumprir a prestação que lhe cabia, por meio da oposição da *exceptio*, exige a existência de determinados requisitos, para que seja considerada regular e lícita, são eles: (i) existência de um vínculo contratual sinalagmático; (ii) simultaneidade das prestações; (iii) inadimplemento; (iv) boa-fé.

Quanto ao primeiro pressuposto, a exceção do contrato não cumprido é oponível, apenas, no âmbito dos contratos bilaterais ou sinalagmáticos, ou seja, no âmbito das relações contratuais em que ambas as partes possuam obrigações recíprocas e interdependentes.

Nas palavras de João José Abrantes, a configuração desse sinalagmatismo, necessário à oposição da exceção, assenta na ideia de "interdependência entre obrigações que deles reciprocamente emergem para ambas as partes"[7].

A *exceptio*, portanto, tem espaço naquelas relações em que há um vínculo de interdependência entre duas prestações, em que cada uma dessas prestações é contrapartida da outra; em que uma não nasce sem a outra e uma não se extingue sem a outra. É preciso, assim, que haja uma prestação de um lado e, de outro, a sua respectiva contraprestação.

Além de sinalagmáticas, para que seja possível opor a *exceptio* é imprescindível que as prestações sejam executadas simultaneamente, de modo que seja possível que uma parte recuse o cumprimento da sua obrigação enquanto a prestação da outra não for executada. É preciso que ambas as obrigações tenham alcançado o seu termo de vencimento e, portanto, sejam exigíveis[8].

O dever de cumprimento simultâneo das obrigações sinalagmáticas recai sobre cada uma das partes, em razão da interdependência das prestações, do nexo causal que une as obrigações[9].

Segundo as lições de Silvio Rodrigues, "é mister que as prestações sejam simultâneas, pois, caso contrário, sendo diferente o momento da

---

[7] Idem – *Op. Cit.* p. 35.

[8] Idem – *Op. Cit.* p. 46.

[9] GONÇALVES, Carlos Roberto – *Direito Civil Brasileiro: Contratos e Atos Unilaterais.* 9.ª ed. São Paulo: Saraiva, 2012. Vol. 3. ISBN 978-85-02-15346-2. p. 80.

exigibilidade, não podem as partes invocar tal defesa"[10] A atuação das partes, portanto, está condicionada à atuação da outra, nos limites do princípio da simultaneidade.

A exceção do contrato não cumprido pressupõe, ainda, como terceiro requisito, o inadimplemento das obrigações de ambos os contratantes: o excipiente recusa-se ao cumprimento da sua prestação, quando o excepto a reclama, sem, todavia, ter executado a sua contraprestação[11].

Como se vê, para que se opere a *exceptio,* a recusa da prestação pelo excipiente deve estar fundamentada no inadimplemento contratual da outra parte, sempre quando este último for exigível, ou seja, esteja vencido.

É preciso observar-se, todavia, que a exceção do inadimplemento somente terá espaço na hipótese de o descumprimento contratual da outra parte não ser definitivo, ou seja, na hipótese em que o excepto ainda tenha condições de cumprir com sua obrigação. Do contrário, a hipótese será de resolução do contrato[12].

Em outras palavras, na exceção do contrato não cumprido, se um dos contratantes deixa de cumprir com sua obrigação no tempo e modo devidos – mas o cumprimento ainda é possível –, a outra parte pode recusar a contraprestação, enquanto perdurar essa situação de inadimplência. É o que dispõe o art. 428.º, n.º 1 do Código Civil português[13] e o art. 476.º do Código Civil brasileiro[14].

Por fim, como último requisito, assim como os negócios jurídicos devem estar pautados na boa-fé, a exceção do contrato não cumprido, também, deve estar subordinada à esta cláusula geral, que impõe às partes de agirem com honestidade e de cumprirem, de maneira criteriosa, todos os seus deveres assumidos, em decorrência da relação contratual entabulada.

---

[10] RODRIGUES, Silvio – *Direito civil.* 28.ª ed. São Paulo: Saraiva, 2002. Vol. 3. ISBN 850203605x. pp. 83-85.

[11] ABRANTES, José João – *Op. Cit.* p. 74.

[12] Idem – *Op. Cit.* pp. 75.

[13] Art. 428. n. 1. do Código Civil português: "Se nos contratos bilaterais não houver prazos diferentes para o cumprimento das prestações, cada um dos contraentes tem a faculdade de recusar a sua prestação enquanto o outro não efectuar a que lhe cabe ou não oferecer o seu cumprimento simultâneo".

[14] Art. 476 do Código Civil brasileiro: "Nos contratos bilaterais, nenhum dos contratantes, antes de cumprida a sua obrigação, pode exigir o implemento da do outro".

No direito português, esse impositivo encontra-se insculpido nos arts. 227.º e 762.º, n.º 2, do Código Civil[15], ao passo que, no direito brasileiro, encontra previsão no art. 422.º do respectivo Código Civil[16].

Segundo Caio Mário da Silva Pereira, "sendo o instituto animado de um sopro de equidade, deve à sua invocação presidir a regra da boa-fé, não podendo erigir-se em pretexto para o descumprimento do avençado"[17].

A boa-fé funciona, portanto, como verdadeira limitadora da atuação da *exceptio*. No caso concreto, o juiz deve verificar se o exercício da *exceptio* representa violação da cláusula geral da boa-fé (objetiva e subjetiva) ou não, considerando-se os costumes da localidade, de maneira que seja possível avaliar a proporção da recusa do excipiente frente ao inadimplemento do excepto, ou seja, verificar se a arguição da *exceptio* gerará a quebra do sinalagmatismo das prestações.

Além disso, a exceção, sempre quando invocada, deverá se operar de maneira razoável e proporcional ao descumprimento da outra parte. A oposição da *exceptio* de forma contrária à boa-fé representa manifesto abuso de direito e, portanto, a ilegitimidade do seu exercício. Nesse sentido, dispõem os arts. 334.º do Código Civil português[18] e 187.º do Código Civil brasileiro[19].

---

[15] Art. 227, n.º 1, do Código Civil português: Quem negoceia com outrem para conclusão de um contrato deve, tanto nos preliminares como na formação dele, proceder segundo as regras da boa fé, sob pena de responder pelos danos que culposamente causar à outra parte. Art. 762º, n.º 2, do Código Civil português: No cumprimento da obrigação, assim como no exercício do direito correspondente, devem as partes proceder de boa fé.

[16] Art. 422 do Código Civil brasileiro. "Os contratantes são obrigados a guardar, assim na conclusão do contrato, como em sua execução, os princípios de probidade e boa-fé".

[17] PEREIRA, Caio Mário da Silva – *Op. Cit.* p. 160.

[18] Art. 334º do Código Civil português: "É ilegítimo o exercício de um direito, quando o titular exceda manifestamente os limites impostos pela boa fé, pelos bons costumes ou pelo fim social ou económico desse direito".

[19] Art. 187º do Código Civil brasileiro: "Também comete ato ilícito o titular de um direito que, ao exercê-lo, excede manifestamente os limites impostos pelo seu fim econômico ou social, pela boa-fé ou pelos bons costumes".

II. UNIÃO DE CONTRATOS

A. Espécies e conceito

A união de contratos, ou contratos coligados, de acordo com as lições do Professor Inocêncio Galvão Telles, pode ser classificada em três espécies: união extrínseca; união alternativa; união com dependência (ou união interna)[20].

A *união extrínseca* caracteriza-se pelo fato de dois contratos autônomos serem celebrados no mesmo momento ou circunstância, constando, por exemplo, por mera comodidade das partes, do mesmo instrumento jurídico. Neste tipo de união não há um interesse jurídico na união dos contratos, sendo ela meramente extrínseca, de modo que cada um dos contratos conserva a sua individualidade e suas próprias regras[21]. Não existe nenhum outro vínculo entre esses contratos, que não seja essa ligação circunstancial, meramente externa. Não há entre os ajustes qualquer associação interna, que faça com que um dependa do outro. A união é puramente aparente e sem interesse: cada negócio jurídico segue suas próprias regras e seu próprio destino, sem interferência do outro[22].

A *união alternativa*, por sua vez, caracteriza-se pela celebração de dois contratos, em que as partes estabelecem que apenas um deles será válido, de acordo com a ocorrência ou não de determinado evento futuro. Observe-se que a verificação ou não dessa condição terá efeitos retroativos, de maneira que, com a sua ocorrência ou não, apenas um dos contratos será considerado válido desde o início. A união dos contratos, neste caso, portanto, é provisória e temporária[23].

Por fim, a *união com dependência* (ou união interna) – que nos interessa para fins do presente estudo – caracteriza-se pela existência de uma relação de sujeição e dependência entre dois contratos, de maneira tal que a validade e vigência de um esteja intimamente ligada à validade e vigência do outro[24].

---

[20] INOCÊNCIO, Galvão Telles – *Manual dos Contratos em Geral*. 4.ª ed. Coimbra: Coimbra Editora, 2010. ISBN 9789723211030. pp. 475/476.

[21] *Ibidem.*

[22] *Ibidem.*

[23] *Ibidem.*

[24] *Ibidem.*

De acordo com as lições do professor Inocêncio Galvão Telles, "Ocorre na união com dependência uma inseparável ou inextrincável relação de sujeição e de existência jurídica entre dois vínculos contratuais, sendo que o vínculo contratual principal determina a celebração e a vigência de um outro que não existiria se o primeiro não ganhasse existência jurídica"[25].

Na união com dependência (ou na "coligação contratual", como também se refere a doutrina a este tipo), há um nexo de carácter funcional, uma unidade de função e de interesse negocial, que vincula os contratos, acarretando a produção de efeitos ou consequências jurídicas novas, além daquelas próprias de cada um dos contratos. Ou seja, os contratos deixam de ser analisados, interpretados e produzirem seus efeitos de maneira individual e autônoma, passando a integrar um único conjunto econômico, com um único objetivo a ser alcançado. Nas palavras de Pedro Pais de Vasconcelos, há "uma unidade contratual com pluralidade de tipos" e não "uma pluralidade de contratos unidos funcionalmente"[26].

A união de contratos com dependência surge a partir da ideia da evolução das relações econômicas na sociedade que, indiscutivelmente, tornaram-se complexas, diante da necessidade de otimização da eficiência e dos resultados, assim como redução dos riscos. Os contratos precisaram acompanhar essa evolução, deixando para trás a visão clássica individualista, em que seus efeitos restavam restritos às partes contratantes, para uma nova forma, em que estão inseridos em operações econômicas complexas e interligadas, dando origem, assim, às redes contratuais[27].

Nesse sentido, José Virgílio Lopes Enei se referiu aos contratos coligados (união com dependência) como sendo "fruto da hipercomplexidade das relações sociais e econômicas da atualidade, bem como da crescente especialização das atividades e divisão de trabalho. Operações econômicas que outrora podiam ser concretizadas por um único contrato, fosse típico ou atípico, agora, em virtude da maior complexidade destas e do envolvimento de um maior número de partes, exigem a celebração de diversos contratos interligados"[28].

---

[25] *Ibidem.*

[26] VASCONCELOS, Pedro Pais de – *Contratos Atípicos, Colecção Teses.* 1ª ed. Coimbra: Libraria Almedina, 1995. ISBN 9724008517. pp. 218 e 219.

[27] ITURRASPE, Jorge Mosset – *Contratos conexos: grupos y redes de contratos.* Buenos Aires: Rubinzal Culzoni, 1999. ISBN 978-950-727-227-1. p. 9.

[28] ENEI, José Virgílio Lopes – Contratos Coligados. *In Revista de Direito Mercantil, Industrial, Econômico e Financeiro.* ISSN: 0102-8049. Vol. 42, n.º 132 (outubro/dezembro, 2003). p. 113.

Francesco Galgano explica os contratos coligados (ou "união com dependência") como "uma pluralidade coordenada de contratos, cada um dos quais responde a uma causa autônoma, tendo em conjunto a realização de uma operação econômica unitária e complexa"[29].

Na união com dependência existe uma finalidade econômica comum entre as partes; há um fim econômico comum a ser perseguido, o que justifica a opção das partes por subordinar os distintos contratos uns aos outros[30]. Há, assim, um ponto de interligação ou nexo de convergência, direto ou indireto, material ou imaterial, ainda que, em algumas situações, identifique-se essa dependência em contratos tidos como principal e acessório[31].

Pode-se dizer, portanto, que a coligação contratual é representada pela pluralidade de contratos, que, apesar de manterem sua individualidade própria, encontram-se ligados entre si por um nexo funcional, que admite repercussões uns nos outros, constituindo, assim, uma unidade econômica. É essa dependência econômica (recíproca ou unilateral) que permite que os contratos possam alcançar a sua finalidade econômica comum[32].

B. Formação da coligação contratual ("união com dependência"): Espécies

De acordo com as lições de Francisco Marino[33], o vínculo de interdependência entre os contratos pode ser estabelecido de três maneiras: por força

---

[29] GALGANO, Francesco. *El negocio jurídico.* Madrid: Editorial Tirant lo Blanch, 1992. ISBN 13: 9788480020602. p. 114.

[30] SOARES, Renata Domingues Balbino Munhoz – *Novos rumos do direito contratual: Estudos sobre princípios de direito contratual e suas repercussões práticas.* 1ª ed. São Paulo: LTr, 2009. ISBN 9788536114170. pp. 12.

[31] TARTUCE, Flávio – Contratos Coligados e sua função social. *Carta Forense.* São Paulo. (02 ago. 2012) [Em linha]. [Consult. 25 abr. 2018]. Disponível em http://www.cartaforense.com.br/conteudo/artigos/contratos-coligados-e-sua-funcao-social/9100.

[32] COELHO, Francisco Manuel de Brito Pereira – Coligação negocial e operações negociais complexas. *In Boletim da Faculdade de Direito.* ISSN: 0303-9773. Vol. Comemorativo 75 anos. Coimbra: Universidade de Coimbra, 2003. pp. 209 e ss..

[33] MARINO, Francisco Paulo de Crescenzo – *Contratos Coligados no Direito Brasileiro.* 1.ª ed. São Paulo: Saraiva, 2009. ISBN 978-85-02-07538-2. p. 100.

de (i) disposição legal; (ii) natureza acessória de um dos contratos; ou (iii) disposição contratual, seja ela expressa ou mesmo implícita.

No caso de o vínculo estabelecer-se por disposição legal, classifica o autor, que a coligação é *ex lege*. Já quando o vínculo se forma em razão da natureza acessória de um dos contratos em relação ao outro, diz que a coligação é *natural*. E, por fim, quando as partes convencionarem, de forma expressa ou implícita, a relação de dependência de um contrato com o outro, fala em coligação *convencional ou voluntária*[34].

Um exemplo de coligação *ex lege* é o contrato de financiamento para consumo, no espaço jurídico europeu[35]. A Diretiva 87/102/CEE de 1986 da União Europeia, tratava expressamente sobre o tema, em seu art. 11.º, tendo sido incorporada pelo direito português através do Decreto-Lei n.º 359/91, em seu art. 12.º.

Posteriormente, a Diretiva 2008/48/CE do Parlamento Europeu do Conselho de 23 de abril de 2008 revogou a anterior, mantendo, ainda, a disciplina sobre a coligação entre o financiamento e o fornecimento para consumo, desta vez em seu art. 3.º[36], norma esta incorporada no direito português, no art. 18.º do Decreto-Lei n.º 133/2009[37].

---

[34] *Ibidem*.

[35] MARQUES, Cláudia Lima – *Contratos no Código de Defesa do Consumidor: O novo regime das relações contratuais*. 3.ª ed. São Paulo: Revista dos Tribunais, 1999. ISBN 8520316913. p. 93.

[36] Artigo 3.º da Diretiva 2008/48/CE do Parlamento Europeu do Conselho de 23 de abril de 2008: "n) Contrato de crédito ligado»: um contrato de crédito nos termos do qual: i) o crédito em questão serve exclusivamente para financiar um contrato de fornecimento de bens ou de prestação de um serviço específico e ii) estes dois contratos constituem uma unidade comercial de um ponto de vista objectivo; considera-se que existe uma unidade comercial quando o crédito ao consumidor for financiado pelo próprio fornecedor ou prestador de serviços ou, no caso de financiamento por terceiros, quando o mutuante recorrer aos serviços do fornecedor ou prestador de serviços para preparar ou celebrar o contrato de crédito ou caso os bens específicos ou a prestação de um serviço específico estejam expressamente previstos no contrato de crédito".

[37] Artigo 18.º do Decreto-Lei n.º 133/2009 de Portugal: "Contrato de crédito coligado: 1 – A invalidade ou a ineficácia do contrato de crédito coligado repercute-se, na mesma medida, no contrato de compra e venda. 2 – A invalidade ou a revogação do contrato de compra e venda repercute-se, na mesma medida, no contrato de crédito coligado. 3 – No caso de incumprimento ou de desconformidade no cumprimento de contrato de compra e venda ou de prestação de serviços coligado com contrato de crédito, o consumidor que, após interpelação do vendedor, não tenha obtido deste a satisfação do seu direito ao exacto cumprimento do contrato, pode interpelar o credor para exercer qualquer uma das seguintes

Referida norma foi internalizada por diversos outros países da União Europeia, podendo-se citar o § 358.º do Código Civil alemão (Bürgerliches Gesetzbuch – BGB), que, segundo tradução livre de Francisco Marino[38], assim dispõe: "Contratos coligados [...]. (3) Um contrato tendo por objeto o fornecimento de mercadoria, ou a execução de outra prestação, e um contrato de mútuo ao consumo são coligados, se o empréstimo serve completamente ou em parte ao financiamento do outro contrato e os dois contratos constituem uma unidade econômica. Em particular, deve considerar-se existente uma unidade econômica se o próprio empresário financia a contraprestação do consumidor ou, no caso de financiamento por parte de terceiro, se o mutuante se serve da cooperação do empresário na preparação ou na conclusão do contrato de mútuo ao consumo".

A *coligação natural*, de acordo com as lições de Francisco Marino, representa o vínculo de interpendência que nasce da relação acessória de dois contratos. Trata-se de uma figura atípica que reúne contratos distintos entre si, com causas autônomas e conteúdo adequado a cada tipo de contrato, vinculados para atender a uma finalidade comum[39].

A coligação natural representa um vínculo causal entre dois ou mais negócio, com efeitos jurídicos próprios que acabam determinando natureza e estrutura diversas daquelas dos contratos singulares. Em outras palavras, o elemento associativo dos contratos encontra-se no plano do negócio, do sistema. Esse elemento não essencial do contrato constitui pressuposto para o funcionamento do sistema[40].

Imagine-se, por exemplo, o caso de um contrato de empreitada em que, no curso da relação contratual, o empreiteiro decida celebrar um contrato de subempreitada. Este último possui uma relação de acessoriedade com o primeiro, evidenciando-se, assim, o vínculo de coligação natural[41]. Ou seja, o contrato de subempreitada possui uma relação de dependência direta com o de empreitada, em que o primeiro somente existe em razão do segundo.

---

pretensões: a) A excepção de não cumprimento do contrato; b) A redução do montante do crédito em montante igual ao da redução do preço; c) A resolução do contrato de crédito."

[38] MARINO, Francisco Paulo de Crescenzo – *Op. Cit.* p. 217.

[39] *Idem* – *Op. Cit.* pp. 105-106.

[40] LORENZETTI, Ricardo Luis – Redes contractuales: Conceptualización jurídica, relaciones internas de colaboración, efectos frente a terceros. *In Revista de Direito do Consumidor.* ISSN: 1415-7705. N.º 28, (outubro/dezembro, 1998), p. 34.

[41] MARINO, Francisco Paulo de Crescenzo – *Op. Cit.* pp. 105-106.

A *coligação voluntária* é verificada nas hipóteses em que a relação de interdependência entre negócios jurídicos distintos não advém da natureza acessória, tampouco decorre da lei, mas da vontade das partes. É assim definida, portanto, a *contrario sensu.*

Essa vontade pode ser expressa, como na hipótese em que o próprio contrato possui cláusulas expressas e específicas dispondo sobre a coligação, ou implícita, quando, apesar de não haver referência expressa à essa situação, as circunstâncias e o próprio fim objetivado pelos contratos permite essa interpretação. Neste caso, a coligação será deduzida a partir das circunstâncias em que foram celebrados os contratos, bem como do fim a que pretendem alcançar. A questão, portanto, será resolvida com base nas regras de interpretação dos contratos, sobretudo fazendo-se uso dos arts. 236.º e ss. do Código Civil português[42] (em se tratando de contrato administrativo, a questão deverá considerar, ainda, as normas aplicáveis previstas no Código dos Contratos Públicos, em especial na sua parte III).

Retomando o exemplo anteriormente citado, em relação ao contrato de financiamento para consumo, que no direito português consubstancia coligação *ex lege*, no direito brasileiro, segundo a doutrina de Francisco Marino, por sua vez, é classificado como coligação voluntária implícita.

É que, esclarece o mencionado autor, o Código de Defesa do Consumidor brasileiro não faz menção expressa à coligação entre o financiamento e o fornecimento para consumo. Limita-se, todavia, a enquadrar o fornecedor e instituição financeira na definição ampla de "fornecedor" prevista no art. 3.º, § 2.º[43].

O art. 52.º do Código de Defesa do Consumidor brasileiro, a seu turno, fala em "fornecimento de produtos ou serviços que envolva outorga de crédito

---

[42] Artigo 236.º do Código Civil (Sentido normal da declaração): "1. A declaração negocial vale com o sentido que um declaratário normal, colocado na posição do real declaratário, possa deduzir do comportamento do declarante, salvo se este não puder razoavelmente contar com ele. 2. Sempre que o declaratário conheça a vontade real do declarante, é de acordo com ela que vale a declaração emitida."

[43] Art. 3º: Fornecedor é toda pessoa física ou jurídica, pública ou privada, nacional ou estrangeira, bem como os entes despersonalizados, que desenvolvem atividade de produção, montagem, criação, construção, transformação, importação, exportação, distribuição ou comercialização de produtos ou prestação de serviços. (...) § 2º Serviço é qualquer atividade fornecida no mercado de consumo, mediante remuneração, inclusive as de natureza bancária, financeira, de crédito e securitária, salvo as decorrentes das relações de caráter trabalhista

ou concessão de financiamento ao consumidor", deixando claro, portanto, que o contrato de financiamento é um contrato tipicamente de consumo. Todavia, em momento algum o Código de Defesa do Consumidor brasileiro fala expressamente em coligação entre o fornecimento para consumo e o financiamento. Tampouco refere-se aos efeitos produzidos por esse tipo de coligação. Em suma, restou omisso em todos os aspectos, quanto à coligação desses contratos.

Não obstante, é nítida a relação de interdependência entre os contratos de fornecimento para consumo (de bens ou serviços) e o de financiamento: a razão deste último é viabilizar o primeiro negócio. E, por essa razão, ambos negócios jurídicos devem ser interpretados de forma unitária e complexa.

Tem-se, portanto, que a coligação expressa pressupõe a existência de uma cláusula expressa que estabelece o vínculo de dependência entre um contrato. Já a coligação implícita exige a análise e interpretação mais aprofundada das circunstâncias em que foram celebrados os ajustes, para determinação do vínculo existente entre eles.

Por fim, é de se observar que a cláusula que as partes estipulam, de forma expressa, a inexistência de coligação contratual (cláusula de separação), não possui valor absoluto, devendo ser confirmada através da análise e interpretação dos contratos. Ou seja, o Juiz deverá verificar a presença ou não de conflito da cláusula de separação com os demais termos e condições do contrato, que eventualmente possam apontar para uma efetiva coligação contratual[44].

C. Consequências Jurídicas

As principais consequências jurídicas dos contratos coligados são, de acordo com Francisco Marino, relativas à: (i) interpretação; (ii) qualificação; (iii) derrogação do regime jurídico típico; (iv) planos da validade e da eficácia[45].

Quanto à primeira consequência, em virtude de sua ligação, esses negócios estruturalmente independentes perseguem uma finalidade que ultrapassa a

[44] MARINO, Francisco Paulo de Crescenzo – *Op. Cit.* p. 103.

[45] *Idem – Op. Cit.* pp. 140-142.

mera soma das próprias finalidades individuais[46] e, justamente em decorrência dessa relação, que a *interpretação* dos contratos coligados exige a análise do vínculo como um todo.

É nesse sentido que Clóvis do Couto e Silva afirma que a tarefa de interpretação dos contratos coligados, ao contrário da ideia clássica (uma obrigação em oposição ao direito subjetivo da outra parte), deve se dar sob o ângulo de todos os ajustes, vistos como um todo[47].

Outra das consequências jurídicas da coligação contratual é a possibilidade de *alteração da qualificação jurídica* (típica ou atípica) dos contratos envolvidos. Assim, apesar de um contrato, quando analisado de forma individual e autônoma, poder ser qualificado juridicamente de uma maneira, nas hipóteses de coligação, essa qualificação pode vir a ser alterada.

No mesmo sentido, como por vezes a qualificação do contrato pode ser alterada em razão da coligação contratual, o *próprio regime jurídico aplicável aos contratos pode sofrer modificações em razão dessa*[48].

Ou seja, outras das consequências jurídicas da coligação contratual é a possibilidade de o tipo contratual original sofrer modificações na sua natureza, de modo, inclusive, a afastar a aplicabilidade de parte da regulação a ele correspondente. E a razão é fundada no princípio de que as partes possuem liberdade para estabelecer livremente as disposições contratuais[49].

Por fim, as últimas das consequências jurídicas da coligação contratual analisadas aqui, se referem aos *planos de validade e eficácia do negócio jurídico*. O vínculo de dependência dos contratos coligados conduz, desde logo, à noção de que a invalidade de um contrato enseja a invalidade do outro a ele coligado. Todavia, essa ideia contradiz o princípio geral do direito de que se deve conservar ao máximo os negócios jurídicos celebrados[50]. Portanto, ainda que parte do negócio seja declarada nulo, segundo o princípio da conservação do negócio jurídico, deve-se manter a parte restante válida e produzindo seus efeitos.

---

[46] KONDER, Carlos Nelson – *Contratos Conexos*. Rio de Janeiro: Renovar, 2006. ISBN: 8571475849. pp. 189.

[47] *Apud* CASCAES, Amanda Celli – A Interpretação dos Contratos Coligados. *In Revista Jurídica Luso Brasileira*. [Em linha]. [Consult. 12 out. 2020] Disponível em: https://www.cidp.pt/revistas/rjlb/2018/3/2018_03_0101_0133.pdf. ISSN: 2183-539X. N.º 3, (2018). p. 117.

[48] MARINO, Francisco Paulo de Crescenzo – *Op. Cit.* pp. 181-182.

[49] *Idem – Op. Cit.* p. 182.

[50] *Idem – Op. Cit.* pp. 189.

Nesse sentido, o art. 292.º do Código Civil português e o art. 184.º do Código Civil brasileiro estabelecem, respectivamente, que "A nulidade ou anulação parcial não determina a invalidade de todo o negócio, salvo quando se mostre que este não teria sido concluído sem a parte viciada" e "Respeitada a intenção das partes, a invalidade parcial de um negócio jurídico não o prejudicará na parte válida, se esta for separável; a invalidade da obrigação principal implica a das obrigações acessórias, mas a destas não induz a da obrigação principal".

No caso de contratos administrativos, o Código dos Contratos Públicos, em seu art. 285.º, n.º 3, dispõe que "Todos os contratos públicos são suscetíveis de redução e conversão, nos termos do disposto nos artigos 292.º e 293.º do Código Civil, independentemente do respetivo desvalor jurídico".

Ou seja, a invalidade parcial de um negócio jurídico ou redução de um ato negocial não o atingirá na parte válida, se esta puder subsistir automaticamente, desde que respeitada a intenção ou finalidade pretendida pelas partes, para que seja possível, dessa forma, conservar o negócio jurídico, ainda que parcialmente[51].

Como se vê, o esforço de se manter são o negócio jurídico, ainda que em parte e desde que respeitada a vontade das partes, consubstancia princípio geral do direito. Assim, de acordo com esse princípio, a invalidade de um contrato coligado não poderia ensejar a invalidade dos demais. Ou seja, estender-se a invalidade de um contrato ao outro a ele coligado parece violar essa regra do direito.

No entanto, essa ideia, na coligação dos contratos se revela incoerente. Isso porque, a vontade das partes era de estabelecer uma relação de dependência entre os diferentes negócios jurídicos. Não estender a invalidade de um para outro também contradiz o conceito da própria coligação[52].

Nesse sentido, Carlos Nelson Konder[53], leciona que, "ainda que o outro negócio não padeça da mesma vicissitude do negócio inválido, a falta de forma ou solenidade exigida em lei ou outra causa específica de nulidade, é razoavelmente pacífica a consideração que a coligação pode importar em sua

---

[51] DINIZ, Maria Helena – *Código civil anotado: com comentários à lei de introdução ao código civil.* 13.ª ed. São Paulo: Saraiva, 2008. ISBN 9788502064799. pp. 204.

[52] MARINO, Francisco Paulo de Crescenzo – *Op. Cit.* pp. 190-191.

[53] KONDER, Carlos Nelson – *Op. Cit.* pp. 221-222.

ineficácia (*lato sensu*), por meio da invocação do aforismo latino *simul stabunt, simul cadente*".

Com efeito, de acordo com Francisco Marino, a melhor solução para a problemática é analisar o tipo de coligação existente, se unilateral ou bilateral, bem como qual dos contratos serve de maneira acessória ao principal, isto é, qual deles possuiria maior importância do que o outro. Diz, ainda, o autor, de maneira geral, que na coligação unilateral haveria um contrato com maior importância do que o outro e na coligação bilateral essa importância seria equivalente[54].

Segundo o autor, no caso da coligação unilateral, vinculado pelo critério de acessoriedade, a invalidade ou ineficácia de um poderá se estender ao outro. Essa questão torna-se, todavia, mais complexa em se tratando de coligação bilateral.

Nesse último caso, caberá ao intérprete analisar e considerar, sobretudo, o fim a que visavam atingir as partes por meio de ambos os contratos. É apenas no caso em que o fim concreto não puder ser atingido que a invalidade de um dos contratos poderá ser declarada e, ao mesmo tempo, invalidado o outro contrato a ele coligado[55].

Assim, do mesmo modo como a invalidade de um negócio jurídico pode repercutir no plano da validade do outro contrato a ele coligado, a ineficácia de um pode afetar a eficácia do outro ou não, conforme a análise do caso concreto (sendo possível verificar que o fim perseguido pelas partes ainda pode ser atingido, a ineficácia não contamina o outro contrato).

III. CONTRATOS DE CONCESSÃO DE SERVIÇO PÚBLICO

A. Conceito

O contrato de concessão de serviço público pode ser definido como a convenção por meio da qual uma pessoa coletiva de direito público (o concedente) encarrega uma empresa privada ou pública (a concessionária)

[54] MARINO, Francisco Paulo de Crescenzo – *Op. Cit.* p. 192.
[55] *Idem – Op. Cit.* pp. 193-194.

de prestar um determinado serviço público por sua conta e risco, sendo remunerado através do preço cobrado aos utentes[56].

A concessão administrativa, segundo as lições de Pedro Gonçalves e Licínio Lopes Martins, é definida como "o ato ou negócio jurídico (ato ou contrato administrativo) através do qual uma entidade pública transfere para outra entidade o direito à exploração de atividades públicas ou procede à criação, na esfera jurídica de outra entidade, de direitos relativos à utilização de bens públicos"[57].

O contrato de prestação de serviço público surge como um "meio de realização das tarefas públicas"[58]. De acordo com as lições de Pedro Gonçalves e Licínio Lopes Martins, ao celebrar o contrato de concessão, o concessionário adquire um novo direito na sua esfera jurídica, que, antes, se encontrava na esfera jurídica do concedente (e não de um direito criado a partir do nada). Esse novo direito refere-se ao direito de gestão do serviço público, incluindo os correspondentes poderes necessários e inerentes ao seu desenvolvimento. Fica, todavia, a titularidade do serviço com o Poder Público, que detém os poderes de controle e fiscalização do concessionário[59].

O Estado, de forma alguma, renuncia à sua responsabilidade em relação a esses serviços. Apenas que, os mesmos passam a ser executados segundo a lógica do mercado, por organizações privadas, mas sempre sob a disciplina, regulação e fiscalização do Estado. A propriedade do serviço permanece pública[60].

Os serviços de fornecimento de água; energia eléctrica; gás natural; gases de petróleo liquefeitos canalizados; comunicações electrónicas; postais; recolha e tratamento de águas residuais; gestão de resíduos sólidos urbanos;

---

[56] ANJOS, Joana Catarina Neto dos – Litígios entre as Concessionárias do Serviço Público de Abastecimento de Água e os Consumidores: Questão da Jurisdição Competente. *Cedipre Online* [em linha]. N.º 24 (2014). [Consult. 08 de mar. 2020]. Disponível em https://www.fd.uc.pt/cedipre/wp-content/uploads/pdfs/co/public_24.pdf . pp. 17-18.

[57] GONÇALVES, Pedro; MARTINS, Licínio Lopes – Os Serviços Públicos Económicos e a Concessão no Estado Regulador. *In* MOREIRA, Vital – *Estudos de regulação pública*. 1.ª ed. Coimbra: Coimbra Editora, 2004. Vol. 1. ISBN 9789723212303. p. 226.

[58] ESTORNINHO, Maria João – Concessão de Serviços Públicos – Que Futuro?. *In Direito e Justiça*. ISSN: 0871-0336. Vol. Especial 2005, p. 21.

[59] GONÇALVES, Pedro; MARTINS, Licínio Lopes – Os Serviços Públicos Económicos e a Concessão no Estado Regulador. *In* MOREIRA, Vital – *Op. Cit.* p. 248.

[60] ANJOS, Joana Catarina Neto dos – *Op. Cit.* p. 18.

e transporte de passageiros, são exemplos de serviços públicos essenciais, elencados no art. 1.º, n.º 2, da Lei n.º 23/96, de 26 de Julho, que podem ser objeto de concessão por parte do Estado.

No ordenamento jurídico português, o contrato de concessão de serviço público vem definido no art. 407.º, n.ºs 2 e 3 do Código dos Contratos Públicos[61], que dispõe que considera-se concessão de serviços públicos o contrato, em que são partes o cedente e o cessionário, "pelo qual o cocontratante se obriga a gerir, em nome próprio e sob sua responsabilidade, uma atividade de serviço público, durante um determinado período, sendo remunerado pelos resultados financeiros dessa gestão ou, diretamente, pelo contraente público".

Quanto à natureza jurídica do contrato de concessão de serviço público, Pedro Gonçalves a define a como sendo um "acto jurídico de direito público (não de direito privado), em princípio, de natureza contratual (não unilateral), cujas cláusulas têm uma eficácia parcial ou também regulamentar"[62]. Como se vê, segundo as lições do autor, a concessão é muito mais do que um mero contrato, sendo um ato por meio do qual a Administração Pública atua de maneira típica e exclusiva. Portanto, ao contrato de concessão não se aplicam apenas as normas previstas em suas cláusulas contratuais, mas também normas gerais e regulamentares (por exemplo, no âmbito da gestão, funcionamento e organização do serviço), que asseguram ao utente a adequada prestação do serviço público pelo concessionário.

O concessionário, portanto, não possui, apenas, deveres contratuais junto à Administração Pública, mas também possui deveres regulamentares junto aos utentes (apesar de não serem integrantes do contrato de concessão), que são os beneficiários e destinatários finais dos serviços prestados.

Por fim, vale abrir um parêntese, aqui, paradiferenciar-se os conceitos de concessão de serviço público do de autorização: no primeiro caso, trata-se de um ato jurídico que faculta ao particular o exercício de uma atividade pública,

---

[61] Decreto-Lei n.º 18/2008, de 29 de janeiro, alterado e republicado pelo Decreto-Lei n.º 111- B/2017, de 31 de agosto (retificado pelas declarações de retificação n.º 36-A/2017, de 30 de outubro e n.º 42/2017, de 30 de novembro).

[62] GONÇALVES, Pedro – *A concessão de serviços públicos: uma aplicação da técnica concessória*. Coimbra: Almedina, 1999. ISBN 9724011917. p. 193.

ao passo que no segundo, trata-se de um ato jurídico que permite ao particular o exercício de uma atividade privada[63].

B. Elementos do contrato de concessão

Constituem elementos essenciais do contrato de concessão: a) sujeito; b) objeto; c) remuneração; d) transferência de risco.

No caso do primeiro (*sujeito*) a relação de concessão se estabelece entre dois sujeitos (concedentes e o concessionário), sendo que um deles (cedente), necessariamente deve ser uma pessoa coletiva pública, titular de um serviço público, que detém a poder/dever de regular, organizar, gerir e fiscalizar a respectiva prestação do serviço público pela outra parte[64].

Note-se que o cedente não precisa ser, obrigatoriamente, uma pessoa coletiva de Direito Público, podendo ser uma pessoa coletiva de Direito Privado (como ocorre no caso do setor portuário). Da mesma forma, o concessionário que, em regra é uma pessoa coletiva de Direito Privado, com capital privado, pode, igualmente, ser uma pessoa coletiva de Direito Público.

Por fim, apesar de não integrar o contrato de concessão – e não serem partes efetivamente –, os utentes têm direito ao cumprimento dos deveres da concessionária.

Quanto ao *objeto* do contrato de concessão, deve ser destinado à gestão e prestação de um serviço público, de cunho econômico, social ou cultural, que atenda às necessidades coletivas dos indivíduos[65]. Objetiva-se, portanto, satisfazer às necessidades básicas dos cidadãos.

Em relação à *remuneração*, é devida pelo utente e o preço que este pagará à concessionária de serviço público será uma prestação pecuniária como contraprestação ao serviço público prestado, como numa relação de compra e venda de direito privado[66].

---

[63] GONÇALVES, Pedro – Controlo público prévio de actividades privadas: comunicação prévia e autorização administrativa. *In* YSERN, Enrique Rivero; SÁNCHEZ, María Dolores Calvo – *Nuevas formas de control de las administraciones públicas y su repercusion sobre consumidores y usuários*. Salamanca: Ratio Legis, 2013. ISBN 978-84-940144-9-9. p. 87.

[64] GONÇALVES, Pedro – *A concessão de serviços públicos: uma aplicação da técnica concessória*. p. 131.

[65] *Idem* – *Op. Cit.* pp. 36-37.

[66] *Idem* – *Op. Cit.* pp. 319-320.

Observe-se que a relação jurídica entre concessionária e utente é de direito privado, razão pela qual nos contratos de concessão para prestação de serviços públicos a contraprestação devida pelo utente é o pagamento de *preço* e não o de uma *taxa* (nesse sentido, veja art. 10.º, n.º 1 do DL 23/96).

Vale notar, ainda, que, apesar dessa remuneração não ser considerada taxa e sim preço, o mesmo não necessariamente será formado segundo as regras de mercado. No âmbito das concessionárias de serviço público o preço é determinado segundo critérios pré-estabelecidos pela Administração Pública, constantes do contrato de concessão ou de regulamento próprio. O preço pode, também, ser fixado por convenção administrativa multilateral ou pela entidade reguladora[67].

Em outras palavras, a possibilidade de regulação dos preços é, indubitavelmente, um dos mais importantes mecanismos de regulação por parte da Administração Pública[68]. Apenas a título exemplificativo, no caso da concessão para fornecimento de água, cabe à Entidade Reguladora dos Serviços de Águas e Resíduos (ERSAR) a fixação dos preços. No caso do setor ferroviário, essa regulação é feita pela Autoridade da Mobilidade e dos Transportes (AMT). No setor de energia elétrica essa tarefa cabe à Entidade Reguladora dos Serviços Energéticos (ERSE).

Observe-se, ainda, que, em razão do princípio da universalidade ou acessibilidade do serviço público, segundo o qual o acesso aos serviços de interesse geral deve se dar a um preço acessível (de maneira que não haja a exclusão de cidadãos), o Poder concedente pode, por vezes, obrigar o cessionário a praticar "preços sociais" e "políticos". Neste caso, o concedente efetua o pagamento concomitante de prestações ao concessionário, de maneira a compensar a diferença do preço devida em razão da política social adotada[69].

Em Portugal, essa prática foi positivada no art. 407.º, n.º 2, do CCP, que prevê que o concessionário será "remunerado pelos resultados financeiros

---

[67] *Idem – Op. Cit.* pp. 320-321.

[68] GOUVEIA, Rodrigo – *Os Serviços de Interesse Geral em Portugal.* Coimbra: Coimbra Editora, 2001. ISBN 972-32-1059-2. p. 43.

[69] *Idem – Op. Cit.* pp. 27-28, CAETANO, Marcello – *Manual de Direito Administrativo.* 10.ª ed., reimpressão. Coimbra: Almedina, 1991. Vol. 2. ISBN 972-40-0288-8. pp. 1126-1127, e SILVA, Jorge Andrade da – *Código dos Contratos Públicos: Anotado e Comentado.* 2ª ed. Coimbra: Almedina, 2009. ISBN 978-972-40-3817-9. p. 971.

dessa gestão *ou, diretamente, pelo contraente público*". É possível, portanto, que o concessionário seja remunerado exclusivamente pelos utentes ou tanto por estes quanto pelo concedente (combinação de ambas as modalidades).

Por fim, quanto ao elemento *transferência de risco*, o contrato de concessão o transfere inteiramente ao particular. Como notório, todo negócio envolve riscos para as partes, que podem representar na obtenção ou não dos resultados pretendidos ou, até mesmo, em perdas parciais ou totais do capital investido. No contrato de concessão esse risco é exclusivamente do concessionário.

No ordenamento jurídico português, esse conceito de transferência de risco, além de previsto no art. 407.º, n.º 2, do CCP, encontra previsão no art. 413.º, n.º 1, do mesmo diploma legal, que assim prevê: "O contrato deve implicar uma significativa e efetiva transferência para o concessionário do risco de exploração dessas obras ou serviços, que se traduz no risco ligado à procura ou à oferta, ou a ambos". Importante destacar, por fim, que essa partilha de riscos não precisa ser global, podendo ser de parte significativa, de acordo com as características do projeto.

C. Princípios atinentes à exploração do serviço público

A prestação do serviço público é regida por uma série de princípios que objetivam a satisfação dos interesses públicos, já que é tarefa do Estado prover à satisfação de necessidades essenciais e contribuir para o bem-estar e a qualidade de vida de todos.

Ao tratarem do assunto, Fernando Dias Simões e Mariana Pinheiro Almeida elencam os princípios da universalidade, igualdade, continuidade, adaptabilidade, qualidade, segurança e transparência[70]. Na mesma linha, António Pinto Monteiro, cita os princípios da universalidade, igualdade, continuidade e bom funcionamento[71].

---

[70] SIMÕES, Fernando Dias; ALMEIDA, Mariana Pinheiro – *Lei dos serviços públicos essenciais, anotada e comentada*. Coimbra: Almedina, 2012. ISBN 9789724046891. p. 72.

[71] MONTEIRO, António Pinto – A proteção do consumidor de serviços públicos essenciais. *In Estudos de Direito do Consumidor*. [Em linha]. [Consult. 12 out. 2020]. Disponível em: https://www.fd.uc.pt/cdc/pdfs/rev_2_completo.pdf. ISSN: 1646-0375. N.º 2, (2000). p. 343

Em Portugal, a Lei n.º 23/96, de 26 de julho instituiu mecanismos destinados a proteger o utente de serviços públicos essenciais. Da exposição de motivos da referida Lei, constante da Proposta de Lei n.º 20/VII, aprovada em Conselho de Ministros de 28 de março de 1996 e publicada no DR II Série, n.º 33, de 4 de Abril de 1996, refere-se aos princípios da universalidade, igualdade, continuidade, imparcialidade, adaptação às necessidades e bom funcionamento. Nesse sentido, vide acórdão do Supremo Tribunal Administrativo, com número 033/04, de 03 de novembro de 2004, da relatoria de Fernanda Xavier[72].

O Código dos Contratos Públicos, por sua vez, em seu art. 429.º, estabelece os princípios gerais atinentes à concessão de serviços público, dispondo em seu n.º 1 que: "Na exploração de uma atividade de serviço público, o concessionário está sujeito aos seguintes princípios: a) Continuidade e regularidade; b) Igualdade; c) Adaptação às necessidades".

Ainda, segundo Calvão da Silva "Os serviços de interesse geral têm de ser prestados de forma contínua (princípio da continuidade), com níveis adequados de qualidade e segurança (princípio da qualidade do serviço), garantindo-se o mais possível, a participação e informação dos utentes (princípio da participação e transparência)"[73].

O princípio da *universalidade* exige que os serviços públicos sejam prestados a todos os cidadãos[74]. Esse princípio possui três vertentes: acesso físico; econômico e geográfico. A primeira vertente consiste na necessidade de se conferir acesso ao utente independentemente das suas características físicas (como, p. ex., idade). A segunda vertente diz respeito à necessidade de se praticar preços razoáveis e acessíveis aos utentes, de maneira que estes não comprometam a sua capacidade de poder pagar por outros bens e serviços. Por fim, a terceira vertenterefere-se à necessidade de se garantir ao utente

[72] XAVIER, Fernanda relat. – Acórdão do Supremo Tribunal Administrativo com número 033/04, de 03 de novembro de 2004 [Em linha]. [Consult. 06 out. 2020]. Disponível em http://www.dgsi.pt/jsta.nsf/0/9bf45c49e270540f80256f56004eccec?OpenDocument&ExpandSection=1

[73] CALVÃO DA SILVA, João Nuno – *Mercado e Estado: Serviços de Interesse Económico Geral*. Coimbra: Almedina, 2008. ISBN 9789724033716. pp. 122-123.

[74] MOREIRA, Vital – Os Serviços Tradicionais sob o Impacto da União Europeia. *In Revista de Direito Público da Economia*. ISSN: 1678-7102. N.º 1 (janeiro/março, 2003). p. 228.

acesso ao serviço, independentemente da região onde resida[75]. De acordo com esse princípio, a concessionária prestadora de serviço não pode recusar a celebração do contrato.

Já o princípio da *igualdade* determina a proibição de discriminação no tratamento entre utentes[76], em todas as fases do contrato: pré-contratual, durante a execução do contrato; e após a extinção da relação jurídica. Assim, proíbe-se negações de acesso discriminatórias, limitando-se, assim o princípio da liberdade contratual[77].

Não se exige uma igualdade absoluta, de maneira que, obviamente, admite-se o tratamento desigual entre desiguais. Esse princípio da igualdade fundamenta, inclusive, a criação de tarifas sociais, com vista à compensação das desigualdades sociais, econômicas e culturais[78].

O princípio da *imparcialidade* determina a retribuição uniforme independentemente dos utentes[79].

Já o princípio da *continuidade*exige que o serviço seja ininterrupto, salvo por motivo de força maior[80]. Isso porque, considerando a natureza do serviço prestado e necessidade de atendimento às necessidades coletivas, este não pode ser prestado de forma incerta e imprevisível. O serviço, deve, portanto, ser prestado de maneira contínua, confiável e permanente[81]. Decorre desse princípio a proibição de suspensão do serviço sem pré-aviso adequado (nesse sentido, veja art. 5.º, n.º 1 da Lei n.º 23/96).

---

[75] FROTA, Mário – Os serviços de interesse geral e o princípio fundamental da proteção dos interesses económicos do consumidor. *In Revista Portuguesa de Direito do Consumo*. ISSN: 0873-9773.N.º 46 (junho, 2006). p. 115.

[76] MOREIRA, Vital – *Op. Cit.* p. 228.

[77] COSTA, António – O contrato de fornecimento de água. *In* MONTEIRO, António Pinto – *Estudos de Direito do Consumidor*. Coimbra: Centro de Direito do Consumo. 2002. [Consult. 12 out. 2020]. Disponível em: https://www.fd.uc.pt/cdc/pdfs/rev_4_completo.pdf. ISBN: 972-98463-3-2. p. 343.

[78] GONÇALVES, Pedro; MARTINS, Licínio Lopes – Os Serviços Públicos Económicos e a Concessão no Estado Regulador. *In* MOREIRA, Vital – *Op. Cit.* pp. 209, GONÇALVES, Pedro – *A concessão de serviços públicos: uma aplicação da técnica concessória*. pp. 317, COSTA, Ricardo J. Amaral da – Os serviços públicos essenciais: perspectiva geral. *Revista Portuguesa de Direito do Consumo*. N.º 70 (junho, 2012), ISSN: 0873-9773. p. 64.

[79] MOREIRA, Vital – *Op. Cit.* p. 228.

[80] *Idem* – *Op. Cit.* p. 228.

[81] GONÇALVES, Pedro; MARTINS, Licínio Lopes – Os Serviços Públicos Económicos e a Concessão no Estado Regulador. *In* MOREIRA, Vital – *Op. Cit.* p. 210.

O princípio da *adaptação às necessidades* (ou *adaptabilidade*) impõe o dever de ajustar o serviço público ao progresso técnico, tecnológico, às alterações socioeconômicas, considerando, sempre as necessidades dos utentes. Esse princípio permite que o Estado modifique unilateralmente o contrato de concessão, visando o interesse público[82].

O princípio do *bom funcionamento* exige a qualidade na prestação dos serviços públicos, isto é, adequação, eficiência e segurança[83]. Isso significa dizer que o prestador de serviço deve assegurar o cumprimento de indicadores de qualidade, atendendo, sempre, ao grau de satisfação do cliente; atender padrões de qualidade, de acordo com critérios estabelecidos no ordenamento jurídico e técnico[84]; atentar-se à segurança física do serviço prestado, através da prevenção e precaução; e, por fim, assegurar a eficiência do serviço, que se traduz na melhor relação entre quantidade e qualidade, com o menor gasto de recursos.

Por fim, o princípio da *transparência* surge associado ao dever de informação dos prestadores de serviço público. As concessionárias de serviço público devem assegurar que o utente seja informado de todos os procedimentos relativos à prestação do serviço; cobranças (tarifas e faturação); termos e condições do contrato; regulamentação; formas de resolução de conflitos; e tratamento de reclamações[85]. Esse princípio não deixa de ser uma manifestação do princípio geral da boa-fé.

D. Natureza jurídica das relações que gravitam em torno do contrato de concessão

Por se tratar de um contrato administrativo, o contrato de concessão, como visto acima, possui um regime específico, em que o contratante público é dotado por um conjunto de poderes de autoridade, exercíveis por ato administrativo, destinados a assegurar a permanente adequação da relação contratual com o interesse público que justificou a sua constituição[86].

---

[82] SIMÕES, Fernando Dias; ALMEIDA, Mariana Pinheiro – *Op. Cit.* p. 73.

[83] MOREIRA, Vital – *Op. Cit.* p. 228.

[84] SIMÕES, Fernando Dias; ALMEIDA, Mariana Pinheiro – *Op. Cit.* p. 73.

[85] FROTA, Mário – *Op. Cit.* p. 119.

[86] KIRKBY, Mark Bobela-Mota – Conceito e critérios de qualificação do contrato administrativo: um debate académico com e em homenagem ao Senhor Professor Sérvulo

A relação entre concessionária de serviço público e poder concedente é regida por normas públicas de direito administrativo[87].

Quanto à *relação da concessionária e o utente* (personagem este que não integra o contrato de concessão, mas que, em última análise, é o destinatário final e a razão de ser da concessão[88]), no início do século XX, com o advento do Estado Social, uma das vertentes de pensamento da Escola de Bordeaux passou a sustentar a ideia de que a relação seria de direito público, já que se identificava o serviço público com a atividade estatal. Haveria, assim, uma diferença na relação entre prestador de serviço e os utentes de serviços públicos dos consumidores de serviços privados[89].

Posteriormente, passou-se a reconhecer a relação entre utente e concessionária de serviço público como sendo uma relação de direito privado. Os serviços administrativos, regulados pelo direito público, passaram a ser diferenciados dos serviços públicos, prestados por concessionárias, sob o regime de direito privado[90]. Atualmente, no ordenamento jurídico português, o entendimento é no sentido de que a relação travada entre utente e concessionária de serviço público é de direito privado[91].

A doutrinaqualifica os contratos de fornecimento a consumidores de serviços públicos essenciais como *contratos de consumo*, entendendo que "os actos geradores das obrigações de prestação de serviço e de pagamento pelo utente são, portanto, *contratos de direito privado*, que, no essencial, se *regem pelo direito privado*"[92].

Quanto ao *regime jurídico das relações estabelecidas pelas concessionárias de serviço público com terceiros*, notadamente com pessoas necessárias à viabilização

---

Correia: do artigo 178.º do CPA ao artigo 1.º, n.º 6, do CCP: uma alteração do paradigma. *In* MIRANDA, Jorge – *Estudos em Homenagem ao Prof. Doutor Sérvulo Correia*. 1.ª ed. Lisboa: Coimbra Editora, 2010. Vol. 2. ISBN 9780000017802. p. 760.

[87] GONÇALVES, Pedro; MARTINS, Licínio Lopes – Os Serviços Públicos Económicos e a Concessão no Estado Regulador. *In* MOREIRA, Vital – *Op. Cit.* p. 261.

[88] ANJOS, Joana Catarina Neto dos *Op. Cit.* p. 21.

[89] *Idem – Op. Cit.* p. 22.

[90] *Ibidem.*

[91] Nesse sentido, veja as Leis n.º 23/96, de 26 de julho (lei dos serviços essenciais) e n.º 24/96, de 31 de julho (Lei de Defesa dos Consumidores).

[92] ALMEIDA, Carlos Ferreira de – Serviços Públicos, Contratos Privados. *In* RAMOS, Rui Manuel de Moura [et al.]. *Estudos em Homenagem à Professora Doutora Isabel de Magalhães Collaço.* 1.ª ed. Coimbra: Almedina, 2002. Vol. 2. ISBN 9789724018140. p. 124.

da execução da atividade fim objeto da concessão, ou mesmo contratos de natureza acessórias, complementares ou associados a esta última, é evidente que o concessionário não está desempenhando funções materialmente administrativas nesse momento, mas tão somente visando os meios necessários à execução do serviço público a que se obrigou a prestar, o que atrai as normas de direito privado.

Ou seja, a concessionária de serviço público, nesse momento, não está investida de características de contraente público, elemento necessário para se qualificar o regime desse contrato como sendo de direito administrativo. A relação jurídica emergente desse contrato não é administrativa, mas sim de direito civil comum, isto é, direito privado.

IV. A EXCEÇÃO DO CONTRATO NÃO CUMPRIDO NOS CONTRATOS COLIGADOS AO DE CONCESSÃO DE SERVIÇO PÚBLICO

A concessão de serviço público, como acima tratado, tem como uma das características a existência de uma relação trilateral, composta pelo concessionário, poder concedente e pelo utente, personagem este que não integra o contrato de concessão, mas que, em última análise, é o destinatário final e a razão de ser da concessão[93].

Além dessa relação trilateral, existem uma série de contratos que gravitam ao redor do contrato de concessão de serviço público, celebrados unicamente no intuito de a ele servir que, como visto anteriormente, regem-se, em regra, por normas de direito privado. É o caso de um contrato entabulado por uma concessionária de serviço público e uma empresa terceira privada, para aquisição dos insumos necessários à prestação do serviço público.

Imagine-se, por exemplo, o contrato de concessão de transporte ferroviário celebrado entre uma determinada concessionária e o Estado, com o objetivo de que a primeira proveja à população, através dos seus serviços, meio de locomoção. Em torno dessa finalidade ("transporte ferroviário"), orbitam diversas outras contratações, dentre as quais o contrato de fornecimento de energia elétrica celebrado pela concessionária de serviço público de transporte ferroviário ("Ferroviária") e a empresa de fornecimento de energia elétrica ("Fornecedora de Energia"), com único e expresso intuito

---

93 ANJOS, Joana Catarina Neto dos – *Op. Cit.* p. 21.

de que a segunda proveja energia elétrica necessária para desenvolvimento da atividade da primeira.

Na hipótese de ocorrer um desequilíbrio econômico-financeiro no contrato de concessão, em razão de uma situação inesperada e imprevisível, como visto no tópico anterior, o Poder Público teria o dever de reequilibrá-lo. Todavia, no caso de mora do Poder Público em relação à essa obrigação, poderia a concessionária invocar a *exceptio* em relação à empresa terceira fornecedora dos insumos necessários à prestação do serviço público?

A questão torna-se relevante, na medida em que os contratos administrativos são dotados de um regime específico, em que o contratante público possui um conjunto de poderes de autoridade sobre o particular e as concessionárias de serviço público estão subordinadas a uma série de princípios, tais como o da modicidade e continuidade que visam, em última instância, resguardar o princípio geral da prevalência do interesse público. Desse conjunto de normas e princípios, decorre, em muitos casos, a impossibilidade de o particular invocar a seu favor, contra o Poder Público, a exceção do contrato não cumprido, como no caso em que a paralisação do serviço implicar grave prejuízo para a realização do interesse público.

De fato, no ordenamento jurídico português, a exceção do contrato não cumprido contra o Poder Concedente, nos termos do art. 327.º do Código de Contratos Públicos, somente seria possível "desde que a sua recusa em cumprir não implique grave prejuízo para a realização do interesse público subjacente à relação jurídica contratual" ou, havendo grave prejuízo para a realização do interesse público, no caso em que "coloque manifestamente em causa a viabilidade económico-financeira do cocontratante ou se revele excessivamente onerosa, devendo, nesse último caso, ser devidamente ponderados os interesses públicos e privados em presença"[94].

---

[94] Artigo 327.º do CCP: "Exceção de não cumprimento invocável pelo cocontratante 1 – Nos contratos bilaterais, quando o incumprimento seja imputável ao contraente público, o cocontratante, independentemente do direito de resolução do contrato que lhe assista, nos termos do disposto no artigo 332.º, pode invocar a exceção de não cumprimento desde que a sua recusa em cumprir não implique grave prejuízo para a realização do interesse público subjacente à relação jurídica contratual. 2 – Se a recusa de cumprir pelo cocontratante implicar grave prejuízo para a realização do interesse público nos termos do disposto na parte final do número anterior, aquele apenas pode invocar a exceção de não cumprimento quando a realização das prestações contratuais coloque manifestamente em causa a viabilidade económico-financeira do cocontratante ou se revele excessivamente onerosa,

Retomando nosso exemplo, imagine-se a hipótese de a Entidade Reguladora dos Serviços Energéticos (ERSE) autorizar o aumento extraordinário do preço da tarifa de energia elétrica, em decorrência de situação inesperada e inusitada. E, de outro lado, fundada no princípio da universalidade, a Autoridade da Mobilidade e dos Transportes (AMT) deixar de autorizar o correspondente aumento da tarifa do serviço transporte ferroviário (indispensável para custeio do aumento de energia elétrica) e não adotar qualquer medida visando a recomposição do equilíbrio econômico-financeiro do contrato.

Note-se que, neste caso, a concessionária de transporte ferroviário não teria condições de suportar o pagamento correspondente ao aumento da tarifa de energia elétrica, em razão da mora do Poder Público de reequilibrar econômica-financeiramente o contrato de concessão.

A paralisação do serviço de transporte ferroviário implicaria grave prejuízo para a realização do interesse público. Ponderando-se os interesses públicos e privados do caso – de um lado, a prestação do serviço de transporte ferroviário, essencial para a locomoção diária de milhares de pessoas e, de outro lado, interesses privados pecuniários legítimos, mas que podem ser alcançados posteriormente (ou seja, não há um *periculum in mora* latente e irreversível, tal qual há no caso da interrupção do serviço) –, a possibilidade da oposição da *exceptio* contra o Poder Concedente seria discutível.

Nesse contexto, indaga-se: o descumprimento da Administração Pública de suas obrigações seria oponível, por meio da exceção do contrato não cumprido, pela Ferroviária contra a Fornecedora de Energia, para recusar-se ao pagamento da diferença do aumento da conta de energia elétrica?

Para que possamos responder a essa indagação, necessário se faz verificar (i) se os referidos contratos integram uma coligação contratual; e em caso

---

devendo, nesse último caso, ser devidamente ponderados os interesses públicos e privados em presença. 3 – O exercício pelo cocontratante do direito de recusar o cumprimento da prestação depende de prévia notificação ao contraente público da intenção de exercício do direito e dos respetivos fundamentos, com a antecedência mínima de 15 dias, se outra não for estipulada no contrato. 4 – Considera-se que a invocação da exceção de não cumprimento não implica grave prejuízo para a realização do interesse público quando o contraente público, no prazo de 15 dias contado da notificação a que se refere o número anterior não reconhecer, mediante resolução fundamentada, que a recusa em cumprir seria gravemente prejudicial para o interesse público."

positivo, (ii) o regime jurídico aplicável na relação entre as partes; (iii) se os requisitos para oposição da exceção do contrato não cumprido estariam presentes na coligação contratual (união de contratos).

Em relação à primeira questão, pode-se afirmar que o contrato celebrado pela concessionária de serviço público com empresa terceira, visando a aquisição de insumos que viabilizem a execução do seu contrato de concessão, está intimamente ligado a este último, que é, portanto, a razão da sua existência.

A concessionária, ao celebrar o contrato de concessão com o Estado, somente pode executar o objeto do seu contrato com o insumo necessário. Por sua vez, o contrato de insumo celebrado com a empresa terceira somente existe em decorrência da concessão.

Os contratos estão umbilicalmente ligados, um explicando a existência do outro, todos com o objetivo maior e final de garantir à população a prestação do serviço público. A concessionária somente pode prestar o serviço objeto da concessão se receber os insumos da empresa terceira e esta última somente obteve o contrato de fornecimento dos insumos porque a concessionária recebera a concessão.

No nosso exemplo, o ajuste entabuado entre a Ferroviária e Fornecedora de Energia apenas existe com o objetivo de servir o contrato de concessão, isto é, assegurar-lhe o seu principal insumo: a energia elétrica.

A utilização pela Ferroviária da energia elétrica deve-se, unicamente, à necessidade de suprir a demanda de transporte ferroviário, repita-se, objeto do contrato de concessão. Existe um efetivo vínculo entre o negócio jurídico celebrado entre o Estado e a Ferroviária e o contrato de fornecimento de energia elétrica, celebrado entre Ferroviária e Fornecedora de Energia.

A Ferroviária somente pode prestar o serviço objeto da concessão se receber energia elétrica da Fornecedora de Energia e a Fornecedora de Energia somente obteve o contrato de fornecimento de energia porque a Ferroviária recebera a concessão. Ambos os contratos visam, ao fim e ao cabo, garantir à população, a possibilidade de se locomover, por meio do serviço de transporte ferroviário.

Em outras palavras, o Contrato de Concessão possui a finalidade econômica-social de prover o transporte da população do Estado. Em torno desse objetivo, orbitam diversas outras contratações, dentre as quais o contrato de fornecimento de energia, entabulado entre Ferroviária e Fornecedora de Energia. Essa união entre instrumentos e negócios aparentemente autônomos, que voltam para uma finalidade comum, constitui coligação contratual.

É possível afirmar, portanto, considerando os conceitos acerca da união de contratos trazidos acima, que a presente hipótese é de uma *união de contratos com dependência* (coligação contratual).

Essa relação de subordinação entre os contratos é *unilateral*, na medida em que a validade e vigência de apenas um dos ajustes (no exemplo, o contrato de fornecimento de energia elétrica) depende da do outro (no exemplo, o contrato de concessão) para existir, de maneira que apenas um contrato tem predomínio e repercussão sobre o outro.

A união com dependência, no caso, decorre seja em razão da natureza acessória de um dos contratos em relação ao outro (*coligação natural*), seja em razão da vontade das partes, ainda que implícita, de que estabelecer a relação de dependência de um contrato com o outro (*coligação voluntária*).

Coligação natural, porque o elemento associativo desses contratos encontra-se no plano do negócio, do sistema. Esse elemento não essencial do contrato constitui pressuposto para o funcionamento do sistema[95]. A coligação deriva da própria natureza dos contratos, que se mostram interdependentes.

E coligação voluntária porque o liame existente entre os contratos também pode ser deduzido a partir das circunstâncias em que foram celebrados os contratos (no nosso exemplo, o contrato de energia elétrica somente foi celebrado para que a concessionária de transporte ferroviário pudesse atender ao contrato de concessão), bem como do fim a que pretendem alcançar (no exemplo, o desenvolvimento de atividade de transporte ferroviário), com base nas regras de interpretação dos contratos (arts. 236.º e ss. do Código Civil).

O contrato visando a aquisição de insumo (no exemplo, o de fornecimento de energia) só existe em função do contrato de concessão. Ambos podem ser considerados como integrantes de uma coligação voluntária, estabelecida para a realização de uma finalidade, que é a prestação do serviço público (no caso do exemplo, de transporte ferroviário, cujo principal insumo é a energia elétrica).

Em razão desse nexo de carácter funcional que vincula os referidos contratos, enseja-se a produção de efeitos e consequências jurídicas novas, além daquelas próprias de cada um dos contratos. Por esse motivo, tais contratos não podem ser analisados, interpretados e produzirem seus efeitos

---

[95] LORENZETTI, Ricardo Luis – *Op. Cit.* p. 34.

de maneira individual e autônoma. Ao contrário, nesse processo (de análise, interpretação e produção de efeitos) deve-se considerar o objetivo econômico maior a que pretendem alcançar.

Quanto ao regime jurídico aplicável à relação envolvendo a concessionária e a empresa terceira fornecedora do insumo necessário à prestação do serviço público, é eminentemente de normas de direito privado. Isso porque, ao celebrar o referido ajuste, a concessionária não está desempenhando funções materialmente administrativas nesse momento. Ou seja, a concessionária de serviço público, nesse momento, não está investida de contraente público, elemento necessário para se qualificar o regime desse contrato como sendo de direito administrativo. A relação jurídica emergente desse contrato não é administrativa, mas sim de direito privado.

Quanto aos requisitos para oposição da *exceptio*, vimos que são necessários os seguintes pressupostos: (i) o inadimplemento; (ii) a necessidade de existência de um vínculo sinalagmático; (iii) simultaneamente das prestações; (iv) e observância da boa-fé.

Não há dúvidas de que, a partir do momento em que o Poder Público deixa de adotar as medidas necessárias visando o reequilíbrio econômico-financeiro do contrato de concessão, descumpre com suas obrigações.

No nosso exemplo anteriormente citado, a partir do momento em que a Administração Pública, por meio da Autoridade da Mobilidade e dos Transportes, deixa de autorizar o correspondente aumento da tarifa do serviço de transporte ferroviário, em razão de uma política pública e social (princípio da universalidade), e não compensa o particular financeiramente por essa política, descumpre, deliberadamente sua obrigação de reequilibrar econômica-financeiramente o contrato de concessão.

O aumento inesperado, imprevisível e extraordinário da tarifa de energia elétrica importa no desequilíbrio econômico-financeiro do contrato de concessão, que deveria ser recomposto pela Administração Pública através da revisão dos preços contratuais, ou do pagamento de uma indenização ao particular, compensadora da onerosidade excessiva (na medida em que a prorrogação do contrato em nada adiantaria na solução do problema criado). A não adoção de nenhuma dessas medidas, como visto, consiste em descumprimento da Administração Pública de suas obrigações.

Ademais, o Poder Concedente também descumpre com suas obrigações e desequilibra o contrato de concessão, ao não efetuar o pagamento concomitante de prestações ao concessionário, de maneira a compensar a diferença do preço devida em razão da política social adotada[96], em virtude da qual deixou de autorizar o aumento da tarifa do transporte ferroviário, nos termos do art. 407.º, n.º 2, do CCP. Patente, assim, a presença do primeiro requisito (inadimplemento), para a oposição da *excepetio*.

O vínculo sinalagmático (segundo requisito) na relação contratual coligada entre concessionária, Poder Concedente e empresa terceira fornecedora dos insumos necessários à prestação do serviço público é latente. Os contratos possuem vínculos de interdependência entre as prestações, em que cada uma dessas prestações é contrapartida da outra; uma não nasce sem a outra e uma não se extingue sem a outra. Há efetivas prestações de um lado e, de outro, as suas respectivas contraprestações, de maneira equilibrada e harmônica.

A coligação contratual existente produz efeitos em relação aos contratos que a integram: o aumento da tarifa de energia elétrica, sem o cumprimento por parte do Estado de sua obrigação de adotar medidas compensatórias em relação à Ferroviária, que, por ele próprio fora impedida de reajustar a tarifa do serviço público de transporte ferroviário, torna inviável à Ferroviária o cumprimento de suas obrigações. Há efetivo desequilíbrio causado em razão do inadimplemento de uma das prestações da relação coligada.

Ou seja, a partir do momento em que o Estado deixa de adotar as medidas necessárias ao reequilíbrio econômico-financeiro do contrato de concessão (seja por meio da autorização de aumento da tarifa ferroviária, seja por meio do pagamento da diferença relativa ao reajuste não autorizado), desequilibra o contrato de fornecimento dos insumos, fazendo com que seja impossível que a concessionária consiga arcar com os custos adicionais do contrato de fornecimento de insumo. Fica, então, latente que o inadimplemento no contrato de concessão naturalmente produz efeitos no sistema formado por esses dois contratos, desequilibrando a relação jurídica.

O liame entre os contratos verifica-se, igualmente, na hipótese de a Fornecedora de Energia deixar de fornecer a energia – ou fornecer com valores não previstos no contrato de concessão: essa nova circunstância atuaria não apenas sobre o contrato de fornecimento de energia elétrica, mas também sobre o contrato de concessão, cuja execução seria atingida.

O terceiro requisito verifica-se com singeleza, na medida em que as prestações em questão são executadas simultaneamente, o que viabiliza

---

[96] GOUVEIA, Rodrigo – *Op. Cit.* pp. 27-28, CAETANO, Marcello – *Op. Cit.* pp. 1126-1127, e SILVA, Jorge Andrade da – *Op. Cit.* p. 971.

que a concessionária recuse o cumprimento da sua obrigação (pagamento da diferença da tarifa de energia elétrica) enquanto a prestação da outra (obrigação do Poder Público reequilibrar econômica-financeiramente o contrato de concessão) não for executada. Ambas as obrigações são simultaneamente exigíveis[97].

Por fim, a oposição da *exceptio*, no âmbito da relação coligada em análise poderia, perfeitamente ser invocada com subordinação à cláusula geral da boa-fé. A concessionária, atuando com honestidade e de maneira criteriosa a cumprir com todos os seus deveres assumidos, poderia opor-se, apenas, à diferença resultante do aumento inesperado do valor da tarifa de energia elétrica e não à integralidade da prestação.

De outro lado, a sua arguição também acaba por concretizar o princípio da boa-fé, na medida em que evitaria o desequilíbrio das prestações, protegendo, assim, a parte contratante prejudicada, no caso a concessionária, com o inadimplemento da outra. Nesse sentido vide Acórdão da 1ª Secção do Supremo Tribunal de Justiça com número 2545/10.5TVLSB.L1.S1, 17 de novembro de 2015, da relatoria de Maria Clara Sottomayor[98].

V. CONCLUSÃO

Em conclusão, vê-se que o feixe de obrigações assumidas na coligação contratual transcende a bilateralidade das relações tradicionais, na medida em que o inadimplemento por qualquer das partes repercute diretamente nas demais. No caso, diante do inadimplemento do Estado, os contratos coligados em questão devem ser analisados e interpretados levando-se em consideração o sistema global no qual se inserem e não de maneira autônoma, individual ou isolada, na medida em que o complexo de direitos e de obrigações deles decorrentes não atingem apenas as partes que o celebram, mas, também, o conjunto dos usuários[99].

---

[97] ABRANTES, José João – *Op. Cit.* p. 46.

[98] SOTTOMAYOR, Maria Clara relat. – Acórdão da 1ª Secção do Supremo Tribunal de Justiça com número 2545/10.5TVLSB.L1.S1, 17 de novembro de 2015 [Em linha]. [Consult. 24 nov. 2019]. Disponível em http://www.dgsi.pt/jstj.nsf/-/AD3E94B78B31F5CF80257F080057EB17.

[99] FREITAS, Rafael Véras de – Os contratos privados celebrados por concessionários de serviços públicos e a sua regulação. *In Revista Interesse Público – IP*. [Em linha]. [Consult. 12

Em razão desse nexo de carácter funcional que vincula os referidos contratos, enseja-se a produção de efeitos e consequências jurídicas novas, além daquelas próprias de cada um dos contratos. Por esse motivo, tais contratos não podem ser analisados, interpretados e produzirem seus efeitos de maneira individual e autônoma. Ao contrário, nesse processo (de análise, interpretação e produção de efeitos) deve-se considerar o objetivo econômico maior a que pretendem alcançar.

Não se pode, assim, dar tratamento autônomo às relações jurídicas decorrentes do contrato de concessão. Ao contrário, elas devem ser tratadas considerando-se que estão conectados à ideia maior da organização do serviço público. Em outras palavras, os efeitos produzidos por esses contratos não se restringem aos interesses da concessionária e de terceiros, mas se espalham para todo o sistema da prestação de serviço público.

Não há dúvidas de que a forma de análise, interpretação e efeitos produzidos pelos contratos inseridos nesse sistema consubstancia temperamento ao princípio da relatividade dos contratos. Esses contratos possuem natureza jurídica de contratos coligados, uma vez que, inegavelmente os "acontecimentos de um contrato produzirão efeitos sobre os outros"[100].

No caso, reconhece-se a existência da coligação contratual pela percepção de que o conjunto contratual exerce uma função social diversa daquela que é objeto dos contratos singulares[101]. Há uma causa comum, que se destina ao atendimento de uma finalidade, que será alcançada pela conexão de negócios jurídicos. Assim, quaisquer alterações nessas relações contratuais produzirão impactos sistêmicos, especialmente no próprio contrato de concessão e serviço público prestado.

Não é possível ignorar, ainda, a existência de latente interesse público na prestação do serviço de transporte ferroviário e a necessidade de que o mesmo não seja interrompido ou suspenso. O reconhecimento da coligação

---

out. 2020] Disponível em: https://www.editoraforum.com.br/wp-content/uploads/2017/03/artigo-rafael-veras.pdf. ISSN: 1984-4387. Ano 19, n.º 101, (janeiro/fevereiro, 2017). p. 230.

[100] KATAOKA, Eduardo Takemi – *A coligação contratual*. 1.ª ed. Rio de Janeiro: Lumen Juris, 2008, ISBN: 9788537503607. p. 62.

[101] LEONARDO, Rodrigo Xavier – Os contratos coligados. *In* BRANDELLI, Leonardo – *Estudos de Direito Civil, Internacional Privado e Comparado. Coletânea em Homenagem à Professora Véra Jacob de Fradera* [Em linha]. 1.ª ed. Porto Alegre: Lejus, 2013, pp. 1-33. [Consult. 12 out. 2020]. Disponível em https://docplayer.com.br/39176946-Os-contratos-coligados.html. ISBN 8574563064.

contratual desses ajustes, com a possibilidade da oposição da *exceptio*, objetiva assegurar a adequada prestação do serviço, de acordo com os interesses púbicos.

A finalidade das partes ao celebrar o contrato de fornecimento do insumo (no exemplo, de energia) era, em última instância, fomentar a prestação do serviço público (no exemplo, de transporte ferroviário). Há uma nítida relação de interdependência entre os contratos.

A relação de interdependência entre os contratos é caracterizada, ainda, por uma relação sinalagmática envolvendo todos os contratos coligados, em que todas as partes envolvidas na relação triangular assumem obrigações correspondentes e simultâneas e o inadimplemento de uma delas rompe o equilíbrio de todo o sistema contratual, o que torna presente todos os requisitos para a arguição da exceção do contrato não cumprido. Há um equilíbrio contratual global que precisa ser preservado, mais ainda por envolver a satisfação do interesse público. Daí porque o inadimplemento do Estado é oponível à empresa terceira fornecedora de insumos (no nosso exemplo, a Fornecedora de Energia).

Por essa razão, seja porque a análise, interpretação e efeitos produzidos pelos contratos inseridos nesse sistema coligado deve ser feita de forma integrada, seja porque presentes todos os pressupostos para oposição da exceptio encontram-se presentes, entendemos ser possível dizer que a rede contratual existente faz com que o inadimplemento do Estado em relação à sua obrigação possibilite a concessionária invocar a seu favor a *exceptio* contra a empresa terceira, fornecedora dos insumos necessários à prestação do serviço público, enquanto o Estado não cumprir a sua parte na relação contratual.

VI. REFERÊNCIAS BIBLIOGRÁFICAS

Bibliografia

ABRANTES, José João – *A Excepção de não cumprimento do contrato: conceito e fundamento*. 2.ª ed. Coimbra: Almedina, 2014. ISBN 978-972-40-4953-3.

ALMEIDA, Carlos Ferreira de – Serviços Públicos, Contratos Privados. *In* RAMOS, Rui Manuel de Moura [et al.]. *Estudos em Homenagem à Professora Doutora Isabel de Magalhães Collaço*. 1.ª ed. Coimbra: Almedina, 2002. Vol. 2. ISBN 9789724018140.

ANJOS, Joana Catarina Neto dos – Litígios entre as Concessionárias do Serviço Público de Abastecimento de Água e os Consumidores: Questão da Jurisdição Competente. *Cedipre Online* [em linha]. N.º 24 (2014). [Consult. 08 de mar. 2020]. Disponível em https://www.fd.uc.pt/cedipre/wp-content/uploads/pdfs/co/public_24.pdf

CAETANO, Marcello – *Manual de Direito Administrativo*. 10.ª ed., reimpressão. Coimbra: Almedina, 1991. Vol. 2. ISBN 972-40-0288-8.

CALVÃO DA SILVA, João Nuno – *Mercado e Estado: Serviços de Interesse Económico Geral*. Coimbra: Almedina, 2008. ISBN 9789724033716.

CASCAES, Amanda Celli – A Interpretação dos Contratos Coligados. *In Revista Jurídica Luso Brasileira*. [Em linha]. [Consult. 12 out. 2020] Disponível em: https://www.cidp.pt/revistas/rjlb/2018/3/2018_03_0101_0133.pdf. ISSN: 2183-539X. N.º 3, (2018), pp. 101-133.

COELHO, Francisco Manuel de Brito Pereira – Coligação negocial e operações negociais complexas. *In Boletim da Faculdade de Direito*. ISSN: 0303-9773. Vol. Comemorativo 75 anos. Coimbra: Universidade de Coimbra, 2003.

COSTA, António – O contrato de fornecimento de água. *In* MONTEIRO, António Pinto – *Estudos de Direito do Consumidor*. Coimbra: Centro de Direito do Consumo. 2002. [Consult. 12 out. 2020]. Disponível em: https://www.fd.uc.pt/cdc/pdfs/rev_4_completo.pdf. ISBN: 972-98463-3-2.

COSTA, Ricardo J. Amaral da – Os serviços públicos essenciais: perspectiva geral. *Revista Portuguesa de Direito do Consumo*. N.º 70 (junho, 2012), pp. 51-81. ISSN: 0873-9773.

DINIZ, Maria Helena – *Código civil anotado: com comentários à lei de introdução ao código civil*. 13.ª ed. São Paulo: Saraiva, 2008. ISBN 9788502064799.

ENEI, José Virgílio Lopes – Contratos Coligados. *In Revista de Direito Mercantil, Industrial, Econômico e Financeiro*. ISSN: 0102-8049. Vol. 42, n.º 132 (outubro/dezembro, 2003), pp. 111-128

ESTORNINHO, Maria João – Concessão de Serviços Públicos – Que Futuro?. *In Direito e Justiça*. ISSN: 0871-0336. Vol. Especial 2005, pp. 1-27.

FREITAS, Rafael Véras de – Os contratos privados celebrados por concessionários de serviços públicos e a sua regulação. *In Revista Interesse Público – IP*. [Em linha]. [Consult. 12 out. 2020] Disponível em: https://www.editoraforum.com.br/wp-content/uploads/2017/03/artigo-rafael-veras.pdf. ISSN: 1984-4387. Ano 19, n.º 101, (janeiro/fevereiro, 2017), pp. 219-240.

FROTA, Mário – Os serviços de interesse geral e o princípio fundamental da proteção dos interesses económicos do consumidor. *In Revista Portuguesa de Direito do Consumo*. ISSN: 0873-9773.N.º 46 (junho, 2006), pp. 113-146.

GALGANO, Francesco. *El negocio jurídico*. Madrid: Editorial Tirant lo Blanch, 1992. ISBN 13: 9788480020602.

GOMES, Orlando – *Contratos*. 26.ª ed. Rio de Janeiro: Forense, 2009. ISBN: 9788530925208.

GONÇALVES, Carlos Roberto – *Direito Civil Brasileiro: Contratos e Atos Unilaterais*. 9.ª ed. São Paulo: Saraiva, 2012. Vol. 3. ISBN 978-85-02-15346-2.

GONÇALVES, Pedro – *A concessão de serviços públicos: uma aplicação da técnica concessória*. Coimbra: Almedina, 1999. ISBN 9724011917. pp. 193.

GONÇALVES, Pedro – Controlo público prévio de actividades privadas: comunicação prévia e autorização administrativa. *In* YSERN, Enrique Rivero; SÁNCHEZ, María Dolores Calvo – *Nuevas formas de control de las administraciones públicas y su repercusion sobre consumidores y usuários*. Salamanca: Ratio Legis, 2013. ISBN 978-84-940144-9-9.

GONÇALVES, Pedro; MARTINS, Licínio Lopes – Os Serviços Públicos Económicos e a Concessão no Estado Regulador. *In* MOREIRA, Vital – *Estudos de regulação pública*. 1.ª ed. Coimbra: Coimbra Editora, 2004. Vol. 1. ISBN 9789723212303.

GOUVEIA, Rodrigo – *Os Serviços de Interesse Geral em Portugal*. Coimbra: Coimbra Editora, 2001. ISBN 972-32-1059-2.

INOCÊNCIO, Galvão Telles – *Manual dos Contratos em Geral*. 4.ª ed. Coimbra: Coimbra Editora, 2010. ISBN 9789723211030.

ITURRASPE, Jorge Mosset – *Contratos conexos: grupos y redes de contratos*. Buenos Aires: Rubinzal Culzoni, 1999. ISBN 978-950-727-227-1.

KATAOKA, Eduardo Takemi – *A coligação contratual*. 1.ª ed. Rio de Janeiro: Lumen Juris, 2008, ISBN: 9788537503607.

KIRKBY, Mark Bobela-Mota – Conceito e critérios de qualificação do contrato administrativo: um debate académico com e em homenagem ao Senhor Professor Sérvulo Correia: do artigo 178.º do CPA ao artigo 1.º, n.º 6, do CCP: uma alteração do paradigma. *In* MIRANDA, Jorge – *Estudos em Homenagem ao Prof. Doutor Sérvulo Correia*. 1.ª ed. Lisboa: Coimbra Editora, 2010. Vol. 2, pp. 759-809. ISBN 9780000017802.

KONDER, Carlos Nelson – *Contratos Conexos*. Rio de Janeiro: Renovar, 2006. ISBN: 8571475849.

LEONARDO, Rodrigo Xavier – Os contratos coligados. *In* BRANDELLI, Leonardo – *Estudos de Direito Civil, Internacional Privado e Comparado. Coletânea em Homenagem à Professora Véra Jacob de Fradera* [Em linha]. 1.ª ed. Porto Alegre: Lejus, 2013, pp. 1-33. [Consult. 12 out. 2020]. Disponível em https://docplayer.com.br/39176946-Os-contratos-coligados.html. ISBN 8574563064.

LOPES, Miguel Maria de Serpa – *Exceções substanciais: exceção de contrato não cumprido (exceptio non adimpleti contractus)*. Rio de Janeiro: Freitas Bastos, 1959. ISBN: 85-7453-108-1.

LORENZETTI, Ricardo Luis – Redes contractuales: Conceptualización jurídica, relaciones internas de colaboración, efectos frente a terceros. *In Revista de Direito do Consumidor*. ISSN: 1415-7705. N.º 28, (outubro/dezembro, 1998), pp. 22-58.

MARINO, Francisco Paulo de Crescenzo – *Contratos Coligados no Direito Brasileiro*. 1.ª ed. São Paulo: Saraiva, 2009. ISBN 978-85-02-07538-2.

MARQUES, Cláudia Lima – *Contratos no Código de Defesa do Consumidor: O novo regime das relações contratuais*. 3.ª ed. São Paulo: Revista dos Tribunais, 1999. ISBN 8520316913.

MIRANDA, Pontes de – *Tratado de direito privado*. São Paulo: Revista dos Tribunais, 2012. Vol. 26. ISBN 9788520343210.

MONTEIRO, António Pinto – A proteção do consumidor de serviços públicos essenciais. *In Estudos de Direito do Consumidor*. [Em linha]. [Consult. 12 out. 2020]. Disponível em: https://www.fd.uc.pt/cdc/pdfs/rev_2_completo.pdf. ISSN: 1646-0375. N.º 2, (2000), pp. 333-350.

MOREIRA, Vital – Os Serviços Tradicionais sob o Impacto da União Europeia. *In Revista de Direito Público da Economia*. ISSN: 1678-7102. N.º 1 (janeiro/março, 2003), pp. 227-228.

PEREIRA, Caio Mário da Silva – *Instituições de Direito Civil*. 22.ª ed. Rio de Janeiro: Editora Forense, 2008. Vol. 3. ISBN 978-85-02-153462-2.

RODRIGUES, Silvio – *Direito civil*. 28.ª ed. São Paulo: Saraiva, 2002. Vol. 3. ISBN 850203605x.

SILVA, Jorge Andrade da – *Código dos Contratos Públicos: Anotado e Comentado*. 2ª ed. Coimbra: Almedina, 2009. ISBN 978-972-40-3817-9.

SIMÕES, Fernando Dias; ALMEIDA, Mariana Pinheiro – *Lei dos serviços públicos essenciais, anotada e comentada*. Coimbra: Almedina, 2012. ISBN 9789724046891.

SOARES, Renata Domingues Balbino Munhoz – *Novos rumos do direito contratual: Estudos sobre princípios de direito contratual e suas repercussões práticas*. 1ª ed. São Paulo: LTr, 2009. ISBN 9788536114170.

TARTUCE, Flávio – Contratos Coligados e sua função social. *Carta Forense*. [Em linha]. (agosto, 2012), p. 1. [Consult. 12 out. 2020]. Disponível em: http://www.cartaforense.com.br/conteudo/artigos/contratos-coligados-e-sua-funcao-social/9100.

THEODORO JÚNIOR, Humberto – *O contrato e seus princípios*. 2.ª ed. Rio de Janeiro: AIDE, 1999. ISBN 8532100872.

VASCONCELOS, Pedro Pais de – *Contratos Atípicos, Colecção Teses*. 1ª ed. Coimbra: Libraria Almedina, 1995. ISBN 9724008517.

Legislação

CÓDIGO ADMINISTRATIVO. Decreto-Lei n.º 31.095 de 31 de dezembro de 1940. *In Diário do Governo.* [Em linha]. [Consult. 13 out. 2020]. Disponível em: https://dre.pt/application/conteudo/158453. ISSN: 2184-6553. N.º 303, 1º Suplemento, Série I (31/12/1940), pp. 1637-1740.

CÓDIGO CIVIL. Decreto Lei n.º 47.344, de 25 de novembro de 1966. *In Diário do Governo.* [Em linha]. [Consult. 13 out. 2020]. Disponível em: https://dre.pt/web/guest/pesquisa/-/search/477358/details/normal?l=1. ISSN: 2184-6553. N.º 47344, I Série (25/11/1966), pp. 1883-2086.

CÓDIGO CIVIL. Lei n.º 10.406, de 10 de janeiro de 2002. *In Diário Oficial da União.* [Em linha]. (11/01/2002). [Consult. 13 out. 2020]. Disponível em: http://www.planalto.gov.br/ccivil_03/leis/2002/l10406compilada.htm. ISSN: 1676-2339. N.º 8, Seção 1

CÓDIGO CIVIL. Lei n.º 3.071, de 1º de janeiro de 1916. *In Diário Oficial da União.* [Em linha]. [Consult. 13 out. 2020]. Disponível em: http://www.planalto.gov.br/ccivil_03/leis/l3071.htm. ISSN: 1676-2339. Col. 1 (05/01/1916), p. 133.

CÓDIGO COMERCIAL DO IMPÉRIO DO BRASIL. Lei n.º 556, de 25 de junho de 1850. *In Colleção da Leis do Império do Brasil.* [Em linha]. [Consult. 13 out. 2020]. Disponível em: http://www.planalto.gov.br/ccivil_03/leis/lim/lim556.htm. Tomo 11 (31/12/1850), pp. 57-238.

CÓDIGO DE CONTRATOS PÚBLICOS. Decreto-Lei n.º 18 de 29 de janeiro de 2008. *In Diário da República.* [Em linha]. [Consult. 13 out. 2020]. Disponível em: https://data.dre.pt/eli/lei/41/2013/p/cons/20190913/pt/html. ISSN: 2184-6588. N.º 20, Série I (29/01/2008).

CÓDIGO DE DEFESA DO CONSUMIDOR. Lei n.º 8.078, de 11 de setembro de 1990. *In Diário Oficial da União.* [Em linha]. [Consult. 13 out. 2020]. Disponível em: http://www.planalto.gov.br/ccivil_03/leis/l8078compilado.htm. ISSN: 1676-2339. Seção 1 – Suplemento (12/09/1990).

CÓDIGO DE PROCESSO CIVIL. Lei n.º 41 de 26 de junho de 2013. *In Diário da República.* [Em linha]. [Consult. 13 out. 2020]. Disponível em: https://data.dre.pt/eli/lei/41/2013/p/cons/20190913/pt/html. ISSN: 2184-6588.

CÓDIGO DO PROCEDIMENTO ADMINISTRATIVO. Decreto-Lei n.º 4 de 07 de janeiro de 2015. *In Diário da República.* [Em linha]. [Consult. 13 out. 2020]. Disponível em: https://data.dre.pt/eli/dec-lei/4/2015/p/cons/20150107/pt/html. ISSN: 2184-6588. N.º 4, Série I (07/01/2015).

CÓDIGO DO PROCEDIMENTO ADMINISTRATIVO. Decreto-Lei n.º 442, de 15 de novembro de 1991. *In Diário da República.* [Em linha]. [Consult. 13 out. 2020].

Disponível em https://data.dre.pt/eli/dec-lei/442/1991/11/15/p/dre/pt/html. ISSN: 2184-6588. N.º 263, Série I-A (15/11/1991), pp. 5852-5871.

DECRETO-LEI n.º 133, de 02 de junho de 2009. *In Diário da República*. [Em linha]. [Consult. 13 out. 2020]. Disponível em: https://data.dre.pt/eli/dec-lei/133/2009/06/02/p/dre/pt/html.ISSN: 2184-6588. N.º 133, Série I (02/06/2009), pp. 3438-3452.

DECRETO-LEI n.º 359, de 02 de junho de 1991. *In Diário da República*. [Em linha]. [Consult. 13 out. 2020]. Disponível em https://data.dre.pt/eli/dec-lei/359/1991/09/21/p/dre/pt/html.ISSN: 2184-6588. N.º 218, Série I-A (21/09/1991), pp. 4998-5003.

DIRECTIVA 2008/48/CE do Parlamento Europeu e do Conselho de 23 de abril de 2008. *In Jornal Oficial das Comunidades Europeias*. [Em linha]. [Consult. 13 out. 2020]. Disponível em: https://eur-lex.europa.eu/legal-content/PT/TXT/?uri=celex:32008L0048. ISSN: 1012-9219. (23/04/2008).

DIRECTIVA 87/102/CEE do Conselho de 22 de dezembro de 1986. *In Jornal Oficial das Comunidades Europeias*. [Em linha]. [Consult. 13 out. 2020]. Disponível em: https://op.europa.eu/en/publication-detail/-/publication/75c3b9e8-1a2b-4cf5-953e-ddce95ac0812/language-pt. ISSN: 1012-9219. (22/12/1986).

ESTATUTO DOS TRIBUNAIS ADMINISTRATIVOS E FISCAIS. Lei n.º 114, de 12 de setembro de 2009. *In Diário da República*. [Em linha]. [Consult. 13 out. 2020]. Disponível em https://data.dre.pt/eli/lei/114/2019/09/12/p/dre. ISSN: 2184-6588. N.º 175, Série I (12/09/2019), pp. 3-49.

LEI DE DEFESA DOS CONSUMIDORES. Lei n.º 24 de 31 de julho de 1996. *In Diário da República*. [Em linha]. [Consult. 13 out. 2020]. Disponível em: https://data.dre.pt/eli/lei/24/1996/p/cons/20190816/pt/html. ISSN: 2184-6588. N.º 176, Série I-A (31/07/1996).

LEI nº 13.116, de 20 de abril de 2015. *In Diário Oficial da União*. [Em linha]. [Consult. 13 out. 2020]. Disponível em: http://www.planalto.gov.br/ccivil_03/_ato2015-2018/2015/lei/L13116.htm. ISSN: 1677-7042. Seção 1, Col. 1, n.º 75 (22/04/2015), p. 10.

LEI nº 8.987, de 13 de fevereiro de 1995. *In Diário Oficial da União*. [Em linha]. [Consult. 13 out. 2020]. Disponível em: http://www.planalto.gov.br/ccivil_03/leis/l8987compilada.htm. ISSN: 1676-2339. N.º 32, Seção 1 (14/02/1995).

PROPOSTA DE LEI n.º 20/VII, de 28 de março de 1996. *In Diário da República*. [Em linha]. [Consult. 13 out. 2020]. Disponível em http://debates.parlamento.pt/catalogo/r3/dar/s2a/07/01/033/1996-04-04/590?pgs=590-592&org=PLC. ISSN: 0870-9971. N.º 33, II Série-A (04/04/1996), pp. 590-592.

Jurisprudência

SOTTOMAYOR, Maria Clara relat. – Acórdão da 1ª Secção do Supremo Tribunal de Justiça com número 2545/10.5TVLSB.L1.S1, 17 de novembro de 2015 [Em linha]. [Consult. 16 fev. 2020]. Disponível em http://www.dgsi.pt/jstj.nsf/-/AD3E94B78B31F5CF80257F080057EB17

XAVIER, Fernanda relat. – Acórdão do Supremo Tribunal Administrativo com número 033/04, de 03 de novembro de 2004 [Em linha]. [Consult. 06 out. 2020]. Disponível em http://www.dgsi.pt/jsta.nsf/0/9bf45c49e270540f80256f56004eccec?OpenDocument&ExpandSection=1

CONCILIAÇÃO JUDICIAL: UMA CAUSA DE CONTAMINAÇÃO PSÍQUICA DO JULGADOR

JUDICIAL CONCILIATION: A CAUSE OF PSYCHIC CONTAMINATION OF THE JUDGE

Paulo de Tarso Duarte Menezes[1]

RESUMO: O fascínio do universo processual civil por meios alternativos de resolução de conflitos à jurisdição estatal parece ter ensombrado, nos últimos tempos, as discussões ético-jurídicas envolvendo valores inalienáveis à atividade de distribuição da justiça, entre os quais a garantia de imparcialidade do juiz. A fim de reiterar a importância e relevância da integridade da jurisdição, considerando os pilares estruturais do Estado de direito democrático, este estudo visa responder às questões de saber se a participação do juiz na sessão de conciliação judicial, para obter uma solução autocompositiva para o litígio, prejudica a imparcialidade dos juízes. Tendo como objeto de análise qualitativa o papel do juiz-conciliador português e as previsões normativas do respetivo Código de Processo Civil, molda-se um conceito de imparcialidade judicial que vai além das meras previsões legislativas de parcialidade, porquanto tem-se a devida atenção à psicologia da cognição, nomeadamente quanto ao enviesamento psíquico do julgador; examinam-se, depois, as características que permeiam a sessão de autocomposição endo-procedural, demonstrando que a presidência desse ato, por parte do juiz, representa um fator de efetivo enviesamento psíquico do juiz, com potencial para minar a premissa de igualdade das partes, sem a qual a solução estatal formulada para um conflito não detém a legitimidade que dela se espera.

Palavras-chave: *Conciliação judicial; Imparcialidade do juiz; Contaminação psíquica.*

ABSTRACT: The charming of the civil procedural universe with alternative means of dispute resolution to the jurisdictional power seems to have overshadowed in recent

---

[1] Bacharel em Direito pela Universidade Federal do Ceará – Brasil (2000) e mestre em ciências jurídicas pela Universidade Autónoma de Lisboa – Brasil (2022). Professor da Universidade do Estado da Bahia – Brasil, juiz de direito do Tribunal de Justiça do Estado de Pernambuco – Brasil e investigador do *Ratio Legis* – Centro de Investigação e Desenvolvimento em Ciências Jurídicas da Universidade Autónoma de Lisboa.

times ethical-legal discussions involving inalienable values to the activity of justice distribution, amongst them the guarantee of the judge's impartiality. To restate the importance and relevance of the integrity of the authority, considering the structural pillars of the Democratic State based on the rule of the Law, this study aims to answer the questions of whether the participation of the judge in the judicial conciliation session to obtain a self-compositive solution for the litigation harms the impartiality of the judges. Taking as its object of qualitative analysis the role of the Portuguese Judge-Conciliator, as well as the other normative previsions inscribed in the respective Code of Civil Procedure, a concept of judicial impartiality is shaped, which goes beyond the mere legislative previsions of partiality, giving due attention to the psychology of cognition, namely regarding the psychic bias of the judge. Subsequently, the characteristics that saturate the session of endo-procedural self-composition are examined, thus demonstrating that the presidency of this act by the judge represents a factor of effective psychic bias of the judge, with potential to undermine the premise of equality of the parties, without which the state solution formulated for the conflict does not have the legitimacy that is expected on it.

***Keywords**: Judicial conciliation; Impartiality of the judge; Psychic contamination.*

INTRODUÇÃO

Sob o argumento de que a via judicial de solução de conflitos encontra-se em franca crise frente a desafios impostos por novas fronteiras de proteção de novos direitos, os meios autocompositivos têm sido apontados como vereda não só de promover a resolução das reais fontes de conflitos sociais, porquanto a heterocomposição não tem tido o alcance de verticalizar o exame dos antagonismos interpessoais, como forma de exaltar o protagonismo da autonomia da vontade, recolocando as partes do processo judicial no centro das aspirações do processo civil contemporâneo.

Nessa contextualização, os mecanismos conjuntados na sigla ADR – *Alternative Dispute Resolution* apresentam-se como caminhos alternativos à solução adjudicatória, embora se perceba que a luz lançada sobre eles pode ter o poder de obscurecer importantes valores que não só legitimam, mas de igual modo resolvem expectativas sociais depositadas na atividade essencial de o Estado dizer o direito, de entre o qual pode ser citada a imparcialidade do julgador.

Frente a isso, em Dissertação de Mestrado apresentada junto à Universidade Autónoma de Lisboa, sob a orientação do Professor Doutor António Pedro Pinto Monteiro, com o título "CONCILIAÇÃO JUDICIAL E IMPARCIALIDADE DO JULGADOR: exame de compatibilidade à luz do risco de contaminação psíquica do julgador", aprovada em provas públicas naquela Instituição em 06 de Janeiro de 2022, buscou-se investigar se a participação do juiz na sessão judicial para a obtenção de uma solução autocompositiva do litígio macula a imparcialidade do julgador, tendo por lente uma perspectiva crítica acerca da conciliação judicial, no modelo português, no qual se concebe a figura do juiz-conciliador, e uma necessária retomada da preocupação que deve ser depositada na essencial características da jurisdição, qual seja, que ela seja referenciada no *princípio da imparcialidade*.

No presente trabalho, que condensa e reproduz as ideias principais daquela dissertação, propõe-se, em primeiro momento, apresentar os métodos consagrados de solução de conflitos, bem como, atento a técnicas para autocomposição, desenhar o modelo de conciliação judicial português, identificando-se, assim, o estado da arte do objeto de exame.

Passo seguinte, vê-se como necessário delimitar o que se entende por imparcialidade do julgador, para firmar a referência do investigador, e, em sucessivo, explicar qual a importância que tal atributo incrementa à jurisdição no Estado Democrático de Direito, bem assim como tal qualidade da jurisdição é perdida quando o julgador é submetido a fatores de enviezamento psíquico.

Por fim, dever-se-á enfrentar a conciliação judicial, haja vista a possibilidade de tal técnica para a autocomposição revelar-se como fator de comprometimento da imparcialidade do julgador, notadamente quando é atribuída a presidência da sessão judicial autocompositiva à mesma pessoa com a precípua incumbência de julgar, tendo como esteio de reforço toda a argumentação jurídica construída sobre a *teoria da descontaminação do julgamento* maculado pela interferência da prova declara ilícita.

Com isso, espera-se lançar um feixe de luz sobre uma discussão que parece ter ficado ofuscada diante da importância que a saída consensual tem proporcionado em um cenário no qual o Poder Judiciário já não pode mais cingir um aumento de demandas que exigem solução adjudicatória.

I. O CONFLITO E SEUS MÉTODOS DE SOLUÇÃO

Uma das caraterísticas da sociedade humana é a experiência do conflito travado entre seus membros. Por cultivar crenças ou valores às vezes incompatíveis com o restante do grupo social a que pertence, o ser humano envolve-se em constantes tensões e dilemas, capazes de gerar contendas[2].

Conflito e litígio não se confundem. Como destaca Catarina Frade[3], o litígio tem sua gênese num conflito, este revelado pela perspetiva antagônica de indivíduos frente a uma questão de vida em sociedade. Quando um conflito é assumido como tal e os interessados naquela questão exigem intervenção para sua solução, tem-se aquilo que o Direito qualifica como litígio.

Nessa senda, forma vetusta de resolver o conflito intersubjetivo entre contendores, decorrente do emprego exclusivo de força física ou bélica, sem que a solução seja orientada por alguma regra, revela-se na hipótese de autotutela, nela prevalecendo os interesses daquele capaz de se sobrepor ao antagonista. Doutro modo, em contexto de horizontalidade entre os conflitantes, a autocomposição desenvolve-se como método caracterizado pela persuasão e consensualidade[4], em busca de resultados decorrentes de renúncia, submissão ou transação.

No cenário autocompositivo, as técnicas de conciliação e de mediação facilitam o ajuste entre os indivíduos em conflito, em espaços de discussão voltados não só à finalidade de resolver a questão de a quem deve ser entregue algum bem da vida em disputa, mas também admite a possibilidade de acomodar inclusive manifestação até de sentimentos[5], esses, em muitos casos, as verdadeiras fontes das contradições entre os contendores.

Merece destaque, por oportuno, que a distinção entre as duas mais importantes técnicas voltadas a proporcionar a autocomposição, a saber:

---

[2] HARARI, Yuval Noah – *Uma breve história da humanidade: sapiens*, p. 173, e, no mesmo sentido, PASSOS, J. J. Calmon de – *Revisitando o Direito, o Poder, A Justiça e o Processo*, p.102.

[3] FRADE, Catarina – A resolução alternativa de litígios e o acesso à justiça: A mediação do sobreendividamento. *Revista Crítica de Ciências Sociais* [Em linha], p. 108.

[4] ROCHA, José Albuquerque – *Teoria geral do processo*, p.13.

[5] WARAT, Luis Alberto – Ecologia, psicanálise e mediação. In *Em nome do acordo: a mediação no Direito*, p.29, quando disserta acerca da mediação, afirma que o conflito resolvido por aquela via tem em conta inclusive relações afetivas: "A mediação é um trabalho sobre afetos em conflito, não um acordo entre as partes, exclusivamente patrimonial, sem marcas afetivas".

a conciliação e a mediação. Atento a Paixão Campos[6], faz-se necessário relacionar a linha doutrinária que afirma que a mediação e a conciliação são atividades semelhantes, tendo como ponto de separação tão somente o fato de a última ser realizada pelo julgador da causa levada a juízo.

Contudo, em outra visada, há quem considere a impossibilidade de se estabelecer distinção entre aquelas técnicas[7], senão considerando o posicionamento topográfico nos contextos endoprocessual e extraprocessual, residindo a conciliação dentro do conjunto dos atos processuais, enquanto a mediação situa-se externamente.

Desta meneira, o que caracteriza a mediação, representando a verdadeira fronteira entre os institutos, é justamente o *empowerment* dos contendores, representado pela liberdade plena dos envolvidos de realizarem, ou não, um acordo ou até de desistirem a qualquer momento do processo autocompositivo quando assim entenderem oportuno, algo que não se vislumbra na conciliação judicial de modelo endoprocessual português, conforme artigo 594 do Código de Processo Civil.

De outra feita, é relevante registrar que para garantir-se a prevalência da liberdade de discurso, em ambiente de confiança mútua, isso durante as tratativas para construção do acerto por mediação, a Diretiva 2008/52/CE[8], do Parlamento Europeu e do Conselho, com data de 21 de Maio de 2008, consagrou expressamente o *princípio da confidencialidade*. Desse modo, os Estados-Membros assumem a obrigação, conforme artigo 7.º daquela norma, de afiançar que nem os mediadores nem outros sujeitos integrantes da administração da justiça possam fornecer provas tocante às informações conhecidas dos envolvidos no processo de mediação, salvo em caso de razões de superior interesse público ali destacadas.

Finalmente, a arbitragem e a jurisdição são meios resolutivos de conflitos pertencentes à espécie da heterocomposição, distinguindo-se a primeira por fundar-se na adesão voluntária dos contendores, como regra[9],

[6] CAMPOS, Joana Paixão – *A Conciliação Judicial* [Em linha], p. 13.

[7] *Idem – Ibidem.*

[8] Directiva/2008/52/CE. *Jornal Oficial da União Europeia* [Em linha].

[9] [30] BASTOS, Susana Filipa Pereira – *Arbitragem Necessária.* [Em linha], p. 22, explica que a arbitragem necessária ocorre em ordenamentos nos quais a lei impõe a adoção deste proceder para solucionar determinados tipos de litígios.

e a segunda derivada da soberania estatal, tendo como característica a inevitabilidade[10].

Note-se, ademais, que a jurisdição estatal organicamente estruturada é fenômeno de historicidade recente, porquanto, antes do séc. X e início do séc. XII, não se podia sequer falar em juízes profissionais, que só surgem pela monopolização estatal da administração da justiça[11]. Assenta Michel Foucault[12] que, até a alta Idade Média, cabia àquele que detivesse o poder – seja por funções políticas ou até mágicas ou religiosas – chancelar o procedimento usado para a solução de conflito, porquanto ainda não se falava ainda em Poder Judiciário autônomo.

No período após a Segunda Grande Guerra, nos países centrais, o Estado liberal cede espaço à construção do Estado providência, agora com ônus positivo frente aos cidadãos que nele residem, momento em que a jurisdição estatal sofreu expansão temática, passando a envolver litígios em áreas como administração pública, relações laborais, seguridade social, dentre outros, o que exigia transformação do *locus* de resolução dos litígios, surgindo, conforme apontado por Sousa Santos, Eleitão Marques e João Pedroso[13], os tribunais dedicados a causas de massa, fase de recrudescimento de mecanismos alternativos à jurisdição estatal para a resolução de conflitos.

Esses caminhos alternativos à administração estatal da justiça ou *Alternative Dispute Resolution*, consagrados na sigla ADR, reuniram-se em uma gama de procedimentos não judiciais de resolução de litígios, capazes de cingir desde formas autocompositivas, a exemplo da conciliação, mediação e negociação direta, até a via heterocompositiva exoestatal como a arbitragem voluntária.

Frente a todo esse contexto, faz se necessário registar o modelo seguido por Portugal, quanto à concepção da conciliação judicial, notadamente as escolhas legislativas para o posicionamento de tal técnica autocompositiva e suas balizas processuais.

---

[10] CINTRA, Antonio Carlos de Araújo; GRINOVER, A.da Pellegrini; DINAMARCO, Cândido Rangel – *Teoria Geral do Processo*, p. 157.

[11] CARVALHO, Alexandre Douglas Zaidan – *Imagens da imparcialidade entre o Discurso Constitucional e a Prática Judicial*, pp. 43-44.

[12] FOUCAULT, Michel – *A verdade e as formas jurídicas*, p. 65.

[13] SANTOS, Boaventura de Sousa; MARQUES, Maria Manuel Eleitão; PEDROSO, João – *Os tribunais nas sociedades contemporâneas* [Em linha], p. 12.

II. O MODELO DE CONCILIAÇÃO JUDICIAL EM PORTUGAL

O ponto de partida aqui proposto para o exame da conciliação judicial em Portugal tem como marco o ato praticado pelo juiz, quando então o aludido magistrado deve concitar as partes para a solução consensual do litígio respetivo[14]. Assim, tem-se por critério de distinção da conciliação e da mediação o *empowerment* dos contendores – presente na mediação extraprocessual e ausente na conciliação endoprocessual – considerando o modelo processual português e a objetividade que essa taxonomia processual contempla.

Adotando como luzes de guia tais premissas, o Código de Processo Civil português, mormente quanto à conciliação, contém previsões acerca do instituto nos artigos 591.º., número 1, "a", 594.º, número 1 e artigo 604.º, número 2. O momento primordial para a conciliação judicial, escolhido pelo legislador, é audiência prévia, regulada pelo artigo 591.º, do Código de Processo Civil, na qual, dentre outros objetivos, tem-se a ocasião vestibular para que o juiz tente a pacificação autocompositiva das partes[15].

Se por um lado Pereira Rodrigues[16] assevera que a audiência prévia é obrigatória, só podendo ser dispensada nas hipóteses previstas no artigo 592.º, do Código de Processo Civil; Paes de Amaral[17], mesmo reconhecendo a tendência da obrigatoriedade da audiência prévia, assinala que o juiz

---

[14] TUCCI, José Rogério Cruz e; AZEVEDO, Luiz Carlos de – *Lições de história do processo civil lusitano*, p.75 lembram que já nas Ordenações Afonsinas, por influência canônica, em 3.20.5, havia destacado comando para que os juízes buscassem a concórdia, nos seguintes termos: "E os juízes devem muito trabalhar por trazer as partes a concórdia, e isto não é de necessidade, mas de honestidade e virtude para evitar omezios e despesas; porém nos feitos crimes, onde provado o crime, devem ser punidos, e não ficarem sem pena; mas nos outros feitos, que as juízes são desconhecidos, e o direito das partes não é a eles certo, assim como é no começo, devem trabalhar por os concordar; e conclusão dos Sabedores é que ninguém deve ser muito propenso a litigar".

[15] RODRIGUES, Fernando Pereira – *Noções fundamentais de processo civil*, p. 387, resume as intenções da lei para tal ato, destacando, em primeiro lugar, a tentativa de conciliação, depois a discussão da causa, quanto aos aspetos de fato e de direito. Além disso, cita, também: a discussão das proposições das partes, para delimitação do litígio; a realização do despacho saneador; a ordenação da adequação formal do processo; a fixação da matéria de prova e a programação da audiência final.

[16] RODRIGUES, Fernando Pereira – *Op. cit.*, p. 388.

[17] AMARAL, Jorge Augusto Pais de – *Direito Processual Civil*, pp. 278-279.

pode dispensá-la quando a sessão se destina exclusivamente à realização do despacho saneador, tendo por mira a adequação formal ou a identificação do objeto do litígio e a prenunciar os temas probantes[18].

Nessa toada, o artigo 594.º do Código de Processo Civil, no número 1, disciplina que, quando a causa envolver questão de direito disponível, em qualquer estado do processo, o juiz pode promover a tentativa de conciliação. Tanto as partes podem provocar a audiência de conciliação, formulando requerimento conjunto para a realização, quanto o juiz pode convocá-la, porém só em uma oportunidade assim pode fazê-lo, para tal finalidade exclusiva.

A presidência da sessão de conciliação em referência compete ao juiz, sendo este cumulado do poder de proferir solução por equidade[19], possibilidade essa introduzida no Código de Processo Civil de 1939[20]. Nesse mesmo segmento, tem-se a previsão contida no artigo 51.º, número 2, do Código de Processo do Trabalho português, ao estabelecer que, no processo comum declarativo, a tentativa de conciliação é presidida pelo juiz, tendo por objeto encerrar o litígio mediante acerto equitativo.

No respeitante ao protagonismo do juiz, ao assumir a função de conciliador da causa tal qual o cenário do processo civil português – embora

---

[18] AMARAL, Jorge Augusto Pais de – *Op. cit.*, p. 279 esclarece que a opção do juiz, por não realizá-la, não é ato definitivo, conforme previsto no número 03, do artigo 593.º, do Código de Processo Civil, quando qualquer das partes pode reclamar a sua realização, nos termos ali previstos. SOUSA, Miguel Teixeira de – *Estudos sobre o novo processo civil*, p. 305, também reconhece a possibilidade de dispensa da audiência de preliminar, quando voltada, em causas mais simples, à "fixação da base instrutória", portanto voltada apenas ao preparo das questões controvertidas que serão objeto de demonstração probatória.

[19] Na forma do número 3, do art. 594.º, do Código de Processo Civil.

[20] SOUSA, Luís Filipe Pires de – O empenho ativo do juiz na obtenção de uma solução de equidade em sede de tentativa de conciliação, *Julgar* [Em linha], p. 329. FREITAS, José Lebre de; ALEXANDRE, Isabel – *Código de Processo Civil Anotado*, p. 654, destacam que, diferentemente do que era previsto no artigo 512, do Código de Processo Civil de 1939, agora não mais existe a previsão da pena de multa, pelo não comparecimento das partes à audiência de conciliação. Também, neste mesmo sentido GERALDES, António Santos Abrantes; PIMENTA, Paulo; SOUSA, Luís Filipe Pires de – *Código de Processo Civil Anotado: Código de Processo Civil Anotado*, p. 718 asseveram: "2. Quando se procure a conciliação, as partes devem ser convocadas nos termos do art. 594.º, nº 2, embora não se preveja qualquer sanção para a sua falta".

se identifiquem opiniões em contrário – Pires de Sousa[21] aponta quatro vantagens nessa opção legislativa.

Primeiramente, sustenta que o juiz seja dotado de garantias especiais, pela função que exerce – mormente representadas pela independência e imparcialidade –, capazes de habilitá-lo como sujeito de autoridade moral para fomentar a prática do acerto entre as partes. Em plano secundário, ainda considerando a função institucional que desempenha, ele é investido do posto de guardião das garantias e princípios processuais. Em terceiro lugar, pela experiência de julgar causas, inclusive muitas delas com semelhança ao litígio que buscará a conciliação, passa a contar com aptidão não encontrada em outros personagens do processo. Finalmente, é o juiz quem detém o conhecimento jurídico-legislativo, capaz de garantir a plena conceção de um acordo, à luz do ordenamento jurídico respetivo[22].

Ainda na linha de reconhecer a adequação da pessoa do juiz na condução de ato de conciliação, Pessoa Vaz[23], citando Tullio Liebman, considera que a atmosfera de clarificação, de lealdade e de sinceridade, gerada pela autoridade do juiz na presidência do ato de conciliação, é fator de predisposição para as partes aceitarem a proposta conciliatória formulada pelo sujeito imparcial como aquele se apresenta diante dos litigantes.

No exercício de tal função, a norma portuguesa ainda exige que o julgador da causa, enquanto conciliador, empenhe-se ativamente na consecução da conciliação que preside[24]. A previsão conta com relevantes advertências doutrinárias, quanto à dosagem de tal empenho, ordinariamente encontrando

---

[21] SOUSA, L.F.P. de. – *O empenho ativo do juiz na obtenção de uma solução de equidade em sede de tentativa de conciliação* [Em linha], p. 320.

[22] SILVA, É.B. e. – *Conciliação judicial*, p. 316 – que aqui se registra de forma passageira, porquanto melhor será examinado em ponto específico deste trabalho – embora reconheça que a autoridade do juiz seja aspecto considerável para elegê-lo como sujeito importante para conduzir a conciliação, reconhece o risco que isso pode importar, especialmente na experiência prática, para imparcialidade do julgador.

[23] VAZ, Alexandre Mário Pessoa – *Poderes e deveres do juiz na conciliação judicial*, p. 109, referindo-se ao estudo GOUVEIA, Mariana França; et al. – *Justiça Económica em Portugal* [Em linha], pp. 20-25, arremata que "Das entrevistas realizadas a advogados, juízes e empresas no âmbito de estudo Justiça Económica em Portugal também se retira uma percepção favorável a uma maior intervenção do juiz na conciliação".

[24] Na mesma linha, segue o artigo 51, número 2, do Código de Processo do Trabalho Português.

temperamentos, dado que é ponto de calorosa discussão[25], porquanto isso pode representar a quebra do dever de imparcialidade do julgador. Talvez especialmente em decorrência de tal preocupação com a garantia da imparcialidade do julgador, identificam-se críticas na doutrina acerca da utilidade da previsão, porquanto os juízes restringem-se a, protocolarmente, indagar às partes acerca da possibilidade de persecução de um acordo [26].

Observa-se, assim, que a preocupação do juiz deva voltar-se ao controlo do procedimento, pois naquele contexto os poderes dispositivos prevalecem sobre os poderes inquisitoriais, razão pela qual o dever de correspondência entre realidades intraprocessual e extraprocessual cedem à persecução do objetivo da solução mais adequada do litígio[27].

Nesses termos, parece ilustrar bem o número 4, do artigo 594.º, do Código de Processo Civil, quando estabelece que a consignação em ata das concretas soluções sugeridas pelo juiz, mas que não contaram com a adesão das partes, devendo essas justificarem a repulsa da proposta[28]. Tais anotações constantes em ata têm o condão não só de prevenir as hipóteses em que a conciliação não se consolidou por motivos desprezíveis adotados pelas partes, como ainda serve para demonstrar o grau de intervenção do juiz, especialmente com a

---

[25] RODRIGUES, Fernando Pereira – *Noções fundamentais de processo civil*, p. 390, sustenta: "Em todo caso, o empenho do juiz nunca poderá ir ao ponto de forçar a um acordo que as partes ou uma delas não queira acertar".

[26] CARVALHO, Joana Campos – A função de conciliação do juiz nos conflitos civis e comerciais. In *A Mediação e a Conciliação nos Conflitos Civis e Comerciais,* p. 24. A mesma preocupação com a garantia da imparcialidade apresenta SENDRA, Vicente Gimeno – *Derecho procesal civil – I. El processo de declaración*, pp. 352-353, ao sustentar que, embora a atividade do juiz espanhol, na audiência voltada à composição, seja de conciliador, e não de mediador, isso não o autoriza a exercer um papel mais ativo, devendo o juiz agir "com toda la prudencia y cuidado posible a fin de no perder su imparcialidade".

[27] CARVALHO, A função de conciliação do juiz nos conflitos civis e comerciais. In *A Mediação e a Conciliação nos Conflitos Civis e Comerciais*, p. 28.

[28] FARIA, Paulo Ramos de; LOUREIRO, Ana Luísa – *Primeiras notas ao novo Código de Processo Civil*, p. 501 avaliam que a norma do número 4, do artigo 509.º, do Código de Processo Civil traz mais desvantagens do que vantagens para os fins perseguidos pelo processo, nomeadamente quanto à solução por uma composição amigável, destacando, ainda, que a anotação em ata não é aproveitável em qualquer fase seguinte do feito. Na mesma toada, segue a regência dos elementos do auto de tentativa de conciliação, no âmbito trabalhista, conforme artigo 53.º, número 2, do Código de Processo do Trabalho Português, quando determina a consignação dos fundamentos das partes para a rejeição do acordo e permanência do litígio.

missão de documentar como esse último agira, ao oferecer soluções para o litígio, atento à equidade[29].

Esquematicamente, o modelo de conciliação judicial portuguesa persevera na premissa de uma atividade endoprocessual, conduzida pelo juiz, que envidará todos os esforços necessários, no sentido de fazer com que as partes cheguem a uma solução autocompositiva, inclusive anotando em ata de audiência o resultado das tratativas e até mesmo os motivos apresentados pelas partes para as rejeições das propostas formuladas, com abertura para adoção de solução por equidade.

Tudo isso aparenta não adequar-se corretamente a um pressuposto caríssimo ao exercício regular da jurisdição no Estado Democrático de Direito revelado pela imparcialidade do julgador, ingrediente capaz de legitimar o processo judicial, que tem como uma de suas premissas a presidência ocupada por um terceiro imparcial, capaz de solucionar a questão posta em juízo, guiado estritamente pelo dever de aplicar a correta solução normativa às asserções fáticas demonstras pelas partes, imunizado de outros interesses.

III. A IMPARCIALIDADE DO JULGADOR COMO PRESSUPOSTO ESSENCIAL DA JURISDIÇÃO NO ESTADO DEMOCRÁTICO DE DIREITO

No mundo helênico, a simbólica tensão entre uma justiça divina, representada por Têmis[30], e uma justiça de homens, representada por Díke[31], muito bem representou a tensão acerca da importância ou não da imparcialidade, posicionando-se, de um lado, o juiz enquanto divindade,

[29] GERALDES, António Santos Abrantes; PIMENTA, Paulo; SOUSA, Luís Filipe Pires de – *Código de Processo Civil Anotado: Código de Processo Civil Anotado*, p. 719.

[30] PIRES, A.S.X. *Justiça na perspectiva de Hesíodo, Platão e Sócrates.* Rio de Janeiro: Pensar a Justiça, 2016, 55, esclarece: "Em sua linhagem Têmis é filha do Céu e da Terra, o que se lhe reconhece a condição de Potestade primordial responsável pela conservação da ordem cósmica a quem se confere a força de guardar, ordenar e regrar a justiça divina".

[31] PIRES, Alex Sander Xavier – *Op. cit.*, p. 57, registra: "Genealogicamente, Díke, a Justiça, é uma das Hórai filhas de Zeus e Têmis a quem se acreditou a missão de velar pela justiça dos homens concebendo-se que as relações humanas devem ser ordenadas e seguras tomando-se por base a medida divina imposta por Zeus".

imune a imperfeições, e, de outro, rendendo importância e necessidade de se averiguar quem pronunciaria uma sentença[32].

Reduzindo-se o processo a sistema de provas mágicas, como aludira Michel Foucault[33], no cenário histórico do Direito Feudal, o litígio normalmente era resolvido por jogos, quando então as partes submetiam-se a aceitar ordálios, em famosos "Julgamentos de Deus", nos quais as lutas e provações corporais eram chaves para o sucesso ou o insucesso de uma demanda judicial, como manifestação de vontade divina, capaz de revelar o verdadeiro Direito.

Portanto, se o resultado da disputa era um dado objetivo que advinha, por exemplo, da impossibilidade de se suportar a dor de andar numa barra de ferro incandescente, o papel do julgador restringia-se a reconhecer a vitória ou a derrota naquela gincana de prova automática, restando à autoridade a pálida função de fiscalizar a regularidade do procedimento probatório[34].

O contributo do pensamento consequente da *Revolução Gloriosa* (1688--1689), especialmente com o *Act of Settlement*[35] (1701), foi fundamental para o surgimento de modelo de magistratura independente da coroa, capaz de garantir confiança aos credores da realeza, que puderam então buscar reconhecimento de direitos e obrigações contra o próprio interesse real[36].

---

[32] BRANDÃO, Junito de Souza – *Mitologia Grega*, p. 152, assenta: "Foi exatamente com isto inclusive que Sólon tentou romper, substituindo a têmis pela díke, "dique", isto é, pela justiça dos homens, baseada em leis escritas. Lamentavelmente, porém, enquanto as aristocracias não foram derrubadas, a administração da justiça continuou a ser manipulada por magistrados e conselhos aristocráticos".

[33] FOUCAULT, Michel – *A verdade e as formas jurídicas*, pp. 58-61.

[34] FOUCAULT, Michel – *Op. cit.*, p. 61.

[35] CARVALHO, Alexandre Douglas Zaidan – *Imagens da imparcialidade entre o Discurso Constitucional e a Prática Judicial*, pp. 60-61, referindo-se à aquele ato, sustenta que: "Este foi um elemento de reforço da capacidade financeira da monarquia britânica durante o século XVIII, fomentando a tomada de empréstimos a juros mais baixos pela redução dos riscos de inadimplemento, criando condições propícias para a Revolução industrial". OAKES, Anne Richardson; DAVIES, Haydn – Justice must be seen to be done: a contextual reappraisal. *Adel Law Rev* [Em linha], pp. 491, citando Shimon Shetreet, reconhece o *Act of Settlement* como o primeiro momento da construção da independência, voltada ao reconhecimento interno de tal garantia judiciária. Num segundo momento, que começa logo após aquele marco histórico, tal conceito cruzou fronteiras e influenciou o mundo político e acadêmico, agora em seara transnacional, com impacto em outras ordens jurídicas nacionais.

[36] Como observa CARVALHO, Alexandre Douglas Zaidan – *Imagens da imparcialidade entre o Discurso Constitucional e a Prática Judicial*, p. 59, o interesse real não mais se confunde com o interesse dos súditos. CAPPELLETTI, Mauro – *Juízes legisladores?* p. 78, ressalta que até

Isso porque os julgados passaram a ser conduzidos por juízes vitalícios, com remuneração fixa, bem como disciplina funcional subordinada ao ato das Câmaras dos Lordes e dos Comuns[37].

Desse modo, foi justamente com a modernidade engendrada pelas revoluções burguesas que características como generalidade, abstração e impessoalidade sobem ao palco da institucionalidade ocidental europeia, proclamando a igualdade entre todos os indivíduos[38], ainda que somente realizada no plano formal e com muita debilidade, até nos tempos atuais.

Como ressaltado por Bernd Schünemann[39], as sociedades modernas passam a adotar as qualidades da neutralidade e da imparcialidade em suas respetivas legislações, sem as quais um terceiro, embora em patamar institucional elevado, não poderia se habilitar a solucionar conflitos.

Todavia, no âmbito processual, parece que não se pode falar que o julgador deva ser cobrado pelo atributo da neutralidade[40], eis que referente à categoria científica, mas sim que o julgador, para legitimar sua atividade de pronunciar o direito, deve ser avaliado como alguém que não cultiva interesse próprio na causa, com vista a querer, de forma preconcebida, o desfecho de um litígio de determinada forma. Mais ainda, como afirmado por Artur Sousa[41], aquele sujeito processual deve ser visto, especialmente pela coletividade, como objetivamente isento, desinteressado e independente.

---

aquele momento histórico, os juízes eram tratados como funcionários do executivo, nomeados pelo rei.

[37] CARVALHO, Alexandre Douglas Zaidan – *Op. cit.*, pp. 58-59.

[38] WOLKMER, Antonio Carlos – *História do Direito: tradição no Ocidente e no Brasil*, p. 133.

[39] SCHÜNEMANN, Bernd – O juiz como um terceiro manipulado no processo penal? Uma confirmação empírica dos efeitos perseverança e correspondência comportamental. In GRECO, Luís, Coord. – *Estudos de direito penal, direito processual penal e filosofia do direito*, p. 206.

[40] MOREIRA, José Carlos Barbosa – Reflexões Sobre a Imparcialidade do Juiz. *Carta mensal*, p.23. rebate a tentativa de reconhecer sinonímia entre neutralidade e imparcialidade, indicando que esta última, uma qualidade do julgador, é revelação do princípio da igualdade, que veda outra condução processual do juiz divorciada do equilíbrio na concessão de oportunidades processuais, tudo isso com o propósito de se chegar a um julgamento justo. Nesse diapasão, o julgador não pode ser indiferente à contenda que lhe é apresentada, razão pela qual o conceito de neutralidade não encontra respaldo na seara processual, porquanto quem preside o processo deve sim "preferir a vitória" da parte a quem a ordem jurídica lhe reconhece razão.

[41] SOUZA, Artur César de – *A imparcialidade positiva dos juiz*, p. 42.

Há de concluir, portanto, muito além do âmbito de discussão da neutralidade científica, que envolve a relação entre sujeito e objeto, a discussão acerca da imparcialidade envolve acima de tudo a garantia de externalização da limpidez do julgador, esta delimitada por convenções normativas estabelecidas em uma sociedade historicamente situada, numa relação entre sujeitos processais.

De sua vez, o contraste entre a imparcialidade objetiva e subjetiva relaciona-se ao próprio processo descontinuado da construção histórica deste instituto, porquanto, em um primeiro momento revelou-se mais preocupado com um exame estritamente de consciência, lançando olhar apenas em aspetos de foro íntimo do julgador, e só depois veio a se construir em uma vertente objetiva, voltada à "imagem pública e às aparências de imparcialidade do juiz"[42], como ingredientes essenciais a afirmar a legitimação das decisões judiciais.

Abrantes Geraldes, Paulo Pimenta e Pires de Sousa relacionam a imparcialidade subjetiva com as convicções pessoais do juiz, exigindo prova em contrário para afastar a presunção de sua existência; enquanto a objetiva ou funcional deve ser examinada em consideração com a *teoria da aparência*, à luz da máxima *justice must not only be done, it must also be seen to be done*[43], devendo o tribunal garantir, pela respetiva composição, que não reste dúvida acerca daquela garantia.

Pires de Sousa[44] aponta que imparcialidade objetiva exige aferição sob a ótica da *teoria da aparência*, questão assim resolvida pelo Tribunal Europeu de Direitos Humanos, mormente desde o caso *Piersack vs. Bélgica*, quando ali se reconheceu que a aparência[45] de parcialidade de um julgamento viola a Convenção Europeia de Direitos Humanos.

---

[42] CARVALHO, Alexandre Douglas Zaidan – *Imagens da imparcialidade entre o Discurso Constitucional e a Prática Judicial*, p. 42.

[43] GERALDES, António Santos Abrantes; PIMENTA, Paulo; SOUSA, Luís Filipe Pires de – *Código de Processo Civil Anotado: Código de Processo Civil Anotado*, p. 156.

[44] SOUSA, Luís Filipe Pires de – O empenho ativo do juiz na obtenção de uma solução de equidade em sede de tentativa de conciliação. *Julgar* [Em linha], p. 335.

[45] CARVALHO, Alexandre Douglas Zaidan – *Op. cit.*, p. 57 destaca que já no pensamento hobbesiano, bastaria a aparência do interesse como causa suficiente para se reconhecer maculada à imparcialidade objetiva, ainda que Hobbes não acatasse a ideia de interpretação da lei pelo juiz, porquanto a norma deveria ser aplicada à luz de razões de Estado.

Como sintetiza César de Souza[46], naquele julgamento histórico[47] deu-se a distinção entre imparcialidade objetiva e subjetiva, fincando-se uma tríade de conclusões acerca do tema: a) as aparências importam; b) basta a dúvida para se excluir o juiz e c) a transcendência do tema acarreta a desnecessidade de se comprovar os resultados sobre a efetiva convicção do julgador.

Em Portugal, conforme assevera Teixeira de Sousa[48], as hipóteses de falta de imparcialidade do julgador envolvem impedimentos, escusas e suspeições, valendo destacar, eis que bastante ilustrativa, a hipótese prevista no artigo 115.º, número 1, "h", do Código de Processo Civil, a impedir que o juiz seja conhecedor direto do fato que vai julgar, porquanto é critério obstativo do ato de produzir a decisão judicial o conhecimento privado do conteúdo fático submetido a determinado julgador[49].

Ora, se a imparcialidade é alicerce necessário ao exercício da jurisdição, no Estado Democrático de Direito, tal premissa parece não encontrar coerência no caso em que o legislador impõe um rol cerrado de hipóteses de recusa do juiz, por parcialidade. Em outras palavras, se a imparcialidade já foi concebida como garantida que decorre da inexistência de hipóteses de parcialidade, previstas na lei processual, em momento mais maduro da discussão só isso não é mais suficiente.

---

[46] SOUZA, Artur César de – *A imparcialidade positiva dos juiz*, p. 47, destaca por fim: "... por isso é possível afirmar que o exercício prévio no processo de determinadas funções processuais (*sic*) podem provocar dúvidas de parcialidade".

[47] Neste sentido, conferir em BADARÓ, Gustavo Henrique Righi Ivahy – *Direito ao julgamento por juiz imparcial: como assegurar a imparcialidade objetiva no juiz nos sistemas em que não há a função do juiz de garantias* [Em linha], quando lamenta que o aludido tribunal não se manteve com firmeza na adoção de critérios estritamente objetivos para o reconhecimento da imparcialidade do julgador, abrindo espaço para infeliz involução casuística, a partir do julgado Hauschildt vs. Dinamarca, para então examinar a intensidade do ato praticado pelo julgador, e só assim concluir se foi maculado referido dever daquele sujeito processual.

[48] SOUSA, Miguel Teixeira de – *Estudos sobre o novo processo civil*, p. 41.

[49] FREITAS, José Lebre de – *A ação declarativa comum*, p. 279, assim define a posição da testemunha no processo, quando trata da admissibilidade de tal espécie de prova: "Fonte de prova pessoal representativa, a testemunha é um terceiro em face da relação jurídica processual, ainda que não perante a relação jurídica material ou os interesses que no processo se discutem (1), estando, pois, excluída como tal a parte (arts. 452-1 e 453-3) e o seu representante legal (an. 453-2) aos quais é reservado o depoimento de parte (art. 496), bem como o juiz que não se declare ou seja declarado impedido (arts. 115-1-h e 499-1)".

Assim, em uma tentativa de se construir uma definição possível de imparcialidade, pode-se asseverar, de forma mais completa, que os jurisdicionados devem ter a garantia de que serão julgados por um terceiro desvestido de causas de impedimento e de suspeição, trilhando um procedimento que se preocupa em garantir a igualdade de oportunidades de formulações e de exame de versões em antagonismo. Para tal, preocupa tudo aquilo que gere risco de audição assimétrica dos discursos em litígio, não se podendo desconsiderar o enviesamento psíquico do julgador como causa cientificamente plausível, amplamente investigada pela psicologia da cognição.

IV. O ENVIESAMENTO PSÍQUICO DO JULGADOR COMO FATOR DE COMPROMETIMENTO DA IMPARCIALIDADE DO JUIZ

Na linha de observações de António Damásio[50], a neurociência assevera a importância que deve ser dada a processos mentais não conscientes e à capacidade que esses sons, aparentemente inaudíveis à modelação do agir humano, podem interferir no ritmo dos comportamentos e escolhas adotadas por alguém.

David Eagleman, depois de ressaltar que a maior parte de nossas atitudes não são controladas conscientemente[51], também reconhece que o cérebro humano funciona de forma autônoma, restando à mente consciente uma restrita elaboração acerca da "fábrica gigantesca e misteriosa que funciona por baixo dela"[52].

Portanto, isso não pode ser desprezado quando da estruturação do procedimento judicial, de vez que ele deve atentar para uma sucessão de atos estruturados, visando legitimar a tomada de decisão, em ambiente dialógico que objetive proporcionar a máxima aproximação da igualdade de atividades, de influência e de oportunidade, em favor das partes. Como notado por

---

[50] DAMÁSIO, António R. – *E o cérebro criou o homem*, p. 98.

[51] EAGLEMAN, David – *Incógnito: as vidas secretas do cérebro*, p. 12.

[52] EAGLEMAN, David – *Op. cit.*, p. 13. "Quase tudo o que acontece em nossa vida mental não está sob nosso controle consciente e a verdade é que é melhor assim. A consciência pode levar o crédito que quiser, mas é melhor que fique à margem na maioria das decisões acionadas pelo cérebro".

Barbosa Moreira[53], a legitimidade do processo, instrumento da jurisdição para a solução de conflitos, depende essencialmente da possibilidade que os litigantes creem de poder ter sucesso quanto à pretensão deduzida em juízo, com igualdade inclusive de riscos.

Assim, o prumo para a construção do procedimento, nesses termos, não passa por exame da intenção do julgador, em uma investigação introspetiva de cada juiz ou por exame moral de suas escolhas, mas exige que não sejam desprezadas eventuais apreensões científicas, além da órbita estrita do Direito, o que reclama também olhar para o estudo do processo de cognição.

Juarez Freitas[54] explica e sintetiza sete formas de enviesamentos que promovem desvios cognitivos, comprometedores do funcionamento mental isento, em trabalho atento ao exame da interpretação jurídica e, de igual modo, perfeitamente aplicável ao raciocínio judicial[55] realizado pelo julgador. Daquelas espécies, quatro mantêm estreitos pontos de discussões com questões relevantes envolvidas neste trabalho.

A primeira delas, o *viés de confirmação*, envolve a predisposição pela busca de elementos que confirmem "as crenças e impressões preliminares"[56], com o

---

[53] MOREIRA, José Carlos Barbosa – *Temas de Direito Processual: quarta série*, p. 68.

[54] FREITAS, Juarez – A hermenêutica jurídica e a ciência do cérebro: como lidar com os automatismos mentais. *Revista da Ajuris*, pp. 233-236, assim as relacionam: (1) o viés da confirmação; (2) o viés da falsa coerência; (3) o viés de aversão à perda; (4) o viés do "status quo"; (5) o viés do enquadramento; (6) o viés do otimismo excessivo e (7) o viés do presente (present-biased preferences).

[55] O termo aqui deve ser lido na forma definida por TARUFFO, Michele – *A prova*, pp. 130-131, como análise da dinâmica mental do julgador, afeto ao estudo da psicologia.

[56] FREITAS, Juarez – *Op. Cit*, pp. 233-233. ARANGUREN, Arturo Muñoz – La influencia de los sesgos cognitivos en las decisiones jurisdiccionales: el factor humano. Una aproximación, *Revista Para El Análise Del Derecho* [Em linha], p. 08, assinala a distinção entre tal enviesamento e os efeitos de confirmação comportamental: "El sesgo de confirmación es una tendencia irracional a buscar, interpretar o recordar información de una manera tal que confirme alguna de nuestras concepciones iniciales o hipótesis. Es un tipo de sesgo cognitivo, es decir, un error sistemático del razonamiento inductivo. Estos sesgos en el procesamiento de la información son diferentes a los efectos de confirmación de comportamento (lo que se conoce como profecía autocumplida), en los que las expectativas de una persona influyen en su propia conducta (MERTON, 1968)." Sobre a profecia autorrealizável, MERTON, Robert King – *Social Theory and Social Structure*, p. 477, assim explica: "The self-fulfilling prophecy is, in the beginning, a false definition of the situation evoking a new behavior which makes the originally false conception come true. The specious validity of the self-fulfilling prophecy perpetuates a reign of error. For the prophet will cite the actual course of events as proof

natural afastamento do sistema reflexivo. No âmbito do processo judicial, isso enaltece posições iniciais, dirigindo a atenção do julgador para tudo aquilo que respalda informações de largada[57].

Além do mais, o *viés de falsa coerência* revela-se como o comportamento de negar e suprir artificialmente dúvidas, gerando postiças compatibilidades entre informações dissonantes[58], de vez que o ser humano tem comportamento repulsivo contra tudo aquilo que gere contradições de ideias.

Em decorrência do processo evolutivo, a ameaça de exclusão social é capaz de forjar o *viés de aversão à perda*, como ânsia pelo conservadorismo de ideias e inata tendência a aderir ao pensamento majoritário[59]. Próximo a isso, encontra-se o *viés do status quo*, que o autor apresenta como manutenção de disfuncionalidades e anacronismos, em decorrência de escolhas passadas[60].

Esse conjunto de constatações serve para alertar sobre a impregnação irreparável que o conhecimento de determinados fatos acarreta ao psiquismo do julgador, como gota de tinta que muda completamente a tonalidade de uma cor, revelando-se como uma verdadeira ficção o processo de descontaminação psíquica daquele sujeito processual exposto a determinados fatos e atos processuais maculados.

Nesse passo, considerar conceitos como *ancoragem*, quando do disciplinamento dos ritos procedimentais, é exigência da coerência científica, especialmente quando se pretende agir atento à modelação de um processo justo. Isso porque pesquisas que aproximam a psicologia da cognição dos

---

that he was right from the very beginning. (Yet we know that Millingville's bank was solvent, that it would have survived for many years had not the misleading rumor created the very conditions of its own fulfillment.) Such are the perversities of social logic".

[57] COSTA, Eduardo José da Fonseca – *Levando a imparcialidade a sério: Proposta de modelo interseccional entre direito processual, economia e psicologia*, após aduzir que as primeiras impressões têm um peso incomensurável, prejudicando a valoração de provas e desprezando os argumentos que não respaldam as posições iniciais (p. 156), assinala, ainda, que: "O viés de confirmação pode afetar os juízes quando avaliam as provas que lhes são *(sic)* apresentados" (p. 158).

[58] FREITAS, Juarez – A hermenêutica jurídica e a ciência do cérebro: como lidar com os automatismos mentais. *Revista da Ajuris*, pp. 233-233.

[59] COSTA, Eduardo José da Fonseca – *Op. cit.*, p. 162, destaca que: "Na ciência psicológica, esse fenômeno se chama de identificação social. Uma das manifestações mais estudadas dessa identificação é o viés de grupo: o tratamento preferencial que os membros de um grupo dão ao sujeito que a ele pertence".

[60] FREITAS, Juarez – *Op. cit.*, pp. 233-234.

testes sobre a idoneidade de estruturas processuais, como as desenvolvidas por Bernd Schünemann[61], a partir das premissas estabelecidas pelo psicólogo nova-iorquino Leon Festinger, especialmente atento à *teoria da dissonância cognitiva*[62], muito tem contribuído para a demonstração da real inefetividade de produções legislativas[63], ainda que desenvolvidas com a intensão de construir ritos capazes de atingir os objetivos perseguido por um processo legal equitativo.

Partindo de tais estudos, Bernd Schünemann[64] refirma que toda pessoa tende a buscar equilíbrio cognitivo e superar contradições, bem como conclui que disso decorrem dois efeitos: a *inércia* e a *perseverança*. Assim, na aplicação judicial de tais fenômenos, o autor demonstrou que o juiz, quando da instrução probatória do feito, irá apegar-se a tudo aquilo que confirme as primeiras imagens dos fatos investigados, superestimando as informações consonantes e desprezando aquelas que promovam a dissonância.

Portanto, a ordem como o quebra-cabeça de atos processuais é montada deve render sinceras preocupações em minorar os prejuízos que tal elaboração pode causar à construção mental do julgador, não podendo ser traçada de modo que fique à margem e indiferente à discussão que a psicologia da

---

61 SCHÜNEMANN, Bernd – O juiz como um terceiro manipulado no processo penal? Uma confirmação empírica dos efeitos perseverança e correspondência comportamental. In *Estudos de direito penal, direito processual penal e filosofia do direito*, p. 208.

62 Por rigor e lisura científica, anote-se a necessidade de se consignar que a teoria da dissonância cognitiva sofre também críticas, como aponta RITTER, Ruiz Daniel Herlin – *Imparcialidade no processo penal: reflexões a partir da teoria da dissonância cognitiva* [Em linha], p.128, que assim sumariza os ataques formulados acerca das limitações a ela impostas: "Direto ao ponto, as objeções da teoria em questão por alguns doutrinadores fundamentam-se, em síntese, em três supostas limitações, traduzidas na vagueza dos conceitos propostos, na excessiva utilização de generalizações e no escasso rigor metodológico das pesquisas experimentais, além da falta de formalismo em sentido estrito, que leva Zajonc a afirmar que "[...] a teoria da dissonância não é uma teoria no sentido estritamente formal da palavra".

63 ENGLICH, Birte – Blind or Biased? Justitia's Susceptibility to Anchoring Effects in the Courtroom Based on Given Numerical Representations. *Law & Policy*, p. 509, desmonta, por exemplo, a premissa de que é um favor rei à defesa falar por último em processos penais. Em verdade, estudos por ele produzidos têm demonstrado que a introdução do julgamento pela acusação produz efeito de ancoragem no julgador, acarretando real desvantagem para a defesa.

64 SCHÜNEMANN, Bernd – O juiz como um terceiro manipulado no processo penal? Uma confirmação empírica dos efeitos perseverança e correspondência comportamental. In GRECO, Luís, Coord. – *Estudos de direito penal, direito processual penal e filosofia do direito*, p. 208.

cognição tem proporcionado, especialmente considerando que sequer o processo de distorção mental cominado pode sofrer depurações pela mente consciente do sujeito afetado. Ou seja, a distorção cognitiva é efeito daninho irreversível.

Nesse passo, o recrutamento do julgador, como sujeito processual que deve ser imerso no ambiente das discussões em sessões conciliatórias, assim apresentado no cenário processual civil português, é questão que precisa ser apresentada à discussão em contraste com a garantia da imparcialidade do julgador, em exame que nada exige aferir a intencionalidade idiossincrática de cada juiz, em cada julgamento, mas merece abordagem considerando todo os aspetos que os experimentos acima mencionados foram capazes de iluminar.

A partir disso, é necessário responder à seguinte indagação:

O juiz, ao presidir e assim presenciar a sessão autocompositiva, é capaz de construir incorrigivelmente uma preconceção dos fatos e das circunstâncias, que depois, em sede de instrução, poderá ser empecilho ao exame escorreito do feito, causando fissura na regularidade processual?

V. A ATIVIDADE DE CONCILIADOR JUDICIAL E O ENVIESAMENTO DO JULGADOR

Quanto aos compromissos que a ordem jurídica justa deve acalentar, encontra-se inscrito precisamente no artigo 13.º, da Constituição da República Portuguesa, o *princípio da igualdade*, vinculante em face de todos os poderes estatais[65]. Nele se concertam múltiplas dimensões, conforme já afirmado pelo Tribunal Constitucional Português[66], dentre as quais se verifica a proibição

---

[65] MACHETE, Pedro – O controlo do princípio da igualdade segundo a fórmula da «igualdade proporcional». In *Estudos em Homenagem ao Conselheiro Presidente Rui Moura Ramo*, p. 450, ainda sobre o princípio da igualdade, destaca que a norma constitucional em referência, qual seja, o artigo 13.º da CRP, "vincula todos os poderes do Estado seja no tocantes à criação de critérios de decisão, seja no que se refere à sua aplicação".

[66] Sobre o ponto, é importante ilustrar com a seguinte passagem do acórdão do MENDES, Oliveira Relat. – Acórdão do Supremo Tribunal de Justiça de Portugal com o nº 36/09.6GAGMR.G1-A.S1, de 10 março de 2010. [Em linha], restou consignado que: "Recorre-se aqui à conhecida e abundante jurisprudência do Tribunal Constitucional relativa ao princípio da igualdade. Enquanto *«vínculo específico do poder legislativo (pois só essa sua "qualidade" agora nos interessa), o princípio da igualdade não tem uma dimensão única. Na realidade, ele*

de arbítrio, sendo a efetivação daquele princípio exigência para a legítima atuação dos próprios tribunais[67].

À vista disso, tem-se que a jurisdição não conjuga a igualdade e a confiança, exigidas nas relações sociais, caso o julgador tenha seu papel adjudicatório confundido com quem promove os atos de autocomposição, nomeadamente por conta das incompatibilidades de características dessas duas funções.

Isso se passa porque a autocomposição é marcada pelo atuar persuasivo, com a finalidade de construção de soluções consensuais para o conflito[68], em ambiente informal e guiado pelo controle das partes, no qual deve ser preservada a privacidade das negociações, de modo que elas frutifiquem em um ajuste baseado em fatos, com menor importância sobre a efetiva aplicação do ordenamento estatal.

Nesse caso, tem-se que a conciliação judicial, no exato teor prevista no Código de Processo Civil português, não é estranha ao primado da persuasão, estando, ainda, conectada à modalidade de julgamento por solução de equidade, conforme já ressaltado alhures. Como anota Costa e Silva[69], ali

---

desdobra-se em duas "vertentes" ou "dimensões": uma, a que se refere especificamente o n.º 1 do artigo 13.º, tem sido identificada pelo Tribunal como proibição do arbítrio legislativo; outra, a referida especialmente no n.º 2 do mesmo preceito constitucional, tem sido identificada como proibição da discriminação. Em ambas as situações está em causa a dimensão negativa do princípio da igualdade (...)». Na análise da norma sub judicio, o parâmetro convocável é o princípio da igualdade enquanto princípio vinculador da atuação do legislador na sua dimensão "mínima" de proibição do arbítrio (artigo 13.º, n.º 1, da Constituição), isto é, impondo a igualdade de tratamento para situações iguais e a interdição de tratamento igual para situações manifestamente desiguais, por não estar em causa qualquer das características pessoais que justificariam a aplicação do artigo 13.º, n.º 2, da Constituição".

[67] MACHETE, Pedro – O controlo do princípio da igualdade segundo a fórmula da «igualdade proporcional». In *Estudos em Homenagem ao Conselheiro Presidente Rui Moura Ramo*, p. 451. Além disso, o autor registra que, na trilha da Comissão Constitucional, o Tribunal Constitucional, no Acórdão nº 44/84, reconhece três vertentes que decorrem do *princípio da igualdade*, quais sejam: *proibição de arbítrio*, *proibição de discriminação* e *obrigação de diferenciação* (p. 454).

[68] MORAIS, José Luís Bolzan de; SILVERIA, Anarita Araújo da. Outras formas de dizer o Direito. In *Em nome do acordo: a mediação no Direito*. p. 80, assim caracteriza o meio autocompositivo: "Baseia-se em fatores persuasivos e consensuais, nos quais as partes renunciam o seu direito, em todo em parte, de tal forma que obtêm soluções mais duradouras por satisfazê-las, mesmo que parcialmente".

[69] Na mesma linha da observação de PESSOA VAZ, Alexandre Mário – *Direito Processual Civil: do antigo ao Novo Código*, p. 258.

o juiz deve proporcionar a abertura de diálogo franco entre os litigantes, objetivando, ainda mais, a plena adesão de consciência dos contendores ao acordo obtido na sessão autocompositiva.

A solução consensual, portanto, é amplamente apresentada como a que verdadeiramente pacifica o conflito, porque este é integrado, na sua estrutura realística, por um conteúdo emocional preponderante[70], pouco considerado, muitas vezes, na via da decisão judicial. Dessa forma, a postura de quem preside o ato autocompositivo, que busque atingir alguma efetividade, é de promover uma "catarse"[71], persuadindo as partes, seja com maior ou menor poder interventivo, para que encontrem o ajuste mais adequado ao caso concreto, ainda que a solução desborde da prescrita na regra da ordem jurídica positivada.

Há de se notar, contudo, que a autonomia da vontade[72], princípio reitor de qualquer ajuste por negociação das partes, resta em risco, mormente quando a iniciativa de sugerir uma saída consensual para o litígio, conforme observado por Patrícia Costa, é apresentada pelo julgador, "ainda que nas vestes de conciliador" [73], o que propicia o temor de mitigação da espontaneidade na adesão ao acerto.

Apresenta-se inconciliável, seja do ponto de vista teórico, seja por constatação prática, o formato da conciliação judicial em Portugal, quando tenta harmonizar a presidência do ato autocompositivo com o *munus* de um futuro pronunciamento decisório, nomeadamente quando contrastada com elementos de confiança pública que os institutos da jurisdição devem proporcionar.

Isso se dá porque não se constrói um ambiente persuasivo e de confiança, necessário à fluidez das comunicações das partes, quando a condução do ato negocial em referência realiza-se na presença de quem

[70] SILVA, Paula Costa e. – *Acto e processo: regressando ao dogma da irrelevância da vontade na interpretação e nos vícios do acto postulativo*, p. 105.

[71] SILVA, Paula Costa e. – *Op. cit.*, p. 107.

[72] VAZ, Alexandre Mário Pessoa – *Poderes e deveres do juiz na conciliação judicial*, pp. 202--203, ressalta que a conciliação revela-se como alto e nobre ideal da adesão de consciência entre os litigantes, substituindo a heterenomia e a sanção coercitiva pela autonomia e pela incoercibilidade.

[73] COSTA, Patrícia – A conciliação judicial à luz dos deveres de imparcialidade do tribunal, de cooperação e de boa-fé. *Julgar*, p. 177.

tem o poder, caso frustrada a negociação, de resolver a questão de forma adjudicatória[74].

Sugerir que um juiz pode, em determinada fase processual, assumir uma tarefa de terceiro imparcial para induzir o processo de formulação de uma resolução autocompositiva e depois, em caso de fracasso daquelas tratativas, a mesma pessoa que realizou aquela tarefa agora detenha a confiança das partes para proferir uma solução contenciosa[75], revela-se como solução que não só ecoa como aparentemente ruim, considerando a incredulidade da mudança de papeis tão antagônicos, mas que efetivamente detém o potencial de desafiar importante pressuposto da jurisdição justa, qual seja, a imparcialidade do julgador.

Enquanto conciliador judicial, o juiz conduziria um ato com os olhos voltados a desenvolver a tal ponto a confiança das partes que essas até renunciariam ao resguardo de estratégias processuais futuras, tudo isso em nome de um acerto. Mas quando esse restasse frustrado, aquele sujeito processual, que a tudo presenciou durante a sessão conciliatória, desafiando todo o cabedal científico que já se estabeleceu em pesquisas cognitivas, teria a capacidade de, em uma verdadeira virada mental, resetar aquelas apreensões e agora enveredar em novo formato discursivo, no qual são as partes quem pretendem persuadir o julgador, para que atente aos pontos mais vantajosos das asserções que cada uma delas traz ao tribunal?

Aqui faz-se necessário relembrar que o padrão de conciliação de Portugal não envolve estritamente a apresentação de uma proposta pelo juiz, mas este deve procurar persuadir as partes, para que encontrem um acerto, tanto que as propostas recusadas são anotadas em ata, na forma do número 4, do artigo 594.º, do Código de Processo Civil.

Ora, como se pode exigir uma postura ativa do juiz, que de forma amplamente participativa, deverá buscar um conhecimento do conflito, em ambiente informal de autocomposição, sem que isso seja visto como um

---

[74] MONTEIRO, António Pedro Pinto; SILVA, Artur Flamínio da; MIRANTE, Daniela – *Manual de Arbitragem*, p. 52 destacam, ao conceituarem a conciliação no âmbito da arbitragem e do processo judicial, que "a pedra de toque está no poder decisório que, num momento posterior, assiste ao conciliador para a resolução da causa".

[75] Neste sentido, assim concebeu CARVALHO, Joana Campos – A função de conciliação do juiz nos conflitos civis e comerciais. In *A Mediação e a Conciliação nos Conflitos Civis e Comerciais*, p. 29, ao sustentar: "A postura assumida pelo juiz nesta fase deve ser diferente da postura de juiz julgador".

elemento capaz de acarretar malferimento à imparcialidade do julgador, especialmente quando a apresentação de proposta de acordo pode ser interpretada como pré-julgamento do litígio?

Alan Kirtley[76], ao tratar da função da confidencialidade na mediação, ressalta a importância que tal modalidade de sigilo representa para o desenvolvimento de comunicações confiáveis entre os mediados, sendo este o segredo do sucesso daquela via autocompositiva. Apenas confiantes em tal garantia, as partes se permitem fazer revelações pessoais, negociais e até sentimentais, culminando, muitas vezes, em admissão de fatos.

Sendo assim, o efetivo envolvimento das partes, ponto fundamental para o sucesso das técnicas autocompositivas, é desestimulado na conciliação judicial, na medida em que elas não contam com a garantia da confidencialidade, inclusive na manutenção da confiança na própria imparcialidade do terceiro facilitador[77], pessoa que assim deve se comportar-se durante as tratativas com vista à construção de um acordo.

Justamente porque a conciliação judicial portuguesa é ato presidido por quem pode realizar a solução adjudicatória futura, em caso de acordo frustrado, Joana Carvalho[78] reconhece que ali as partes não restam dotadas de poderes plenos, eis que se reservam a não revelar informações que possam gerar influências desvantajosa na decisão do julgador.

As vantagens apontadas por Pires de Sousa[79], quanto à imparcialidade do juiz, como condutor da conciliação, somadas a diversas características que o cargo público agrega, parecem não ser determinantes para tal escolha legislativa.

Portanto, parece que não se sustenta a ideia de que a mente julgadora seja hermética e impassível de contaminação por fatores dos mais diversos, a exemplo de preconceitos, visões idiossincráticas de mundo, dentre outros. Mas também parece que não se pode admitir que uma fonte de desvio cognitivo seja justamente prevista como ato do procedimento estabelecido

---

[76] KIRTLEY, Alan – The Mediation Privilege's Transition from Theory to Implementation: Designing a Mediation Privilege Standard to Protect Mediation Participants, the Process and the Public Interest. *Journal of Dispute Resolution* [Em linha], p. 10.

[77] *Idem – Ibidem.*

[78] CARVALHO, Joana Campos – A função de conciliação do juiz nos conflitos civis e comerciais. In *A Mediação e a Conciliação nos Conflitos Civis e Comerciais*, p. 41.

[79] SOUSA, Luís Filipe Pires de – O empenho ativo do juiz na obtenção de uma solução de equidade em sede de tentativa de conciliação. *Julgar* [Em linha], p. 320.

pelo legislador, a menos que exista alguma forma possível de expurgar da mente do juiz enviesado os influxos de uma fonte de contaminação psíquica.

VI. O ENVIESAMENTO PSÍQUICO DO JULGADOR COMO FATOR DE COMPROMETIMENTO DA IMPARCIALIDADE E A TEORIA DA DESCONTAMINAÇÃO DO JULGAMENTO

É fato que o mapeamento dos caminhos que levam aos labirintos da mente humana ainda é desafio que não foi superado pela ciência. Como reconhece Montero Aroca[80], se a imparcialidade não é uma característica abstrata do juiz, mas só pode ser aquilatada no exame de cada caso concreto, há de se destacar a dificuldade persistente em conhecer o psiquismo de alguém[81]. Daí a complexidade que se impõe ao legislador em objetivar as causas que alteram a intimidade psíquica do juiz.

Nesse esteio, Calmon de Passos[82], afastando-se de qualquer tendência de propugnar pela imparcialidade como assepsia ingênua do julgador quanto ao caso concreto, enfatiza a necessidade de esse sujeito processual desconhecer os fatos sobre os quais estão fundamentadas as pretensões das partes, como exigência do sistema democrático. Para tal, sistematiza seu entendimento sobre o tema adotando a separação dos conceitos de fonte de prova e de meio

---

[80] AROCA, Juan Montero; COLOMER, Juan Luis Gómez; VILAR, Silvia Barona – *Derecho Jurisdiccional – Parte General*, p. 100. E assim arremata Montero Aroca, em tal passagem da obra coletiva supracitada: "De este modo una cosa es la exigencia de imparcialidad (o desinterés subjetivo), que es un principio conformador del personal jurisdiccional, y otra las situaciones concretas y constatables objetivamente". Contudo, ainda que reconheça tal distinção, não abandona a importância do regramento adequado do tema, ao arrematar o pensamento na seguinte passagem: "Uno y otras deben estar en normas orgánicas y por ello se encuentran en la Ley Orgánica del Poder Judicial".

[81] GRECO, Luís – *Poder de julgar sem responsabilidade de julgador: a impossibilidade jurídica do juiz-robô*, p. 36, assim sintetizou tal pensamento: "Enquanto não pudermos observar o que ocorre dentro da cabeça do juiz humano, será difícil, para não dizer impossível, descobrir racionalizações".

[82] PASSOS, J. J. Calmon de – *Revisitando o Direito, o Poder, A Justiça e o Processo*, p. 220. Nas palavras do autor, a neutralidade, sinônimo de imparcialidade, é precisamente delimitada: "... não no sentido de neutralidade em face do caso concreto, entendida esta neutralidade como o milagre de uma assepsia em que o julgador se libera da sua pré-compreensão, seus preconceitos, suas limitações intelectuais e suas distorções morais etc".

de prova, à luz do pensamento de Santiago Sentis Melendo. Aduz, assim, que a primeira envolve tudo aquilo que "testemunha os fatos ocorridos fora do processo", sobre os quais o juiz não pode ter conhecimento e poder, sob pena de malferir a imparcialidade, bem como a inércia judicial. Noutro giro, os meios de prova são as vias decorrentes das fontes, disciplinadas em lei, pelas quais a demonstração dos fatos chega ao processo, como, por exemplo, depoimentos, documentos, perícias, dentre outros, conteúdos sobre os quais o juiz atua como senhor, cujos limites assentam-se em normas que estabelecem as balizas democráticas[83].

Nessa toada, embora a conciliação judicial seja ato realizado no ambiente endoprocessual, não se volta à colheita de provas, porquanto não é ato de instrução processual, mas o momento propício para a equalização das disputas dos litigantes, no intuito de construírem solução autocompositiva para a causa, portanto de natureza consensual. Nesses exatos termos, as informações ali oralizadas têm efetiva possibilidade de enviesar o julgador, especialmente pela forma de linguagem desenvolvida naquela sessão, bem assim considerando os objetivos que o ato processual persegue, de modo que o julgador fará aquisição cognitiva relacionada a algo diverso de meio de prova, o que só depõe em desfavor de necessária imparcialidade judicial.

Se a atividade de conciliar importa em lançar o juiz em mar revolto de informações que lhe são apresentadas em ato processual – que é caracterizado pela persuasão e pela informalidade –, a carga discursiva ali produzida pode ser posteriormente excluída da mente de quem vai encaminhar e produzir a solução adjudicatória do processo judicial?

Em outras palavras, quem presenciou os atos de sinceridade e de busca de convencimento travados entre as partes – isso para a construção do consenso e em ambiente informal, guiado pela ampla oralidade e espontaneidade – pode depois desconsiderar tudo o que viu e ouviu e retomar o exame do objeto litigioso com a higidez exigida pelas balizas decorrentes do contraditório e da igualdade processual?

Nesse ponto, os debates jurídicos acerca da questão relativa à descontaminação do julgador que tomou conhecimento da prova ilícita não podem ser desprezados, especialmente porque tratam justamente do enfrentamento da imparcialidade do juiz, eis que apresenta nítida semelhança com o caso

---

[83] PASSOS, J. J. Calmon de – *Op. cit.*, pp. 221 e 222.

do julgador que presenciou as tratativas realizadas na sessão de conciliação judicial frustrada, tendo agora que presidir e julgar o processo.

No caso de prova ilícita, Castello Branco[84] sintetizou as correntes doutrinárias acerca do tratamento que deve ser aplicado ao juiz que teve contato com aquele conteúdo contaminador, em contrates com a questão da higidez psíquica do aludido magistrado, assim o fazendo pela descrição de quatro linhas básicas: 1. O juiz não pode desvincular-se subjetivamente da prova ilícita, sem prejuízo de responsabilização de quem deu causa a tal quadro de coisas; 2. O juiz que tomou ciência da prova ilícita deve ser recusado, para que aquele tipo de prova não cause efeito algum no processo; 3. Um sistema articulado deve ser adotado, no qual um juiz deve admitir a prova e outro produzi-la e valorá-la, justamente para que não subsista o contágio psíquico e 4. A motivação é suficiente para o controlo da prova ilícita.

Nesta senda, a *teoria da descontaminação do julgamento* propõe-se a enfrentar o problema, com dedicada atenção, considerando o dilema de se adotar a singela solução do retorno do processo ao mesmo órgão judicial do primeiro julgamento, sem que se atente para a composição dos membros do tribunal que realizou o exame inicial da causa.

Convencido por constatações científicas da impossibilidade de o juiz desvencilhar-se da prova ilícita que tomou conhecimento, Fonseca Costa[85] ilustra como equívoco o reconhecimento da nulidade do julgamento, adotando-se a estrita providência de se acolher o direito de novo julgamento, sem alteração da composição dos membros do órgão julgador que prolatou a

---

[84] BRANCO, Carlos Castello – *A prova ilícita: verdade ou lealdade?*, pp. 327-329. Para o autor, o rol de impedimentos é taxativo, razão pela qual a solução construída por alguns, de aplicar a alínea “h”, do artigo 115.º, 1, do Código de Processo Civil Português, não se mostraria adequada nestes casos. Assevera, ainda, o perigo de advogados inescrupulosos, que poderiam causar o afastamento de juízes indesejados, provocando o contato destes últimos com a prova ilícita, o que representaria um risco, sobretudo à segurança jurídica. Assim, adota uma solução no caso concreto, que somente nos casos em que a conclusão do julgado se assentou em patente prova ilícita, conduziria à anulação do julgamento, desde que se pudesse aplicar ao caso estritamente as hipóteses dos art(s) 119 e 120 do CPC português.

[85] COSTA, Eduardo José da Fonseca – *Levando a imparcialidade a sério: Proposta de modelo interseccional entre direito processual, economia e psicologia*, p. 159. Na mesma linha, MARINONI, Luiz Guilherme; ARENHART, Sérgio Cruz; MITIDIERO, Daniel – *Novo Código de Processo Civil*, pp. 225- 226, sustentam que o julgador que conheceu da prova ilícita deve ser afastado do novo julgamento, porquanto existe efetiva probabilidade de ser influenciado por aquelas informações inadequadas, ainda que isso ocorra em sede de inconsciência.

decisão maculada, como o fez o Tribunal Constitucional espanhol, ao lavrar a Sentença 157/1993, de 06 de Maio de 1993.

Garcia Medina, ao tratar da mesma questão [86], esclarece que o rejulgamento do processo deve considerar os feitos da *confirmation bias*. Ou seja, a tendência, ainda que irracional, do julgador, que considerou, no primeiro momento, que determinados fatos estariam provados, é de perseverar na mesma forma de pensar, ainda que expurgada a prova, por ilicitude, que deu base a tal conclusão.

A contaminação do julgador, pelo conhecimento da prova ilícita, do mesmo modo que a decorrente do contato com os diálogos das negociações e exigência de participação ativa do juiz na sessão de conciliação judicial, são duas hipóteses que se identificam. Em ambos os casos envolvem o conhecimento de informações que, se usadas, atentam contra o devido processo legal, as balizas do processo igualitário e o contraditório.

Note-se que no caso da prova ilícita, é possível saber qual era o conteúdo da informação infecta, porquanto ela é declarada pelo órgão judicial que assim a reconhece. Já no caso da contaminação pela atuação do juiz como conciliador-julgador, muitas vezes sequer é possível saber a fonte que enviesou o sujeito processual que detém o poder/dever de decidir e como isso irá influenciá-lo na condução do processo e na decisão a ser tomada.

Destarte, qual seria a diferença, quando se lança luz ao exame da imparcialidade, entre o impedimento decorrente da hipótese do juiz que conheceu da prova ilícita, para participar do rejulgamento da causa, quando contrastado com a situação do juiz que participou da sessão de conciliação judicial frustrada, ali instou às partes para que buscassem uma solução autocompositiva para o litígio e, para tanto, formulou uma pré-compreensão dos fatos narrados pelos contendores, bem como a partir daquela pré-compreensão apresentou sugestão resolutiva da controvérsia judicial?

Neste aspeto particular, muitos são os fatos da vida que impõem o enviesamento psíquico do julgador, como lembra Lebre de Freitas, ao se referir a hipótese, por exemplo, prevista no artigo 115º, "*c*", do Código de Processo Civil português, pois ali se tem a lógica de que alguém que já pronunciou acerca dos "fatos subjacentes" [87], tem uma pré-disposição para confirmar o que já havia elaborado acerca da causa. Para o autor, não é sem

[86] MEDINA, José Miguel Garcia – *Novo Código de Processo Civil*, p. 157.

[87] FREITAS, José Lebre de; ALEXANDRE, Isabel – *Código de Processo Civil Anotado*, p. 258.

propósito que as hipóteses seguintes, "*e*" e "*h*", envolvem o impedimento para o exame de recurso pelo julgador que já atuou em outro tribunal, quer proferindo a decisão recorrida, quer tenha tomado posição sobre as questões suscitadas no recurso.

Tudo isso condiciona o julgador a adotar, retomando as categorias Bernd Schünemann, acima mencionadas, um olhar de perseverança, apegando-se à imagem que a audiência de conciliação judicial foi capaz de criar no imaginário do julgador. Quando da colheita e do exame de provas, durante o desenvolvimento do processo judicial, o *efeito redundância* vai guiar o juiz para que se apegue justamente a tudo que seja capaz de representar as imagens mentais apreendidas naquele primeiro ato, bem como vai dirigir a atenção do julgador para os fatos que confirmem tais ideias[88].

Isto posto, não se vislumbra qualquer diferença entre as razões jurídicas que determinam que o rejulgamento do processo maculado pela prova ilícita, quando o novo julgamento deve ser produzido pelo tribunal, agora com diferente composição subjetiva, e a hipótese do juiz enviesado, por participação indevida na sessão autocompositiva, tudo isso fundado nas limitações geradas pela contaminação do julgador.

CONSIDERAÇÕES FINAIS

Em arremate, a presença do juiz no ambiente de negociação e acertamento, sujeito processual com a incumbência de apresentar a solução adjudicatória, em caso de tratativas frustradas de solução autocompositiva, é ponto de esvaziamento do festejado *empowerment* das partes, seja por frustrar o processo persuasivo, inerente à qualquer tratativa negocial, seja por se revelar como ponto de rutura com qualquer espírito de franqueza dos envolvidos, quando sabem que o facilitador da negociação pode conhecer das fragilidades das pretensões dos negociantes.

Nesse passo, somente o distanciamento do julgador daquele ato, bem como a garantia da confidencialidade de tais tratativas, poder-se-iam revelar como medidas capazes de recrudescer o controlo das partes sobre a conciliação

[88] SCHÜNEMANN, Bernd – O juiz como um terceiro manipulado no processo penal? Uma confirmação empírica dos efeitos perseverança e correspondência comportamental. In GRECO, Luís, Coord. – *Estudos de direito penal, direito processual penal e filosofia do direito*, p. 208.

judicial e, desse modo, readmitir discussões sinceras, livres e persuasivas em ato autocompositivo, quando este se realiza em via intestina do processo judicial[89].

Para tanto, modelos processuais que admitem o papel do conciliador judicial, terceiro imparcial e estranho ao julgador, não só promovem a especialização daquela técnica facilitadora da autocomposição, mas ainda garantem efetividade à tentativa de acertamento das partes, sem descuidar que só assim a imparcialidade do julgador é devidamente conservada.

Não bastasse tudo isso, estudos de psicologia do processo cognitivo são categóricos ao demonstrar que a contaminação psíquica do julgador causa assimetrias comportamentais e distorcem o raciocínio do juiz, o que comprometem o hígido exame da causa, representando uma nódoa indelével em desfavor da garantia da imparcialidade.

Se informações trazidas nas tratativas de formação de um acordo são capazes de contaminar, de maneira incorrigível, a mente do julgador, conforme evidenciam estudos naquela seara do conhecimento científico, inegavelmente isso não pode ser menosprezado em nome da conservação de uma tradição processual, ainda que de longa data, exigindo-se a correção dos rumos legislativos.

Uma mente enviesada guarda um olhar fixo sobre o arcabouço factual que toda causa oferece, impedindo que o exercício do contraditório seja minimamente efetivo, comprometendo-se a igualdade de tratamento das partes em disputa.

Em um processo justo, faz-se necessário que o juiz desconheça as fontes de prova, como forma de se garantir a imparcialidade do julgador, sem que isso signifique que ele venha a perder qualquer autonomia em relação aos meios de prova, considerando a natureza pública do processo judicial e o interesse coletivo que disso decorre para o descortino da verdade pela via heterocompositiva estatal.

Já a conciliação judicial, em modelo como o português, no qual a presidência do ato é entregue ao próprio juiz, é opção legislativa que sufraga

---

89 GOUVEIA, Mariana França – *Curso de Resolução Alternatica de Litígios*, p. 97, sobre a importância da confidencialidade para a implementação do franco diálogo entre as partes, assim enfatiza: "A confidencialidade permite que as partes falem à vontade, com tranquilidade e sem medo de desagradar ao mediador. Algo que não acontece, por exemplo, na conciliação perante o juiz ou o árbitro".

campo fértil para o desvio cognitivo do julgador, não só pela presença daquele magistrado ao ato, mas também quando determina que o juiz deve ser conciliador com atuação ativa e esforçada na consecução de um acordo e registrador de propostas frustradas, mandando anotá-las em ata de audiência de conciliação.

A acumulação indevida de funções proporciona um desvio cognitivo do julgador, já identificado pela teoria da descontaminação do julgamento, que trata do reexame do processo maculado pela prova ilícita, contendo razões suficientes para rechaçar qualquer contemporização do fenômeno na esfera do processo civil, considerando que as trilhas mentais que moldam o pensar de um indivíduo não permitem livres redefinições de perceções, muito menos que alguém tenha a capacidade de não ser influenciado por tudo aquilo que os órgãos do sentido foi capaz de depositar na mente consciente ou inconsciente.

Assim, resta necessário reconhecer que a norma processual exige reparo urgente, com a implementação de um terceiro imparcial, dotado da devida habilitação técnica para a condução das conciliações judiciais em Portugal, abandonando-se a via da cumulação indevida de funções, e assim entregando-se a um agente público, estranho ao julgador, a tarefa de presidir a sessão autocompositiva de sede endoprocessual.

REFERÊNCIAS BIBLIOGRÁFICAS

AMARAL, Jorge Augusto Pais de – *Direito Processual Civil.* 13.ª ed. Coimbra: Almedina, 2017. ISBN 978-972-40-7148-0.

ARANGUREN, Arturo Muñoz – La influencia de los sesgos cognitivos en las decisiones jurisdiccionales: el factor humano. Una aproximación. *Revista Para El Análise Del Derecho* [Em linha]. Nº2 (2011), p. 39. [Consult. 11 Dez. 2020]. Disponível em https://bit.ly/2SPC1Zn

AROCA, Juan Montero; COLOMER, Juan Luis Gómez; VILAR, Silvia Barona – *Derecho Jurisdiccional – Parte General.* 23ª. ed. Valencia: Tirant Lo Blanch, 2015. ISBN 978-84-9119-170-4.

BADARÓ, Gustavo Henrique Righi Ivahy – *Direito ao julgamento por juiz imparcial: como assegurar a imparcialidade objetiva no juiz nos sistemas em que não há a função do juiz de garantias* [Em linha]. [sl]: [sn], [sd].[Consult. 06 Mai. 2020]. Disponível em https://bit.ly/3uSHHQC

BASTOS, Susana Filipa Pereira – *Arbitragem Necessária*. [Em linha]. Coimbra: Universidade de Coimbra, 2016. [Consult. 28 Fev. 2018]. Disponível em https://bit.ly/3bO1klx

BRANCO, Carlos Castello – *A prova ilícita: verdade ou lealdade?* Coimbra: Almedina, 2019. ISBN 978-9872-40-7555-6.

BRANDÃO, Junito de Souza – *Mitologia Grega*. Petrópolis: Vozes, 1986. ISBN 9788532604071.

CAMPOS, Joana Paixão – *A Conciliação Judicial* [Em linha]. Lisboa: Universidade Nova de Lisboa, 2009. [Consult. 23 Jan. 2018]. Disponível em https://bit.ly/3fmjwDz

CAPPELLETTI, Mauro – *Juízes Irresponsáveis?* Trad. Carlos Alberto Álvaro de Oliveira. Porto Alegre: Sergio Antonio Fabris Editor, 1989. ISBN 9788588278271.

CARVALHO, Alexandre Douglas Zaidan – *Imagens da imparcialidade entre o Discurso Constitucional e a Prática Judicial*. São Paulo: Almedina, 2017. ISBN 978-85-8493-247-4.

CARVALHO, Joana Campos – A função de conciliação do juiz nos conflitos civis e comerciais. In *A Mediação e a Conciliação nos Conflitos Civis e Comerciais*. Lisboa: Centro de Estudos Judiciários, 2019. ISBN 978-989-8908-43-8, pp. 09-51.

CINTRA, Antonio Carlos de Araújo; GRINOVER, A.da Pellegrini; DINAMARCO, Cândido Rangel – *Teoria Geral do Processo*. 30.ª ed. São Paulo: Malheiros Editores, 2014. ISBN 978-85-392-0225-6.

COSTA, Eduardo José da Fonseca – *Levando a imparcialidade a sério: Proposta de modelo interseccional entre direito processual, economia e psicologia*. Salvador: JusPodivm, 2018. ISBN 978-85-442-2224-9.

COSTA, Patrícia – A conciliação judicial à luz dos deveres de imparcialidade do tribunal, de cooperação e de boa-fé. *Julgar*. Lisboa: Almedina. ISSN 1646-6853. Nº 31 (Jan.- Abr. 2017), pp. 161 –196.

DAMÁSIO, António R. – *E o cérebro criou o homem*. Trad. Laura Teixeira Mota. São Paulo: Companhia das Letras, 2011. ISBN 978-85-359-1961-1.

EAGLEMAN, David – *Incógnito: as vidas secretas do cérebro*. Trad. Ryta Vinagre. Rio de Janeiro: Rocco, 2012. ISBN 978-85-325-2712-7.

ENGLICH, Birte – Blind or Biased? Justitia's Susceptibility to Anchoring Effects in the Courtroom Based on Given Numerical Representations. *Law & Policy*. [sl]: [sn]. ISSN 0265-8240. Nº 04, vol. 28, (Out. 2006), pp. 497-514.

FARIA, Paulo Ramos de; LOUREIRO, Ana Luísa – *Primeiras notas ao novo Código de Processo Civil*. Coimbra: Almedina, 2013. ISBN 978-972-40-5351-6.

FOUCAULT, Michel – *A verdade e as formas jurídicas*. Trad. Roberto Cabral de Melo Machado, Eduardo Jardim Morais. Rio de Janeiro: NAU Editora, 2002. ISBN 85-85936-48-7.

FREITAS, José Lebre de – *A ação declarativa comum*. 3.ª ed. Coimbra: Coimbra Editora, 2013. ISBN 978-972-32-2195-4.

_________; ALEXANDRE, Isabel – *Código de Processo Civil Anotado*. 3.ª ed. Coimbra: Almedina, 2014. ISBN 978-972-32-2278-4.

FREITAS, Juarez – A hermenêutica jurídica e a ciência do cérebro: como lidar com os automatismos mentais. *Revista da Ajuris*. Porto Alegre: Ajuris. ISSN 2358-2480. Ano 40, Nº 130 (Jun. 2013), p. 223-244.

GERALDES, António Santos Abrantes; PIMENTA, Paulo; SOUSA, Luís Filipe Pires de – *Código de Processo Civil Anotado: Código de Processo Civil Anotado*. 2.ª ed. Coimbra: Almedina, 2020. ISBN 9789724083162.

GOUVEIA, Mariana França – *Curso de Resolução Alternatica de Litígios*. 3.ª ed. Coimbra: Almedina, 2019. ISBN 978-972-40-5570-1.

_________; et al. – *Justiça Económica em Portugal* [Em linha]. Lisboa: Guide, 2012. [Consult. 24 Jan.2018]. Disponível em https://bit.ly/2RZCPdK

GRECO, Luís – *Poder de julgar sem responsabilidade de julgador: a impossibilidade jurídica do juiz-robô*. São Paulo: Marcial Pons, 2020. ISBN 978-65-86696-05-9.

HARARI, Yuval Noah – *Uma breve história da humanidade: sapiens*. 7.ª ed. Porto Alegre: L&PMP Editores, 2015. ISBN 978-85-254-3218-6.

KIRTLEY, Alan – Mediation Privilege Mediation Privilege's Transition fr ansition from Theor om Theory to Implementation: o Implementation: Designing a Mediation Privilege Standard to Protect Mediation Participants, the Process and the Public Interest, The. *Journal of Dispute Resolution* [Em linha]. Nº 1 (1995), p. 01-53. [Consult. 06 Out.2020]. Disponível em https://bit.ly/3uTfU2x

MACHETE, Pedro – O controlo do princípio da igualdade segundo a fórmula da «igualdade proporcional». In AMARAL, Maria Lúcia; BETTENCOURT, Selma Pedroso, Coord. – *Estudos em Homenagem ao Conselheiro Presidente Rui Moura Ramo*. Coimbra: Almedina, 2016. ISBN 978-972-40-6578-6. p. 447-487

MARINONI, Luiz Guilherme; ARENHART, Sérgio Cruz; MITIDIERO, Daniel – *Novo Código de Processo Civil*. 3.ª ed. São Paulo: Revista dos Tribunais, 2017. ISBN 978-85-203-7241-8.

MEDINA, José Miguel Garcia – *Novo Código de Processo Civil*. 2.ª ed. São Paulo: Revista dos Tribunais, 2015. ISBN 978-85-203-5942-6.

MERTON, Robert King – *Social Theory and Social Structure*. New York: Free Press, 1968. ISBN 9780029211304.

MONTEIRO, António Pedro Pinto; SILVA, Artur Flamínio da; MIRANTE, Daniela – *Manual de Arbitragem*. Coimbra: Almedina, 2019. ISBN 978-972-40-7965-3.

MORAIS, José Luís Bolzan de; SILVERIA, Anarita Araújo da. Outras formas de dizer o Direito. In WARAT, Luís Alberto, Coord. – *Em nome do acordo: a mediação no Direito*. Florianópolis: EMorada, 2018. ISBN 978-85-94142-05-8. p. 71-97.

MOREIRA, José Carlos Barbosa – Reflexões Sobre a Imparcialidade do Juiz. *Carta mensal*. [sl]: [sn]. Ano 44, nº 518 (Maio 1998), p. 13-26.

_________ – *Temas de Direito Processual: quarta série*. São Paulo: Saraiva, 1989. ISBN 85-02-00525-1.

OAKES, Anne Richardson; DAVIES, Haydn – Justice must be seen to be done: a contextual reappraisal. *Adel Law Rev* [Em linha]. Nº 37 (2016), p. 461-494. [Consult. 28 Nov.2020]. Disponível em https://bit.ly/3fqLLRu

PASSOS, J. J. Calmon de – *Ensaios e artigos*. Fredie Didier JR.; Paula Sarno Braga, Org. Salvador: JusPodivm, 2016. ISBN 978-85-442-0923-3.

_________ – *Revisitando o Direito, o Poder, A Justiça e o Processo*. Salvador: Juspodivm, 2013. ISBN 9788577616404.

_________ – *Poderes e deveres do juiz na conciliação judicial*. Coimbra: Coimbra, 1977.

PIRES, Alex Sander Xavier – *Justiça na perspectiva de Hesíodo, Platão e Sócrates*. Rio de Janeiro: Pensar a Justiça, 2016. ISBN 978-85-909488-3-4.

RITTER, Ruiz Daniel Herlin – *Imparcialidade no processo penal: reflexões a partir da teoria da dissonância cognitiva*[Em linha]. Porto Alegre: [sn], 2016. Consult. 22 Fev.2021]. Disponível em https://bit.ly/3eS3hiB

ROCHA, José Albuquerque – *Teoria geral do processo*. 10.ª ed. São Paulo: Atlas, 2009. ISBN 978-85-224-5441-9.

RODRIGUES, Feranado Pereira – *Noções fundamentais de processo civil*. Coimbra: Almedina, 2017. ISBN 978-972-40-6085-9.

SANTOS, Boaventura de Sousa; MARQUES, Maria Manuel Eleitão; PEDROSO, João – *Os tribunais nas sociedades contemporâneas* [Em linha]. Coimbra: [sn], 1995. Consult. 08 Ago. 2020]. Disponível em https://bit.ly/2RVvGLC

SCHÜNEMANN, Bernd – O juiz como um terceiro manipulado no processo penal? Uma confirmação empírica dos efeitos perseverança e correspondência comportamental. In GRECO, Luís, Coord. – *Estudos de direito penal, direito processual penal e filosofia do direito*. São Paulo: Marcial Pons, 2013. ISBN 978-85-66722-05-5. p. 205-221.

SENDRA, Vicente Gimeno – *Derecho procesal civil – I. El processo de declaración*. 3.ª ed. Madrid: Editorial Constitución y Leyes (Colex), 2010. ISBN 978-8483422298.

SILVA, Paula Costa e. – *Acto e processo: regressando ao dogma da irrelevância da vontade na interpretação e nos vícios do acto postulativo*. São Paulo: Thomas Reuters Brasil, 2019. ISBN 978-85-5321-409-9.

SOUSA, Luís Filipe Pires de – O empenho ativo do juiz na obtenção de uma solução de equidade em sede de tentativa de conciliação. *Julgar* [Em linha]. Nº 23 (2014), pp. 319-337. [Consult. 27 Fev.2018]. Disponível em https://bit.ly/3ojVvkL

SOUSA, Miguel Teixeira de – *Estudos sobre o novo processo civil.* Lisboa: Lex, 1997. ISBN 972-9495-55-6.

SOUZA, Artur César de – *A imparcialidade positiva dos juiz.* São Paulo: Almedina, 2018. ISBN 978-85-8493-281-8.

TARUFFO, Michele – *A prova.* São Paulo: Marcial Pons, 2014. ISBN 978-85-66722-14-7.

TUCCI, José Rogério Cruz; AZEVEDO, Luiz Carlos de – *Lições de história do processo civil lusitano.* São Paulo: Revista dos Tribunais, 2009. ISBN 978852033515-4.

VAZ, Alexandre Mário Pessoa – *Direito Processual Civil: do antigo ao Novo Código.* Lisboa: Almedina, 1998. ISBN 9789724010922.

WARAT, Luis Alberto – Ecologia, psicanálise e mediação. In WARAT, Luis Alberto, Coord. – *Em nome do acordo: a mediação no Direito.* Florianópolis: EMorada, 2018, pp. 17-61. ISBN 978-85-94142-08-5.

WOLKMER, Antonio Carlos – *História do Direito: tradição no Ocidente e no Brasil.* 11.ª ed. Rio de Janeiro: Forense, 2019. ISBN 978-85-309-8703-9.

Fontes Documentais

DIRECTIVA/2008/52/CE. *Jornal Oficial da União Europeia* [Em linha]. [Consult. 05 Mar.2018]. Disponível em https://bityli.com/1GY0b

MENDES, Oliveira Relat. – Acórdão do Supremo Tribunal de Justiça de Portugal com o nº 36/09.6GAGMR.G1-A.S1, de 10 março de 2010. [Em linha]. [Consult. 25 Abr. 2019]. Disponível em https://bit.ly/2X0mAKA.

AUTONOMIA PRIVADA NO PROCESSO CIVIL: O NEGÓCIO JURÍDICO PROCESSUAL ATÍPICO COMO CONTRIBUTO PARA A PRESTAÇÃO DE UMA TUTELA JURISDICIONAL EFETIVA

PRIVATE AUTONOMY IN CIVIL PROCEDURE: ATYPICAL PROCEDURAL TRANSACTION AS A CONTRIBUTORY FIGURE TO THE PROVISION OF EFFECTIVE JUDICIAL PROTECTION

LUCAS MELLO RODRIGUES[1]

RESUMO: O Direito Processual contemporâneo, compreendido como ramo de direito público e autônomo, desponta, *primo ictu oculi*, inconcebível com a submissão do Estado-Juiz à autonomia privada das partes. Com efeito, um olhar distraído, sem grandes digressões, poderia facilmente concluir pela impossibilidade do exercício da autonomia privada no processo civil, notadamente porque o Direito Processual é positivado por normas cogentes e imperativas, insuscetíveis, em tese, de serem derrogadas mediante acordo entre as partes. Ocorre que o Estado tem um grande desafio: prestar uma tutela jurisdicional efetiva. Para concretizar esse desiderato, deve-se quebrar paradigmas e ceder espaço a uma releitura do processo civil contemporâneo, sobretudo em termos de direitos que admitem autocomposição. Nesse contexto, será que conferir maior autonomia privada às partes no processo civil poderia contribuir para a prestação de uma tutela jurisdicional efetiva? O exercício dessa autonomia poderia violar direitos ou garantias processuais? Em linhas gerais, o presente artigo busca responder essas indagações, apontando o negócio jurídico processual atípico (inovação do Código de Processo Civil brasileiro de 2015) como o *locus* do exercício da autonomia privada das partes no processo como forma de contribuir para a tão almejada tutela jurisdicional efetiva. São abordados seus principais aspectos, cuja autonomia privada é a principal característica. Também é feito seu cotejo com instituto similar previsto no Código de Processo Civil português que, a despeito da semelhança,

[1] Mestre em Direito (especialidade Ciências Jurídicas) pela Universidade Autónoma de Lisboa (UAL). Especialista em Direito Processual pela Pontifícia Universidade Católica de Minas Gerais (PUC-Minas). Advogado com atuação na prestação de consultoria em matéria processual.

apresenta relevante diferença no tocante ao exercício da autonomia privada das partes no processo.

Palavras-chave: *Processo civil. Autonomia privada. Tutela jurisdicional efetiva.*

ABSTRACT: Contemporary Procedural Law, deemed as a branch of public and autonomous law, emerges at first as inconceivable due to the submission of the State-judge to party's private autonomy. From an inattentive point of view, without major digressions, the impossibility of exercising private autonomy in civil procedure could easily be concluded, after all, Procedural Law is governed by cogent and imperative norms that, in theory, are insusceptible to be derogated through agreement between the parties. Nonetheless, the State has a major challenge: to provide effective judicial protection. To achieve that desideratum, paradigms must be broken and minds broadened to reinterpret the contemporary civil procedure, especially in terms of rights that admit self-composition. In this context, granting could a greater private autonomy to party's contribute to the effective judicial protection provision? Could the exercise of such an autonomy violate procedural rights or guarantees? In general terms, this article seeks to answer these questions, pointing out the atypical procedural legal business (innovation of the Brazilian Civil Procedure Code of 2015) as the locus of the exercise of party's private autonomy in the process, as a way of contributing to the much-desired effective judicial protection. Its main aspects are discussed, whose private autonomy is the main characteristic. It is also compared with a similar institute provided for in the Portuguese Civil Procedure Code, which, despite the similarity, has a relevant difference concerning the exercise of the party's private autonomy in the process.

Keywords: *Civil Procedure. Private autonomy. Effective judicial protection.*

I. NEGÓCIO JURÍDICO PROCESSUAL TÍPICO

Antes de discorrer sobre os negócios jurídicos processuais atípicos, não há como deixar de abordar, ainda que brevemente, os negócios processuais atípicos. A confissão, desistência do pedido e transação, *v. g.*, são exemplos de negócios processuais com vista à autocomposição do litígio e, como tais, "se inserem no âmbito da autonomia privada (...)"[2], mas como estão

[2] ALMEIDA, Francisco Manuel Lucas Ferreira de – *Direito Processual Civil.* Volume I. Coimbra: Almedina, 2017, p. 618.

expressamente positivados na legislação processual, são denominados pela doutrina de negócios jurídicos processuais típicos[3].

A. Alguns exemplos no Código de Processo Civil de Portugal

O Código de Processo Civil de Portugal (CPCP) prevê alguns negócios jurídicos processuais cuja autonomia privada desponta nítida. À guisa de exemplos, confira-se: pactos privativo e atributivo de jurisdição (art.º 94.º), competência convencional (art.º 95.º), prorrogabilidade dos prazos (art.º 141.º), suspensão do processo por acordo das partes (art.º 272.º), mediação e suspensão da instância (art.º 273.º), inquirição de testemunhas por acordo das partes (art.º 517.º), acordo sobre garantia do crédito exequendo (art.º 807.º), etc.

B. Alguns exemplos no Código de Processo Civil do Brasil

O Código de Processo Civil do Brasil (CPCB) também prevê negócios jurídicos processuais que privilegiam a autonomia privada, tais como eleição de foro (art. 63), calendário para a prática dos atos processuais (art. 191), suspensão do processo (art. 313, inc. II), acordo para não realização de audiência de conciliação (art. 334, § 4º, inc. I), adiamento de audiência (art. 362, I), escolha do perito (art. 471), etc.

Dessa forma, sempre que a lei tratar de forma expressa um negócio jurídico processual, tem-se ali um negócio jurídico processual classificado como típico.

II. NEGÓCIO JURÍDICO PROCESSUAL ATÍPICO OU CLÁUSULA GERAL DE NEGOCIAÇÃO PROCESSUAL

Como se pôde observar nas linhas anteriores, o negócio jurídico processual típico precede de expressa e específica previsão legal.

---

[3] NEVES, Daniel Amorim Assumpção – *Manual de Direito Processual Civil*. Volume Único. Salvador: JusPodivm, 2017, p. 389.

Lado outro, o negócio jurídico processual atípico, como o próprio nome sugere, não está previamente tipificado. Resulta de uma cláusula geral de negociação processual.

A despeito da relevância dos negócios processuais típicos, atualmente os holofotes tendem a voltarem-se para o negócio jurídico processual atípico ou cláusula geral de negociação processual, consoante ver-se-á a seguir.

A. Inovação do Código de Processo Civil do Brasil

Trata-se de um instituto inovador previsto no art. 190[4] do CPCB que permite a realização de negócios jurídicos antes ou durante o processo versando sobre mudanças no procedimento, ônus, poderes, faculdades e deveres processuais das partes. Para tanto, as partes devem ser plenamente capazes e o direito substantivo adjacente ao negócio jurídico admitir autocomposição[5]. Outrossim, o juiz pode, de ofício ou a requerimento do prejudicado, reputar inválido o negócio celebrado "nos casos de nulidade ou de inserção abusiva em contrato de adesão ou em que alguma parte se encontre em manifesta situação de vulnerabilidade." Quanto aos seus requisitos de validade, são os mesmos concernentes ao direito material[6-7].

[4] CPCB, art. 190: "Versando o processo sobre direitos que admitam autocomposição, é lícito às partes plenamente capazes estipular mudanças no procedimento para ajustá-lo às especificidades da causa e convencionar sobre os seus ônus, poderes, faculdades e deveres processuais, antes ou durante o processo.

Parágrafo único. De ofício ou a requerimento, o juiz controlará a validade das convenções previstas neste artigo, recusando-lhes aplicação somente nos casos de nulidade ou de inserção abusiva em contrato de adesão ou em que alguma parte se encontre em manifesta situação de vulnerabilidade."

[5] Deve-se ter em mente que direitos que admitem autocomposição diferem de direitos indisponíveis. Com efeito, existem direitos indisponíveis que admitem autocomposição, ou seja, nem todos os direitos que admitem autocomposição são disponíveis.

[6] NERY JUNIOR, Nelson; NERY, Rosa Maria de Andrade – *Código de Processo Civil Comentado.* 16.ª ed. São Paulo: Editora Revista dos Tribunais, 2016, p. 761.

[7] Luiz Guilherme Marinoni, Sérgio Cruz Arenhart e Daniel Mitidiero ressaltam que o negócio processual não pode incidir ou limitar os poderes do juiz, sob pena de nulidade (MARINONI, Luiz Guilherme; ARENHART, Sérgio Cruz; MITIDIERO, Daniel – *Novo Código de Processo Civil Comentado.* 3.ª ed. São Paulo: Editora Revista dos Tribunais, 2017, p. 320).

O negócio processual atípico tem como objeto os procedimentos inerentes ao processo e não o direito substantivo em discussão, isto é, "negocia-se sobre o processo, alterando suas regras, e não sobre o objeto litigioso do processo."[8].

O CPCP dispõe de dispositivo cujo resultado prático é o mesmo, ou seja, permite a adequação do processo às especificidades do caso concreto[9]. Contudo, a adequação formal do processo consiste num dever do juiz. "Deve, assim, o juiz, *oficiosamente*, quando a forma legal não for a que *melhor* se adeque às especificidades do caso concreto, adaptar a tramitação abstratamente prevista na lei, pela prática de atos que melhor se ajustem ao fim do processo."[10]

O predito princípio foi introduzido no art. 265-A do CPCP/1961 pelo Decreto-Lei nº 329-A/95 com a seguinte redação: "quando a tramitação processual prevista na lei não se adequar às especificidades da causa, deve o juiz oficiosamente e com o acordo das partes, adaptar o processado"[11].

Antes mesmo de entrar em vigor, ou seja, no prazo da *vacatio legis*, a redação do sobredito dispositivo foi alterada pelo Decreto-Lei nº 180/96, passando a prever o seguinte: "quando a tramitação processual prevista na lei não se adequar às especificidades da causa, deve o juiz oficiosamente, ouvidas as partes, determinar a prática de actos que melhor se ajustem ao fim do processo, bem como as necessárias adaptações"[12-13].

---

[8] DIDIER JR., Fredie – *Curso de direito processual civil: introdução ao direito processual civil, parte geral e processo de conhecimento*. Volume I. 19.ª ed. Salvador: Jus Podivm, 2017, p. 430.

[9] Código de Processo Civil Português, art. 547.º (Adequação Formal): "O juiz deve adotar a tramitação processual adequada às especificidades da causa e adaptar o conteúdo e a forma dos atos processuais ao fim que visam atingir, assegurando um processo equitativo".

[10] ALMEIDA, Francisco Manuel Lucas Ferreira de – *Op. Cit.*, p. 84.

[11] GAJARDONI, Fernando da Fonseca – O princípio da adequação formal do direito processual civil português. In: *Revista do Instituto do Direito Brasileiro*. Ano 1 (2012), No. 11. p. 6665-6685. [Consultado em: 17 agosto de 2019]. Disponível em: http://www.cidp.pt/revistas/ridb/2012/11/2012_11_6665_6685.pdf.

[12] GAJARDONI, Fernando da Fonseca – O princípio da adequação formal do direito processual civil português. In: *Revista do Instituto do Direito Brasileiro*. Ano 1 (2012), No. 11. p. 6665-6685. [Consultado em: 17 agosto de 2019]. Disponível em: http://www.cidp.pt/revistas/ridb/2012/11/2012_11_6665_6685.pdf.

[13] Essa alteração teve a seguinte justificativa, que deixa claro o afastamento da autonomia privada das partes no tocante ao princípio da adequação formal: "No âmbito do princípio da adequação formal, a que dá guarida o artigo 265.º-A, princípio que é expressão do carácter funcional e instrumental da tramitação relativamente à realização do fim essencial do

Atualmente, no CPCP/2013, a redação é a seguinte: "O juiz deve adotar a tramitação processual adequada às especificidades da causa e adaptar o conteúdo e a forma dos atos processuais ao fim que visam atingir, assegurando um processo equitativo"[14].

Verifica-se que houve uma evolução antagônica com a autonomia privada das partes no processo. Inicialmente, era imprescindível o acordo das partes. Depois, mas antes mesmo do dispositivo entrar em vigor, as partes deveriam ser apenas ouvidas. Atualmente, a oitiva das partes é dispensada.

Portanto, infere-se que, embora o *Codex* português permita a adequação formal do processo às especificidades da causa, esse procedimento consiste num dever do juiz, subordinado, portanto, à sua iniciativa e/ou aquiescência[15]. Vale dizer, a autonomia privada não desponta como fator marcante nesse instituto. Noutras palavras, as partes não possuem autonomia para, com o influxo da sua comunhão de vontade, alterar a marcha processual. Isso demonstra claramente que, no tocante aos negócios jurídicos processuais atípicos, o publicismo processual ainda prepondera no CPCP[16].

É de bom alvitre registrar, ademais, que o princípio da adequação formal não se confunde com o dever de gestão processual previsto no art. 6.º do CPCP. A esse respeito, Jorge Augusto Pais do Amaral leciona que "Basta atentar em que o Código faz uma referência autônoma à adequação formal no artigo 547.º"[17-18].

---

processo, regressa-se à formulação do projecto, condicionando a adequação à prévia audição — mas não ao acordo — das partes. Efectivamente, a adequação não visa a criação de uma espécie de processo alternativo, da livre discricionariedade dos litigantes, mas possibilitar a ultrapassagem de eventuais desconformidades com as previsões genéricas das normas de direito adjectivo" (DECRETO-LEI N.º 180/96, de 25 de Setembro. *Diário da República – Série I-A*. Nº 223/1996 (1996-05-29). [Consultado em: 17 agosto de 2019]. Disponível em https://dre.pt/application/conteudo/214238).

[14] CPCP, artigo 547.º.

[15] Nota-se que o dever de adequação formal correlaciona-se com o dever de gestão processual, previsto no art. 6.º do CPCP.

[16] CÂMARA, Helder Moroni – *Negócios processuais: condições, elementos e limites*. São Paulo: Almedina, 2018, pp. 60-61.

[17] AMARAL, Jorge Augusto Pais de – *Direito Processual Civil*. Coimbra: Almedina, 2016. Reimpressão, p. 25.

[18] Sobre o dever de gestão processual, Jorge Augusto Pais de Amaral salienta que, ao atribuir ao juiz a direção ativa do processo, "impõe-lhe o dever de organizar o trabalho do tribunal por forma a que o litígio termine por uma resolução justa com a celeridade possível. Para alcançar

Este modelo português, de atribuir somente ao juiz a decisão sobre a adequação do processo às especificidades da causa, recebe críticas doutrinárias, notadamente porque, sendo uma decisão que afetará todas as partes, não poderia ser tomada ao livre alvedrio do julgador[19].

Por outro giro, a cláusula geral de negociação processual prevista no *Codex* brasileiro coloca a autonomia privada como o núcleo do instituto, isto é, uma *conditio sine qua non*. Em última análise, o dispositivo em tela permite que as partes criem normas processuais[20], vale dizer, a vontade das partes passa a ser fonte de direito processual[21]. E mais: "São negócios que derrogam normas processuais"[22].

Para Fredie Didier Jr., essa autonomia privada consagra o "princípio do respeito ao autorregramento da vontade no processo"[23] visando "tornar o processo jurisdicional um espaço propício para o exercício da liberdade"[24].

A cláusula geral de negociação processual trazida pelo novo CPCB despertou grande interesse doutrinário. Aliás, uma parcela da doutrina tem defendido que essa novidade deu ensejo a um novo princípio: o princípio do respeito ao autorregramento da vontade no processo civil[25].

Oportuno salientar que o negócio jurídico processual atípico independe de qualquer ato homologatório judicial. A despeito disso, cabe ao magistrado exercer o controle de validade deste, seja de ofício, seja por requerimento das partes[26].

Nota-se, pois, que o ordenamento jurídico brasileiro positivou um instituto de notória relevância para o processo civil, privilegiando a autonomia privada numa seara marcada pelo publicismo processual. Com isso, permite-se

---

tal desiderato, o juiz deve praticar e mandar praticar os atos necessários à simplificação e agilização do processo (AMARAL, Jorge Augusto Pais de – *Op. Cit.*, pp. 24-25).

[19] FARIA, Guilherme Henrique Lage – *Negócios processuais no modelo constitucional de processo.* Salvador: Juspodivm, 2019, pp. 208-209.

[20] CAMPOS, Eduardo Luiz Cavalcanti – *O princípio da eficiência no processo civil brasileiro.* 1.ª ed. – Rio de Janeiro: Forense, p. 116.

[21] GAJARDONI, Fernando da Fonseca ... [et al.] – *Execução e Recursos: comentários ao CPC 2015.* Volume 3. 2.ª ed. Rio de Janeiro: Forense; São Paulo: Método, 2018, p. 28.

[22] DIDIER JR., Fredie – *Op. Cit.*, p. 430.

[23] DIDIER JR., Fredie – *Op. Cit.*, p. 149.

[24] DIDIER JR., Fredie – *Op. Cit.*, p. 151.

[25] NEVES, Daniel Amorim Assumpção – *Op. Cit.*, p. 389.

[26] NEVES, Daniel Amorim Assumpção – *Op. Cit.*, p. 394.

que as partes pratiquem "autênticos atos de autorregulação dos próprios interesses"[27].

B. Alguns exemplos de sua aplicação prática apresentados pela doutrina

Para melhor compreensão acerca do negócio processual atípico, Fredie Didier Jr. enumera alguns exemplos, o que vale conferir: "acordo de instância única, acordo de ampliação ou redução de prazos, acordo para superação de preclusão, acordo de substituição de bem penhorado, acordo de rateio de despesas processuais, dispensa consensual de assistente técnico, acordo para retirar o efeito suspensivo da apelação, acordo para não promover execução provisória, acordo para dispensa de caução em execução provisória, acordo para limitar número de testemunhas, acordo para autorizar intervenção de terceiro fora das hipóteses legais, acordo para decisão por equidade ou baseada em direito estrangeiro ou consuetudinário, acordo para tornar ilícita uma prova, litisconsórcio necessário convencional, etc."[28].

Os Enunciados 19 e 21 do Fórum Permanente dos Processualistas Civis (FPPC) do Brasil também apresentam alguns exemplos de negócios jurídicos processuais atípicos: Enunciado 19: "São admissíveis os seguintes negócios processuais, entre outros: pacto de impenhorabilidade, acordo de ampliação de prazos das partes de qualquer natureza, acordo de rateio de despesas processuais, dispensa consensual de assistente técnico, acordo para retirar o efeito suspensivo de recurso, acordo para não promover execução provisória; pacto de mediação ou conciliação extrajudicial prévia obrigatória, inclusive com a correlata previsão de exclusão da audiência de conciliação ou de mediação prevista no art. 334; pacto de exclusão contratual da audiência de conciliação ou de mediação prevista no art. 334; pacto de disponibilização prévia de documentação (pacto de disclosure), inclusive com estipulação de sanção negocial, sem prejuízo de medidas coercitivas, mandamentais, sub-rogatórias ou indutivas; previsão de meios alternativos de comunicação das partes entre si; acordo de produção antecipada de prova; a escolha consensual de depositário-administrador no caso do art. 866; convenção que

---

[27] DINAMARCO, Cândido Rangel; LOPES, Bruno Vasconcelos Carrilho – *Teoria Geral do Novo Processo Civil.* 2.ª ed. São Paulo: Malheiros, 2017, p. 188.

[28] DIDIER JR., Fredie – *Op. Cit.*, pp. 430-431.

permita a presença da parte contrária no decorrer da colheita de depoimento pessoal." Enunciado 21: "São admissíveis os seguintes negócios, entre outros: acordo para realização de sustentação oral, acordo para ampliação do tempo de sustentação oral, julgamento antecipado do mérito convencional, convenção sobre prova, redução de prazos processuais."

Esses exemplos, que não constituem um rol *numerus clausus*, demonstram a vasta possibilidade de celebração de negócios jurídicos processuais atípicos.

C. Mitigação do publicismo processual

a) Breve retrospectiva histórica: do processo como "coisa das partes" até sua publicização

Embora exista consenso no reconhecimento do Direito Processual como "um ramo de direito público próprio e autônomo (...)"[29], nem sempre foi compreendido assim. Nos séculos XVIII e XIX, *v. g.*, o processo ganhou contornos de contrato, oriundo da vontade das partes. Época na qual o Estado não interferia efetivamente na vida privada das pessoas, cabia aos particulares, em comum acordo, se sujeitarem ou não ao processo. A vontade das partes tinha um papel fundamental para o processo: sem o consenso das partes sequer existia processo[30].

Segundo Miguel Teixeira de Sousa, durante o liberalismo o processo reunia os mesmos aspectos do contrato. Tal qual o contrato era concebido como expressão da autonomia privada das partes, com a confluência da vontade dos contraentes, assim também era o processo. Ao juiz era atribuído um papel passivo e não interveniente[31].

Ainda segundo o autor, o *Code de Procédure Civile* de 1806, que recebeu o influxo da codificação napoleônica, demonstrou claramente o aspecto liberal do processo. O referido diploma adjetivo conferia meridiano protagonismo às partes, ao passo que o juiz atuava como mero coadjuvante[32].

---

[29] ALMEIDA, Francisco Manuel Lucas Ferreira de – *Op. Cit.*, p. 22.

[30] NEVES, Daniel Amorim Assumpção – *Op. Cit.*, p. 158.

[31] SOUSA, Miguel Teixeira de – *Introdução ao Processo Civil*. 2.ª ed. Lisboa: Lex, 2000, pp. 24-25.

[32] SOUSA, Miguel Teixeira de – *Op. Cit.*, p. 25.

O Direito Processual concebido como ramo de direito público e autônomo foi construído entre o final do século XIX e o fim do século XX[33]. Houve relevantíssima contribuição do processualista alemão Oskar von Bülow que, no século XIX (ano 1968), publicou a clássica obra "Lehre von den Prozesseinreden und die Prozessvoraussetzungen", a partir da qual fora reconhecida a "autonomização" do processo enquanto relação jurídica processual[34].

A partir de então, passou a existir consenso na publicização do processo. Partiu-se do privatismo processual e construiu-se, paulatinamente, o publicismo processual, enquadrando-o cientificamente como ramo de direito público e autônomo.

Uma crítica que se faz ao publicismo processual é o desprezo à vontade das partes[35], sendo que, ao considerar-se o princípio dispositivo, sem exteriorização da vontade das partes não existiria lide a ser submetida à apreciação do Poder Judiciário.

No entanto, consoante veremos adiante, apesar da passagem do privatismo ao publicismo processual, vislumbra-se o surgimento de novos traços de privatismo no direito processual.

b) Processo sob medida: uma quebra de paradigma

Nota-se que o negócio processual atípico permite profundas alterações nas regras processuais. Em verdade, trata-se de uma quebra de paradigma. Normalmente os procedimentos afetos ao processo estão previamente previstos, cabendo à parte submeter o seu caso concreto ao procedimento positivado. Ao admitir-se o negócio jurídico processual atípico, ocorre o oposto, ou seja, ao invés de o caso concreto se amoldar ao processo, o processo que se amolda ao caso concreto.

O mais marcante neste instituto é que seu núcleo existencial reside na autonomia privada. Noutros tempos, notadamente após a concepção do Direito Processual como ramo de direito público e autônomo, a coexistência de regras processuais e a autonomia privada seria algo considerado teratológico.

---

[33] DIDIER JR., Fredie – *Op. Cit.*, p. 150.

[34] ALMEIDA, Francisco Manuel Lucas Ferreira de – *Op. Cit.*, p. 24.

[35] CABRAL, Antonio do Passo – *Op. Cit.*, p. 122.

Aliás, Oskar von Bülow, precursor do publicismo processual, defendia a tese de que os negócios jurídicos processuais não poderiam subsistir. O processo deveria ser regido por normas públicas e imperativas, que não poderiam ser alteradas pelas partes. Noutra palavras, as regras processuais jamais poderiam ceder espaço ao exercício da autonomia privada. Com baldrame nesse entendimento, surgiu a assertiva no sentido de que o denominado "processo convencional" deveria ser proibido[36].

O exercício da autonomia privada no processo, tal como concebido no art. 190 do CPCB, não encontra paralelo idêntico no direito comparado. Consiste, pois, numa genuína inovação que rompe com a concepção extremamente publicista inerente ao processo[37].

Os negócios jurídicos processuais, com a flexibilização processual que lhe é própria, defluem do processualismo constitucional democrático[38]. O processo democrático reclama algo muito além do mero protagonismo do juiz. Às partes, na condição de destinatárias do provimento jurisdicional, devem ser asseguradas maior protagonismo.

Se é lícito às partes renunciarem ao próprio direito material vindicado, com muito mais razão deve-se permitir às partes o direito de definir o melhor caminho a ser percorrido para o deslinde da causa[39-40]. Essa conduta das partes não subtrai do juiz o seu poder-dever de decidir conforme o seu livre convencimento motivado.

Veja-se que, segundo o princípio dispositivo, somente existe processo se a parte acionar o Poder Judiciário. Trata-se de um ato jungido pela autonomia privada, permitindo concluir que, sem exercício da autonomia privada, não existe processo judicial.

---

36 CABRAL, Antonio do Passo – *Op. Cit.*, p. 110.

37 GAJARDONI, Fernando da Fonseca [et. al.] – *Teoria geral do processo: comentários ao CPC 2015: parte geral*. 2.ª ed. rev., atual. e ampl. Rio de Janeiro: Forense; São Paulo: Método, 2018, pp. 1186-1187.

38 FARIA, Guilherme Henrique Lage – *Op. Cit.*, p. 27.

39 OLIVEIRA, Pedro Miranda de – *Novíssimo Sistema Recursal Conforme o CPC/2015*. Florianópolis: Conceito Editorial, 2015, p. 297.

40 Para José Eduardo Carreira Alvim, as partes, na condição de titulares de direitos materiais vindicados em juízo, também são, na condição de sujeitos no processo, titulares de direitos processuais sobre os quais podem dispor (ALVIM, J. E. Carreira – *Teoria geral do processo*. 21.ª ed. rev. e atual. Rio de Janeiro: Forense, 2018, pp. 217-218).

Em verdade, o princípio dispositivo é uma regra fundamental no processo civil, traduzindo o respeito à liberdade e à iniciativa privada[41-42].

Para Mariana França Gouveia, o princípio dispositivo, sob a óptica processual, traduz-se no princípio constitucional do direito à propriedade e à autonomia privada. O processo, embora autônomo ao direito material, não é um fim em si mesmo. Tem como escopo solucionar um litígio de direito material que, quando disponível, compreende o exclusivo interesse da parte na sua judicialização. Nessa perspectiva, o interesse público está adstrito ao dever de aplicar o direito ao caso concreto. Todavia, são as partes que delimitam o objeto da demanda[43].

Nesse contexto, é o princípio dispositivo "que estabelece os limites de decisão do juiz — aquilo que, dentro do âmbito de disponibilidade das partes, estas lhe pediram que decidisse. Só dentro desta limitação se admite a decisão"[44].

À medida que as partes – com baldrame na sua autonomia privada – têm o direito potestativo de iniciar uma ação judicial e delimitar o objeto da demanda, parece não existir ingerência desarrazoada na definição, pelas próprias partes, dos procedimentos inerentes ao processo que melhor atendam seus interesses. Afinal, ao juiz será preservado o exercício da jurisdição estadual, consistente na máxima *da mihi factum, dabo tibi ius*.

Em reforço, como bem refere João de Castro Mendes, as partes podem até mesmo renunciar antecipadamente ao direito de recorrer mediante contrato

---

41 GOUVEIA, Mariana França – O princípio dispositivo e a alegação de factos em processo civil: a incessante procura da flexibilidade processual. In: *Revista da Ordem dos Advogados*. 2013, Vol. II/III, No. 73. p. 595-617 (p. 9). [Consultado em 17 fevereiro de 2019]. Disponível em: http://www.oa.pt/upl/%7Bede93150-b3ab-4e3d-baa3-34dd7e85a6ef%7D.pdf.

42 Segundo Marcus Vinicius Rios Gonçalves, o Novo Código de Processo Civil Brasileiro da real "validade ao princípio dispositivo permitindo que, nos processos em que seja lícita a autocomposição, as partes negociem não apenas sobre o direito material discutido, mas sobre o próprio procedimento, estabelecendo convenções sobre ônus, poderes, faculdades e deveres processuais. Isso pode ocorrer antes ou durante o processo. Pode, por exemplo, ser estabelecido por contrato, cabendo ao juiz controlar a validade da convenção, na forma do parágrafo único do art. 190" (GONÇALVES, Marcus Vinicius Rios – *Novo curso de direito processual civil*. Volume 1: teoria geral e processo de conhecimento (1ª parte). 15.ª ed. São Paulo: Saraiva Educação, 2018, pp. 271-272).

43 GOUVEIA, Mariana França – O princípio dispositivo e a alegação... p. 8.

44 GOUVEIA, Mariana França – O princípio dispositivo e a alegação... p. 8.

ou convenção nos próprios autos do processo[45]. Veja-se que, segundo a doutrina majoritária, o princípio do duplo grau de jurisdição consiste numa garantia constitucional[46].

Ademais, os negócios processuais devem respeitar o ordenamento jurídico, principalmente no que diz respeito à possibilidade de autocomposição sobre o direito em litígio, capacidade processual e adequada representação.

A simples exigência de o direito material subjacente admitir autocomposição já demonstra a plausibilidade jurídica do negócio jurídico processual atípico. Significa dizer que a celeuma poderia ser solucionada por intermédio da arbitragem[47]. Logo, se a lide poderia ser solucionada à revelia do Poder Judiciário, mediante procedimento convencionado pelas partes, por que não poderia ser solucionada, com cunho de definitividade, por um juiz de primeiro grau membro do Poder Judiciário?

Ao ensejo, torna-se digno de nota o magistério doutrinário de José Lebre de Freitas e Cristina Máximo dos Santos que, comentando entendimento do Tribunal Constitucional português, registram que as decisões dos tribunais arbitrais são dotadas "da estabilidade e da força características do caso julgado". Ressaltam, ainda, que tais "características em nada restringem o acesso ao direito e aos tribunais garantido pelo artigo 20.º da CRP"[48].

Se os litígios que admitem autocomposição podem ser solucionados por intermédio da arbitragem, com força de coisa julgada, com muito mais razão as partes podem convencionar regras processuais que serão inexoravelmente submetidas ao crivo do Poder Judiciário que, verificando sua nulidade, reputar-lhes-ão inválidas.

Inegavelmente, a autonomia privada das partes reveste-se de hialina relevância na seara dos direitos que admitem autocomposição. Nas palavras

---

[45] As lições de João de Castro Mendes foram tecidas sob a óptica do art. 681.º do CPCP de 1961 (n.º 1) (MENDES, João de Castro – *Direito Processual Civil – Recursos*. Lisboa: AAFDL, 1985. p. 48), mas o atual Códex possui idêntico dispositivo no seu art. 632.º (n.º 1).

[46] DONIZETTI, Elpídio – *Curso didático de direito processual civil*. 21.ª ed. São Paulo: Atlas, 2018, p. 1347.

[47] Nas lições de Manuel Pereira Barrocas: "são arbitráveis todos os litígios relativos a interesses patrimoniais ou mesmo os não patrimoniais [...], salvo quando lei especial expressamente não o admita em favor do exclusivo dos tribunais do Estado ou, em relação à determinada matéria específica, em favor da arbitragem necessária" (BARROCAS, Manuel Pereira – *Lei de Arbitragem Comentada*. 2.ª ed. Coimbra: Almedina, 2018, p. 27).

[48] FREITAS, José Lebre de; SANTOS, Cristina Máximo dos – *O Processo Civil na Constituição*. Coimbra: Coimbra Editora, 2008, pp. 279-280.

de Jorge Morais Carvalho, a "autonomia privada permite, por exemplo, a alienação de um bem que se é proprietário, mas também permite a sua utilização ou destruição"[49].

Percebe-se não existir justificativa juridicamente plausível para reprochar os negócios jurídicos processuais atípicos, mormente porque estão circunscritos a direitos que admitem autocomposição e, portanto, eventual litígio poderia ser solucionado via arbitragem. Nada obstante, tratando-se de direitos disponíveis, as partes podem, no campo da sua autonomia privada, dispor como melhor lhe aprouver. Podem, inclusive, conforme apontado por Jorge Morais, até mesmo destruir os bens de sua propriedade.

Ademais, consoante ver-se-á em tópico próprio, o negócio jurídico processual atípico não está imune ao controle judicial. O juiz tem o dever de, inclusive oficiosamente, reputar inválido o negócio jurídico processual que atente contra a ordem jurídica.

Deve-se ter em mente que o provimento jurisdicional (sentença ou acórdão), embora seja um ato do juiz ou do tribunal, é fruto de intensa dialeticidade das partes e, em regra, somente a elas surte efeitos. Segundo o magistério doutrinário de José Alberto dos Reis, "para o bem ou para o mal, a sentença, se é um acto do juiz, é ao mesmo tempo o produto de intensa e activa colaboração das partes. Por isso a sentença tem, como destinatários naturais, as partes e só as partes"[50].

Assim, no atual modelo de processo, regido por regras que privilegiam, *v. g.*, a cooperação processual, a figura do juiz autocrático deve ceder espaço para um processo no qual as partes também possam, em comum acordo, deliberar sobre o rumo do processo.

III. AUTONOMIA PRIVADA, PROCESSO E TUTELA JURISDICIONAL EFETIVA: O NEGÓCIO JURÍDICO PROCESSUAL ATÍPICO COMO CONTRIBUTO PARA ESSE DESIDERATO

Incumbe ao processualista, na busca da tão almejada tutela jurisdicional efetiva, auxiliar o Poder Judiciário e a ciência processual. Para tanto, é

---

[49] CARVALHO, Jorge Morais – *Os Limites à liberdade contratual: comentários ao art. 280.º do Código Civil*. Coimbra: Livraria Almedina, 2017, p. 12.

[50] REIS, José Alberto dos – *A Figura do Processo Cautelar – Eficácia do Caso Julgado em Relação a Terceiros*. Porto Alegre: AJURIS, 1985. p. 80.

necessário revisitar velhos institutos e propor a criação de outros. Também é necessário um olhar diferenciado para o contexto atual[51].

É necessária uma releitura do conceito de processo. Este não pode ser mais concebido como um instrumento presidido pelo juiz como seu sujeito mais importante. O processo deve ser participativo. O resultado final deve ser produzido pelas partes em conjunto com o juiz[52].

Desponta perceptível a necessidade da democratização do processo. As partes, na condição de destinatárias do provimento final, merecem respeito à sua autonomia privada. O exercício desta autonomia, mediante a celebração de negócio jurídico processual atípico, desprende-se da ideia de protagonismo judicial, ao mesmo passo que não chega ao ponto de inaugurar uma nova fase do privatismo processual. Trata-se, em verdade, de uma perspectiva de processo híbrido[53].

Sob esse prisma, as partes tornam-se protagonistas. Não são mais concebidas como meras coadjuvantes. A autonomia privada, como conceito constitucional, impera sobre uma antiga ideologia processual marcada pelo arbítrio e centralismo do órgão judicante frutos do apego exacerbado ao publicismo impingido ao processo"[54].

O exercício da autonomia privada no processo apresenta-se "como uma das respostas possíveis à crise da justiça, à saturação dos Tribunais e à demora dos processos"[55].

---

[51] PINHO, Humberto Dalla Bernardina de – *Direito processual civil contemporâneo: teoria geral do processo*. 8.ª ed. São Paulo: Saraiva Educação, 2018, p. 29.

[52] Para Alexandre Freitas Câmara, "O processo não pode mais ser compreendido como um mecanismo a ser conduzido pelo juiz como seu sujeito mais importante. É preciso ter do processo uma visão participativa, policêntrica, por força da qual juiz e partes constroem, juntos, seu resultado final. Não existe, pois, uma relação processual entre Estado-Juiz e partes, com o Estado em posição de superioridade. O que existe é um procedimento em contraditório destinado à construção dos provimentos estatais, em que todos os sujeitos interessados participam, em igualdade de condições, na produção do resultado. Este procedimento comparticipativo, policêntrico, que se desenvolve em contraditório é, precisamente, o processo". (CÂMARA, Alexandre Freitas – *O novo processo civil brasileiro*. 4.ª ed. – São Paulo: Atlas, 2018, p. 27).

[53] FARIA, Guilherme Henrique Lage – *Op. Cit.*, p. 115.

[54] BRAGA NETTO, Felipe Peixoto; SILVA, Michael César; THIBAU, Vinícius Lott (Coord.) – *O Direito Privado e o novo Código de Processo Civil: repercussões, diálogos e tendências*. Belo Horizonte: Fórum, 2018, p. 311.

[55] RAATZ, Igor – *Autonomia Privada e Processo Civil: negócios jurídicos processuais, flexibilização procedimental e o direito à participação na construção do caso concreto*. Salvador: JusPodivm, 2016, p. 232.

Nesse contexto, torna-se oportuno e pertinente, ante a relevância que a doutrina atribui ao tema, a análise da coexistência de autonomia privada e processo como forma de contribuir para uma tutela jurisdicional efetiva.

A. Autonomia privada como corolário do direito fundamental à liberdade e do princípio da dignidade da pessoa humana

Para Leonardo Carneiro da Cunha, o exercício da autonomia privada no processo decorre do princípio fundamental da liberdade, previsto no art. 5.º da Constituição da República Federativa do Brasil (CRFB). Ainda, segundo o autor, o direito ao autorregramento está inserto no direito fundamental à liberdade, o que justifica o denominado princípio do respeito ao autorregramento da vontade no processo"[56].

No mesmo sentido, Helena Najjar Abdo assevera que, a despeito da inexistência de previsão constitucional expressa sobre a liberdade das partes no processo, esta deflui do direito fundamental à liberdade, esculpido no art. 5.° da CRFB, somada às garantias do devido processo legal (art. 5.º, LIV) e da legalidade (art. 5.º, II)[57].

Deveras, no Estado Democrático de Direito, outorga-se ao cidadão a liberdade de realizar suas próprias escolhas e de autorregular seus interesses[58]. Claro que a autonomia da vontade concebida no modelo liberal econômico não tem lugar na atualidade. Todavia, com uma "dose de bom senso jurídico", o exercício da autonomia privada no âmbito processual pode trazer muitos benefícios.

Sob a matiz constitucional portuguesa, a autonomia privada aflora como elementar da iniciativa privada, consoante dicção dos artigos 1.º, 27.º, n.º 1 e 61.º da Constituição da República Portuguesa (CRP), consistente no direito de autodeterminação de cada indivíduo[59]. Outrossim, a autonomia privada

---

[56] CUNHA, Leonardo Carneiro da – *A Fazenda Pública em Juízo.* 15.ª ed. rev., atual e ampl. – Rio de Janeiro: Forense, 2018, pp. 1018-1019.

[57] ABDO, Helena Najjar – *O abuso do processo.* São Paulo: Editora Revista dos Tribunais, 2007, p. 77.

[58] RAATZ, Igor – *Op. Cit.*, pp. 233-234.

[59] ROQUE, Hélder Relat. – Acórdão do Supremo Tribunal de Justiça, com o n.º 884/09.7YXLSB.L1.S1, 1 de fevereiro de 2011. [Consultado em 24 de fevereiro de 2018]. Disponível em http://www.dgsi.pt/jstjf.nsf/954f0ce6ad9dd8b980256b5f003fa814/fba31312c594cb3880257b900033eb4c?OpenDocument.

também tem baldrame no art. 26.º, n.º 1 da CRP, conforme aponta Carlos Alberto da Mota Pinto[60].

Ainda sob o manto constitucional, a autonomia privada consiste num dos desdobramentos do postulado constitucional da dignidade da pessoa humana. Para viver com dignidade, a pessoa precisa seguir sua vida de acordo com suas próprias escolhas. Portanto, conforme afirma Francisco Hupsel[61], "a autonomia privada recebe a tutela constitucional e está ao abrigo do *princípio da dignidade* (...)".

De acordo com Igor Raatz[62], "a importância atribuída aos negócios jurídicos processuais caminha lado a lado com o reconhecimento da autonomia privada como princípio fundamental do processo, que decorre diretamente da dignidade da pessoa humana e do princípio da liberdade".

Verifica-se, portanto, que a autonomia privada encontra eco no direito fundamental à liberdade e no princípio da dignidade da pessoa humana.

B. Coexistência harmônica dos direitos e garantias processuais em rota de colisão

Quando se fala em tutela jurisdicional efetiva, surge um grande dilema: de um lado, o Estado deve garantir uma tutela jurisdicional efetiva; de outro lado, a pretexto de uma tutela jurisdicional efetiva, o Estado não pode suprimir direitos e garantias dos jurisdicionados.

Sobre o contraste entre tutela jurisdicional efetiva e garantias processuais, não se olvidando de que a tutela jurisdicional efetiva também é uma garantia processual-constitucional, o Professor Carlos Carranho Proença assevera que "A tutela jurisdicional efetiva não prescinde de um *processo legal devido* ou *processo justo definido por lei* (*due process of law*), o que apela à necessidade, consagrada no segundo parágrafo do art. 47.º da CDFUE[63], dos processos judiciais serem, através da lei, adequados, eficazes e equitativos."[64].

---

[60] PINTO, Carlos Alberto da Mota – *Teoria Geral do Direito Civil*. 4.ª ed. (por António Pinto Monteiro e Paulo Mota Pinto). Coimbra: Coimbra Editora, 2005, p. 102.

[61] HUPSEL, Francisco – *Autonomia Privada na Dimensão Civil-Constitucional*. Salvador: JusPodivm, 2016, p. 88.

[62] RAATZ, Igor – *Op. Cit.*, p. 231.

[63] CDFUE – Carta dos Direitos Fundamentais da União Europeia.

[64] PROENÇA, Carlos Carranho – *Tutela Jurisdicional Efetiva no Direito da União Europeia / Dimensões Teóricas e Práticas*. Lisboa: Petrony, 2017, pp. 675-676.

Nada obstante, o Processor Carlos Carranho Proença alerta para outro ponto de extrema relevância: deve-se privilegiar as decisões de mérito em detrimento das decisões de forma, mesmo porque é a decisão de mérito que resolve o litígio à luz do direito material[65]. Deveras, o apelo exacerbado às formas acaba por tornar o processo demasiadamente moroso, deixando de priorizar a resolução do mérito em prazo razoável.

Sobre a necessidade de superar o formalismo processual, quando nocivo à efetividade do processo, Elias Marques leciona que "A visão meramente formal da ciência processual, a qual deveria ser autônoma e apenas reger com precisão técnica o fluxo dos autos praticados em um determinado processo, não é mais pauta do dia" [66].

A prevalência do fundo sobre a forma também decorre do princípio/dever de gestão processual conferido ao juiz no art. 6.º, n.º 1 e 2, do CPCP. Incumbe ao juiz o poder/dever de afastar as filigranas burocráticas e focar no escopo último do processo, que é justamente a "justa composição do litígio em prazo razoável"[67].

No tocante, a questão que se coloca é como assegurar, a um só passo, a tutela jurisdicional efetiva e as garantias fundamentais. Uma coisa pode colidir frontalmente com a outra: uma tutela jurisdicional efetiva cujo único desiderato seja a decisão de mérito pode privar os jurisdicionados de direitos fundamentais de ordem processual (ampla defesa, contraditório, devido processo legal, etc.). Por outro prisma, o apego exacerbado aos direitos fundamentais (a exemplos dos elencados acima) pode resultar numa decisão tardia, que não atenda mais o fim a que se destina.

Diante dessa verdadeira dicotomia processual, parece-nos que privilegiar a autonomia privada na seara processual pode contribuir para a solução desse dilema. Embora não consista numa solução única e definitiva para a problemática alusiva à prestação jurisdicional sob o enfoque da efetividade, o exercício da autonomia privada no processo pode se tornar uma poderosa ferramenta a serviço das partes e do Estado-Juiz com vista a contribuir para a efetividade do processo, consubstanciando-se num meio-termo entre garantias processuais e tutela jurisdicional efetiva.

---

[65] PROENÇA, Carlos Carranho – *Op. Cit.*, p. 676.

[66] MARQUES, Elias – Notas sobre a Efetividade do Processo e o Princípio da Proporcionalidade. In: MEDEIROS NETO, Elias Marques de; SIMÃO FILHO, Adalberto (Coordenadores) – *Direito dos negócios aplicado. Volume II: direito processual*. Coimbra: Livraria Almedina, 2016, p. 17.

[67] ALMEIDA, Francisco Manuel Lucas Ferreira de – *Op. Cit.*, p. 82.

Deveras, a busca desenfreada por efetividade processual pode sacrificar garantias processuais. Por outro giro, o apego exacerbado às garantias processuais pode comprometer a efetividade que se espera do processo.

Os negócios processuais atípicos não fogem dessa realidade. Conquanto constituam eloquente inovação no Direito brasileiro, contribuindo sobremaneira para a flexibilização do processo e, por conseguinte, para uma prestação jurisdicional "sob medida", não se pode olvidar da possibilidade de conflitos entre direitos de idêntico *status* constitucional.

Mesmo assim, perpassando a questão pelo critério da ponderação, os negócios processuais atípicos ainda despontam como um meio-termo que permite a coexistência harmônicas dos princípios em rota de colisão.

Não se trata, *tout court*, de submeter o juiz à vontade das partes, nem o oposto. Busca-se, com o negócio jurídico processual, equilíbrio, dando a cada parte o papel que lhe cabe no processo[68].

Os negócios processuais não têm o condão de repristinar o processo enquanto "coisa das partes", conforme concebido nos séculos XVIII e XIX. Tenciona-se, isso sim, um tratamento mais equânime entre os papeis processuais do juiz e das partes, reduzindo o protagonismo do juiz típico do publicismo processual[69].

Portanto, conquanto o processo tenha ganhado traços privatistas em razão dos negócios processuais, isso não aboliu seu caráter publicista, afinal, o exercício da jurisdição estadual é uma atividade intrínseca ao Estado-Juiz.

O direito deve acompanhar a evolução social-econômica. Sendo o processo um meio para a "materialização" do direito vindicado, com a entrega da prestação jurisdicional, deve-se estudar mecanismos capazes de imprimir celeridade e, por conseguinte, efetividade à tutela jurisdicional.

Nesse contexto, os negócios jurídicos processuais sobressaem como um poderoso instrumento que contribuem para uma tutela jurisdicional efetiva sem fustigar direitos e garantias processuais.

---

68 CABRAL, Antonio do Passo – *Op. Cit.*, p.153.

69 Sobre esse aspecto, vale a pena conferir as lições de Ricardo Villas Bôas Cueva: "O juiz, obviamente, desempenha papel central na gestão dos processos, mas as partes têm agora ampliada, por meio das convenções processuais, a possibilidade de interferir no modo e no tempo de condução do procedimento a fim de amoldá-lo às necessidades do caso concreto" (CARVALHO FILHO, Antônio (Coord.); SAMPAIO JUNIOR, Herval (Coord.) – *Os Juízes e o novo CPC*. Salvador: JusPodivm, 2017, p. 196).

Em verdade, os negócios processuais vão ao encontro e contribuem diretamente para a asseveração de vários direitos de cunho processual. A esse respeito, Antonio do Passo Cabral[70] aponta, entre outros, os seguintes benefícios: (a) processo cooperativo e igualdade entre as partes; (b) eficiência processual; (c) acesso à justiça voltado para as necessidades das partes mediante a flexibilização e adaptação cooperativa do processo; (d) possibilidade de flexibilização e adaptação pelo juiz; (e) duração razoável e economia processual; (f) processo antes do processo e planejamento contratual.

Constata-se, portanto, que a priorização dos negócios jurídicos processuais atípicos resulta num meio-termo que contribui para a prestação de uma tutela jurisdicional efetiva sem vergastar direitos e garantias processuais. Antes disso, os negócios processuais acabam por homenagear vários direitos de índole processual.

C. Limites à celebração de negócio jurídico processual

O negócio jurídico processual atípico não perpassa pelo juízo de conveniência do órgão judicante. Logo, o juiz vincula-se ao negócio jurídico entabulado entre as partes, limitando-se a examinar sua validade[71-72-73]. Entretanto, existem limites à celebração dos negócios processuais. Assim como a autonomia privada sofre limitações no direito material, de outro modo não poderia ser no Direito Processual, sob pena de resgatar o processo compreendido pura e simplesmente como "coisa das partes".

Com efeito, Fernando da Fonseca Gajardoni afirma a existência de seis requisitos de validade/eficácia dos negócios jurídicos processuais atípicos, sendo eles: (1) a situação jurídica transacionada seja de titularidade das partes negociantes; (2) a licitude do objeto do negócio jurídico processual; (3) a forma escrita; (4) a observância da autonomia privada das partes, devendo

[70] CABRAL, Antonio do Passo – *Op. Cit.*, pp. 215-237.

[71] THEODORO JÚNIOR, Humberto – *Código de Processo Civil Anotado.* 21.ª ed. rev. e atual. Rio de Janeiro: Forense, 2018, p. 257.

[72] MEDINA, José Miguel Garcia – *Novo Código de Processo Civil Comentado.* 5.ª ed. São Paulo: Editora Revista dos Tribunais, 2017, p. 344.

[73] Para Elpídio Donizetti o negócio jurídico "vincula, na composição do litígio, partes, juiz e demais participantes da relação processual" (DONIZETTI, Elpídio – *Curso didático de direito processual civil.* 21.ª ed. São Paulo: Atlas, 2018, p. 197).

o juiz negar sua aplicação no caso de nulidade (erro, dolo, coação, etc.), inserção abusiva em contrato de adesão ou manifesta vulnerabilidade de uma das partes[74]; (5) as partes civilmente capazes; e (6) o direito subjacente ao negócio jurídico processual possa ser objeto de autocomposição[75].

Como se vê, a maioria dos requisitos elencados por Gajardoni são extraídos do próprio dispositivo legal (CPCB, art. 190 e seu parágrafo único). Somente os requisitos alusivos à titularidade da situação jurídica e a licitude do objeto do negócio jurídico processual atípico não estão expressamente previstos no texto legal, sendo certo que a forma escrita é um consectário lógico da natureza do instituto em evidência.

Oportuno, pois, tecer algumas considerações sobre a titularidade da situação jurídica transacionada e a licitude do objeto do negócio processual.

A primeira premissa a ser observada consiste na vedação de negócios jurídicos processuais atípicos dispondo sobre poderes e deveres do juiz ou do tribunal[76-77].

---

[74] Sobre o tema, o Tribunal de Justiça do Estado de São Paulo decidiu pela invalidade do negócio jurídico processual atípico que privilegiava desproporcionalmente apenas uma das partes. Confira-se: AÇÃO DE DESPEJO POR FALTA DE PAGAMENTO – NEGÓCIO JURÍDICO PROCESSUAL – INOBSERVÂNCIA DA BOA -FÉ – RELAÇÃO JURÍDICA DIAGONAL Cláusula que previu o "negócio jurídico processual" que se limitou a prever benefícios ao locador, como a redução dos prazos, desocupação do imóvel de forma imediata e sem garantia, recursos apenas com efeito devolutivo e custeio de eventuais provas sempre pelo locatário, a quem não foi prevista qualquer garantia ou vantagem. Em verdade, não se configurou negócio processual fruto de autonomia de vontades, mas sim de um modo de afastar a aplicação da lei específica quando esta se mostrava desfavorável ao autor da ação de despejo ou credor dos respectivos alugueis. Cláusula que dispensa o dever de prestar caução para fins de liminar que deve ser afastada. Declaração de invalidade que pode ser feita de ofício pelo julgador. RECURSO IMPROVIDO (Tribunal de Justiça do Estado de São Paulo – Agravo de Instrumento 2233478-88.2017.8.26.0000, Relator: Maria Lúcia Pizzotti, Data de Julgamento: 21/03/2018, 30ª Câmara de Direito Privado, Data de Publicação: 26/03/2018).

[75] GAJARDONI, Fernando da Fonseca ... [et al.] – *Execução e Recursos: comentários ao CPC 2015*, p. 28.

[76] A esse respeito, Humberto Teodoro Júnior leciona que "o juiz tem funções no processo que são inerentes ao exercício da jurisdição e à garantia do devido processo legal, sobre as quais, é óbvio, as partes não exercem o poder de dispor (THEODORO JÚNIOR, Humberto – *Curso de Direito Processual Civil*. 59.ª ed. rev., atual. e ampl. Rio de Janeiro: Forense, 2018, p. 829-830).

[77] Sobre essa temática, a Ministra Nancy Andrighi proferiu decisão no Recurso Especial n. 1.698.696-SP apontando para a impossibilidade de as partes celebrarem convenções que afetam as atribuições dos órgãos judicantes. No caso concreto, as partes tencionavam que

Evidentemente, não se pode, a ferro e fogo, engessar o juiz. Enquanto investido na jurisdição estatual, o julgador não pode ter suas funções alteradas pela vontade das partes, vale dizer, as partes não podem transacionar sobre deveres/poderes do juiz, salvo se este figurar no negócio jurídico processual (calendário processual, *v. g.*)[78].

No que diz respeito à ilicitude do objeto, os negócios jurídicos processuais não podem violar as garantias constitucionais do processo. A propósito, o Enunciado 37 da Escola Nacional de Formação e Aperfeiçoamento de Magistrados (ENFAM) do Brasil apresenta um rol exemplificativo de hipóteses de vedações: "São nulas, por ilicitude do objeto, as convenções processuais que violem as garantias constitucionais do processo, tais como as que: a) autorizem o uso de prova ilícita; b) limitem a publicidade do processo para além das hipóteses expressamente previstas em lei; c) modifiquem o regime de competência absoluta; e d) dispensem o dever de motivação".

Assim, pode-se fixar uma segunda premissa no sentido da invalidade do negócio jurídico processual que viole, direta ou indiretamente, as garantias constitucionais dos litigantes[79].

---

o acórdão não fosse publicado no Diário de Justiça. No entanto, a Ministra Nancy Andrighi asseverou "descabe as partes negociar sobre a dispensa de publicação de acórdão no Diário de Justiça, seja por se tratar de dever legal do órgão judiciário (art. 943, §2º, do CPC/15), seja porque a publicização do acórdão permite o controle social do conteúdo das decisões judiciais e a extração da *ratio decidendi* para a formação de precedentes, seja ainda porque as funções nomofilática, uniformizadora e paradigmática dos julgamentos proferidos nesta Corte superam quaisquer eventuais interesses subjetivos" (STJ – REsp: 1698696 SP 2017/0133311-4, Relatora: Ministra Nancy Andrighi, Data de Publicação: DJ 14/08/2018).

[78] Sobre o tema, a Escola Nacional de Formação e Aperfeiçoamento de Magistrados (ENFAM) aprovou o Enunciado 36, com a seguinte redação: "A regra do art. 190 do CPC/2015 não autoriza às partes a celebração de negócios jurídicos processuais atípicos que afetem poderes e deveres do juiz, tais como os que: a) limitem seus poderes de instrução ou de sanção à litigância ímproba; b) subtraiam do Estado/juiz o controle da legitimidade das partes ou do ingresso de *amicus curiae*; c) introduzam novas hipóteses de recorribilidade, de rescisória ou de sustentação oral não previstas em lei; d) estipulem o julgamento do conflito com base em lei diversa da nacional vigente; e e) estabeleçam prioridade de julgamento não prevista em lei".

[79] GONÇALVES, Marcus Vinicius Rios – *Direito processual civil esquematizado*. 9.ª ed. São Paulo: Saraiva Educação, 2018, p. 297.

Cumpre registrar, para efeitos de documentação, que, em linhas gerais, no tocante à nulidade do negócio jurídico processual, aplicam-se as mesmas normas atinentes aos negócios jurídicos versando sobre direitos substantivos[80].

D. A contribuição do negócio jurídico processual atípico para a efetividade da tutela jurisdicional

É de sabença geral, entre os operadores do direito, que o Direito Processual se encarrega, primordialmente, de estipular os procedimentos a serem seguidos por quem teve seu direito substantivo violado. E, contemporaneamente, não basta estipular os procedimentos, deve-se, antes e acima de tudo, além de garantir efetivo acesso às vias processuais-judiciais[81], garantir que os procedimentos disponibilizados gozem de efetividade[82].

Os negócios jurídicos processuais atípicos, à medida que permitem a flexibilização da marcha processual, contribuem para a prestação de uma tutela jurisdicional efetiva.

Registre-se que a flexibilização não está adstrita somente à adequação do procedimento às especificidades da causa. Mesmo que a causa não possua singularidades que justifiquem a alteração do procedimento, ainda assim as partes podem dispor sobre seus ônus, poderes, faculdades e deveres processuais, mesmo que isso importe – e na maioria das vezes importará – alteração procedimental[83].

A flexibilidade processual conferida pelo dispositivo em tablado tem como desiderato imprimir maior efetividade ao direito material discutido e, por conseguinte, maior efetividade à tutela jurisdicional[84].

---

80 Tais requisitos, que não fazem parte da essência do presente trabalho, não serão abordados.

81 Constituição da República Portuguesa, Art. 20.º, n.º 1 e 2.

82 Constituição da República Portuguesa, Art. 20.º, n.º 4; Código de Processo Civil Português, Art. 2.º.

83 A esse respeito, impende transcrever os seguintes enunciados do Fórum Permanente dos Processualistas Civis: "Enunciado 257: O art. 190 autoriza que as partes tanto estipulem mudanças do procedimento quanto convencionem sobre os seus ônus, poderes, faculdades e deveres processuais. Enunciado 258: As partes podem convencionar sobre seus ônus, poderes, faculdades e deveres processuais, ainda que essa convenção não importe ajustes às especificidades da causa."

84 THEODORO JÚNIOR, Humberto – *Op. Cit.*, p. 825.

Essa flexibilização é capaz de tornar os atos processuais mais eficazes, notadamente porque harmoniza os interesses processuais das partes[85].

Em termos de tutela jurisdicional efetiva, o legislador brasileiro procurou, com a positivação dos negócios processuais atípicos, "caminhar na direção da resolução de conflitos homenageando o princípio da razoável duração do processo e da efetividade da tutela jurisdicional"[86-87-88].

Permitindo-se que as partes, embora valendo-se do aparado jurisdicional, aperfeiçoem os atos processuais segundo seus interesses e conveniências, o próprio órgão judicante tende a ter seu trabalho reduzido e, por conseguinte, focar em causas que não admitem esse tipo de transação processual[89].

Imperioso salientar que os negócios jurídicos processuais atípicos podem ser celebrados em audiência de conciliação ou mediação[90]. Assim, durante uma audiência de conciliação ou mediação, malgrado não haja acordo tangente ao direito material vindicado, pode ocorrer um acordo sobre o procedimento, os ônus, os poderes, as faculdades e os deveres processuais das partes, o que pode tornar o processo mais adequado à realidade das partes e, por conseguinte, contribuir para uma tutela jurisdicional efetiva. Ganham as partes; ganha o Estado-Juiz.

---

[85] PINHO, Humberto Dalla Bernardina de – *Direito processual civil contemporâneo: teoria geral do processo.* 8ª ed. São Paulo: Saraiva Educação, 2018, p. 43.

[86] SILVA; João Calvão da; CUNHA, Leonardo Carneiro da; CAPELO, Maria José; THOMAZ, Osvir Guimarães – *Processo Civil Comparado: análise entre Brasil e Portugal.* São Paulo: Forense, 2017, p. 250.

[87] Corroborando, Elpídio Donizetti também saliente que o negócio processual "pode trazer maior efetividade ao processo." (DONIZETTI, Elpídio – *Op. Cit.*, p. 486).

[88] A jurisprudência do Tribunal Europeu dos Direitos Humanos (TEDH) se referem ao direito a uma decisão sem dilações indevidas, isto é, num prazo razoável, como uma dimensão constitutiva do direito à tutela jurisdicional efetiva. No mesmo sentido, pronunciou o Tribunal Constitucional, nas lições de Ricardo Pedro, definindo-o como um dos "momentos distintos da proteção jurisdicional eficaz ou de uma tutela judicial efetiva", considerando-o "um segundo momento", depois de "concretizado o acesso a um tribunal" e antes do "direito à execução das decisões dos tribunais ou no direito à efetividade das sentenças" (PEDRO, Ricardo – *Contributo para o estudo da responsabilidade civil extracontratual do Estado por violação do direito a uma decisão em prazo razoável ou sem dilações indevidas.* Lisboa: AAFDL, 2011, p.49).

[89] BUENO, Cassio Scarpinella – *Manual de direito processual civil.* 4.ª ed. São Paulo: Saraiva Educação, 2018, pp. 496-497.

[90] Este entendimento está consubstanciado no Enunciado 628 do FPPC: "As partes podem celebrar negócios jurídicos processuais na audiência de conciliação ou mediação".

O negócio processual atípico também pode ser celebrado noutras audiências no curso do processo, reservando-se ao juízo, conforme já enfatizado, somente a análise de sua validade[91].

Outra circunstância digna de nota consiste na possibilidade de o negócio jurídico processual atípico ser celebrado antes do processo, isto é, antes de existir processo, sem saber quem será autor ou réu – ou mesmo se existirá processo – as partes podem delinear um futuro e eventual processo.

Talvez a fase pré-processual ou antecedente seja o momento mais oportuno para celebração do negócio jurídico processual atípico. Isso porque, após a instauração da lide, as partes tendem a se verem como "gladiadores no Coliseu", dificultando a realização de acordo, mesmo que circunscrito ao processo.

Nada obstante, os negócios jurídicos processuais antítipos também influem positivamente no acesso à justiça.

Com efeito, para Ludmilla Camacho Duarte Vidal, o negócio jurídico processual consiste numa terceira via de acesso à jurisdição. Isso importa na ampliação do acesso à justiça. As outras duas vias seriam a arbitragem e a judicial. Ao contrário dessas duas, a terceira via, ou seja, o negócio jurídico processual, reveste-se de significativas vantagens, notadamente porque não teria o mesmo custo do procedimento arbitral e, na via judicial, permitiria

---

[91] Nesse sentido: NEGÓCIO JURÍDICO PROCESSUAL. O CPC/2015, consagrando o princípio do autorregramento, admite que as partes convencionem sobre normas procedimentais. A esse respeito, o Código de Processo Civil estabelece: "Art. 190. Versando o processo sobre direitos que admitam autocomposição, é lícito às partes plenamente capazes estipular mudanças no procedimento para ajustá-lo às especificidades da causa e convencionar sobre os seus ônus, poderes, faculdades e deveres processuais, antes ou durante o processo. Parágrafo único. De ofício ou a requerimento, o juiz controlará a validade das convenções previstas neste artigo, recusando-lhes aplicação somente nos casos de nulidade ou de inserção abusiva em contrato de adesão ou em que alguma parte se encontre em manifesta situação de vulnerabilidade". No caso, em audiência, as Partes convencionaram que o exame da responsabilidade subsidiária da segunda Reclamada ficaria condicionada ao inadimplemento do acordo de f. 40/40-v, não se cogitando de nulidade da referida cláusula, tendo em vista que a tomadora dos serviços esteve presente na audiência, acompanhada de advogado, sem, contudo, manifestar objeções. A nulidade do negócio jurídico processual condiciona-se à abusividade da cláusula ou à incapacidade das Partes, o que não é a hipótese dos autos. Assim, devolvo os autos à origem, para regular apreciação da responsabilidade subsidiária da segunda Ré (Tribunal Regional do Trabalho da 3ª Região – RO: 0000727-88.2013.5.03.0035, Relator: Marcio Ribeiro do Valle, Oitava Turma, Data de Publicação: 09/07/2019).

a adaptação do procedimento de modo a tornar o procedimento tão célere quanto na arbitragem. Ademais, o provimento final se revestiria de maior legitimidade diante da efetiva participação das partes na sua construção[92].

Antonio do Passo Cabral advoga a mesma tese. Para ele, os negócios jurídicos processuais consistem numa terceira via de acesso à justiça, cujo objetivo é flexibilizar o processo conferindo às partes maior autonomia para decidir quais os procedimentos mais adequados para a resolução judicial do litígio. Fica a encargo das partes, enquanto destinatárias da prestação jurisdicional, a definição dos procedimentos que melhor atendam a seus interesses[93].

Nessa perspectiva de processo negociado, talvez a efetiva satisfação da tutela jurisdicional – com a entrega do bem da vida vindicado em juízo – torne-se mais natural, sem grandes empecilhos pela parte sucumbente.

Exatamente por ter participado espontaneamente da definição do procedimento que entendia justo para a solução da causa, a parte sinta maior apreço pela decisão final.

Ao ser submetido ao crivo do Poder Judiciário com a observância de um procedimento construído com sua aquiescência prévia, poder-se-ia questionar o mérito da decisão, mas não haveria, em tese, questionamento quanto ao procedimento pré-fixado pelas partes.

Inegavelmente, são inúmeros os processos cujas partes suscitam sua nulidade. No processo negociado, uma vez seguidos os procedimentos legalmente avençados entre as partes, a hipótese de vício processual estaria afastada, mesmo porque ninguém pode arguir nulidade a qual tenha dado causa (CPCB, art. 276[94]; CPCP, art. 197.º, n.º 2[95])[96].

---

[92] VIDAL, Ludmila Camacho Duarte – *Convenções processuais no paradigma do processo civil contemporâneo*. Rio de Janeiro: Gramma, 2017, pp. 73-74.

[93] CABRAL, Antonio do Passo – *Op. Cit.*, p. 237.

[94] Art. 276. Quando a lei prescrever determinada forma sob pena de nulidade, a decretação desta não pode ser requerida pela parte que lhe deu causa.

[95] Art. 197.º. [...] 2 – Não pode arguir a nulidade a parte que lhe deu causa ou que, expressa ou tacitamente, renunciou à arguição.

[96] O Enunciado 16 do FPPC prescreve que "O controle dos requisitos objetivos e subjetivos de validade da convenção de procedimento deve ser conjugado com a regra segundo a qual não há invalidade do ato sem prejuízo". Assim, à mingua de comprovação de prejuízo, o negócio jurídico processual também não pode ser invalidade.

Haveria, pois, uma forte carga de conformismo com o procedimento, capaz, eventualmente, de repercutir positivamente no acatamento do provimento jurisdicional meritório.

Dessa forma, um olhar mais atento revela que, ao possibilitar a adequação do processo às singularidades do caso concreto, a consagração da autonomia privada no bojo do processo favorece toda a tríade processual, sobretudo o Estado-Juiz, pela possibilidade de prestar uma jurisdição "sob medida". Ademais, os jurisdicionados "deixam de ser compreendidos como "curatelados" ou "incapazes" de saber qual o método e a forma adequada para resolver seus próprios litígios"[97].

CONCLUSÃO

Um dos grandes desafios contemporâneos consiste na criação e utilização de instrumentos jurídicos que contribuam para a prestação de uma tutela jurisdicional efetiva sem sacrificar direitos e garantias processuais.

O negócio jurídico processual atípico previsto no CPCB pode contribuir para esse desiderato ao outorgar às partes plenamente capazes a autonomia de, em sede de direitos que admitem autocomposição, convencionar sobre seus ônus, poderes, faculdades e deveres processuais. Podem, ainda, promover mudanças no procedimento com o escopo de ajustá-los às especificidades da causa. Isso pode ocorrer antes ou durante o processo.

Inegavelmente, a adoção desse instrumento em casos pontuais contribui para o aperfeiçoamento da prestação jurisdicional. O seu paralelo, no Direito português, consiste no princípio da adequação formal, que consiste num dever do juiz, subordinado, portanto, à sua iniciativa e/ou aquiescência, o que o distingui substancialmente do negócio jurídico processual atípico no que tange ao exercício da autonomia privada das partes no processo.

No negócio jurídico processual atípico o respeito à autonomia privada das partes é latente. A vontade das partes acaba criando normas processuais que devem ser observadas pelo juiz. Aliás, o juiz somente pode reputar inválido o negócio jurídico processual que descumprir os preceitos legais. Vale dizer, o juiz não pode deliberar sobre a invalidade do negócio jurídico processual ao seu livre alvedrio.

---

[97] CABRAL, Antonio do Passo – *Op. Cit.*, p. 193.

Caminhou bem o legislador brasileiro. O comportamento das partes no processo não precisa estar circunscrito à dialeticidade contra-argumentativa. Na qualidade de destinatárias do provimento jurisdicional, as partes merecem mais protagonismo. Esse protagonismo não deve estar adstrito à participação na construção da decisão de mérito. As partes também merecem protagonismo na construção dos procedimentos que melhor atendam seus legítimos interesses processuais.

A multiplicidade de situações fáticas insuscetíveis de serem antevistas pelo legislador depõem em favor da autonomia privada das partes na construção do procedimento mais adequado ao caso concreto.

Talvez o negócio jurídico processual atípico seja mais eficaz quando celebrado antes do processo. Isso porque, depois da instauração da lide, o consenso, mesmo em relação aos procedimentos, torna-se menos amistoso. Isso não significa, todavia, que em audiência de conciliação ou de medição, por exemplo, não haja acordo quanto ao mérito, mas que possa ter acordo entre as partes sobre o procedimento mais adequado para a rápida solução da lide.

Deve-se partir da premissa de que a ausência de acordo quanto ao mérito não significa a impossibilidade de acordo quanto aos procedimentos, seja antes ou durante o processo. A adequação ou a alteração dos procedimentos pode resultar na rápida resolução da lide sem vergastar as garantias processuais a ela inerentes e, por conseguinte, contribuir para a prestação de uma tutela jurisdicional efetiva e sob medida.

REFERÊNCIAS BIBLIOGRÁFICAS

ABDO, Helena Najjar – *O abuso do processo.* São Paulo: Editora Revista dos Tribunais, 2007.

ALMEIDA, Francisco Manuel Lucas Ferreira de – *Direito Processual Civil.* Volume I. Coimbra: Almedina, 2017.

ALVIM, J. E. Carreira – *Teoria geral do processo.* 21.ª ed. rev. e atual. Rio de Janeiro: Forense, 2018.

AMARAL, Jorge Augusto Pais de – *Direito Processual Civil.* Coimbra: Almedina, 2016. Reimpressão.

BARROCAS, Manuel Pereira – *Lei de Arbitragem Comentada.* 2.ª ed. Coimbra: Almedina, 2018.

BRAGA NETTO, Felipe Peixoto; SILVA, Michael César; THIBAU, Vinícius Lott (Coord.) – *O Direito Privado e o novo Código de Processo Civil: repercussões, diálogos e tendências*. Belo Horizonte: Fórum, 2018.

BUENO, Cassio Scarpinella – *Manual de direito processual civil*. 4.ª ed. São Paulo: Saraiva Educação, 2018.

CABRAL, Antonio do Passo – *Convenções Processuais*. 2.ª ed. Salvador: JusPodivm, 2018.

CÂMARA, Alexandre Freitas – *O novo processo civil brasileiro*. 4.ª ed. – São Paulo: Atlas, 2018.

CÂMARA, Helder Moroni – *Negócios processuais: condições, elementos e limites*. São Paulo: Almedina, 2018.

CAMPOS, Eduardo Luiz Cavalcanti – *O princípio da eficiência no processo civil brasileiro*. 1.ª ed. – Rio de Janeiro: Forense.

CARVALHO, Jorge Morais – *Os Limites à liberdade contratual: comentários ao art. 280.º do Código Civil*. Coimbra: Livraria Almedina, 2017.

CARVALHO FILHO, Antônio (Coord.); SAMPAIO JUNIOR, Herval (Coord.) – *Os Juízes e o novo CPC*. Salvador: JusPodivm, 2017.

CUNHA, Leonardo Carneiro da – *A Fazenda Pública em Juízo*. 15.ª ed. rev., atual e ampl. – Rio de Janeiro: Forense, 2018.

DIDIER JR., Fredie – *Curso de direito processual civil: introdução ao direito processual civil, parte geral e processo de conhecimento*. Volume I. 19.ª ed. Salvador: Jus Podivm, 2017.

DINAMARCO, Cândido Rangel; LOPES, Bruno Vasconcelos Carrilho – *Teoria Geral do Novo Processo Civil*. 2.ª ed. São Paulo: Malheiros, 2017.

DONIZETTI, Elpídio – *Curso didático de direito processual civil*. 21.ª ed. São Paulo: Atlas, 2018.

FARIA, Guilherme Henrique Lage – *Negócios processuais no modelo constitucional de processo*. Salvador: Juspodivm, 2019.

FREITAS, José Lebre de; SANTOS, Cristina Máximo dos – *O Processo Civil na Constituição*. Coimbra: Coimbra Editora, 2008.

GAJARDONI, Fernando da Fonseca – O princípio da adequação formal do direito processual civil português. In: *Revista do Instituto do Direito Brasileiro*. Ano 1 (2012), No. 11. p. 6665-6685. [Consultado em: 17 agosto de 2019]. Disponível em: http://www.cidp.pt/revistas/ridb/2012/11/2012_11_6665_6685.pdf.

GAJARDONI, Fernando da Fonseca ... [et al.] – *Execução e Recursos: comentários ao CPC 2015*. Volume 3. 2.ª ed. Rio de Janeiro: Forense; São Paulo: Método, 2018.

GAJARDONI, Fernando da Fonseca [et. al.] – *Teoria geral do processo: comentários ao CPC 2015: parte geral*. 2.ª ed. rev., atual. e ampl. Rio de Janeiro: Forense; São Paulo: Método, 2018.

GONÇALVES, Marcus Vinicius Rios – *Novo curso de direito processual civil.* Volume 1: teoria geral e processo de conhecimento (1ª parte). 15.ª ed. São Paulo: Saraiva Educação, 2018.

GONÇALVES, Marcus Vinicius Rios – *Direito processual civil esquematizado.* 9.ª ed. São Paulo: Saraiva Educação, 2018.

GOUVEIA, Mariana França – O princípio dispositivo e a alegação de factos em processo civil: a incessante procura da flexibilidade processual. In: *Revista da Ordem dos Advogados*. 2013, Vol. II/III, No. 73. p. 595-617 (p. 9). [Consultado em 17 fevereiro de 2019]. Disponível em: http://www.oa.pt/upl/%7Bede93150-b3ab-4e3d-baa3-34dd7e85a6ef%7D.pdf.

HUPSEL, Francisco – *Autonomia Privada na Dimensão Civil-Constitucional.* Salvador: JusPodivm, 2016.

MEDINA, José Miguel Garcia – *Novo Código de Processo Civil Comentado.* 5.ª ed. São Paulo: Editora Revista dos Tribunais, 2017.

MARINONI, Luiz Guilherme; ARENHART, Sérgio Cruz; MITIDIERO, Daniel – *Novo Código de Processo Civil Comentado.* 3.ª ed. São Paulo: Editora Revista dos Tribunais, 2017.

MARQUES, Elias – Notas sobre a Efetividade do Processo e o Princípio da Proporcionalidade. In: MEDEIROS NETO, Elias Marques de; SIMÃO FILHO, Adalberto (Coordenadores) – *Direito dos negócios aplicado. Volume II: direito processual*. Coimbra: Livraria Almedina, 2016.

MENDES, João de Castro – *Direito Processual Civil – Recursos.* Lisboa: AAFDL, 1985.

NEVES, Daniel Amorim Assumpção – *Manual de Direito Processual Civil.* Volume Único. Salvador: JusPodivm, 2017.

NERY JUNIOR, Nelson; NERY, Rosa Maria de Andrade – *Código de Processo Civil Comentado.* 16.ª ed. São Paulo: Editora Revista dos Tribunais, 2016.

OLIVEIRA, Pedro Miranda de – *Novíssimo Sistema Recursal Conforme o CPC/2015.* Florianópolis: Conceito Editorial, 2015.

PEDRO, Ricardo – *Contributo para o estudo da responsabilidade civil extracontratual do Estado por violação do direito a uma decisão em prazo razoável ou sem dilações indevidas.* Lisboa: AAFDL, 2011.

PINTO, Carlos Alberto da Mota – *Teoria Geral do Direito Civil.* 4.ª ed. (por António Pinto Monteiro e Paulo Mota Pinto). Coimbra: Coimbra Editora, 2005.

PINHO, Humberto Dalla Bernardina de – *Direito processual civil contemporâneo: teoria geral do processo.* 8.ª ed. São Paulo: Saraiva Educação, 2018.

PROENÇA, Carlos Carranho – *Tutela Jurisdicional Efetiva no Direito da União Europeia / Dimensões Teóricas e Práticas.* Lisboa: Petrony, 2017.

RAATZ, Igor – *Autonomia Privada e Processo Civil: negócios jurídicos processuais, flexibilização procedimental e o direito à participação na construção do caso concreto*. Salvador: JusPodivm, 2016.

REIS, José Alberto dos – *A Figura do Processo Cautelar – Eficácia do Caso Julgado em Relação a Terceiros*. Porto Alegre: AJURIS, 1985.

ROQUE, Hélder Relat. – Acórdão do Supremo Tribunal de Justiça, com o n.º 884/09.7YXLSB.L1.S1, 1 de fevereiro de 2011. [Consultado em 24 de fevereiro de 2018]. Disponível em http://www.dgsi.pt/jstjf.nsf/954f0ce6ad9dd8b980256b5f003fa814/fba31312c594cb3880257b900033eb4c?OpenDocument.

SILVA; João Calvão da; CUNHA, Leonardo Carneiro da; CAPELO, Maria José; THOMAZ, Osvir Guimarães – *Processo Civil Comparado: análise entre Brasil e Portugal*. São Paulo: Forense, 2017.

SOUSA, Miguel Teixeira de – *Introdução ao Processo Civil*. 2.ª ed. Lisboa: Lex, 2000.

THEODORO JÚNIOR, Humberto – *Código de Processo Civil Anotado*. 21.ª ed. rev. e atual. Rio de Janeiro: Forense, 2018.

THEODORO JÚNIOR, Humberto – *Curso de Direito Processual Civil*. 59.ª ed. rev., atual. e ampl. Rio de Janeiro: Forense, 2018.

VIDAL, Ludmila Camacho Duarte – *Convenções processuais no paradigma do processo civil contemporâneo*. Rio de Janeiro: Gramma, 2017.

EXONERAÇÃO E EXCLUSÃO DO SÓCIO NAS SOCIEDADES POR QUOTAS PORTUGUESA E BRASILEIRA

EXONERATION AND EXCLUSION OF A PARTNER IN PORTUGUESE AND BRAZILIAN COMPANIES

MARCOS ANTONIO SANSON[1]

RESUMO: O presente trabalho corresponde a uma síntese da dissertação de Mestrado apresentada à Universidade Autónoma de Lisboa em 2021, cujo objetivo geral visa o entendimento sobre o direito da exoneração e da exclusão dos sócios, nas sociedades por quotas no Brasil e em Portugal. Tal pesquisa justifica-se pela necessidade de se estudar o tema em profundidade à luz da legislação e jurisprudência, além da doutrina, de Portugal e do Brasil, bem como do direito comparado. O assunto mostra-se relevante no sentido de se mensurarem as consequências práticas que advêm da exoneração e exclusão dos sócios das sociedades por quotas.

Palavras-Chave: *Sociedade por quotas. Exclusão. Exoneração.*

ABSTRACT: The present work is the synthesis of the Master's dissertation presented at Universidade Autónoma de Lisboa in 2021. The main objective is to analyse the right of exoneration and exclusion of partners, in limited liability companies in Brazil and Portugal. Such research is justified by the need to study the subject in depth in the light of legislation and jurisprudence, in addition to doctrine, from Portugal and Brazil, as well as comparative law. The subject proves to be relevant in the sense of measuring the practical consequences that come from the exoneration and exclusion of partners from limited liability companies.

Keywords: *Limited partnership. Exclusion. Exoneration.*

---

[1] Marcos Antonio Sanson, advogado proprietário de M. A. Sanson Advogados (Sorocaba/SP/ Brasil) especialista em empresas com capital estrangeiro, Pós graduado nas áreas Empresarial e Trabalhista e Mestre em Ciências Jurídicas, pela Universidade Autonóma de Lisboa (UAL).

INTRODUÇÃO

É de conhecimento público (e não somente dos operadores do direito) que, desde o surgimento das sociedades, existe a possibilidade de desentendimentos entre os sócios, o que, na maioria das vezes, coloca em risco a realização do objeto social. Esses desentendimentos provocam o descontentamento dos sócios, fazendo com que alguns se manifestem com o desejo de sair (se exonerar) ou o desejo de excluir o seu sócio, quando os seus interesses entram em conflito.

As sociedades comerciais possuem grande importância, tanto para o desenvolvimento social, quanto econômico, sendo que, com a realização de suas atividades, todos se beneficiam com a circulação de riqueza, quer sejam os sócios, seus colaboradores, os trabalhadores, o Estado e a própria sociedade.[2]

Avelãs Nunes[3] acrescenta ainda que, com o desenvolvimento das sociedades comerciais, houve um melhoramento das condições de vida dos homens que passaram a consumir mais e melhor, e esse aumento de consumo favorece a produção e comercialização de outros bens e serviços. Diante de tal realidade, como afirma o autor, a preservação dessas sociedades se torna de extrema necessidade.

Mas na ocorrência de saída de um sócio, ou nos casos de exclusão de sócio, a sociedade fica vulnerável e, se não houver um planejamento eficiente, o encerramento das atividades pode ocorrer.

Devido à importância que as sociedades por quotas possuem no panorama luso-brasileiro atual, e considerando a relevância que o conhecimento sobre o direito da exoneração e exclusão possui, o presente estudo, desenvolvido por meio de uma pesquisa bibliográfica, tem como objetivo apresentar os estudos dos ordenamentos jurídicos brasileiro e português referentes aos institutos da exoneração e da exclusão de sócios nas sociedades por quotas, tudo em

---

[2] SILVA, Wilker J. Gomes – Importância do princípio da preservação da empresa no procedimento falimentar. Artigo publicado em setembro de 2015. Disponível em <https://jus.com.br/artigos/42624/importancia-do-principio-da-preservacao-da-empresa-no-procedimento-falimentar>, acesso em 28 de fevereiro de 2020, on-line.

[3] NUNES, A. J. Avelãs – O Direito de Exclusão dos Sócios nas Sociedades Comerciais, Colecção Teses. Coimbra: Editora Almedina, 2002, p.15.

conformidade com as legislações pátrias referentes ao assunto, bem como os entendimentos doutrinários e o direito comparado.

Acredita-se que o entendimento sobre os institutos de exoneração e exclusão do sócio possa contribuir para a preservação dos interesses das empresas e de todos os sócios de uma sociedade por quotas.

I. A SOCIEDADE POR QUOTAS E SUA ORIGEM NO ORDENAMENTO JURÍDICO PORTUGUÊS E BRASILEIRO

Como esclarece Rubens Requião[4], "na Antiguidade as sociedades já eram instituídas e reguladas pelo Código Civil, visto que naquela época ainda não existia um ramo concretizado que amparasse o Direito para os comerciantes." No entanto, o grande desenvolvimento das sociedades mercantis apoiou-se no fato de que pudessem ser feitos investimentos na exploração de determinados negócios, porém com o limite de responsabilidade dos investidores. Sendo assim, a primeira sociedade empresarial regular, dotada de personalidade jurídica, foi a sociedade anônima, destinada para grande empresas, tendo como exemplos a exploração de petróleo e a criação de ferrovias.

Posteriormente, como argumenta Teixeira[5], surgiu a sociedade limitada para desenvolver empreendimentos menores, como, por exemplo, padaria, mercearia, sapataria etc. A sociedade limitada nasceu devido às requisições de comerciantes individuais, os quais não detinham a limitação de responsabilidade, bem como a separação patrimonial, pelo desenvolvimento de suas atividades.

De acordo com o entendimento de Rossignoli[6], "a sociedade limitada surgiu a partir da necessidade de criar um modelo societário do qual oferecesse o benefício da limitação das responsabilidades aos sócios, porém que existisse menor complexidade das sociedades que existia na época, tal como a sociedade anônima, a qual demanda a existência de um grande investimento e suscetível de muita burocracia".

---

[4] REQUIÃO, Rubens – Curso de Direito Comercial. 27ª ed. São Paulo: Editora Saraiva, 2008, p.372.

[5] TEIXEIRA, Tarcisio – Direito empresarial sistematizado – Doutrina e Prática. São Paulo: Editora Saraiva, 2011, p.143.

[6] ROSSIGNOLI, Estefânia – Coleção Sinopses para Concursos – Direito Empresarial. 3ª Edição, revista, ampliada e atualizada. Salvador/Bahia: Editora Juspodivm, 2014, p.117

A primeira lei que veio regular a sociedade por quotas foi a lei alemã denominada Lei GMBH de 20.04.1892. Com base nessa lei, os legisladores portugueses criaram a Lei das Sociedades por Quotas de 11.04.1901 – LSQ, a qual também teve como subsídio o Código Comercial de 1888. No Brasil, a sociedade por quotas iniciou em 1919 através do Decreto nº 3.708 de 10 de janeiro.

Atualmente, tanto no Brasil como em Portugal, esse é o tipo societário mais utilizado na prática da atividade empresária, pois tal fato se dá pela possibilidade deste tipo societário atender a todos os portes de atividade, podendo ainda ter menos investimento e menos burocracia frente aos órgãos governamentais.

A sociedade por quotas (SPQ), de acordo com Teixeira[7], tem natureza contratual, haja vista que para ser constituída se faz através do contrato social, é de direito privado e, após o registo de sua constituição no órgão competente, é-lhe conferida a personalidade jurídica, portanto é uma sociedade personificada[8].

Esse tipo de sociedade tem como requisitos a constituição por um ou mais sócios e que o capital social seja dividido por quotas, sendo certo que os sócios, via de regra (Art. 198 do CSC), não podem ser responsabilizados por prejuízos ocorridos em virtude da atividade da empresa para além das suas quotas e tem como base dois princípios: o princípio da separação patrimonial e o princípio da limitação da responsabilidade.

No Brasil e em Portugal, todos os requisitos e formas para constituição da sociedade por quotas estão contidos em capítulo próprio do Código Civil Brasileiro (CCB), do art. 1.052 ao art. 1.087 e no Código das Sociedades Comerciais (CSC), art. 197 ao Art. 270º.

Não diferente do Brasil, a sociedade por quotas é a forma mais comum em Portugal, conforme aponta Rui Pinto Duarte[9] e também deve ser constituída através de contrato social, levando em consideração todo o disposto no

[7] TEIXEIRA, Tarcisio. Op. Cit.

[8] A sociedade personificada é aquela que detém personalidade jurídica própria para adquirir direito e contrair obrigações, por possuir sua inscrição em registro próprio (TEIXEIRA, 2011, p. 149).

[9] DUARTE, Rui Pinto – Breve introdução ao direito comercial português. Revista brasileira de direito comparado. No. 44/45, p. 281–297, jan./jun., 2013. Disponível em <http://www.idclb.com.br/revistas/44%20e%2045/revista44e45%20(15).pdf>, acesso em 08 de janeiro de 2020.

Título III do CSC, Arts. 9º e 199º, que estabelecem, como elementos obrigatórios do contrato social:

- o nome de todos os sócios fundadores
- o tipo de sociedade – por quotas
- a denominação da sociedade
- o objeto da sociedade
- a sede da sociedade
- a forma de obrigar a sociedade
- informações sobre o montante de cada quota de capital, com a identificação do respectivo titular
- informações sobre o montante das entradas efetuadas por sócio e o montante das entradas diferidas.

Todavia, os procedimentos para o registo são mais rápidos comparados com os procedimentos no Brasil. A constituição pode ser feita *on line* através do site do órgão do governo Português denominado IRN – Instituto de Registo e Notariado e consequentemente na aba do Registo Nacional de Pessoas Colectivas – RNPC.

Assim como a legislação brasileira (Art. 1.055, §2° do CCB), a legislação portuguesa estabelece que não é permitida a integralização do sócio com serviços, conforme disposto no Art. 202º, 1 do CSC.

II. DO DIREITO DE EXONERAÇÃO DO SÓCIO – FORMAS DE RETIRADAS DO SÓCIO DA SOCIEDADE POR QUOTAS

Durante a existência de uma SPQ, podem ocorrer diversos problemas, que podem afetar suas atividades, tais como crises econômicas, problemas financeiros e contábeis, além de falhas internas de planejamento, controle ou execução e nessas situações, as sociedades precisam se adequar, da melhor forma possível, para que não haja prejuízos à sociedade e aos seus sócios.

Diante situações de mudanças, os sócios têm o direito de decidir se querem ou não continuar na sociedade. Tal direito é o que consideramos como direito de exoneração, que permite que o próprio sócio decida a qualquer tempo, sua exoneração, porém conforme fundamentos do contrato e da lei.

Para Gonçalves Neto[10], o termo retirada tem sido relacionado às diferentes formas pelas quais ocorre a saída de um sócio da sociedade, como nos casos de "cessão ou transferência de sua quota a outro sócio ou a terceiro, pela sua exclusão ou pelo simples direito de se desligar da sociedade, mediante recebimento de seus haveres do patrimônio social". Porém, tecnicamente, a retirada, ou recesso, deve ser considerada como o direito do sócio sair da sociedade com consequente redução desse patrimônio. A exoneração do sócio ou como considerado, o direito de retirada do sócio, trata-se, segundo Meiro Neto (2013)[11], "da vontade unilateral do sócio de retirar-se da sociedade resultando assim no seu direito de sair da sociedade e em receber a sua participação".

Como esclacere António Pereira de Almeida[12], o direito de exoneração dos sócios de sociedades comerciais "consiste na faculdade de o sócio fazer cessar a sua participação social, verificados certos factos previstos na lei ou nos estatutos, mediante uma contrapartida".

O direito de exoneração baseia-se em um direito individual, ou seja, este exercício é exclusivamente daquele sócio que no momento possui a vontade ou causa da exoneração, como também no momento da declaração de exoneração, sendo este possuidor da qualidade de sócio. Neste contexto, é notório que não existe possibilidade ou causa de exonerar uma pessoa que não seja um sócio, sendo assim obrigatoriamente o futuro exonerado precisa necessariamente possuir a qualidade de sócio, porém, cuja qualidade não é uma premissa exclusiva para poder desvincular, ou seja, ainda necessita de uma causa contratual ou legal, com ocorrência de fatos que permite a desvinculação.

Além do caráter individual, o direito de exoneração possui, ainda, outras características.

---

[10] GONÇALVES NETO, Alfredo de Assis – Direito de Empresa. 4. ed. São Paulo: Editora Revista dos Tribunais, 2012, p.241.

[11] MEIRO NETO, Paulo Affonso F. – Particularidades do direito de retirada na sociedade limitada. Artigo publicado em 01 de novembro de 2013. Disponível em <https://phmp.com.br/artigos/particularidades-do-direto-de-retirada-na-sociedade-limitada/>, acesso em 18 de fevereiro de 2020.

[12] ALMEIDA, António Pereira. O direito de exoneração dos sócios. Revista de Direito Comercial, 2018, p.919. Disponível em https://www.revistadedireitocomercial.com/o-direito-de-exoneracao-dos-socios, acesso em 03 de agosto de 2022.

Para Fonseca[13], o direito de exoneração é possuidor da natureza potestativa, visto que, na realização da declaração oriunda do sócio, é provocado na esfera jurídica, mudança que obrigatoriamente irá extinguir o vínculo societário, como também o reembolso ao sócio. Ainda enfatiza que, "quando se realiza a revogação da causa de exoneração, não fica afastada a natureza potestativa do direito de exoneração". O mesmo autor defende que o direito de exoneração possui uma natureza irrenunciável, que não permite se abster-se, sendo inteiramente proibido uma cláusula contratual que iniba o exercício do direito de exoneração.

Outra característica do direito da exoneração é sua natureza do direito inderrogável, ou seja, um direito que nunca poderá ser afastado, nem mesmo pelo contrato ou por uma deliberação social, porém, é relevante mencionar que a única forma de desvincular é por uma causa estatutária ou legal.

2.1. O Direito da exoneração em Portugal

De acordo com Nogueira Serens[14], em Portugal, o direito de um sócio de se apartar de uma sociedade já constava na legislação em 1603, no Livro IV das Ordenações Filipinas em seu § 8 do Título XLIV – Do Contracto da Sociedade e Companhia, que estabelecia que só poderia ser exercido desde que a sociedade tivesse prazo indeterminado e com as justas causas elencadas no item 8 da retro legislação, tendo como consequência a dissolução da sociedade.

Após as Ordenações Filipinas, o direito de afastamento ou exclusão de um sócio, como explica João Cura Mariano[15], foi-se alterando para melhor se adequar à realidade, sendo considerado nas principais legislações de Portugal, tal como nas Companhias Pombalinas-1755.

---

[13] FONSECA, Tiago Soares da – O Direito de Exoneração do Sócio no Código das Sociedades Comerciais. Coimbra: Edições Almedina, 2008, p.34.

[14] SERENS, M. Nogueira. Notas (breves) sobre a exoneração e a exclusão de sócios da sociedade civil e da sociedade em nome colectivo. Boletim De Ciências Económicas LVII / III, 2014. Disponível em https://digitalis.uc.pt/pt-pt/artigo/notas_breves_sobre_exonera%C3%A7%C3%A3o_e_exclus%C3%A3o_de_s%C3%B3cios_da_sociedade_civil_e_da_sociedade_em_nome >, acesso em 22 de dezembro de 2019, on-line.

[15] MARIANO, João Cura – Direito de Exoneração dos Sócios nas Sociedades por Quotas. Coimbra: Edições Almedina, 2005. Depósito Legal 224187/05, p.43.

No Código Comercial Português de 1833, ao contrário do que ocorria nas Companhias Pombalinas, em caso de renúncia do sócio, a sociedade era dissolvida e o direito de exoneração do sócio, por sua simples vontade, era reconhecido desde que a sociedade tivesse prazo indeterminado; se a sociedade tivesse prazo determinado poderia exercer esse direito diante das justas causas apresentadas no Art. CLXXI, 696. O mesmo entendimento e tratativa quanto à exoneração do sócio foi mantido no Digesto Português de 1836 e nas Instituições do Direito Civil Portuguez de 1844.

Já o Código Civil Português de 1867 (Código de Seabra) não disciplinou a exoneração de sócio nas sociedades comerciais, pois somente regulamentava o contrato de sociedade civil. Quanto ao direito de exoneração de sócio da sociedade civil, os arts. 1.276º, nº 5, 1278º e 1279º deste diploma indicavam as mesmas regulamentações previstas nas legislações anteriores (Código Comercial de 1833 e subsidiariamente as Ordenações).

Pelo Código Comercial de Portugal de 1888, o direito de renúncia/exoneração do sócio era reconhecido desde que a sociedade tivesse prazo indeterminado, sendo que havia a dissolução da sociedade.

O Código Civil Português de 1966 regulamentava somente sobre a sociedade civil e não regulamentava sobre o direito de exoneração de sócio de outra espécie de sociedade. Assim, acerca do direito de exoneração de sócio da sociedade civil, dispunha o Art. 1002 que o sócio teria o direito de se exonerar da sociedade, se no contrato da sociedade não existise prazo de duração fixado. Porém, na existência de um prazo de duração expresso no contrato, o direito de exoneração de sócio fica prejudicado, pois este só poderá ser exercido mediante as condições previstas em contrato ou quando ocorra justa causa. Com a renúncia, a sociedade não se dissolveria desde que não se extinguisse a pluralidade dos sócios (item d do Art. 1007º).

O Decreto-Lei 598/73, de 08/11, e o Decreto-Lei 363/77 de 02/9, também consideraram o direito à exoneração do sócio, mantendo as mesmas condições que as legislações anteriores estabeleciam.

Em relação às sociedades por quotas, diferentemente do que ocorre nas outras modalidades societárias, o direito de retirada do sócio possui alguns requisitos particulares para de fato ocorrer a retirada. O referido direito está expressamente esculpido na legislação luso-brasileira nos arts. 1077 (que estabelece que quando houver modificação do contrato, fusão da sociedade, incorporação de outra, ou dela por outra, terá o sócio que dissentiu o direito de retirar-se da sociedade, nos trinta dias subseqüentes à reunião, aplicando-se, no silêncio do contrato social antes vigente, o disposto no art. 1.031); e 1114 do CCB (estabelece que a transformação depende do consentimento de todos os sócios, salvo se prevista no ato constitutivo, caso em que o dissidente poderá retirar-se da sociedade, aplicando-se, no silêncio do estatuto ou do contrato social, o disposto no art. 1.031), bem como no art. 240 do CSC, que indica quando e quais são os pressupostos/requisitos para que um sócio possa se retirar de uma SPQ.

Art. 240º do CSC (Exoneração de sócio)

1 – Um sócio pode exonerar-se da sociedade nos casos previstos na lei e no contrato e ainda quando, contra o voto expresso daquele:

a) A sociedade deliberar um aumento de capital a subscrever total ou parcialmente por terceiros, a mudança do objecto social, a prorrogação da sociedade, a transferência da sede para o estrangeiro, o regresso à actividade da sociedade dissolvida;

b) Havendo justa causa de exclusão de um sócio, a sociedade não deliberar excluí-lo ou não promover a sua exclusão judicial.

2 – A exoneração só pode ter lugar se estiverem inteiramente liberadas todas as quotas do sócio.

3 – O sócio que queira usar da faculdade atribuída pelo nº 1 deve, nos 90 dias seguintes ao conhecimento do facto que lhe atribua tal faculdade, declarar por escrito à sociedade a intenção de se exonerar.

4 – Recebida a declaração do sócio referida no número anterior, a sociedade deve, no prazo de 30 dias, amortizar a quota, adquiri-la ou fazê-la adquirir por sócio ou terceiro, sob pena de o sócio poder requerer a dissolução da sociedade por via administrativa.

5 – A contrapartida a pagar ao sócio é calculada nos termos do artigo 105º, nº 2, com referência à data em que o sócio declare à sociedade a intenção de se exonerar; ao pagamento da contrapartida é aplicável o disposto no artigo 235º, nº 1, alínea b).

6 – Se a contrapartida não puder ser paga em virtude do disposto no nº 1 do artigo 236º e o sócio não optar pela espera do pagamento, tem direito a requerer a dissolução da sociedade por via administrativa.

7 – O sócio pode ainda requerer a dissolução da sociedade por via administrativa no caso de o adquirente da quota não pagar tempestivamente a contrapartida, sem prejuízo de a sociedade se substituir, nos termos do nº 1 do artigo 236º

8 – O contrato de sociedade não pode, directamente ou pelo estabelecimento de algum critério, fixar valor inferior ao resultante do nº 5 para os casos de exoneração previstos na lei nem admitir a exoneração pela vontade arbitrária do sócio.

Importa ainda salientar que o CSC estabelece que o sócio da sociedade por quotas pode-se exonerar da sociedade desde que: – não concorde com a transformação da sociedade (Art. 137°) ou fusão (Art. 105º). Nesses casos, o sócio renunciante tem o direito ao reembolso da quantia referente a sua participação no capital em conformidade com o último balanço aprovado. Todavia, também estará obrigado com os compromissos sociais e financeiros assumidos até a data do registro definitivo da modificação do quadro societário da sociedade.

2.1.1. Pressupostos para a Exoneração em Portugal

A exoneração trata-se de um direito estabelecido em lei, ao sócio de uma sociedade de se afastar ou abandonar a sociedade, desde que sejam verificados determinados pressupostos, que podem ser legais ou contratuais. Os pressupostos legais são as condições impostas pela lei para que o processo possa ter legitimidade.

No caso da exoneração, o CSC apresenta causas legais comuns, que abrangem todo o tipo de sociedade, bem como para os casos específicos das sociedades por quotas.

Como causas legais comuns, são considerados os casos de transferência da sede efetiva da sociedade para o estrangeiro (art. 3º, nº 5); ações de erro, dolo, coacção e usura (art. 45º, nº 1) e quando o sócio percebe uma redução de sua participação quando do regresso da sociedade dissolvida à atividade (art. 161º, nº 5).

Além dessas causas previstas para a exoneração do sócio, existem outras ocorrências que também podem ser consideradas como causas de exoneração, desde que previstas no estatuto da sociedade, tais como a fusão ou cisão da sociedade, bem como a deliberação de transformação da sociedade noutro tipo de sociedade (Arts. 105º, 120ºe 127º do CSC).

2.2. O Direito da exoneração no Brasil

No Brasil, o direito ao afastamento de um sócio, quer seja por exoneração ou exclusão, também já era previsto em seu Primeiro Código Comercial (Lei no. 556 de 25 de junho de 1850). Antes desse período, não existia um direito comercial próprio brasileiro, pois eram aplicadas as regras de direito de Portugal às suas colônias, sendo que o que vigorou no Brasil, por todo o período colonial, foram as Ordenações Filipinas. Tal situação somente começaria a mudar após a chegada de Dom João VI no Brasil em 1808 e, em especial, após em 1850, com a aprovação da Lei n. 556, de 25 de junho, que se caracterizou como o Código Comercial Brasileiro, resultante de um projeto para melhor adequação das leis à realidade brasileira.

Pelo Código Comercial de 1850, a exoneração estava prevista como uma das situações que levariam à dissolução das sociedades, assim como a exclusão do sócio, conforme determinavam os arts. 335 e 336, da Seção VII – Da Dissolução da Sociedade, sendo que, para ambas situações, conforme previsto no Art. 339, o sócio que se despedia antes de dissolvida a sociedade, ficava "responsável pelas obrigações contraídas e perdas havidas até o momento da despedida".

Além de constar no Código Comercial, o direito à exoneração do sócio também foi previsto no Art. 15 do Decreto Lei no. 3.708, de 10 de janeiro de 1919, que regula a constituição de sociedades por quotas, de responsabilidade limitada:

> "Assiste aos sócios que divergirem da alteração do Contrato Social a faculdade de se retirarem da sociedade, obtendo o reembolso da quantia correspondente ao seu capital social, na proporção do último balanço aprovado. Ficam, porém, obrigados às prestações correspondentes às quotas respectivas, na parte em que essas prestações forem necessárias para pagamento das obrigações contraídas, até a data do registro definitivo da modificação do estatuto social."

O Código Comercial Brasileiro de 1850 teve parte revogada pelo Código Civil Brasileiro, de 2002 e os dispositivos do DL n. 3.708/19 foram incluídos do Código Civil Brasileiro (CCB) de 2002 em seu Art. 1077, que determina quais são os motivos que um sócio pode reivindicar seu afastamento da sociedade. Claro fica então que o sócio tem o direito de exoneração, quando este sócio não concordar quando a sociedade vir a ser fusionada com outra ou incorporada por outra; todavia, esse mesmo Artigo, que dá esse direito ao sócio, obriga-o apresentar a sua intenção de exoneração dentro dos trinta dias subsequentes à reunião que lhe apresentou a(s) decisão(ões) que não lhe agradou.

Além dos motivos apresentados no Art. 1077 e previstos no contrato da sociedade, o Art. 1029 do CCB prevê que os sócios podem retirar-se *ad nutum*[16] das sociedades que possuem duração indeterminada, desde que notifiquem os restantes sócios, com um pré-aviso de, pelo menos, 60 dias, sendo certo que nas sociedades com duração determinada, a retirada é possível com fundamento em justa causa, judicialmente demonstrada.

Apesar da solução para esses eventos ser bastante complexa, tanto a legislação, quanto a jurisprudência, têm prestigiado o princípio da preservação da empresa, com o objetivo de manter as atividades econômicas das sociedades.

Fábio Ulhôa Coelho[17] afirma, em sua obra, que "Pelo princípio da preservação da empresa, o que se tem em mira é a proteção da atividade econômica, como objeto de direito cuja existência e desenvolvimento interessam não somente ao empresário, ou aos sócios da sociedade empresária, mas a um conjunto bem maior de sujeitos".

Estudiosos dizem que a legislação que determina o ordenamento das sociedades, ou empresas, também considerou em seu bojo o conceito de sua preservação, uma vez que o exercício da atividade empresarial é a fonte de tributos e empregos, além de assegurar o funcionamento eficiente dos mercados. Desta forma, ferramentas e diretrizes que levam à preservação das empresas, na opinião de Fachin[18] "interessa ao Direito e à Economia, pela proteção que oferece à continuidade dos negócios sociais".

---

[16] Termo jurídico em latim que determina que o ato pode ser revogado pela vontade de uma só das partes. Proveniente da área do Direito Administrativo, consideram-se "ad nutum" os atos resolvidos pela autoridade administrativa competente, com exclusividade.

[17] COELHO, Fabio Ulhôa – Curso de Direito Empresarial: Direito de empresa. São Paulo: Saraiva, 2014, p.79.

[18] FACHIN, Luiz Edson – Estatuto Jurídico do Patrimônio Mínimo. Rio de Janeiro: Renovar, 2001. p.199.

2.2.1. *Pressupostos para a Exoneração no Brasil*

No Brasil, além das causas previstas no contrato social, os pressupostos para o direito de retirada do sócio na SPQ foram estabelecidos nos arts. do CCB 1077 e 1114.

Como relata Brosselin[19], o Direito Societário brasileiro prevê, em seus diplomas legais específicos, a possibilidade e os procedimentos de diversas alterações de uma sociedade, tais como: a admissão de novos sócios, aquisição e alienação de controle, aquisição e venda de participações societárias, e ainda a transformação, caracterizada ou pela mudança de tipo societário inicialmente eleito, ou ainda pela incorporação, fusão ou cisão de determinada sociedade.

Essas situações podem ocasionar a retirada de um sócio, no caso de não haver concordância com as resoluções tomadas pelos demais sócios, sendo necessária a consulta nas leis vigentes para identificação das possibilidades critérios para que seja reconhecido o direito à retirada do sócio.

O Art. 1029 do CCB prevê que os sócios podem-se retirar das sociedades que possuem duração indeterminada, sem fundamento, desde que notifiquem os restantes sócios, com um pré-aviso de, pelo menos, 60 dias. Nas sociedades com duração determinada, a retirada é possível com fundamento em justa causa, judicialmente demonstrada.

Para a ocorrência da retirada do sócio nas SPQB's com prazo determinado, Coelho[20] ressalta que algumas situações ou fatores motivadores precisam estar evidenciadas, tais como modificações, transformações e outras situações que permitem uma discordância por parte do sócio e seu pedido de afastamento.

Qualquer transformação ou mudança de uma sociedade ocorre mediante consentimento de todos os sócios, salvo se prevista no contrato social a situação em que o dissidente pode se retirar da sociedade, com direito à devolução do valor da quota, caso não esteja estabelecido no estatuto.

---

[19] BROSSELIN, Patrick Kaiser. Transformação, incorporação, fusão e cisão no direito societário brasileiro. Revista Jus Navigandi, ISSN 1518-4862, Teresina, ano 15, n. 2618, 1 set. 2010. Disponível em: <https://jus.com.br/Art.s/17277>, acesso em 20 de fevereiro de 2020, on-line.

[20] COELHO, Fabio Ulhoa. Op. Cit. p.448.

III. DO DIREITO DE EXCLUSÃO DO SÓCIO NAS SOCIEDADES POR QUOTAS EM PORTUGAL E NO BRASIL

Diferentemente do direito de exoneração, que é aquele direito em que o sócio se deseja retirar da sociedade, temos o direito de exclusão que é o direito da sociedade (através de votos de um ou mais sócios lesados por atitudes do sócio faltoso) em excluir o sócio faltoso.

O direito da exclusão do sócio é reconhecido quando a sociedade identifica evidências de um sócio que prejudica a realização do fim comum ou não contribui para a sua prossecução. Nesse sentido, como afirma Avelãs Nunes[21]: "Poderá sempre ser excluído o sócio cuja presença ou actuação faça perigar a organização económica que a sociedade pôs de pé".

A natureza jurídica da exclusão do sócio, conforme apresenta Avelãs Nunes[22], possui, em sua base, diferentes posições doutrinárias como a Teoria do poder corporativo disciplinar, Teoria da disciplina taxativa legal e a Teoria contratualista.

A teoria do•poder corporativo disciplinar, também considerada como teoria institucional ou teoria cultural, baseia-se, de acordo com Proença[23], na soberania estatutária para justificar a exclusão. Segundo essa teoria, a sociedade é um ente com poder disciplinar próprio.

Pela teoria do poder corporativo disciplinar, como esclarece Avelãs Nunes[24], "o ente colectivo estaria investido de uma legítima supremacia discricionária em relação aos seus sócios, de tal modo que o procedimento de exclusão seria inapreciável, quanto ao mérito por parte do juiz".

A teoria da disciplina taxativa legal sustenta que a exclusão do sócio é uma punição e, por esse motivo, os fatos permissivos da exclusão devem estar taxativamente previstos no estatuto, na lei ou no contrato social[25].

Para a doutrina, a exclusão de um sócio surgiu em razão de interesse econômico e público na conservação da empresa, além disso, como ressalta Proença[26], "a exclusão do sócio teria um caráter penal, devendo ser prevista

[21] NUNES, A. J. Avelãs. Op. Cit. p.52.

[22] NUNES, A. J. Avelãs – Op. Cit.

[23] PROENÇA, José Marcelo Martins – A Exclusão de Sócio nas Sociedades Limitadas – in Tipos Societários. Saraiva 2010, Série GVlaw.

[24] NUNES, A. J. Avelãs – Op. Cit., p.24.

[25] NUNES, A. J. Avelãs – Op. Cit.

[26] PROENÇA, José Marcelo Martins. Op. Cit, p. 182.

legal ou estatutariamente, servindo de punição ao sócio que deixasse de cumprir com alguma obrigação em relação à sociedade.

A teoria contratualista é alicerçada nas obrigações vinculadas ao contrato social, sendo a exclusão de um sócio, uma cláusula resolutiva por inadimplemento da pessoa para com a sociedade.[27]

Além das teorias apresentadas, Ferreira[28] lembra, ainda, que o direito de exclusão de um sócio tem natureza potestativa, em que a sociedade pode afastar um sócio que ponha em risco a prossecução do interesse/fim social, devido a sua conduta, desde que para tal exista fundamento legal ou contratual. Para esse autor, o direito de exclusão de sócio deve refletir a vontade da sociedade, especificada em contrato.

3.1. O Direito da exclusão em Portugal

Na legislação portuguesa, o direito de exclusão do sócio é regulada por dois diplomas legais: o Código Civil Português (CCP) de 1966 e o CSC/86.

Pelo Código Civil, a exclusão do sócio está regulada em seu Art. 1003, que estabelece as causas ou motivos que levam à exclusão do sócio:

> **Art.1003º do CCP (Exclusão)**
>
> A exclusão de um sócio pode dar-se nos casos previstos no contrato, e ainda nos seguintes:
>
> a) Quando lhe seja imputável violação grave das obrigações para com a sociedade;
>
> b) Em caso de interdição ou inabilitação;
>
> c) Quando, sendo sócio de industrial se impossibilite de prestar à sociedade os serviços a que ficou obrigado;
>
> d) Quando, por causa não imputável aos administradores, se verifique o perecimento de coisa ou direito que constituía a entrada do sócio, nos termos do artigo seguinte.

[27] NUNES, A. J. Avelãs – Op. Cit.

[28] FERREIRA, Juliano – O direito de Exclusão do Sócio da Sociedade Anónima. Almedina, 2009. Disponível em <https://www.academia.edu/30005255/O_direito_de_exclus%C3%A3o_de_s%C3%B3cio_na_sociedade_an%C3%B3nima>, acesso em 08 de janeiro de 2020.

Ainda de acordo com o CCP, em seu Art. 1005º do CCP, a exclusão depende do voto da maioria dos sócios, excluindo-se o sócio em causa, sendo que sócio excluído tem um prazo de trinta dias, da data do recebimento da comunicação sobre a exclusão, para se opor à decisão. No caso específico de sociedades com apenas dois sócios, "a exclusão de qualquer deles só pode ser pronunciada pelo tribunal".

Já no Código das Sociedades Comerciais, a exclusão do sócio pode ocorrer nas seguintes situações e condições estabelecidas no Art. 186º:

> 1 – A sociedade pode excluir um sócio nos casos previstos na lei e no contrato e ainda:
>
> a) Quando lhe seja imputável violação grave das suas obrigações para com a sociedade, designadamente da proibição de concorrência prescrita pelo artigo 180º, ou quando for destituído da gerência com fundamento em justa causa que consista em facto culposo susceptível de causar prejuízo à sociedade;
>
> b) Em caso de acompanhamento de maior, quando assim resulte da decisão judicial de acompanhamento, ou ocorrendo declaração de insolvência;
>
> c) Quando, sendo o sócio de indústria, se impossibilite de prestar à sociedade os serviços a que ficou obrigado.

As causas de exclusão do sócio, consideradas no Código das Sociedades Comerciais, são as seguintes: (i.) sócio remisso (art. 204º CSC), (ii.) o sócio que não efectua prestações suplementares (art. 212º nº 1 do CSC), e o (iii.) sócio que abusa do direito de informação que lhe é conferido (art. 214º nº 6 do CSC).

No tocante à SPQ, o CSC, nos arts. 241º e 242º, dispõe que a exclusão do sócio pode ocorrrer nos casos e termos previsto na lei ou por atitudes do sócio faltoso:

> **Art. 241º Exclusão de Sócio**
>
> **1** – Um sócio pode ser excluído da sociedade nos casos e termos previstos na presente lei, bem como nos casos respeitantes à sua pessoa ou ao seu comportamento fixados no contrato.
>
> **2** – Quando houver lugar à exclusão por força do contrato, são aplicáveis os preceitos relativos à amortização de quotas.
>
> **3** – O contrato de sociedade pode fixar, para o caso de exclusão, um valor ou um critério para a determinação do valor da quota diferente do preceituado para os casos de amortização de quotas.

Art. 242º Exclusão judicial de Sócio

1 – Pode ser excluído por decisão judicial o sócio que, com o seu comportamento desleal ou gravemente perturbador do funcionamento da sociedade, lhe tenha causado ou possa vir a causar-lhe prejuízos relevantes.

2 – A proposição da acção de exclusão deve ser deliberada pelos sócios, que poderão nomear representantes especiais para esse efeito.

3 – Dentro dos 30 dias posteriores ao trânsito em julgado da sentença de exclusão deve a sociedade amortizar a quota do sócio, adquiri-la ou fazê-la adquirir, sob pena de a exclusão ficar sem efeito.

4 – Na falta de cláusula do contrato de sociedade em sentido diverso, o sócio excluído por sentença tem direito ao valor da sua quota, calculado com referência à data da proposição da acção e pago nos termos prescritos para a amortização de quotas.

5 – No caso de se optar pela aquisição da quota, aplica-se o disposto nos n.os 3 e 4 e na primeira parte do n.º 5 do artigo 225.º

O processo de exclusão do sócio, de acordo com as diretrizes estabelecidas pelo CSC, como aponta Paulo Olavo Cunha[29], pode ser legal (com condições e pressupostos estabelecidos em lei), contratual (previsto no estatuto ou contrato social da sociedade) ou judicial, fundada na ocorrência de um sócio ter causado ou poder vir a causar à sociedade prejuízos significativos, com base no "seu comportamento desleal ou gravemente perturbador do funcionamento da sociedade". Especificamente nas sociedades que possuem apenas dois sócios, a exclusão, apesar de alicerçada na verificação de previsão contratual, precisa ser obrigatoriamente judicial, uma vez que o sócio a excluir está impedido de exercer o seu direito de voto (cfr. art. 251º. no. l, alínea d).

Quanto à exclusão do sócio na esfera extrajudicial, dispõe o item 2 do art.186 do CSC: "A exclusão deve ser deliberada por três quartos dos votos dos restantes dos sócios, se o contrato não exigir maioria elevada, nos 90 dias seguintes àquele em que alguns dos gerentes tomou conhecimento do facto que permite a exclusão." Todavia, reza o item 3 do art. 186 que se a sociedade por quotas tiver apenas dois sócios, a exclusão de qualquer deles nos fatos previstos das alíneas a) e c) do nº 1 do Art. 186º, só pode ser decretada pelo tribunal.

[29] CUNHA, Paulo Olavo – Direito das Sociedades Comerciais. 4ª ed. Coimbra: Editora Almedina. 2010. p.440.

3.1.1. *Pressupostos para a exclusão do sócio em Portugal*

O direito de exclusão do sócio é reconhecido quando a sociedade identifica evidências de um sócio que não contribuiu para que os objetivos sejam alcançados ou, ainda, prejudica a sociedade.

O CCP identifica, em seu Art. 1003º, as situações que permitem a solicitação de exclusão de um sócio. Analisando os itens de tal artigo, é preciso compreender melhor o que cada item estabelece.

a) Violação grave das obrigações para com a sociedade.

São muitas as ações que podem ser consideradas como falta grave, de um sócio, tais como:

- Destruição ou ocultação do património social;
- Utilização da empresa e do seu património em proveito pessoal ou de terceiro com prejuízo para esta;
- Celebração de negócios ruinosos, falta de diligência na cobrança de créditos, etc;
- A execução de atividade concorrente com a da sociedade ou ser sócio de outra sociedade de responsabilidade ilimitada, conforme prevê o Artigo 180º, item 1, do CSC.

Como esclarece Coutinho de Abreu[30], os comportamentos considerados desleais ou ainda os que podem comprometer o funcionamento da sociedade, motivados por um sócio que fica sujeito à sua exclusão, podem ser evidenciados nas situações em que o sócio se aproveita de oportunidades de negócios da sociedade, para beneficio próprio; quando o sócio revela segredos da organização, ou, ainda, quando ocorrem atos desleais contra a sociedade. O autor ressalta, ainda, que comportamentos agressivos e de assédio sexual a trabalhadores da sociedade também são considerados como comprobatórios para a exclusão do sócio.

[30] ABREU, Jorge Manuel Coutinho de. Curso de Direito Comercial – Volume II. 5.ª Edição. Edições Almedina, 2015.

b) Exclusão do sócio interditado ou inabilitado.

A possibilidade de exclusão do sócio quando este se mostra interditado ou inabilitado, mencionada no Art. 1003º do CCP, está em conformidade com o previsto na (alínea b), nº 1, art. 186º do CSC, que estabelece: "Em caso de acompanhamento de maior, quando assim resulte da decisão judicial de acompanhamento, ou ocorrendo declaração de insolvência".

De acordo com o artigo 138º. e 139º. do CCP, se por razões de saúde, deficiência, ou pelo seu comportamento, o maior seja considerado como impossibilitado de exercer os seus direitos ou de cumprir os seus deveres, ele beneficia das medidas de acompanhamento previstas neste Código, sendo que as medidas de acompanhamento provisórias e urgentes, necessárias para providenciar quanto à pessoa e bens do requerido, podem ser determinadas em qualquer altura do processo.

Como esclarece Cardoso[31]: "A aplicação da exclusão do sócio com fundamento na interdição ou inabilitação ocorre quando o sócio se revela incapaz de governar a sua própria pessoa e os próprios bens e torna-se, consequentemente, incapaz de participar na vida quotidiana da sociedade e reger o património da sociedade. Neste caso a exclusão do sócio nada mais é do que um mecanismo de autotutela da sociedade a fim de afastar o sócio que tenha sido judicialmente interdito".

c) Sócio de indústria impossibilitado de prestar à sociedade os serviços a que ficou obrigado

Uma vez que a participação do sócio de indústria se limita à prestação de serviços, dispensando, dessa forma, sua participação no capital social, na impossibilidade de este efetuar suas responsabilidades, estabelecidas em contrato social, sua exclusão torna-se exigida.

---

31 CARDOSO, Marco Alexandre Lopes. O direito de exclusão do sócio na sociedade anónima. Dissertação de Mestrado apresentada ao Instituto Universitário de Lisboa: Lisboa, 2017, p. 14. Disponível em <https://repositorio.iscte-iul.pt/bitstream/10071/15171/1/Marco%20Cardoso%2064245%20%20%20Final%2030-10-2017.pdf>, acesso em 03 de fevereiro de 2020, on-line.

d) Quando há perecimento da coisa ou direito que constituía a entrada do sócio, por causa não imputável aos administradores

Para Perrino[32], o perecimento da coisa está associado tanto à destruição material do bem, quanto na sua indisponibilidade jurídica e de sua inutilidade ao ente coletivo, resultante de eventos que alteraram sua identidade ou destinação. Quando o perecimento for imputável ao sócio, este deve ser responsabilizado.

Uma vez analisados os casos fixados pelo CCP para o direito da exclusão do sócio, cabe, ainda, identificar os critérios e situações estabelecidos pelo CSC para a exclusão do sócio.

Pelo CSC, as situações que podem levar à exclusão de um sócio, estão estabelecidas em diferentes artigos.

e) Sócio remisso (art. 204º do CSC)

O sócio remisso é aquele que não cumpre a sua obrigação de contribuir para a formação do capital social, podendo até mesmo chegar a ser excluído da sociedade[33].

Quando um sócio não efetua as prestações em dívida no prazo indicado, é considerado como remisso e, nesse caso, os demais sócios precisam enviar um aviso por carta registrada e podem, em seguida, excluí-lo da sociedade, conforme prevê o art. 204º do CSC. Nesta situação, a previsão legal da exclusão no pacto social torna-se desnecessária.

f) Sócio que não efectua prestações suplementares (art. 212º nº 1 do CSC)

As prestações suplementares de capital têm uma função dupla: a capitalização da sociedade e funcionar como uma garantia aos credores. Desta

---

32 PERRINO, Michele. Le tecniche di esclusione del socio dalla società. Milano: Giuffrè, 1997. Citado por SPINELLI, Luis Felipe. A exclusão de sócio por falta grave na sociedade limitada: fundamentos, pressupostos e consequências. Tese de Doutorado apresentada à Faculdade de Direito da Universidade de São Paulo. São Paulo, 2014. Disponível em <https://www.teses.usp.br/teses/disponiveis/2/2132/tde-21082017-141154/publico/Luis_Felipe_Spinelli_A_exclusao_de_socio_por_falta_grave_na_sociedade_limitada_INTEGRAL.pdf>, acesso em 22 de fevereiro de 2020, on-line.

33 COELHO, Fabio Ulhoa. Op. Cit

forma, nos casos em que o capital próprio fica inferior à soma do capital e da reserva legal., as prestações suplementares não podem ser restituídas. Desta forma, nos casos em que um sócio não efetua as prestações suplementares, ele pode, conforme estabelece o Art. 212º do CSC, ser excluído da sociedade.

g) Sócio que abusa do direito de informação que lhe é conferido (art. 214º nº 6 do CSC)

Segundo Diogo Lemos Cunha[34], o direito à informação possibilita que o sócio obtenha conhecimentos financeiros e econômicos da sociedade, bem como de sua gestão, além de ser essencial nas situações de decisões, votações em assembleias gerais e, ainda, possibilita a proposição de medidas benéficas à sociedade.

Sobre o abuso do direito de informação, Monteiro[35] esclarece que, apesar do art. 21º, item c, do CSC, estabelecer o direito dos sócios em obter as informações sobre a vida da sociedade, eles não podem utilizar tais informações de forma a prejudicar ou comprometer a própria sociedade.

As intenções de utilizar informações da sociedade para benefício próprio ou prejuízo deliberado à própria sociedade demonstra uma falta de lealdade do sócio e, apesar do ordenamento jurídico português não consagrar expressamente a lealdade imputada aos sócios, é possível reconhecer diversas manifestações sobre o dever de lealdade.

3.2. O Direito da exclusão no Brasil

Na legislação brasileira, assim como o caso da exoneração, o direito à exclusão foi previsto no Código Comercial de 1850, que estabelecia em seu Art. 289 a exclusão do sócio por inadimplemento, ou seja, pelo

---

[34] CUNHA, Diogo Lemos. O inquérito Judicial enquanto meio de tutela do direito à informação nas sociedades por quotas. In: ROA, ano 75, jan.jun. 2015, p.295 e ss.

[35] MONTEIRO, Rafael. Direito dos Sócios à Informação nas Sociedades por Quotas e nas Sociedades Anónimas, à luz do Código das Sociedades Comerciais – Da Informação Prestada em Assembleia Geral. Dissertação de mestrado apresentada à Universidade Católica Portuguesa. Porto, 2016. Disponível em <https://repositorio.ucp.pt/bitstream/10400.14/21416/1/Direito%20%C3%A0%20informa%C3%A7%C3%A3o.pdf>, acesso em 22 de fevereiro de 2020, on-line.

descumprimento da obrigação assumida, o qual passava a ser considerado como sócio remisso. Já pelo disposto no Art. 339 do mesmo diploma, para a exclusão do sócio era necessária a apresentação de "justa causa" ou "causa justificada".

Já o Código Civil de 1916, segundo Barquette e Castro (2012)[36], "manteve e aprimorou a ideia da preservação da sociedade nos casos de exclusão de sócio" desde que "o pedido de exclusão fosse feito de boa-fé, em tempo oportuno e de forma a possibilitar a defesa do sócio através de notificação feita com antecedência".

Em 1919, o Decreto Lei nº 3.708/19 (Lei das sociedades por Quotas) complementa o disposto no Art. 289 do Código Comercial de 1850, deixando de forma expressa, em seu Art. 7, o direito dos outros sócios em excluir o sócio faltoso da sociedade.

Como apontado, a exclusão de sócio de uma sociedade limitada estava prevista no Código Comercial de 1850 e no Decreto 3.708/19, o qual previa como hipótese para a exclusão, somente no caso de sócio remisso, que faltasse com a contribuição para o fundo social, nas condições acordadas, mas com o Código Civil (CCB) de 2002, como destaca Oshiro (2019)[37], tal instituto teve suas condições ampliadas.

Com o CCB de 2002, a exclusão do sócio passou a considerar diferentes situações e características, que ampliaram seu entendimento e aplicação.

Considerando que a exclusão do sócio implica no afastamento compulsório deste da sociedade, quer seja por força de lei ou pela deliberação dos demais sócios, o Código Civil estabelece que a exclusão pode ocorrer nos casos de falta grave, de forma judicial ou, ainda, de forma extrajudicial.

A exclusão de sócios motivada por falta grave tem sua previsão legal no Código Civil vigente, nos arts. 1030, que determina que a exclusão judicial é aplicável a todas as formas de sociedades; e 1085, o qual regula a exclusão extrajudicial, porém determina sua aplicação somente às sociedades limitadas.

---

[36] BARQUETTE, Lucas Alexandre; CASTRO, C. S. E. Exclusão do Sócio por Falta Grave Através da Desconsideração Inversa da Personalidade Jurídica no Direito de Família. In: XXI Encontro Nacional do CONPEDI, 2012, p.6, Uberlândia. Disponível em <http://www.publicadireito.com.br/artigos/?cod=0266e33d3f546cb5>, acesso em 12 de fevereiro de 2020; on-line.

[37] OSHIRO, Denise Keiko. Da exclusão do sócio da sociedade limitada. Artigo publicado em 2 de agosto de 2019, disponível em <https://www.migalhas.com.br/depeso/307853/da-exclusao-do-socio-da-sociedade-limitada>, acesso em 04 de fevereiro de 2020, on-line.

A falta grave mencionada no art. 1030 do CCB diz respeito ao comportamento nocivo de sócio que, segundo Loreto (2017)[38], "seja de severo desrespeito aos seus deveres perante sócios e sociedade. As faltas graves podem ser taxadas no contrato/estatuto da sociedade e, quando não previstas, ficam sob entendimento do magistrado na ocasião do julgamento da exclusão do sócio.

Conforme determinado no Art. 1085 do CCB, a ocorrência de exclusão extrajudicial só é permitida se existir previsão no contrato social, se motivada por falta grave e desde sejam observados os requisitos estabelecidos em lei.

Na opinião de Barquette e Castro[39], ao se exigir a previsão de cláusula de exclusão extrajudicial, a lei quis resguardar "a garantia aos sócios do exercício do direito de recesso, caso não concordem com a exclusão".

A exclusão extrajudicial pode ser realizada mediante juízo arbitral, porém deve haver previsão no contrato social, assim, se houver essa previsão, os sócios não poderão apurar no poder judiciário.

Em relação às sociedades por quotas, o direito de exclusão do sócio, disposto no Art. 1058 do CCB/2002, enfatiza que se o capital subscrito por um sócio não for integralizado nos termos fixados no contrato social, este pode ser excluído da sociedade por outros sócios tendo como resultado apenas a devolução da sua participação já integralizada, e descontando o juros de mora do capital que não foi integralizado. Também são deduzidas dos haveres do sócio faltoso, as despesas incidentes com a alienação das quotas a outros sócios ou a estranhos à sociedade, tais como registros e taxas no órgão competente da sede da sociedade.

Vale enfatizar que o Art. 1058 ainda menciona que, sem prejuízo do disposto no Art. 1004, o sócio faltoso pode ser excluído da sociedade. Todavia, o Art. 1004 do CCB descreve uma oportunidade que o sócio faltoso tem antes de ser excluído, que uma vez notificado pela sociedade, o sócio faltoso pode dentro do prazo de 30 dias cumprir a obrigação estabelecida no contrato social. Apesar do disposto em referido artigo, o seu parágrafo único indica que caberá aos outros sócios pela preferência do recebimento da participação

[38] LORETO, Rafael. Os 5 passos para excluir o sócio que comete falta grave – Um breve guia informativo para os sócios. Artigo publicado em 06 de fevereiro de 2017. Disponível em <https://rloreto.jusbrasil.com.br/artigos/426430100/os-5-passos-para-excluir-o-socio-que-comete-falta-grave>, acesso em 08 de fevereiro de 2020, on-line.

[39] BARQUETTE, Lucas Alexandre; CASTRO, C. S. E. Op. Cit.

em mora ou se optará pela exclusão do sócio faltoso. Percebe-se, ainda, no disposto do parágrafo único do Art. 1004, que o exercício de qualquer preferência dos outros sócios, a resolução dada ao sócio faltoso, se processará nos termos do Art. 1031.

3.2.1. Pressupostos para a exclusão do sócio no Brasil

Na legislação brasileira, os pressupostos para exclusão do sócio estavam contidos desde o DL nº 3.708/19. Porém, com o advento do CCB/2002, novos pressupostos foram adicionados pelo legislador, como o estabelecido no Art. 1004º. do CCB/2002, que determina que os sócios são obrigados a fazerem as contribuições estabelecidas no contrato social, sendo que, aquele que deixar de fazê-lo, mesmo notificando a sociedade, poderá ser excluído, de acordo com a decisão dos demais sócios. Esse sócio é considerado como sócio remisso ou, como leciona o professor Fábio Ulhôa Coelho[40], "é aquele que não cumpre com a sua obrigação de contribuir para a formação do capital social, podendo até mesmo chegar a ser excluído da sociedade".

O sócio remisso, como bem define Oshiro[41], é aquele que, por descumprir com suas obrigações de contribuir para o capital social e por não integralizar o capital subscrito, conforme dispõe o art. 1004º, do Código Civil, torna-se inadimplente.

O direito de exclusão do sócio remisso foi previsto tendo em vista que essa figura é prejudicial à sociedade. Nessa situação, fica assegurada aos demais sócios a proteção do patrimônio investido e da continuação da própria sociedade.

Além do caso previsto anteriormente, que diz respeito ao sócio remisso, pelo art. 1030º. do CCB, a exclusão judicial do sócio pode ter como causa ou fator motivador a "falta grave no cumprimento de suas obrigações, ou, ainda, por incapacidade superveniente".

Mas, conforme aponta Leonardo de Faria Beraldo[42], a apuração da falta grave praticada pelo sócio, diferentemente do que se acredita, não é algo

[40] COELHO, Fabío Ulhoa. Op. Cit. p.412.

[41] OSHIRO, Denise Keiko. Op. Cit.

[42] BERALDO, Leonardo de Faria – Da exclusão de sócio nas sociedades limitadas. Direito Societário na Atualidade. Aspectos polêmicos. Belo Horizonte: Editora Del Rey, 2015, p.215.

simples e de fácil comprovação, uma vez que pode gerar uma série de interpretações, o que resulta na necessidade do magistrado, avaliar o caso concreto.

A identificação de um caso considerado como grave para a expulsão de um sócio, na opinião de Mamede[43], requer um exame para sua verificação e confirmação, mesmo com a possibilidade dos sócios estabelecerem, em contrato social, os casos que denotem o que seja uma falta grave.

A outra forma da exclusão judicial do sócio, prevista no art. 1030º, diz respeito à incapacidade superveniente, a qual, como esclarece Assis[44], decorre de embriaguez habitual, dependência de tóxicos e de situações em que, por causa transitória ou permanente, não permitem que o sócio exprima sua vontade, conforme estabelece os itens II e III do art. 4º do CCB, sendo que "a incapacidade, seja por deficiência mental, embriaguez habitual ou dependência de tóxicos, deve ser comprovada com sentença judicial que declare o sócio incapaz. A mesma sentença deve nomear pessoa com poderes para representar o incapaz perante a sociedade".

Oshiro[45] ressalta, porém, que "a incapacidade superveniente justifica o afastamento do sócio do cargo de administrador, contudo, não diretamente a exclusão deste da sociedade". Da mesma forma, não se justifica a exclusão do sócio quotista que "apenas participa dos lucros da empresa, pois, a sua incapacidade superveniente ou mesmo congênita não compromete a estrutura empresarial", como evidencia as decisões do STF, em caso específico de menor incapaz.

Para além dos motivos apresentados anteriormente, o Art. 1030 do CCB prevê, ainda, em seu parágrafo único, a possibilidade de exclusão do sócio falido.

A falência é um processo legal que ocorre quando existe impossibilidade no pagamento das dívidas de uma empresa ou pessoa. Nessa situação, o falido deixa de ter capacidade para atos patrimoniais, ficando impedido de comprar, vender, celebrar contrato social, receber ou quitar dívidas, dentre outras.

---

[43] MAMEDE, Gladston. Manual de direito empresarial.. 5. Ed. São Paulo: Atlas, 2010, p.78.

[44] ASSIS, Olney Queiroz – A Sociedade Contratual e o Sócio Incapaz (Incapacidade Superveniente) no Código Civil de 2002. Artigo sem data de publicação. Disponível em <http://www.sedep.com.br/artigos/a-sociedade-contratual-e-o-socio-incapaz-incapacidade-superveniente-no-codigo-civil-de-2002-uma-e/>, acesso em 23 de fevereiro de 2020, on-line.

[45] OSHIRO, Denise Keiko. Op. Cit.

No caso de falência do sócio ou caso esse tenha sofrido a liquidação de sua quota social, o mesmo será automaticamente excluído da sociedade.

Na forma extrajudicial, os pressupostos para exclusão extrajudicialmente de um sócio que não esteja expressamente no contrato social podem ocorrer quando:

- houver riscos as atividades da sociedade por práticas irregulares de um sócio minoritário, sendo esta prática de atos de caráter inegável a uma gravidade (Art. 1085 do CCB);
- um dos sócios vier abandonar suas obrigações referente a integralização das quotas que o mesmo deixou subscritas, no prazo estipulado por si mesmo (Art. 1058 do CCB); e
- quando for declarado a falência de um sócio ou ainda ter sua quota liquidada (§ Único do Art. 1030 do CCB).

Além desses requisitos, devem ainda estar presentes três condições importantes: a) a prática do sócio de ato que se comprove a gravidade; (b) o quórum necessário para deliberar a exclusão ; e (c) a necessidade de previsão contratual.

IV. HAVERES APÓS O EXERCÍCIO DO DIREITO DE EXONERAÇÃO E DO DIREITO DE EXCLUSÃO

No Brasil, assim como em Portugal, a saída ou retirada de um sócio permite que ele receba sua participação social ou, como é denominado, seus haveres.

A apuração de haveres pode ser conceituada como o "levantamento do valor correspondente à participação societária detida pelo sócio que se afasta ou é afastado da sociedade[46] .

A apuração de haveres é o momento no qual deve se definir o valor devido ao sócio ao qual o vínculo da sociedade se encerra e baseia-se principalmente no levantamento dos valores a serem pagos ao sócio afastado, valores esses correspondentes à sua participação na sociedade.

---

[46] FONSECA, Priscila Maria Pereira Corrêa da. Dissolução Parcial, retirada e exclusão de sócio. 4 ed. São Paulo: Atlas, 2007. p.186.

Como expõe Felipe Raminelli Leonardi, citado por Humberto Teodoro Júnior[47], a apuração de haveres deve representar um valor real, justo e atualizado que deve ser pago ao sócio retirante, sem que haja indícios de enriquecimento indevido da sociedade e demais sócios.

Regra geral, o modo de apuração de haveres deve seguir os ditames do contrato social. Caso esse não contenha tal previsão, incidirá a preconização legal, podendo variar o modo do cálculo de acordo com modalidade de afastamento do sócio: dissolução parcial, exclusão, direito de recesso ou morte do sócio.

A legislação portuguesa estabelece, para os casos de exoneração e exclusão, que a apuração dos haveres posteriores ao exercício do Direito da Retirada é exercida em conformidade com os Art. 240, 5 e Art. 105º, 2, Art. 235 do CSC e art. 1021º e 1018 do CCP, sendo certo que o valor da quota do sócio que se exonerou ou que foi excluído é estabelecido com base nas condições e valores da sociedade, apresentados na data em que ocorreu o fato determinante de sua liquidação. O pagamento da quota do sócio exonerado ou sócio excluído deve ocorrer em duas prestações, efetuadas no período de 6 meses a um ano, respectivamente, após a fixação definitiva da contrapartida.

António Pereira de Almeida[48] ressalta que, tendo todo o sócio um direito inderrogável aos lucros, conforme determina art.º 21.º,n.º 1 al. a) e 22.º, a exoneração lhe confere o direito a participar nos lucros registados no balanço. Desta forma, "nos termos do art.º 40.º, n.º 4, por remissão para o art.º 105.º, n.º2, a contrapartida é calculada, por um ROC designado por mútuo acordo ou pela respectiva Ordem, com referência ao balanço da sociedade, na data em que o sócio exerceu o direito de exoneração, incluindo os negócios em curso, conforme prescreve o art.º 1021.º do Código Civil".

A data da resolução da sociedade é a que serve de base para os cálculos de haveres e determina a data oficial para o desligamento de um sócio, mas,

[47] THEODORO JÚNIOR, Humberto – Curso de Direito Processual Civil, vol. II: Procedimentos especiais. 50ª ed. rev. atual. e ampl. Rio de Janeiro: Forense, 2016. Versão digital, disponível em <https://forumdeconcursos.com/wp-content/uploads/wpforo/attachments/13868/1047-Curso-de-Direito-Processual-Civil-Vol2-50-ed-2016-Humberto-Theodoro-Jr-pdf.pdf>, acesso em 13 de fevereiro de 2020, p. 246.

[48] ALMEIDA, António Pereira de. Op. Cit. p.932.

como observa Brandão[49], a lei não informa especificamente qual data deve ser considerado extinto o vínculo societário, se da data de comprovação da entrega da notificação aos sócios, à sociedade ou se da data de averbação dessa notificação na junta comercial. O mesmo autor diz que "Os Tribunais também não são unânimes quanto a aplicação de uma data especifica, sendo cada caso tratado de acordo com suas especificidades e o livre convencimento do julgador e a aplicação da Lei por este."

No Brasil, tanto no caso de exoneração, como no caso de exclusão, os haveres do sócio exonerado ou do sócio excluído serão pagos a estes, segundo a legislação, "com base na situação patrimonial da sociedade, à data da resolução, verificada em balanço especialmente levantado" (Art. 1031 do CCB). O referido dispositivo, reza em seu § 2º que "a quota liquidada será paga em espécie num prazo de 90 (noventa dias), a partir da liquidação".

Vale mencionar que, se posteriormente a apuração de haveres, ainda existir dívidas que devem ser pagas, o sócio retirante também possui responsabilidade de forma subsidiária para satisfazer caso o patrimônio social não tiver condições de supri-las.

V. CONCLUSÃO

Ao serem criadas, todas as sociedades comerciais possuem seus objetivos, que podem sofrer mudanças em virtude de vários fatores, tanto externos, como a presença de concorrentes, mudanças tributárias, crises econômicas, quanto internos, como falta de planejamento ou acompanhamento, e até mesmo com problemas relacionados aos próprios sócios, que podem comprometer o capital social da sociedade.

Os problemas que uma sociedade pode apresentar em relação aos seus sócios são resultantes tanto do afastamento de um deles, por motivos variados, como pela exclusão, em virtude de um comportamento que possa ser totalmente prejudicial à empresa.

---

[49] BRANDÃO, Ana Carolina Cunha. Dissolução parcial judicial de uma sociedade limitada: Direito de retirada e exclusão do sócio. Artigo publicado em 04 de agosto de 2015. Disponível em < https://anacarolbrandao.jusbrasil.com.br/artigos/215823458/dissolucao-parcial-judicial-de-uma-sociedade-limitada-direito-de-retirada-e-exclusao-do-socio>, acesso em 18 de fevereiro de 202

Como observado, o direito de um sócio dissolver a sociedade ou dela se retirar antes de decorrido o prazo fixado para a sua duração, com base em comportamento ou ação considerada como "grave", já constava na legislação portuguesa desde as Ordenações Filipinas. No Brasil, seguindo a legislação portuguesa, tal direito também foi previsto desde o Código Comercial de 1850.

Com o passar do tempo, e em virtude do crescimento das sociedades, as possibilidades de exoneração e exclusão foram sendo complementadas, no sentido de melhor prever tais situações, apresentando diretrizes claras e objetivas que permitissem o cumprimento do direito, ao mesmo tempo que contribuía para a preservação das sociedades.

Considerando a importância que a preservação das sociedades representa, o presente estudo buscou apresentar a origem, conceito, definições e diretrizes estabelecidas pela legislação sobre os institutos da exoneração do sócio e o da exclusão, que visam resolver problemas intrasocietários.

Apesar de ambos institutos apresentarem determinadas semelhanças, possuindo natureza potestativa, em que a vontade da sociedade ou do sócio desencadeiam efeitos na esfera jurídica de outrem e preveem o reembolso da participação social, quer seja do sócio exonerado ou da sociedade, em relação ao sócio excluído, eles se diferenciam quanto às causas que os constituem.

Enquanto as causas que constituem o direito de exoneração são comportamentos imputáveis à sociedade, para a exclusão, as causas determinadas são os comportamentos e ações dos sócios, como a falta de cumprimento de certas obrigações que os sócios possuem para com a sociedade, ou ainda, quando esses apresentam atitudes prejudiciais à própria sociedade.

A exoneração reverte-se num direito extremamente importante para os sócios, que podem-se afastar ou se desvincular da sociedade, em determinados casos estabelecidos na legislação luso-brasileira.

De forma geral, a exoneração do sócio pressupõe duas situações: motivos pessoais ou nos casos de discordância de opiniões e deliberações dos demais sócios, que não correspondam mais às expetativas do sócio, o que lhe permite desvincular-se da sociedade.

Em relação à exclusão do sócio, esta deve ser devidamente motivada pela desconformidade do seu comportamento com o interesse da sociedade e demais pessoas que se relacionam com a sociedade, como trabalhadores, clientes e fornecedores.

Por outras palavras, o direito da exclusão de um sócio pertence à sociedade, quando esta percebe mal o comportamento de um sócio ou evidências que o mesmo agiu incorretamente ou de má fé, o que pode resultar em prejuízo à sociedade ou ainda se reverter em riscos ou prejuízos futuros. Desta forma, a exclusão de sócios visa garantir a estabilidade da empresa social no interesse da economia em geral e da comunidade dos sócios em particular, ao possibilitar os meios jurídicos de defesa para expurgar os elementos perturbadores.

O princípio da preservação da empresa norteou a legislação que previu, em diferentes instrumentos legais, as possibilidades do afastamento ou exoneração do sócio, bem como da exclusão do mesmo, em situações necessárias, sem que houvesse a dissolução da sociedade.

Apesar de parecer que o tema está já consolidado entre os doutrinadores e a jurisprudências dos dois países, as legislações atuais continuam apresentando dificuldades e empecilhos à exclusão de sócios, pois, apesar dos procedimentos que devem ser observados, o entendimento sobre a justa causa é bastante subjetivo. Além disso, nos casos em que não esteja prevista no contrato social a possibilidade de exclusão, os demais sócios ficam impedidos de promover a exclusão extrajudicial do sócio faltoso, mesmo quando este apresenta risco à sociedade por seu comportamento e ações.

REFERÊNCIAS

ABREU, Jorge Manuel – Coutinho de. *Curso de Direito Comercial* – Volume II. 5.ª Edição. Edições Almedina, 2015.

ALEMANHA – LEI DA GMBH ("GmbH-Gesetz") – 1892, de 20 de abril. [Em linha]. Bundesministerium Der Justiz und Verbraucherschutz. Alemanha. [Consult. 06 Nov. 2016]. Disponível em http://www.gesetze-im-internet.de/englisch_gmbhg/englisch_gmbhg.pdf

ALMEIDA, António Pereira de. *O direito de exoneração dos sócios.* Revista de Direito Comercial, 2018. Disponível em https://www.revistadedireitocomercial.com/o-direito-de-exoneracao-dos-socios, acesso em 03 de agosto de 2022.

ASSIS, Olney Queiroz – *A Sociedade Contratual e o Sócio Incapaz (Incapacidade Superveniente) no Código Civil de 2002.* Artigo sem data de publicação. Disponível em <http://www.sedep.com.br/artigos/a-sociedade-contratual-e-o-socio-

-incapaz-incapacidade-superveniente-no-codigo-civil-de-2002-uma-e/>, acesso em 23 de fevereiro de 2020, on-line.

BARQUETTE, Lucas Alexandre; CASTRO, C. S. E. – *Exclusão do Sócio por Falta Grave Através da Desconsideração Inversa da Personalidade Jurídica no Direito de Família*. In: XXI Encontro Nacional do CONPEDI, 2012, Uberlândia. Disponível em <http://www.publicadireito.com.br/artigos/?cod=0266e33d3f546cb5>, acesso em 12 de fevereiro de 2020; on-line.

BERALDO, Leonardo de Faria – *Da exclusão de sócio nas sociedades limitadas*. Direito Societário na Atualidade. Aspectos polêmicos. Belo Horizonte: Editora Del Rey, 2015, p.215.

BRANDÃO, Ana Carolina Cunha – *Dissolução parcial judicial de uma sociedade limitada: Direito de retirada e exclusão do sócio*. Artigo publicado em 04 de agosto de 2015. Disponível em <https://anacarolbrandao.jusbrasil.com.br/artigos/215823458/dissolucao-parcial-judicial-de-uma-sociedade-limitada-direito-de-retirada-e-exclusao-do-socio>, acesso em 18 de fevereiro de 2020, on-line.

BRASIL. *DECRETO nº 3.708/19* de 10 de Janeiro. [Em linha] [Consult. 22 Junho.2019. Disponível em http://www.planalto.gov.br/ccivil_03/decreto/antigos/d3708.htm

BROSSELIN, Patrick Kaiser – *Transformação, incorporação, fusão e cisão no direito societário brasileiro*. Revista Jus Navigandi, ISSN 1518-4862, Teresina, ano 15, n. 2618, 1 set. 2010. Disponível em: <https://jus.com.br/Art.s/17277>, acesso em 20 de fevereiro de 2020, on-line.

CARDOSO, Marco Alexandre Lopes – *O direito de exclusão do sócio na sociedade anónima*. Dissertação de Mestrado apresentada ao Inst. Univ. de Lisboa: Lisboa, 2017. Disponível em <https://repositorio.iscte-iul.pt/bitstream/10071/15171/1/Marco%20Cardoso%2064245%20%20%20Final%2030-10-2017.pdf>, acesso em 03 de fevereiro de 2020.

CÓDIGO CIVIL BRASILEIRO – *Lei no 10.406*, de 10 de janeiro de 2002. Publicado no D.O.U. de 11.1.2002. Disponível em <http://www.planalto.gov.br/ccivil_03/leis/2002/L10406.htm#art2045>, acesso em 03 de janeiro de 2020.

CÓDIGO COMERCIAL BRASILEIRO – *Lei nº 556/1850* de 25 de junho. Publicado na CLB de 1850 T.11, Pág. 57-238. Disponível em http://www.planalto.gov.br/ccivil_03/leis/l0556-1850.htm>, acesso em 03 de janeiro de 2020

COELHO, Fabio Ulhôa – *Curso de Direito Empresarial*: Direito de empresa. São Paulo: Saraiva, 2014.

CUNHA, Diogo Lemos – *O inquérito Judicial enquanto meio de tutela do direito à informação nas sociedades por quotas*. In: ROA, ano 75, jan.jun. 2015.

CUNHA, Paulo Olavo – *Direito das Sociedades Comerciais.* 4ª ed. Coimbra: Editora Almedina. 2010.

DECRETO nº 3.708, de 10 de janeiro de 1919. Regula a constituição de sociedades por quotas, de responsabilidade limitada. Publicado no D.O.U. de 15.1.1919. Disponível em <http://www.planalto.gov.br/ccivil_03/decreto/antigos/d3708.htm>, acesso em 03 de janeiro de 2020.

DUARTE, Rui Pinto – *Breve introdução ao direito comercial português.* Revista brasileira de direito comparado. Nº. 44/45, p. 281–297, jan./jun., 2013. Disponível em <http://www.idclb.com.br/revistas/44%20e%2045/revista44e45%20(15).pdf>, acesso em 08 de janeiro de 2020.

FACHIN, Luiz Edson – *Estatuto Jurídico do Patrimônio Mínimo.* Rio de Janeiro: Renovar, 2001. p.199.

FERREIRA, Juliano – *O direito de Exclusão do Sócio da Sociedade Anónima***.** Almedina, 2009. Disponível em <https://www.academia.edu/30005255/O_direito_de_exclus%C3%A3o_de_s%C3%B3cio_na_sociedade_an%C3%B3nima>, acesso em 08 de janeiro de 2020.

FONSECA, Priscila Maria Pereira Corrêa da. *Dissolução Parcial, retirada e exclusão de sócio.* 4 ed. São Paulo: Atlas, 2007. p.186.

FONSECA, Tiago Soares da – *O Direito de Exoneração do Sócio no Código das Sociedades Comerciais.* Coimbra: Edições Almedina, 2008. ISBN 978-972-40-3455-3.

GONÇALVES NETO, Alfredo de Assis – *Direito de Empresa.* 4. ed. São Paulo: Editora Revista dos Tribunais, 2012.

LORETO, Rafael – *Os 5 passos para excluir o sócio que comete falta grave* – Um breve guia informativo para os sócios. Artigo publicado em 06 de fevereiro de 2017. Disponível em <https://rloreto.jusbrasil.com.br/artigos/426430100/os-5-passos-para-excluir-o-socio-que-comete-falta-grave>, acesso em 08 de fevereiro de 2020, on-line.

MAMEDE, Gladston – *Manual de direito empresarial.* 5. Ed. São Paulo: Atlas, 2010.

MARIANO, João Cura – *Direito de Exoneração dos Sócios nas Sociedades por Quotas.* Coimbra: Edições Almedina, 2005. Depósito Legal 224187/05..

MEIRO NETO, Paulo Affonso F. – *Particularidades do direito de retirada na sociedade limitada.* Artigo publicado em 01 de novembro de 2013. Disponível em <https://phmp.com.br/artigos/particularidades-do-direto-de-retirada-na-sociedade-limitada/>, acesso em 18 de fevereiro de 2020.

MONTEIRO, Rafael – *Direito dos Sócios à Informação nas Sociedades por Quotas e nas Sociedades Anónimas, à luz do Código das Sociedades Comerciais* – Da Informação Prestada em Assembleia Geral. Dissertação de mestrado apresentada à Universidade Católica Portuguesa. Porto, 2016. Disponível em <https://

repositorio.ucp.pt/bitstream/10400.14/21416/1/Direito%20%C3%A0%20 informa%C3%A7%C3%A3o.pdf>, acesso em 22 de fevereiro de 2020, on-line.

NUNES, A. J. Avelãs – *O Direito de Exclusão dos Sócios nas Sociedades Comerciais*, Colecção Teses. Coimbra: Editora Almedina, 2002.

OSHIRO, Denise Keiko – *Da exclusão do sócio da sociedade limitada*. Artigo publicado em 2 de agosto de 2019, disponível em <https://www.migalhas.com.br/depeso/307853/da-exclusao-do-socio-da-sociedade-limitada>, acesso em 04 de fevereiro de 2020, on-line.

PERRINO, Michele. *Le tecniche di esclusione del socio dalla società*. Milano: Giuffrè, 1997.

PORTUGAL – *LEI DA SOCIEDADE POR QUOTAS* – 1901 – Diário do Governo nº 81/1901, de 18 de abril. [Em linha]. [Consult. 28 abr. 2020]. Disponível em https://dre.pt/web/guest/pesquisa/-/search/801/details/maximized?perPage=25&sort=whenSearchable&q=De-&sortOrder=ASC

PROENÇA, José Marcelo Martins – *A Exclusão de Sócio nas Sociedades Limitadas* – in Tipos Societários. Saraiva 2010, Série GVlaw.

REQUIÃO, Rubens – *Curso de Direito Comercial*. 27ª ed. São Paulo: Editora Saraiva, 2008.

ROSSIGNOLI, Estefânia – *Coleção Sinopses para Concursos – Direito Empresarial*. 3ª Edição, revista, ampliada e atualizada. Salvador/Bahia: Editora Juspodivm, 2014.

SERENS, M. Nogueira – *Notas (breves) sobre a exoneração e a exclusão de sócios da sociedade civil e da sociedade em nome colectivo*. Boletim De Ciências Económicas LVII / III, 2014. Disponível em https://digitalis.uc.pt/pt-pt/artigo/notas_breves_sobre_exonera%C3%A7%C3%A3o_e_exclus%C3%A3o_de_s%C3%B3cios_da_sociedade_civil_e_da_sociedade_em_nome >, acesso em 22 de dezembro de 2019, on-line.

SILVA, Wilker J. Gomes – *Importância do princípio da preservação da empresa no procedimento falimentar*. Artigo publicado em setembro de 2015. Disponível em <https://jus.com.br/artigos/42624/importancia-do-principio-da-preservacao-da-empresa-no-procedimento-falimentar>, acesso em 28 de fevereiro de 2020, on-line.

SPINELLI, Luis Felipe – *A exclusão de sócio por falta grave na sociedade limitada: fundamentos, pressupostos e consequências*. Tese de Doutorado apresentada à Faculdade de Direito da Universidade de São Paulo. São Paulo, 2014. Disponível em <https://www.teses.usp.br/teses/disponiveis/2/2132/tde-21082017-141154/publico/Luis_Felipe_Spinelli_A_exclusao_de_socio_por_falta_grave_na_sociedade_limitada_INTEGRAL.pdf>, acesso em 22 de fevereiro de 2020, on-line.

TEIXEIRA, Tarcisio – *Direito empresarial sistematizado* – Doutrina e Prática. São Paulo: Editora Saraiva, 2011.

THEODORO JÚNIOR, Humberto – *Curso de Direito Processual Civil*, vol. II: Procedimentos especiais. 50ª ed. rev. atual. e ampl. Rio de Janeiro: Forense, 2016. Versão digital, disponível em <https://forumdeconcursos.com/wp-content/uploads/wpforo/attachments/13868/1047-Curso-de-Direito-Processual-Civil--Vol2-50-ed-2016-Humberto-Theodoro-Jr-pdf.pdf>, acesso em 13 de fevereiro de 2020.

DOS DIREITOS DA PERSONALIDADE AO PRINCÍPIO DA BOA-FÉ OBJETIVA NOS CONTRATOS DE DIREITO PRIVADO NOS ORDENAMENTOS JURÍDICOS PORTUGUÊS E BRASILEIRO

FROM PERSONALITY RIGHTS TO THE PRINCIPLE OF OBJECTIVE GOOD FAITH IN PRIVATE LAW CONTRACTS – COMMON PRACTICES IN BRAZIL AND PORTUGAL

AYMORÉ ROQUE POTTES DE MELLO[1]

RESUMO: O presente artigo investiga os fundamentos éticos, jurídicos e normativos que os direitos da personalidade e o postulado da dignidade da pessoa humana transmitem aos princípios da função social dos negócios e da boa-fé objetiva, no sistema obrigacional dos contratos de direito privado no Brasil e em Portugal. Assim, o objetivo principal da investigação consiste em examinar quando e em que condições o princípio da boa-fé objetiva converte-se em fonte substancial de concretização de direitos da personalidade — dimensão qualificada do postulado da dignidade da pessoa humana — e do princípio da função social dos contratos, no sistema obrigacional juscivilista luso-brasileiro.

Palavras-chave: *direitos da personalidade, postulado da dignidade da pessoa humana, função social dos negócios jurídicos, princípio da boa-fé objetiva contratual.*

ABSTRACT: This study investigates the fundamental ethical, legal, and normative principles connecting legal personalities and the postulate of the dignity of the human person transmit to the principles of social function of the business and the objective good faith within the obligational system of private law in Brazil and Portugal. Thus, the main objective of the investigation consists of uncovering if, when, and under what

---

[1] Mestre em Direito, Especialidade em Ciências Jurídicas, pela UAL – Universidade Autónoma de Lisboa "Luís de Camões" (2020), Lisboa/Portugal. Desembargador do Tribunal de Justiça do Estado do Rio Grande do Sul (TJRS), Porto Alegre/Brasil. Presidente da 11ª Câmara Cível e do 6º Grupo Cível do TJRS. Professor da ESM – Escola Superior da Magistratura da AJURIS – Associação dos Juízes do Rio Grande do Sul. Autor, entre outros, do livro *Dos Direitos da Personalidade ao Princípio da Boa-fé Objetiva nos Contratos de Direito Privado – Aproximações Luso-Brasileiras*, Rio de Janeiro: Ed. *Lumen Juris*, 2021, 248 páginas.

conditions regards to its recipient, the principle of objective good faith becomes a substantial source of realization of personality rights, of the dignity of the human person, and of the principle of social function of contracts within the Brazilian and Portuguese systems of civil obligations.

Keywords: *personality rights, postulate of the dignity of the human person, social function of business, principle of objective good faith.*

I. NOTAS INTRODUTÓRIAS

O presente estudo tem por escopo investigar os fundamentos éticos, jurídicos e normativos que os direitos da personalidade e o postulado da dignidade da pessoa humana transmitem aos princípios da função social dos negócios e da boa-fé objetiva, no sistema obrigacional dos contratos de direito privado no Brasil e em Portugal.

No magistério de Maria Celina Bodin de Moraes[2], a construção do conceito filosófico-político da *dignidade humana* deve-se à compreensão de que a reflexão jurídica sobre o tema desenvolve-se, necessariamente, com o recurso à Filosofia, à Política e à História, passo em que não incumbe ao ordenamento jurídico, enquanto tal, determinar o seu conteúdo e as suas características, menos ainda permitir que se avalie essa dignidade. Tampouco são as Constituições que definem o que seja dignidade humana, pois o Direito enuncia o princípio, cristalizado na consciência histórica coletiva de determinada comunidade, dispondo sobre a sua tutela através de direitos, liberdades e garantias que a assegurem. Sem conotação jusnaturalista, trata-se de ressaltar que, antes de se incorporar o postulado da dignidade da pessoa humana às Constituições, foi necessário que se reconhecesse o ser humano como sujeito de direitos e, nesta condição, detentor de uma *dignidade própria*, cuja base lógica reside no direito universal da pessoa humana a ter direitos. Assim, o respeito à dignidade da pessoa humana, fundamento do imperativo categórico kantiano, de ordem moral, tornou-se um comando jurídico, no Brasil, com a Carta Magna de 1988, e, em Portugal, com a Constituição da

---

[2] MORAES, Maria Celina Bodin – *O conceito de dignidade humana: substrato axiológico e conteúdo normativo. In:* SARLET, Ingo Wolfgang (Org.). *Constituição, Direitos Fundamentais e Direito Privado.* 2.ª ed., rev. e ampl. Porto Alegre: Livraria do Advogado, 2006, p. 116.

República Portuguesa de 1976. Por sua vez, Antonio Junqueira de Azevedo aduz que o uso da expressão *dignidade da pessoa humana* é acontecimento recente no mundo jurídico e leciona que, na atualidade, "a dignidade da pessoa humana como princípio jurídico pressupõe o imperativo categórico da intangibilidade da vida humana e dá origem, em sequência hierárquica, aos seguintes preceitos: 1 – respeito à integridade física e psíquica das pessoas; 2 – consideração pelos pressupostos materiais mínimos para o exercício da vida; e, 3 – respeito pelas condições mínimas de liberdade e convivência social igualitária"[3].

Nesta toada, o tratamento dos direitos humanos, ou dos direitos da personalidade, refere-se à necessidade de normatização dos direitos das pessoas em favor da *concretude* do princípio da dignidade da pessoa humana, do modo de melhor tutelá-la, onde quer que se faça presente essa necessidade. Nesta esteira, Maria Celina Bodin de Moraes assevera que é preciso tomar posição sobre a questão da tipicidade ou atipicidade dos direitos da personalidade, pois, de fato, descabe discutir sobre eles serem *numerus apertus* ou *clausus*, uma vez que, a partir do *postulado constitucional da dignidade*, está-se diante de uma *cláusula geral de tutela da pessoa humana*[4]. Avançando no *thema*, Luiz Edson Fachin[5] afirma necessária a superação da dicotomia entre os direitos da personalidade públicos e privados, uma vez que os nominalismos e as classificações exacerbadas resultam, muitas vezes, na imposição de barreiras que dificultam a proteção da pessoa no plano da *praxis*, para o que chama à colação, no ponto, o magistério da Professora Bodin de Moraes, no sentido de que, "À identificação taxativa e ao desdobramento dos direitos da personalidade se opõe a consideração de que a *pessoa humana* — e, portanto, sua personalidade — configura um valor unitário, daí decorrendo o reconhecimento, pelo ordenamento jurídico, de uma *cláusula geral de tutela* a consagrar a *proteção integral da personalidade*, em todas as suas manifestações

[3] AZEVEDO, Antonio Junqueira de – *A caracterização jurídica da dignidade da pessoa*. Revista Trimestral de Direito Civil. n.º 9, jan/mar 2002, Rio de Janeiro: *Fórum*, 2002, p. 3-24, *apud* MORAES, Maria Celina Bodin – *O conceito de dignidade humana: substrato axiológico e conteúdo normativo. In:* SARLET, Ingo Wolfgang (Org.) – *Constituição, Direitos Fundamentais e Direito Privado.* 2.ª ed., rev. e ampl. Porto Alegre: Livraria do Advogado, 2006, p. 116.

[4] MORAES, Maria Celina Bodin – *Artic. et op. cit.*, p. 143-144.

[5] FACHIN, Luiz Edson – *Prefácio à 2.ª Edição. In:* SZANIAWSKI, Elimar. *Direitos de Personalidade e sua tutela.* 2.ª ed., rev. e ampl. São Paulo: Revista dos Tribunais, 2005, p. 6-7.

tendo como *ponto de confluência* a *dignidade da pessoa humana*, posta no ápice da Constituição Federal de 1988."[6]

Nesta moldura principiológica, a investigação vai ao encontro dos ensinamentos doutrinários de Diogo Leite de Campos[7], no sentido de que, "Ao primado dos direitos do sujeito, contraponho o primado da ética — como conteúdo e limites de tais direitos. Rejeitando a soberania absoluta de cada um, que só pode levar ao domínio absoluto, na dialéctica do senhor-escravo". Na mesma toada, orienta-se o magistério de Flávio Tartuce[8], ao adjudicar os princípios da solidariedade social e da igualdade *lato sensu*, ou isonomia, aos princípios da função social e da boa-fé objetiva dos contratos de direito privado, envolvendo-os todos na estrutura de valores dimanados do postulado da dignidade da pessoa humana e de direitos da personalidade residentes nesses quadrantes juscivilistas.

II. DIREITOS DA PERSONALIDADE E POSTULADO DA DIGNIDADE DA PESSOA HUMANA NOS CONTRATOS DE DIREITO PRIVADO

Este sintético estudo inicia com abordagens de conjuntura, cujo ponto de partida reside na seara dos denominados *direitos da personalidade* — qualificada dimensão do *postulado da dignidade da pessoa humana* —, perpassando, na sequência, o *princípio da função social dos negócios jurídicos* e, por fim, o *princípio da boa-fé objetiva nos contratos de direito privado*. Neste sentido, os *paradigmas investigatórios*, sobre os quais este estudo se desenvolve, são buscados nas lições doutrinárias de nomeados expoentes da Academia Jurídica portuguesa e brasileira, cujas ideias e orientações são adotadas como *fundamentos* das nossas *escolhas* no passo a passo da investigação.

---

[6] MORAES, Maria Celina Bodin – *Recusa à realização de exame de DNA na investigação de paternidade e direitos da personalidade. In:* BARRETO, Vicente. *A nova família*. Rio de Janeiro: Renovar, 1994, p. 174, *apud* FACHIN, Luiz Edson. *Artic. et op. cit.*, p. 7.

[7] CAMPOS, Diogo Leite de – *Nós – Estudos sobre o Direito das Pessoas*. Coimbra: Almedina, 2004, p. 130.

[8] TARTUCE, Flávio – *Manual de Direito Civil – Volume Único*. 8.ª ed., rev., atual. e ampl. Rio de Janeiro: Forense, 2018, p. 100-116.

A. Direito e direitos da personalidade nos contratos de direito privado: paradigmas

Começando por Portugal, vêm à colação os *paradigmas* lecionados pelo jurista e professor catedrático conimbricense Diogo Leite de Campos[9], que, ao discorrer sobre *a recuperação dos direitos da personalidade na sociedade-de-iguais*, preleciona que as lutas contra a onipotência legislativa do soberano absoluto da Idade Moderna conduziram à invenção dos direitos da personalidade, enquanto direitos naturais, metapositivos, no mesmo passo em que as mesmas lutas do povo-soberano, como também dos outros soberanos (classe, ditador, etc.), absolutizaram esses direitos e o seu titular, o cidadão. Neste sentido, leciona que a *liberdade é uma noção ética*, sem a qual o *"Direito"* resultante da liberdade nada mais será do que a vontade de tornar eterna uma relação mutável de poder, na qual o Direito nada mais é do que o *"nome"* que o poder usa para se fazer aceitar pelos outros. Afirmando que o Direito deve substanciar os sentimentos éticos da coletividade e que a solução para o arbítrio deve ser buscada no interior dos próprios direitos da personalidade, o também *Magister* da Universidade Autónoma de Lisboa anota que a cada direito corresponde um dever do próprio titular do direito, seja para consigo mesmo, seja para com outrem. Assim, o limite interno do direito transforma-o em poder-dever ou, indo mais longe, absorve-o numa complexa situação jurídica integrada por direitos e deveres intimamente ligados, de modo a atenuar e compensar o *poder absoluto* ligado ao direito subjetivo, âmbito em que, seja qual for a estrutura conceitual que se decida construir, ela deve assentar na *definitiva* ultrapassagem do caráter autoritário e egoísta do direito subjetivo. Mais adiante, na sua abordagem, Leite de Campos subsume a dimensão bilateral das relações jurídico-obrigacionais à estrutura axiológica dos direitos da personalidade, *verbis*[10]:

> "A pessoa do devedor (do sujeito "passivo") tem seguramente o mesmo relevo do que a pessoa do credor (do sujeito "activo"), em todas as fases da relação, numa plena igualdade das partes. Antes de mais, a relação jurídica só se constitui (em via de regra) mediante o acordo de todas as partes. Há aqui uma igualdade

---

[9] CAMPOS, Diogo Leite de – *O Direito e os Direitos da Personalidade. In:* CAMPOS, Diogo Leite de – Nós – Estudos sobre os Direitos das Pessoas. Coimbra: Almedina, 2004, pp. 128-130.

[10] CAMPOS, Diogo Leite de – *Artic. et op. cit.*, p. 130-132.

originária ("genética") que se manterá ao longo de toda a relação. Esta igualdade permite começar a fundar a percepção de que o funcionamento da relação não assenta (não pode assentar) em actos de poder, mas sim em actos de colaboração éticamente fundados, destinados a obter um justo equilíbrio de interesses (na óptica das partes). [...]

Há que retirar todas as consequências do princípio da boa fé, e do seu complemento, a proibição do abuso do direito; revendo, com base neles, a própria concepção do direito subjetivo. Externamente, constituem limites do direito as pessoas e os direitos dos outros e do próprio. A paridade ontológica dos seres humanos exclui que se estabeleçam entre eles relações de poder; mas só relações bilaterais, em que cada um tenha simultaneamente direitos e obrigações. Esta bilateralidade estende-se, naturalmente, às relações sociais. Entre o ser humano e a sociedade estabelecem-se vínculos complexos, integrando direitos e deveres, genética e funcionalmente incindíveis.

O direito subjectivo, na sua concepção tradicional, é assim duplamente ferido. Limitado, internamente, pelo dever ético-jurídico perante a outra parte, transforma-se em poder-dever; convertendo-se de instrumento de poder, em veículo de colaboração. Limitado, externamente, pelos direitos dos outros e do próprio; integrado numa relação complexa em que cada uma das partes tem deveres e direitos correlativos e justapostos; transforma-se em mero componente de uma complexa [*relação*] jurídica que traduz a densidade da trama do tecido social.

Também os direitos da personalidade têm de sofrer esta transformação – que, de algum modo, tem de começar por eles, dada a sua posição (estratégica) no núcleo do relacionamento social, que permitem e ao qual dão sentido.

Assentes na paridade ontológica dos seres humanos; na natural contratualidade das relações; são poderes-deveres em que cada um, ao exercer o poder (de exclusão dos outros, ou a "sobre" si próprio) está a levar a cabo um plano de realização pessoal eticamente fundada, ou colaborar na intensificação das relações sociais também eticamente fundadas. O poder está a serviço do eu – que não se confunde com a vontade – e dos outros."

Fixado o *paradigma*, Diogo Leite de Campos adverte que os direitos da personalidade não devem ser vistos como um remédio universal apto a resolver todos os problemas, tal qual medicamento milagroso que substituirá todos os outros, deste modo subvertendo toda a ordem jurídica em nome de algumas ideias-força. Mas registra que "Os direitos da personalidade constituirão, praticamente, *'cláusulas gerais'* de controlo do ordenamento e de preenchimento de lacunas. Sendo as normas (formais ou substanciais) que os consagram enquanto tais consumidas pela concorrência de outras normas que utilizam (com justiça) tais direitos como um dos ingredientes da composição dos interesses em jogo."[11]

Na abordagem brasileira sobre direitos da personalidade, integrando-se com a tábua de valores preconizadas por Diogo Leite de Campos, vêm à colação os *paradigmas* lecionados por Flávio Tartuce[12] e Gustavo Tepedino[13], *verbis*:

> "Como inovação festejada, o Código Civil de 2002 passou a tratar dos direitos da personalidade entre os seus arts. 11 a 21. Destaque-se que a proteção de direitos dessa natureza não é uma total novidade no sistema jurídico nacional, eis que a Constituição Federal de 1988 enumerou os direitos fundamentais postos à disposição da pessoa humana. Por isso, é preciso abordar a matéria em uma *perspectiva civil-constitucional*, na linha doutrinária antes exposta.
>
> Sabe-se que o Título II da Constituição de 1988, sob o título "Dos Direitos e Garantias Fundamentais", traça as prerrogativas para garantir uma convivência digna, com liberdade e com igualdade para todas as pessoas, sem distinção de raça, credo ou origem. Tais garantias são genéricas, mas também são essenciais ao ser humano, e sem elas a pessoa humana não pode atingir sua plenitude e, por vezes, sequer pode sobreviver. Nunca se pode esquecer da vital importância do art. 5.º da CF/1988 para o nosso ordenamento jurídico, ao consagrar as *cláusulas pétreas*, que são direitos fundamentais deferidos à pessoa. Para a efetivação desses direitos, Gustavo Tepedino defende a existência de uma *cláusula geral de tutela e promoção da pessoa humana*. São suas palavras:
>
> " *Com efeito, a escolha da dignidade da pessoa humana como fundamento da República, associada ao objetivo fundamental de erradicação da pobreza e da marginalização, e de redução das desigualdades sociais, juntamente com a previsão do § 2.º do art. 5.º, no*

[11] CAMPOS, Diogo Leite de – *O Direito e os direitos da personalidade. Op. cit.*, p. 133.

[12] TARTUCE, Flávio – *Manual de Direito Civil – Volume Único*. 8.ª ed., rev., atual. e ampl. Rio de Janeiro: Forense, 2018, p. 100-103.

[13] TEPEDINO, Gustavo – *A tutela da personalidade no ordenamento jurídico-constitucional brasileiro. Temas de Direito Civil – Tomo I*. 3.ª ed. rev. e atual. Rio de Janeiro: Renovar, 2004, p. 50, *apud* TARTUCE, Flávio – *Manual de Direito Civil – Volume Único*. 8.ª ed., rev., atual. e ampl. Rio de Janeiro: Forense, 2018, p. 100-103.

sentido de não exclusão de quaisquer direitos e garantias, mesmo que não expressos, desde que decorrentes dos princípios adotados pelo texto maior, configuram uma verdadeira cláusula geral de tutela e promoção da pessoa humana, tomada como valor máximo pelo ordenamento".[14]

Adotando a tese do Professor Tepedino, na *IV Jornada de Direito Civil*, evento de 2006, foi aprovado o Enunciado n.º 274 do CJF/STJ[15], um dos mais importantes enunciados doutrinários das *Jornadas de Direito Civil*. A *primeira parte* da ementa do enunciado doutrinário prevê que *"Os direitos da personalidade, regulados de maneira não exaustiva pelo Código Civil, são expressões da cláusula geral de tutela da pessoa humana, contida no art. 1.º, III, da Constituição (princípio da dignidade da pessoa humana). Em caso de colisão entre eles, como nenhum pode sobrelevar os demais, deve-se aplicar a técnica da ponderação"*. Em suma, existem outros direitos da personalidade tutelados no sistema, como aqueles constantes do Texto Maior. O rol do Código Civil é meramente exemplificativo (*numerus apertus*) e não taxativo (*numerus clausus*). [...]

Repise-se, pois fundamental para a compreensão da matéria, que na concepção *civil-constitucional* — na esteira das lições de Gustavo Tepedino —, tais ícones devem ser relacionados com três princípios básicos constitucionais, a saber:

– Princípio da proteção da *dignidade da pessoa humana*, fundamento do Estado Democrático de Direito da República Federativa do Brasil (art. 1.º, III, da CF/1988).

– Princípio da *solidariedade social*, também um dos objetivos da República Federativa do Brasil (construção de uma *"sociedade livre, justa e solidária"* – art. 3.º, I, da CF/1988), visando também à erradicação da pobreza (art. 3.º, III, da CF/1988).

– Princípio da *igualdade lato sensu* ou isonomia, eis que *"todos são iguais perante a lei, sem distinção de qualquer natureza"* (art. 5.º, *caput*, da CF/1988)."

Adjudicando aos *paradigmas* em tela uma indissociável dimensão valorativa do Direito no plano da responsabilidade civil, o magistério de Cristiano Chaves

---

[14] TEPEDINO, Gustavo – *A tutela da personalidade no ordenamento jurídico-constitucional brasileiro. Temas de Direito Civil – Tomo I*. 3.ª ed. rev. e atual. Rio de Janeiro: Renovar, 2004, p. 50, *apud* TARTUCE, Flávio – *Manual de Direito Civil – Volume Único*. 8.ª ed., rev., atual. e ampl. Rio de Janeiro: Forense, 2018, p. 100-103.

[15] O Conselho da Justiça Federal é órgão administrativo de cúpula da Justiça Federal no Brasil, sendo integrado pelos Presidentes de Tribunais Regionais Federais e por Ministros do Superior Tribunal de Justiça.

de Farias, Felipe Peixoto Braga Netto e Nelson Rosenvald[16] integra-se como mão à luva, pois "o direito de nossos dias é o direito da ponderação, da reflexão contextualizada, do percurso argumentativo. Vivemos numa república de razões, e as democracias constitucionais atuais precisam continuamente se legitimar, de modo contínuo, transparente e dinâmico. A teoria dos direitos fundamentais, a força normativa dos princípios, a funcionalização dos conceitos e categorias, a priorização das situações existenciais em relação às patrimoniais, a repulsa ao abuso de direito, a progressiva consagração da boa-fé objetiva são algumas das ferramentas teóricas que ajudam a construir a teoria da responsabilidade civil do século XXI."

Nesta conjuntura, Priscila Zeni de Sá[17] leciona que "A sistemática civil-constitucional permite ao intérprete maior conexão com o caso concreto e propicia a tópica, mas também o liga à posição de centralidade da Constituição no sistema de fontes, bem como sujeita-o à aplicação dos princípios e garantias constitucionais. Não se trata aqui de deixar o seu preenchimento totalmente livre, como já afirmado, estimulando atitudes solipsistas do Judiciário, mas sim, segundo Gustavo Tepedino[18], de permitir uma jurisprudência de valores comprometida com as opções valorativas da sociedade. Müller[19] também afirma que as cláusulas gerais contêm ao menos referências éticas e sociais que permitem uma concretização em consonância com critérios extrajurídicos de aferição". Vem a calhar, no ponto, o magistério de Maria Celina Bodin de Moraes, que, ao discorrer sobre o sistema normativo aberto e asserir que a centralidade dos princípios constitucionais em face da doutrina e da jurisprudência constitui fenômeno

---

[16] FARIAS, Cristiano Chaves de; BRAGA NETTO, Felipe Peixoto; ROSENVALD, Nelson – *Novo Tratado de Responsabilidade Civil.* 4.ª ed. São Paulo: Saraiva Educação, 2019, p. 23.

[17] SÁ, Priscila Zeni de – *Poder Judiciário e as Cláusulas Gerais – Parâmetros para a concretização no direito civil-constitucional.* Florianópolis: Tirant Lo Blanch, 2018, p. 154.

[18] TEPEDINO, Gustavo – *Introdução: Crise de fontes normativas e técnica legislativa na parte geral do Código Civil de 2002. In: A parte geral do novo código civil: estudos na perspectiva civil-constitucional.* 3.ª ed. – Gustavo Tepedino (coordenador) – Rio de Janeiro: Renovar, 2007, p. XIX, *apud* SÁ, Priscila Zeni de. *Poder Judiciário e as Cláusulas Gerais – Parâmetros para a concretização no direito civil-constitucional.* Florianópolis: Tirant Lo Blanch, 2018, p. 154.

[19] MÜLLER, Friedrich – *Teoria estruturante do direito* I. Trad. Peter Naumann, Eurídes Avance de Souza. 1.ª ed. São Paulo: Editora Revista dos Tribunais, , 2014, Livro Eletrônico, Cap. IV, *apud* SÁ, Priscila Zeni de. *Poder Judiciário e as Cláusulas Gerais – Parâmetros para a concretização no direito civil-constitucional.* Florianópolis: Tirant Lo Blanch, 2018, p. 154.

próprio do Estado de Direito Democrático[20], leciona que "A progressiva atribuição de eficácia normativa aos princípios vem associada ao processo, delimitável historicamente, de abertura do sistema jurídico. Num sistema aberto, os princípios funcionam como conexões axiológicas e teleológicas entre, de um lado, o ordenamento jurídico e o dado cultural, e de outro, a Constituição e a legislação infraconstitucional. No sistema aberto, portanto, as funções atribuídas aos princípios não mais se compadecem com uma restrição à sua eficácia normativa, como aquela que os limitava a operar como fonte supletiva de integração do ordenamento."[21] Por sua vez, Judith Martins-Costa[22] acentua que as cláusulas gerais e os princípios assumem substantivo protagonismo na mudança de paradigmas entronizada no Código Civil de 2002[23], tendo contribuído de modo decisivo para que este novo estatuto se afastasse dos vetores patrimonialistas do Código de 1916, indo buscar nos princípios da socialidade, eticidade, operabilidade e sistematicidade a supremacia da pessoa humana e da sociedade coletivamente considerada, âmbito em que, consoante gizado por Miguel Reale na Exposição de Motivos do *Codex*, a eticidade e a sociabilidade assumem absoluta relevância para o primado da responsabilidade social da lei, constituindo uma técnica aberta de legislar e viabilizando a sua adequação normativa à sociedade, à cultura, aos valores e aos padrões em que ela está encartada. Nesta moldura e diante das

---

[20] MORAES, Maria Celina Bodin de – *Constituição e direito civil: Tendências. In: Revista dos Tribunais*. São Paulo, v. 779, 2000, p. 47-63, *apud* SÁ, Priscila Zeni de. *Poder Judiciário e as Cláusulas Gerais – Parâmetros para a concretização no direito civil-constitucional*. Florianópolis: Tirant Lo Blanch, 2018, p. 154.

[21] MORAES, Maria Celina Bodin de. *Prefácio – In:* NEGREIROS, Teresa Paiva de Abreu Trigo de. *Fundamentos para uma interpretação do princípio constitucional da boa-fé*. Rio de Janeiro: Renovar, 1998, *apud* SÁ, Priscila Zeni de. *Poder Judiciário e as Cláusulas Gerais – Parâmetros para a concretização no direito civil-constitucional*. Florianópolis: Tirant Lo Blanch, 2018, p. 154.

[22] MARTINS-COSTA, Judith – *O novo código civil brasileiro: em busca da "Ética da Situação". In:* MARTINS-COSTA, Judith; BRANCO, Gerson Luiz Carlos. *Diretrizes teóricas do novo código civil brasileiro*. São Paulo: Saraiva, 2002, p. 122, *apud* SÁ, Priscila Zeni de. *Poder Judiciário e as Cláusulas Gerais – Parâmetros para a concretização no direito civil-constitucional*. Florianópolis: Tirant Lo Blanch, 2018, p. 154-155.

[23] No ponto, convém observar que o advento do Código Civil de 2002 suscitou controvérsias na doutrina brasileira, a exemplo da criteriosa avaliação de GUSTAVO TEPEDINO, Professor da Faculdade de Direito da Universidade do Estado do Rio de Janeiro (UERJ), sobre *"O Velho Projeto de um Revelho Código Civil"* (*in* TEPEDINO, Gustavo – *Temas de Direito Civil – Tomo I*. 3.ª ed. rev. e atual. Rio de Janeiro: Renovar, 2004).

tendências do século XXI, o magistério de Farias, Braga Netto e Rosenvald[24] acentua que "as categorias, conceitos e institutos devem ser lidos à luz da função exercida. É essa a grande viragem do direito contemporâneo: a passagem da estrutura à função, o abandono de uma concepção estrutural do direito em favor de uma postura funcionalizada, onde sobreleva a atuação social dos direitos".

Nesta moldura integrativa lusitana e brasileira, tendo como ponto de partida os *direitos da personalidade* e como meta de chegada o *princípio da boa-fé objetiva* nos negócios jusprivatistas, restam firmados e afirmados, portanto, os *paradigmas de valor* e os *caminhos hermenêuticos* norteadores das pesquisas e rumos deste estudo.

Nesse contexto, o postulado da dignidade da pessoa humana e, nele, destacadamente, os direitos da personalidade, assumem a dimensão de fundamento ético-jurídico dos princípios da liberdade contratual, da autonomia privada e da vinculação dos contratos, constituindo um pensamento reitor do direito como um todo e abrangendo, por extensão, todo o ordenamento jurídico-normativo civilista e, nomeadamente, o vasto campo dos negócios jurídicos privados. Nessa linha, os direitos da personalidade são atributos e características *essenciais* à dignidade e à integridade da pessoa humana, exigindo especial proteção, inclusive e muito especialmente nos lindes das relações privadas. Assim, a personalidade da pessoa humana, considerada como valor, constitui um bem jurídico em si mesmo, sendo digno de tutela privilegiada e não se compadecendo com o paradigma dos direitos patrimoniais.

B. Direitos da personalidade no Brasil e em Portugal no século XXI

Neste passo, por bem traduzir o regime jurídico-normativo simbiótico — de aproximações e reciprocidades — entre os direitos da personalidade e o postulado da dignidade da pessoa humana, vem a calhar o magistério de Elimar Szaniawski[25], Professor da Faculdade de Direito da Universidade Federal do Paraná, que, após averbar que a Constituição Federal não contém, a exemplo

[24] FARIAS, Cristiano Chaves de; BRAGA NETTO, Felipe Peixoto; ROSENVALD, Nelson - *Op. cit.*, p. 704.

[25] SZANIAWSKI, Elimar - *Direitos da Personalidade e sua Tutela*. 2.ª ed., rev., atual. e ampl. São Paulo: RT, 2005, p. 136-139.

das Leis Fundamentais da Alemanha e da Itália, uma *cláusula geral expressa* destinada a tutelar amplamente a *personalidade do homem*, leciona que, embora assim, o grando avanço jurídico e social brasileiro ocorreu com a promulgação da Carta de 1988, que rompeu definitivamente os seus vínculos com as concepções pandectistas e individualistas da doutrina jurídica do século XIX. Assim é que a Lei Fundamental contempla, entre os *princípios fundamentais* que a informam, o *princípio da igualdade,* encartado no seu Preâmbulo e no *caput* do art. 5.º (direitos e garantias fundamentais), bem assim o *princípio da dignidade da pessoa,* no inciso III do art. 1.º (princípios fundamentais). Estes dois princípios fundamentais têm idêntico valor e conjugação, constituindo o substrato necessário à constituição dos demais direitos e tutelando a pessoa humana em toda a sua dimensão, sendo portadora de dignidade e igualdade formal e material. Neste norte, prossegue Szaniawski, a Lei Fundamental brasileira reconhece e tutela o *direito geral de personalidade* através do *princípio da dignidade da pessoa*, que, com o *status* de *princípio fundamental* da ordem jurídico-constitucional nacional, substancia uma *cláusula geral* de concreção da proteção e do desenvolvimento da *personalidade* do indivíduo. Isto decorre do fato de que, sendo o *princípio da dignidade da pessoa* um *princípio fundamental reitor,* à luz do qual deve ser lido e interpretado todo o ordenamento jurídico brasileiro, ele constitui uma *cláusula geral de proteção da personalidade,* pois a pessoa natural é o primeiro e último destinatário da ordem jurídica.

Nesta toada, o Constituinte brasileiro optou por construir um *sistema de tutela da personalidade,* alicerçando o *direito geral de personalidade* pátrio a partir do *princípio da dignidade da pessoa humana* e de alguns outros princípios constitucionais fundamentais espalhados em diversos Títulos da Lei Fundamental, deste modo garantindo o exercício do livre desenvolvimento da personalidade humana. Sob esta moldura, o jurista em epígrafe conclui que, "Tendo em vista a importância e a extensão do *princípio da dignidade da pessoa humana* como princípio-mãe, do qual irradiam todos os direitos fundamentais do ser humano, vinculando o poder público como um todo, bem como os particulares, pessoas naturais ou jurídicas, e sendo o direito da pós-modernidade um direito que possui por destinatário primeiro a pessoa humana, exercendo uma função social dentro do seu próprio meio, o direito posto deve ser lido e interpretado à luz da Constituição, segundo os *postulados do princípio da dignidade da pessoa humana*".[26]

---

[26] SZANIAWSKI, Elimar – *Op.cit.*, p. 139.

Na leitura de Leonardo Estevam de Assis Zanini[27], apoiado em preleções doutrinárias de Maria Celina Bodin de Moraes, de Danilo Doneda e de Gustavo Tepedino, é firme o liame existente entre a *cláusula geral da dignidade da pessoa humana* e os *direitos da personalidade.*[28] Assim, essa *cláusula geral* representa o ponto de referência de todas as situações nas quais alguns aspectos ou desdobramentos da personalidade estejam em jogo, estabelecendo nitidamente a prioridade a ser dada à pessoa humana.[29] Na mesma toada, os *direitos das pessoas* estão garantidos, todos, pelo *princípio constitucional da dignidade da pessoa humana*, sendo concretamente protegidos pela *cláusula geral de tutela da pessoa humana*[30], ao que se alia o magistério de Gustavo Tepedino, ao denominá-la, também, de *verdadeira cláusula geral de tutela e promoção da pessoa humana*, tomada como valor máximo pelo ordenamento jurídico.[31] Nesta esteira, a proteção em tela foi objeto do *Enunciado n.º 247*, aprovado na *IV Jornada de Direito Civil* do *Conselho da Justiça Federal* (CJF/STJ), segundo o qual "Os *direitos da personalidade*, regulados de maneira não exaustiva pelo Código Civil, são expressões da *cláusula geral de tutela da pessoa humana*, contida no art. 1.º, III, da Constituição (*princípio da dignidade da pessoa humana*). Em caso de colisão entre eles, como nenhum pode sobrelevar os demais, deve-se aplicar a técnica da ponderação". Enfatizando que a *cláusula geral de tutela da dignidade da pessoa* não pode ser usada como solução para todo e qualquer problema jurídico, pena da sua banalização, Assis Zanini conclui ser nítida a relação íntima entre os *direitos da personalidade* e o *princípio fundamental* e *cláusula geral da dignidade da pessoa humana*, pedras angulares de todo o sistema jurídico brasileiro.

---

[27] ZANINI, Leonardo Estevam de Assis – *Direitos da Personalidade – Aspectos essenciais.* São Paulo: Saraiva, 2011, p. 88-89.

[28] MORAES, Maria Celina Bodin de – *O princípio da dignidade humana. In:* MORAES, Maria Celina Bodin de (Coord.) – *Princípios do direito civil contemporâneo.* Rio de Janeiro: Renovar, 2006, p. 55, *apud* ZANINI, Leonardo Estevam de Assis – *Op. cit.*, p. 88.

[29] DONEDA, Danilo – *Os direitos da personalidade no novo Código Civil. In:* TEPEDINO, Gustavo (Org.) – A parte geral do novo Código Civil. 3.ª ed. Rio de Janeiro: Renovar, 2007, p. 46, *apud* ZANINI, Leonardo Estevam de Assis – *Op. cit.*, p. 88.

[30] MORAES, Maria Celina Bodin de – *Artic. et op. cit.*, p. 55, *apud* ZANINI, Leonardo Estevam de Assis – *Op. cit.*, p. 88.

[31] TEPEDINO, Gustavo – *Cidadania e os direitos de personalidade. In: Revista Jurídica*, v. 51, n.º 305, mar. 2003 Porto Alegre: 2003, p. 58, *apud* ZANINI, Leonardo Estevam de Assis – *Op. cit.*, p. 89.

Ainda no ponto, não se pode olvidar que o Código Civil de 2002, ainda que pontual e timidamente, introduziu importantes inovações, a exemplo da *expressa consagração* dos *princípios da boa-fé objetiva* (artigos 113, 187 e 422) e *da função social do contrato* (art. 421), além da ampliação das hipóteses de *responsabilidade civil objetiva* (artigos 927, *caput*, e parágrafo único, 933 e 936), e, para mais disso, dedicou um Capítulo inteiro aos *direitos da personalidade*. Em onze artigos (artigos 11 *usque* 21) encartados no Capítulo II (*Dos direitos da personalidade*) do Livro I (*Das Pessoas*), no Título I (*Das pessoas naturais*) da Parte Geral, o novo Código Civil de 2002 procurou regular os *direitos* ao próprio corpo, ao nome, à honra, à imagem e à privacidade. Releva anotar, ainda, que os *direitos da personalidade* mencionados no CC/2002 (imagem, honra, nome, privacidade *et alii*), em sua maior parte, têm previsão expressa no art. 5.º da Lei Fundamental, âmbito em que, mesmo aqueles que nele não têm inscrição explícita, recebem tutela jurídico-constitucional e legal direta na condição de direitos, liberdades e garantias consectários ao *postulado fundamental da dignidade da pessoa humana* (CRFB, art. 1.º, inc. III; CRP, art. 1.º)[32].

Na banda lusitana, Pedro Pais de Vasconcelos leciona que o Código Civil (CC) de 1966 inovou em matéria de *direitos da personalidade*, que ganharam *autonomia e vigor* em relação ao Código anterior, passando a ocupar uma posição hierarquicamente superior aos demais direitos subjetivos[33], ao

---

[32] Em apertada síntese nossa, GAGLIANO e PAMPLONA FILHO (*Manual – op. cit.*, pp. 66-75) classificam os *direitos da personalidade*, quanto à sua *tutela de proteção*, em três grupos *numerus apertus*: (a) *vida e integridade física:* corpo vivo, cadáver, incolumidade corpórea e intelectual, voz, nome, *et al.*; (b) *integridade psíquica e criações intelectuais:* liberdade civil, política, de pensamento, religiosa, sexual, de locomoção, de trabalho, de estipulação contratual, de comércio, de culto, de organização sindical, de imprensa; autoria científica, literária, musical, *et al.*; criações intelectuais, privacidade e segredo pessoal, profissional, doméstico, das comunicações pessoais epistolares, telefônicas, telegráficas, telemáticas *et al.*; (c) *direito à integridade moral*: à honra objetiva e subjetiva; à imagem-retrato e imagem-atributo *et al.*. Os direitos da personalidade são *imanentes* à pessoa (projeções física, mental e moral) e os seus *predicados, atributos* ou *características* são: (a) *absolutos*, sendo oponíveis *erga omnes*; (b) *universais, gerais, necessários*, pois imanentes a todas as pessoas; (c) *extrapatrimoniais*: não têm preço ou conteúdo patrimonial direto, embora aferíveis objetivamente e ainda que a sua lesão produza efeitos econômicos; (d) *indisponíveis*, (e) *intransmissíveis* e (f) *irrenunciáveis*; (g) *imprescritíveis*, (h) *impenhoráveis* e (i) *vitalícios*.

[33] VASCONCELOS, Pedro Pais de – *Direito de Personalidade*. Reimpr. de 2006. Coimbra: Almedina, 2014, pp. 32-33.

passo que António Pinto Pereira[34] explicita que as *pessoas singulares, físicas* ou *individuais* são os principais *sujeitos* da *relação jurídica* e correspondem à própria *essência e dignidade do homem*, adquirindo *personalidade jurídica* após o nascimento completo com vida (CC, art. 66.º, n.º 1), cessando com a morte (CC, art. 68.º, n.º 1), atribuindo ao sujeito a suscetibilidade de titular direitos, deveres e obrigações na ordem jurídica, da qual emerje o *princípio fundamental da dignidade humana* (CRP, art. 1.º) e um conjunto de *direitos de personalidade*, que correspondem à primeira geração de direitos fundamentais e compreendem direitos, liberdades e garantias pessoais inscritos na Constituição da República Portuguesa (CRP) de 1976 (artigos 24.º a 47.º), também estando contemplados na lei em *numerus apertus* (*v.g.*: CC, artigos 70.º a 84.º), cujos principais atributos ou características, na condição de *direitos da personalidade*, são:

(a) *absolutos*, na medida em que lhes cabe uma proteção e oponibilidade *erga omnes*, impondo a todos um *dever geral de respeito*;
(b) *imateriais*, pois não têm preço, nem valor patrimonial, não sendo passíveis de quantificação pecuniária, embora as suas violações possam originar uma reparação em dinheiro;
(c) *indisponíveis*, pois o seu titular não pode dispor deles, não podendo ser cedidos por qualquer forma (*v.g.*: CC, art. 2008.º, n.º 1);
(d) *intransmissíveis*, pois o seu titular não pode dispor deles em vida ou após a morte, que os extingue (*v.g.*: CC, art. 2025.º); e,
(e) *irrenunciáveis*, pois não permite ao seu titular rejeitar as suas responsabilidades ou abdicar de qualquer dos direitos que lhe são conferidos (*v.g.*: CC, art. 1882.º).

A seu turno, Carlos Alberto da Mota Pinto[35] ensina que os direitos da personalidade incidem sobre a vida da pessoa, a sua integridade física, a sua honra, a sua liberdade física e psicológica, o seu nome, a sua imagem, a reserva sobre a intimidade da sua vida privada, dentre outros, conformando um *círculo de direitos necessários*, um conteúdo mínimo e imprescindível da esfera jurídica de cada pessoa, protetor dos vários modos de ser físicos e

[34] PEREIRA, António Pinto – *Princípios Gerais de Direito*. Coimbra: Coimbra, 2013, p. 246-248.

[35] PINTO, Carlos Alberto da Mota; MONTEIRO, António Pinto; PINTO, Paulo Mota – *Teoria Geral do Direito Civil*. 4.ª ed., 2.ª reimpr. Coimbra: Coimbra, 2012, p. 209-212.

morais da personalidade. Neste passo, afirma que o art. 70.º[36] do CC contém uma *norma de tutela geral da personalidade*, da qual se pode retirar um direito à vida, à integridade física, à liberdade, à honra, e que a consagração desta proteção geral da personalidade — de onde se retira, além destes direitos *especiais*, também um *direito geral de personalidade* — permite conceder a tutela a bens pessoais não tipificados, protegendo, designadamente, aspectos da personalidade cuja lesão ou ameaça de violação só com a evolução dos tempos adquiram um significado ilícito, de que podem ser exemplos a identidade genética, a *autodeterminação informativa* ou o controle sobre os dados pessoais. A ofensa a qualquer desses direitos está sancionada no n.º 2 do referido art. 70.º do CC, no qual, além da *responsabilidade civil*, está prevista a *faculdade de requerer as providências adequadas às circunstâncias do caso.* Aduz, ademais, que o Código Civil não disciplinou exaustivamente os direitos de personalidade e que, para além do regime geral dos artigos 70.º, 71.º[37] e 81.º[38], limitou-se a prever alguns direitos de personalidade que, particularmente, poderiam suscitar problemas. Todavia, a *cláusula geral da personalidade* do art. 70.º, n.º 1, do CC, deve ser concretizada em atenção tanto ao regime dos *direitos, garantias* e *liberdades pessoais* (CRP, art. 24.º e seguintes) a que *correspondem* os *direitos da personalidade*, quanto aos tipos de crime que objetivam proteger — como mínimo de proteção reconhecido — bens jurídicos correspondentes aos direitos da personalidade. Por sua vez, António Pinto Pereira[39] leciona que a

[36] "Art. 70.º – Tutela geral da personalidade: 1. A lei protege os indivíduos contra qualquer ofensa ilícita ou ameaça de ofensa à sua personalidade física ou oral. 2. Independentemente da responsabilidade civil a que haja lugar, a pessoa ameaçada ou ofendida pode requerer as providências adequadas às circunstâncias do caso, com o fim de evitar a consumação da ameaça ou atenuar os efeitos da ofensa já cometida."

[37] "Art. 71.º – Ofensa a pessoas já falecidas – 1. Os direitos da personalidade gozam igualmente de protecção depois da morte do respectivo titular. 2. Tem legitimidade, neste caso, para requerer as providências previstas no n.º 2 do artigo anterior o cônjuge sobrevivo ou qualquer descendente, ascendente, irmão, sobrinho ou herdeiro do falecido. 3. Se a ilicitude da ofensa resultar da falta de consentimento, só as pessoas que o deveriam prestar têm legitimidade, conjunta ou separadamente, para requerer as providências a que o número anterior se refere."

[38] "Art. 81.º – Limitação voluntária dos direitos de personalidade – 1. Toda a limitação voluntária ao exercício dos direitos da personalidade é nula, se for contrária aos princípios da ordem pública. 2. A limitação voluntária, quando legal, é sempre revogável, ainda que com obrigação de indemnizar os prejuízos causados às legítimas expectativas da outra parte."

[39] PEREIRA, António Pinto – *Op. cit.*, p. 247-248.

lei consagra uma *cláusula de tutela geral da personalidade* substanciada em quatro vias principais, a saber:

(a) confere proteção normativa aos indivíduos contra qualquer ofensa ilícita ou ameaça de ofensa à sua personalidade física ou moral (CC, art. 70.º, n.º 1);
(b) mesmo depois de cessar a personalidade por força da morte, os direitos de personalidade continuam a merecer proteção jurídica adequada (CC, art. 71.º, n.º 1);
(c) não pode haver limitação voluntária dos direitos de personalidade, sendo ela revogável, e nula, quando contrária aos princípios da ordem pública (CC, art. 81.º); e,
(d) há responsabilidade civil geradora da obrigação de indenizar pelos prejuízos causados decorrentes de ofensas ou violações desses direitos, quer em *termos gerais* (CC, art. 483.º)[40], quer em *termos especiais* em alguns casos, como sucede, *por exemplo*, com a *ofensa do crédito ou do bom nome* (CC, art. 484.º)[41].

Na sequência, o Professor do Instituto Superior de Ciências Socias e Políticas da Universidade Técnica de Lisboa arrola, em *numerus apertus*, os seguintes *direitos de personalidade* previstos em normas constitucionais e legais: o direito à vida e à dignidade (CRP, artigos 24.º e 1.º); o direito à integridade social (CRP, art. 25.º); os direitos à identidade pessoal, ao desenvolvimento da personalidade, à capacidade civil, à cidadania, ao bom nome e reputação, à imagem, à palavra, à reserva da intimidade da vida privada e familiar, e à proteção contra qualquer forma de discriminação (CRP, art. 26.º); o direito à liberdade e à segurança (CRP, art. 27.º); os direitos e garantias aplicáveis nos domínios penal e processual penal (CRP, artigos 28.º e 32.º); o direito à não expulsão de cidadãos portugueses do território nacional (CRP, art. 33.º); o direito à inviolabilidade do domícilio e da correspondência (CRP,

---

40 "Art. 483.º – Princípio geral – 1. Aquele que, com dolo ou mera culpa, violar ilicitamente o direito de outrem ou qualquer disposição legal destinada a proteger interesses alheios fica obrigado a indemnizar o lesado pelos danos resultantes da violação. 2. Só existe obrigação de indemnizar independentemente de culpa nos casos especificados em lei."

41 "Art. 484.º – Ofensa do crédito ou bom nome – Quem afirmar ou difundir um facto capaz de prejudicar o crédito ou o bom nome de qualquer pessoa, singular ou colectiva, responde pelos danos causados."

art. 34.º); o direito de acesso aos dados pessoais informatizados (CRP, art. 35.º); o direito à liberdade de expressão e informação (CRP, art. 37.º); o direito à liberdade de imprensa e aos meios de comunicação social (CRP, arts. 38.º e 39.º); os direitos de antena, de resposta e de réplica política (CRP, art. 40.º); o direito à liberdade de consciência, de religião e de culto (CRP, art. 41.º); o direito à liberdade de criação cultural (CRP, art. 42.º); o direito à liberdade de aprender e ensinar (CRP, art. 43.º); o direito de deslocamento e de emigração (CRP, art. 44.º); o direito de reunião e de manifestação (CRP, art. 45.º); o direito à liberdade de associação (CRP, art. 46.º); o direito à liberdade de escolha de profissão e de acesso à função pública (CRP, art. 24.º); o direito ao nome e ao pseudônimo (CC, artigos 72.º e 74.º); a proteção da informação contida em cartas-missivas e em memórias familiares e pessoais (CC, artigos 75.º a 78.º); e o direito à reserva sobre a intimidade privada (CC, art. 80.º), dentre outros.

C. O postulado da dignidade da pessoa humana nos contratos de direito privado

A Constituição da República Portuguesa (CRP), no seu art. 1.º, inscreve a *"dignidade da pessoa humana"*[42] como um dos seus *fundamentos republicanos*, e dimensiona, nesta esteira, dentre vários outros, o *direito pessoal* à *dignidade humana* (*v.g.:* art. 26.º, n.º 2) e a *tutela de garantia* à *dignidade pessoal* (*v.g.:* art. 26, n.º 3), também adotando o termo *pessoa* (*v.g.:* art. 27.º, n.º 4), ao se referir à *pessoa singular*, ao *cidadão*, em contraposição às *pessoas colectivas* (*v.g.:* CRP, art. 12.º, n.º 2). O Código Civil lusitano de 1966 também adota esta abordagem (*v.g.:* Título II, Subtítulo I, Capítulo I; artigos 67.º e 72.º, n.º 1).

O art. 1.º da Constituição da República Federativa do Brasil (CRFB) inscreve, no inciso III, a *"dignidade da pessoa humana"* como um dos *fundamentos republicanos* do Estado Democrático de Direito nela entronizado[43], além

[42] Na revisão constitucional de 1989, o art. 1.º da CRP recebeu nova redação, *verbis*: "Portugal é uma República soberana, baseada na dignidade da pessoa humana e na vontade popular e empenhada na construção de uma sociedade livre, justa e solidária." No entanto, o texto original já contemplava a dignidade da pessoa humana como um dos fundamentos da República.

[43] "Art. 1.º A República Federativa do Brasil, formada pela união indissolúvel dos Estados e Municípios e do Distrito Federal, constitui-se em Estado Democrático de Direito e tem como fundamentos: [...] III – a dignidade da pessoa humana; [...]."

de contemplá-la em outros dispositivos (*v.g.:* artigos 170, *caput*, 226, § 7.º, 227, *caput*, e 230, *caput*). O Código Civil de 2002 menciona o *ser humano*, a *pessoa*, o *cidadão*, também aludindo à *pessoa natural* ou *pessoa física* (*v.g.:* CC, artigos 1.º e 2º), em contraposição à *pessoa jurídica*. No Brasil e em Portugal, a doutrina e a jurisprudência constitucional e juscivilista não controvertem na referenciação da *dignidade da pessoa humana* como um *fundamento*, *postulado* ou *princípio* republicano, ainda que lavrem acesos dissídios, no ponto, sobre as suas questões de natureza, condição, método e procedimento.

Na doutrina brasileira, na pesquisa dos marcos históricos do *thema* em epígrafe, impende trazer à colação, em apressada síntese, o exauriente magistério de Helena Regina Lobo da Costa[44] sobre o que denomina de *postulado da dignidade da pessoa humana*. Sob o prisma histórico, ao discorrer sobre o desenvolvimento do conceito de dignidade humana, a jurista e Professora da Faculdade de Direito da Universidade de São Paulo leciona que a ideia de que o ser humano é singular e ocupa posição diferenciada de todas as outras criaturas encontra as suas origens no Cristianismo, a partir das concepções de que o homem foi feito à imagem e semelhança de Deus, da igualdade universal dos filhos de Deus e da inexistência do povo escolhido. Todavia, a construção do conceito de dignidade como um atributo da pessoa, tal como é entendido na atualidade, inicia-se apenas no século XVIII, quando predicados antes associados à aristocracia e à ocupação de cargos públicos começam a receber um processo de generalização que, paulatinamente, altera o seu conteúdo simbólico, vinculando-o ao conceito de liberdade como *autonomia* ou *não-impedimento*, sendo aí que o ideal de que todo homem é um ser livre e, por esta razão, digno, dotado de dignidade, começa a desenhar-se nos autores do denominado jusnaturalismo moderno, sendo insculpido na Declaração de Direitos da Virgínia, bem assim na Declaração dos Direitos do Homem e do Cidadão, de 1789, cujo art. 1.º consagra a liberdade e dispõe que "Os homens nascem e permanecem livres e iguais em direitos", no mesmo passo em que o seu art. 6.º entroniza a dignidade e o seu processo de generalização conceitual, ao dispor que "todos os cidadãos, sendo iguais a seus olhos, são igualmente admissíveis a todas as dignidades,

---

[44] COSTA, Helena Regina Lobo da – *A Dignidade Humana – Teorias de prevenção geral positiva*. São Paulo: Revista dos Tribunais, 2008, p. 21-55. Embora a autora oriente os escopos da sua monografia para o campo do Direito Penal, a primeira parte da obra desenvolve substantivos conteúdos universais sobre o postulado da dignidade da pessoa humana.

vagas e empregos públicos segundo sua capacidade". No entanto, fruto de um movimento histórico capitaneado pela classe burguesa, o conceito de dignidade passa a perder a sua concretude aristocrática, tanto quanto a concepção de igualdade e liberdade adstringia-se à lógica classista das relações de produção capitalistas. No final do século XVIII, Kant inovou no tema e definiu o conceito de dignidade humana na segunda seção da obra "Fundamentação da Metafísica dos Costumes", denominada de "Transição da filosofia moral popular para a metafísica dos costumes", em que se ocupa das leis da liberdade. Nessa toada, a *dignidade da pessoa* kantiana é produto da *razão* e *liberdade humanas*, e, ao fundar a dignidade no homem, o seu conceito ganha *universalidade*, estendendo-se a todos os seres racionais, isto querendo significar que o homem individual concebe a si próprio, subjetivamente, em sua dignidade, ou seja, concebe a si próprio como *fim objetivo* e daí resulta o seu *valor absoluto*. Assim, a dignidade está no *fundamento* do *princípio* prático objetivo, ou seja, a concepção de que cada ser racional tem a si mesmo como fim objetivo. A natureza racional existe, para Kant, como *fim em si*, e os *fins* de *todo homem*, por derivarem da *razão*, também são os *fins* de *cada homem*.

No magistério do jurista Jorge Reis Novais[45], Professor da Faculdade de Direito da Universidade de Lisboa, a *dignidade da pessoa humana* não surge constitucionalmente consagrada como um dentre vários outros princípios constitucionais, mas, sim, como base na qual se assenta a República portuguesa, o que exige, mesmo sem ter um significado preciso e imediatamente apreensível, consequências normativas relevantes e correspondentes ao *locus* especial que lhe foi reservado na Constituição, sob pena da afirmação de o Constituinte não ser levada a sério. Destarte, a concreta recepção constitucional de que foi objeto não pode ser reduzida a fato jurídico trivial, na medida em que a forma e a ideia constitucionalmente assumidas apontam para a atribuição de uma relevância especial ao princípio. Nesta perspectiva, percebe-se, de plano, até pela própria inserção sistemática formal — a dignidade da pessoa humana está consagrada no art. 1.º da CRP —, o princípio da dignidade da pessoa humana é elevado à qualidade de alicerce em que se assenta todo o edifício constitucional, sendo reconhecido, constitucionalmente, como o *princípio dos princípios*.

---

[45] NOVAIS, Jorge Reis – *A Dignidade da pessoa humana – Dignidade e Direitos Fundamentais – Vol. I*. Coimbra: Almedina, 2016, p. 19-20.

Ao dissertar sobre o *princípio constitucional da dignidade da pessoa humana*, o constitucionalista Jorge Miranda[46], Professor da Faculdade de Direito da Universidade de Lisboa, traz à colação do seu magistério, à partida, o enunciado do art. 1.º da Declaração Universal dos Direitos do Homem, segundo o qual "Todos os seres humanos nascem livres e iguais em dignidade e em direitos. Dotados de razão e de consciência, devem agir uns para com os outros em espírito de fraternidade". Aí, portanto, razão e consciência conformam o denominador comum da igualdade entre os seres humanos, rente à consciência jurídica dos homens e dos povos, constituindo o que justifica, independentemente das diferenças econômicas, culturais e sociais, o reconhecimento, a garantia e a promoção não só dos direitos fundamentais propriamente ditos, mas também dos que residem no seu âmago. Assim, a dignidade da pessoa humana é imanente, inalienável e indissociável do homem real, funcionalizando-se na sua vida empírica, concreta e quotidiana, não podendo ser vista como uma realidade abstrata. Destarte, o direito é inerente à personalidade e o seu fim salvaguarda a dignidade desta e concorre para a concretização das suas razões últimas. Neste passo, portanto, os valores da personalidade são indissociáveis da qualidade do homem real, sem o que a sua dimensão ética pode adquirir a natureza de realidades extrínsecas de que qualquer pessoa pode se libertar arbitrariamente e conduzir o direito para o plano de desagregação social. Bem por isso, Jorge Miranda averba que as Constituições portuguesa e brasileira referenciam a dignidade da pessoa humana como uma dignidade social idêntica para todos os cidadãos individualmente considerados, fora da qual "não é possível o livre e pleno desenvolvimento da sua personalidade" (art. 29.º, n.º 1, da Declaração Universal dos Direitos do Homem). Nesta toada, sendo idêntica em todo homem a natureza humana, ele não terá direitos efetivos se não for considerado digno, pelos seus semelhantes, de se associar com eles. Destarte, a Constituição repousa na dignidade humana e confere uma unidade de sentido, de valor e de concordância prática ao sistema de direitos fundamentais, em cujo âmbito o princípio da dignidade da pessoa humana substancia a referência essencial de todo o sistema de direitos fundamentais. Assim, de modo direto, os direitos, as liberdades e as garantias pessoais e os direitos econômicos, sociais e culturais comuns têm a sua fonte ética na

[46] MIRANDA, Jorge; MEDEIROS, Rui – *Constituição Portuguesa Anotada – Vol. I.* 2.ª ed. rev. Lisboa: Universidade Católica Portuguesa, 2017, p. 58-71, *passim*.

dignidade da pessoa humana, abrangendo todas as pessoas de modo individual e homogêneo. Nesta perspectiva, o princípio informa axiologicamente o sistema de direitos como um todo e cumpre, ademais, a função de auxiliar a descoberta de novos direitos.[47]

III. O PRINCÍPIO DA FUNÇÃO SOCIAL DOS CONTRATOS DE DIREITO PRIVADO

Dimensão qualificada do postulado da dignidade da pessoa humana, os direitos da personalidade mantêm estreitos nexos etiológicos com o princípio da função social dos negócios jurídicos de direito privado. Na área de concentração dos contratos juscivilistas, o direito das obrigações disciplina os processos de circulação de riquezas entre as pessoas físicas e jurídicas, naturais ou coletivas, abrangendo as situações de transmissão de bens e direitos entre os patrimônios dos sujeitos participantes das relações jurídicas entretidas. Esse quadro exige que se vincule a compreensão do direito das obrigações, bem assim a interpretação e a aplicação das suas normas, a certos e determinados valores expressos no ordenamento jurídico, a partir da Constituição e das grandes linhas principiológicas de atuação do Direito Civil. Neste norte, Pablo Stolze Gagliano e Rodolfo Pamplona Filho[48] lecionam que, para o direito obrigacional, releva a disciplina da propriedade privada e da livre iniciativa segundo os seus marcos constitucionais no Brasil e em Portugal, que vão encontrar fundamento, dentre outros, na dignidade da pessoa humana, nos direitos sociais, nos valores sociais do trabalho e da livre-iniciativa, no direito de propriedade e na função social da propriedade, na valorização do trabalho humano, na livre iniciativa na justiça social, na livre concorrência, na defesa do consumidor e do meio ambiente, sendo assegurado a todos o livre exercício de qualquer atividade econômica. Esses fundamentos e mais outros já referenciados repercutem,

[47] MIRANDA, Jorge; MEDEIROS, Rui – *Constituição Portuguesa Anotada – Vol. I.* 2.ª ed. rev. Lisboa: Universidade Católica Portuguesa, 2017, p. 58-71, *passim*.

[48] GAGLIANO, Pablo Stolze; PAMPLONA FILHO, Rodolfo – *Manual de Direito Civil – Volume Único*. São Paulo: Saraiva, 2017, p. 391-395, *passim*. Dos mesmos autores, mas em *obra condensada*, vide *texto semelhante* em: *Novo Curso de Direito Civil – Vol. 4, Tomo I – Contratos: Teoria Geral*. 13.ª ed. rev. e atual. – de acordo com o novo CPC. São Paulo: Saraiva, 2017, p. 53-54.

com diferentes intensidades, no direito das obrigações e na sua conformação infraconstitucional, daí resultando a delimitação da autonomia privada como uma das principais expressões na formação e nos efeitos das relações jurídico-obrigacionais, âmbito em que a legitimidade dos interesses econômicos de que são titulares os sujeitos dessas relações subordinam-se a este conjunto de normas, sob o signo principal da liberdade de iniciativa econômica. Neste sentido, o exercício da liberdade deve harmonizar-se com o rol de direitos e garantias constitucionais e desenvolver-se, no plano infraconstitucional, nas codificações, nas leis e nos estatutos regulamentares. Nessa moldura, o contrato é uma espécie de negócio jurídico por meio do qual as partes contratantes, limitadas pelos princípios da função social e da boa-fé objetiva, autodisciplinam os efeitos patrimoniais que pretendem atingir, conforme a autonomia das suas próprias vontades, mas atuando com responsabilidade, respeito e observância a normas superiores de convivência com assento constitucional e infraconstitucional.

Portanto, em perspectiva civil-constitucional, o contrato caracteriza a espécie mais importante de negócio jurídico e afirma-se socialmente como um instrumento de conciliação de interesses contrapostos, manejado com o objetivo de produzir pacificação social e desenvolvimento econômico, em razão do que deve ser considerado um instrumento de realização social, rente à sua função social constitucionalmente definida. Assim, a dimensão socializadora do contrato não se limita à ideia de harmonização de interesses contrapostos, pois a sua função social conduziu os operadores jurídicos a repensar a função social da propriedade e, nesta esteira, revisitar toda a ideologia em torno dele, tendo como fundamento o princípio da dignidade da pessoa humana.

Por conseguinte, no exercício da autonomia privada e da livre-iniciativa, o princípio da função social dos contratos não prejudica o princípio da autonomia contratual, mas atenua ou reduz o seu alcance quando presentes interesses metaindividuais ou interesse individual inerentes à dignidade da pessoa humana, criando um dever jurídico principal (de dar, fazer ou não fazer) e deveres jurídicos anexos— de lealdade, confiança, assistência, confidencialidade e informação, dentre outros —, decorrentes da boa-fé objetiva e do superior princípio da sua função social. Nesse contexto, portanto, resulta evidenciado que o princípio da função social do contrato mantém um diálogo permanente com os princípios da autonomia privada e os subprincípios da autonomia da vontade e do *pacta sunt servanda*, apenas temperando-os e vocacionando-os ao bem-estar comum, sem prejuízo do progresso patrimonial buscado pelas partes contratantes. Por isto mesmo, o princípio da função social do contrato é, antes de tudo, um princípio jurídico cumulativo e de conteúdo indeterminado, compromissado com a ideia de impor limites à liberdade de contratar com a finalidade de preservar o bem comum[49].

Nesta toada, os ilustres doutrinadores baianos[50] lecionam que a *dimensão da socialização do contrato* não se limita à ideia de *harmonização de interesses contrapostos*, pois a sua denominada *função social* não se centra exclusivamente nisto, uma vez que o processo de constitucionalização do Direito Civil conduziu os operadores do Direito a repensar a *função social da propriedade* e, nesta esteira, toda a ideologia assentada em torno do contrato passou a ser revisitada com fundamento no *princípio da dignidade da pessoa humana*. Destarte, num Estado Democrático de Direito autêntico, o contrato somente atenderá à sua função social quando, *sem prejuízo ao livre exercício da autonomia privada*:

(a) respeitar a *dignidade da pessoa humana*: traduzida esta, sobretudo, nos direitos e garantias fundamentais;
(b) admitir a *relativização* do *princípio da igualdade das partes contratantes*: ínsita e somente aplicável aos contratos *autenticamente paritários*, que na atualidade são minoria;
(c) consagrar uma *cláusula implícita de boa-fé objetiva*: ínsita em todo contrato bilateral e impositiva dos *deveres anexos* de *lealdade*, *confiança*, *assistência*, *confidencialidade* e *informação*;
(d) respeitar o *meio ambiente*;
(e) respeitar o *valor social do trabalho*.

Por conseguinte, a reunião de todas estas circunstâncias, *cumulativamente*, resultará na modelagem e formatação do *princípio da função social dos contratos*,

---

[49] GAGLIANO, Pablo Stolze; PAMPLONA FILHO, Rodolfo – *Manual de Direito Civil – Volume Único. Op. cit.*, p. 391-395, *passim*. Dos mesmos autores, mas em *obra condensada*, vide *texto semelhante* em: *Novo Curso de Direito Civil – Vol. 4, Tomo I – Contratos: Teoria Geral. Op. cit.*, p. 55-56.

[50] GAGLIANO, Pablo Stolze; PAMPLONA FILHO, Rodolfo – *Manual de Direito Civil – Volume Único. Op. cit.*, p. 393-394. Dos mesmos autores, mas em *obra condensada*, vide *texto semelhante* em: *Novo Curso de Direito Civil – Vol. 4, Tomo I – Contratos: Teoria Geral. Op. cit.*, p. 55-56.

tal como assentado no art. 421 do Código Civil de 2002, cujo preceito desenha os contornos mandatórios de exercício da autonomia privada e da livre-iniciativa, consoante leciona Nelson Nery Jr.[51], pois "A função social do contrato não se contrapõe à autonomia privada, mas com ela se coaduna e se compatibiliza. À conclusão semelhante se chegou na '*Jornada de Direito Civil*', como se pode verificar: *Jornada 23: 'A função social do contrato, prevista no art. 421 do Código Civil vigente, não elimina o princípio da autonomia contratual, mas atenua ou reduz o alcance desse princípio, quando presentes interesses metaindividuais ou interesse individual relativo à dignidade da pessoa humana'*". Portanto, sob uma perspectiva funcionalizada, o contrato pode ser reconceituado, genericamente, como um negócio jurídico bilateral, por meio do qual as partes, visando a atingir determinados interesses patrimoniais, convergem as suas vontades, criando um *dever jurídico principal* (de dar, fazer ou não fazer) e *deveres jurídicos anexos*, decorrentes da *boa-fé objetiva* e do superior *princípio da função social*[52].

IV. O PRINCÍPIO DA BOA-FÉ OBJETIVA NOS CONTRATOS DE DIREITO PRIVADO

Quanto às transformações do Direito dos contratos, desde o século XIX muito se fala na crise dos contratos, no bojo da qual compreende-se a grande diversidade de negócios e avultam, sobretudo, os contratos novos merecedores de regulamentações muito diversas e algumas vezes opostas, bem como a superação das vontades individuais pela vontade do legislador, a fim de criar igualdades, eliminar disparidades e perseguir o interesse público, toda essa conjuntura operando em detrimento do princípio da liberdade contratual. Destarte, sobretudo no século XX, as limitações à autonomia privada e à liberdade contratual foram paulatinamente se multiplicando, abrangendo, em primeiro plano, a obrigação de contratar, deste modo inaugurando uma

[51] NERY JR., Nelson. *Contratos no Código Civil – In:* FRANCIULLI NETTO, Domingos; MENDES, Gilmar Ferreira (Coord.) – O Novo Código Civil: estudos em homenagem ao Prof. Miguel Reale. São Paulo: LTr, 2003, p. 421, *apud* GAGLIANO, Pablo Stolze; PAMPLONA FILHO, Rodolfo – *Manual*, op. *cit.*, p. 393.

[52] GAGLIANO, Pablo Stolze; PAMPLONA FILHO, Rodolfo – *Manual de Direito Civil – Volume Único. Op. cit.*, p. 393-394. Dos mesmos autores, mas em *obra condensada*, vide *texto semelhante* em: *Novo Curso de Direito Civil – Vol. 4, Tomo I – Contratos: Teoria Geral. Op. cit.*, p. 56-57.

casuística na qual a lei obriga — cada vez mais — certas pessoas a contratar, de que é exemplo o seguro obrigatório dos veículos automotores. Nesta esteira fenomênica, multiplicam-se os casos em que a recusa de contratar é ilícita, sobretudo no campo dos direitos e garantias dos consumidores. Nesta sequência evolutiva, sobrevém a cláusula geral com assento constitucional, segundo a qual constitui uma *discriminação ilícita* diferenciar as pessoas, *v.g.*, em razão de sexo, religião, raça, cor da pele, situação econômica, financeira e social, opiniões políticas e orientação sexual.

A. Estrutura da obrigação como processo e deveres decorrentes da relação obrigacional contratual: dinâmicas do princípio da boa-fé objetiva

Mais para agora, mas ainda no século XX, o Legislador introduziu, em inúmeros contratos, cláusulas vinculativas das partes, sobretudo naqueles que afetam o grande público das sociedades de massa, ou que abranjam contratação obrigatória, o que é frequente, *v.g.*, no direito do trabalho, no direito de locação e nas relações de consumo massivas. Neste norte, a política econômica, financeira e monetária, e a necessidade de criar impostos, proteger a saúde pública, salvaguardar a concorrência e organizar as profissões, dentre outras, passaram a limitar cada vez mais o papel da vontade livre de ambas as partes na celebração e na fixação do conteúdo dos contratos. Assim, a diminuição da liberdade é contemporânea das críticas dirigidas a uma vontade pura e desvinculada, essencialmente egoísta e antissocial, às desigualdades existentes entre as pessoas, à exploração de muitos por poucos, aos desequilíbrios nas trocas e por aí vai, em cujo âmbito é reclamada a intervenção da sociedade para eliminar as desigualdades, criar igualdades, equalizar disparidades e proteger os mais fracos. Neste passo paritário, trata-se de uma *longa manus* que, em regime de aproximações e reciprocidades, começa nos direitos da personalidade e no postulado da dignidade da pessoa humana, repercute nos princípios da função social e da boa-fé objetiva dos contratos e inflete sobre o vasto campo empírico dos negócios jurídicos arrancados do seu estado de natureza e catapultados a patamares civilizatórios mínimos na sociedade de massas e de consumo.

Neste contexto, em face da concepção da *obrigação como processo*, a orientação clássica sobre a estrutura da relação obrigacional implicava reconhecer, como momentos decisivos, a celebração e a extinção da obrigação, concentrando-se o exame da sua eficácia no dever de prestação ao qual as partes se vincularam originalmente. No entanto, na atualidade, a partir da influência do direito comparado e, nele, em especial do direito alemão, tanto a formação quanto a estrutura da relação obrigacional passaram a ser reconhecidas como espécie de fenômenos dinâmicos marcados por uma sucessão de fases, daí a consagrada expressão de *obrigação como processo*, em que o traço mais notório que diferencia a noção de Larenz da doutrina tradicional reside na *temporalidade da relação jurídica*, na sua existência no tempo, em razão do que pode nascer e desaparecer, modificar-se e evoluir para um fim determinado. Assim, a relação jurídica subsiste como tal, embora alguns dos deveres que ela contém tenham sido extintos pelo cumprimento, ou algum dos direitos de formação tenha desaparecido, por ter sido executado ou tenha prescrito, por não ter sido exercitado a tempo. Destarte, em relação à formação da obrigação e, em especial, quanto às obrigações causalizadas em negócios jurídicos de natureza contratual, releva reconhecer, para a formação do vínculo obrigacional, não apenas o momento da sua constituição formal, com a celebração, mas também a fase prévia de negociações e tratativas, ou seja, a fase pré-negocial. Não bastasse isto, avança-se no reconhecimento de efeitos da relação obrigacional, que poderão ultrapassar o próprio momento da sua extinção, por meio do cumprimento, ou não, do dever de prestação, ou seja, a fase pós-negocial ou pós-contratual.

Ao discorrer sobre a *obrigação como processo* e resgatar a doutrina desenvolvida por Orlando Gomes e Clóvis do Couto e Silva no Brasil, Bruno Miragem[53] relembra que a doutrina clássica sobre a estrutura da relação obrigacional reconhecia, como momentos decisivos, a *celebração* e a *extinção* da *obrigação*, residualizando-se o exame da sua *eficácia* no *dever de prestação* das partes, consoante os termos originais a que se vincularam. Porém, a partir de meados do século XX e com especial influência do direito alemão, a *formação* e a *estrutura* da relação obrigacional funcionalizaram-se como fenômenos dinâmicos compostos por uma *sucessão de fases*, originando a expressão *obrigação como processo*.

Na obra "Introdução ao pensamento e à obra jurídica de Karl Larenz", ao discorrer sobre o tema da *obrigação como processo*, Carlos Eduardo

[53] MIRAGEM, Bruno – *Op. cit.*, p. 42-46.

López Rodríguez[54] leciona que, neste particular, o traço mais notório que diferencia a noção de Larenz da doutrina tradicional reside na *temporalidade da relação jurídica*, na sua existência no tempo, em razão do que pode nascer e desaparecer (extinguir-se, anular-se), modificar-se e evoluir para um fim determinado[55]. Assim, a relação jurídica subsiste como tal, embora alguns dos deveres que ela contém tenham sido extintos pelo cumprimento, ou algum dos direitos de formação tenha desaparecido, por ter sido executado ou tenha prescrito, por não ter sido exercitado a tempo. López Rodríguez ressalva, porém, que o permissivo para essa subsistência reside na existência de uma conexão consonante com o sentido dos diferentes elementos do todo, ou seja, o conjunto (*Gefüge*) possui uma *diretriz unitária* que é a sua finalidade teleológica: toda relação de obrigação persegue a mais completa e adequada satisfação do credor. Larenz conclui que, pelo fato mesmo de que, em toda relação de obrigação, a finalidade buscada reside na satisfação do interesse na prestação do credor, essa relação obrigacional pode e deve ser considerada como *um processo*, pois desde o princípio ela procura alcançar um fim determinado e extinguir-se com a satisfação desse fim. Precursor da concepção da obrigação como processo no Brasil, Clóvis do Couto e Silva também considera a *relação obrigacional* como "um conjunto de atividades que se encadeiam e desdobram em direção ao cumprimento, à satisfação dos interesses do credor"[56], daí evidenciando-se que essas atividades se desenvolvem em planos distintos. Mas, ao considerar que a dívida cumprida, e com isso extinta, constitui o *fundamento jurídico* da prestação, põe-se em relevo, para Larenz, a relação entre o Direito das Obrigações e o Direito das Coisas: a aquisição real da propriedade. A dogmática distingue, com efeito, entre a obrigação e o cumprimento, âmbito em que essa distinção pode ser muitas vezes absoluta, de tal sorte que o cumprimento surge totalmente desligado dos atos que o precederam, localizando-se no Direito das Coisas — e não no das Obrigações — quando o *processo obrigacional* dirigir-se para a transmissão da propriedade.

---

[54] RODRÍGUEZ, Carlos Eduardo López – *Introdução ao pensamento e à obra jurídica de Karl Larenz*. Porto Alegre: Livraria do Advogado, 1994, p. 76-77.

[55] LARENZ, Karl – *Derecho de las Obligaciones – Vol. 1*. Tradução por Jaime Santos Briz. Madrid: Revista de Derecho Privado, 1958, p. 38 e ss., *apud* RODRÍGUEZ, Carlos Eduardo López – Op. cit., p. 76.

[56] SILVA, Clóvis Veríssimo do Couto e – *A obrigação como processo*. São Paulo: Bushatsky, 1976, p. 5, *apud* RODRÍGUEZ, Carlos Eduardo López – Op. cit., p. 77.

Assim, em relação à *formação da obrigação* e, em especial, quanto às obrigações causalizadas em negócios jurídicos de natureza contratual, releva reconhecer, para a formação do vínculo obrigacional, não apenas o momento da sua *constituição formal*, com a *celebração*, mas também a *fase prévia* de negociações e tratativas, ou seja, a *fase pré-negocial*. Não bastasse isto, avança-se no reconhecimento de *efeitos* da relação obrigacional que poderão *ultrapassar* o momento da sua *extinção*, por meio do cumprimento, ou não, do *dever de prestação*, ou seja, a *fase pós-negocial* ou *pós-contratual*. Ademais, quanto à *estrutura da relação obrigacional*, a noção de obrigação como processo *também* permite reconhecer, de par com o dever principal de prestação a que se comprometem os sujeitos da relação obrigacional, *deveres secundários* e *deveres laterais ou anexos* exsurgentes, *ou* de disposição legal específica materializada no título, *ou* diretamente da *incidência* da *boa-fé objetiva*, todos eles assumindo uma *unidade funcional sistêmica* que direciona o curso do *comportamento* esperado das *partes* em relação ao *adimplemento*. Nesta moldura, a satisfação do interesse útil do credor é o fim esperado do comportamento das partes.

Destarte, quanto à estrutura da obrigação como processo, a doutrina classifica os deveres decorrentes da relação obrigacional em três espécies, quais sejam (a) os deveres principais de prestação, (b) os deveres secundários ou laterais e (c) os deveres anexos, oriundos da boa-fé objetiva.

Neste passo, inspirando-se nas lições de Mário Júlio de Almeida Costa[57], Bruno Miragem assinala que os *deveres principais de prestação* são aqueles que integram o *núcleo da relação obrigacional* e que a caracterizam quanto ao seu *tipo*, na hipótese de obrigações típicas derivadas de contratos típicos, com disciplina especificada em lei, todavia aplicando-se, também, aos contratos atípicos, cuja estrutura obrigacional definida entre as partes pode provir tanto da vontade regulamentar das partes, quanto da própria lei (*v.g.*: pagamento da prestação pecuniária de trato sucessivo no local, prazo e *quantum* avençados). Neste primeiro vetor classificatório, portanto, de entender-se evidenciado que, em face do princípio da boa-fé objetiva, o núcleo da relação obrigacional não constitui prerrogativa exclusiva dos contratos típicos.

Os *deveres secundários*, a seu turno, poderão materializar-se em *deveres acessórios* ou de *prestação autônoma* e, entre estes, em *deveres coexistentes* ou *sucedâneos* da prestação obrigacional principal. Os *deveres secundários*

[57] Nossa obra de consulta: COSTA, Mário Júlio de Almeida – *Direito das Obrigações*. 12.ª ed. rev. e actual., 4.ª reimpr. Coimbra: Almedina, 2016, p. 201 e ss., *passim*.

acessórios têm o objetivo de preparar o cumprimento ou assegurar a sua realização. Já os *deveres secundários* de *prestação autônoma* não têm a sua execução necessariamente associada ao dever principal de prestação, podendo ser *deveres sucedâneos* da obrigação principal (*v.g.*: dever de indenizar decorrente do inadimplemento culposo da obrigação), ou *deveres coexistentes* com o dever principal de prestação (*v.g.*: deveres que emergem da mora, como o pagamento de juros, perdas e danos ou cláusula penal), que deverão ser adimplidos em conjunto com o dever principal de prestação originalmente avençado.

De outra banda, os *deveres laterais ou anexos* podem decorrer de *cláusula contratual*, de *disposição legal* ou da *incidência direta* do *princípio da boa-fé*, sendo assim designados porque não se relacionam, modo direto, com o dever principal de prestação, mas auxiliam e promovem a satisfação dos interesses legítimos das partes da relação obrigacional. A *sistematização* dos *deveres laterais ou anexos* recebe tratamento doutrinário diferenciado e, consonante com a evolução da legislação no plano da positivação normativa de deveres oriundos da boa-fé, poderá ter fontes diferenciadas, conforme sejam as características do sistema jurídico nacional em que involucrados. Segundo sistematização europeia de larga difusão, os *deveres laterais ou anexos* podem substanciar-se em *deveres de cuidado*, *cooperação* e *respeito* às *expectativas legítimas* da outra *parte*, ou aos *deveres de advertência*, ou, ainda, aos *deveres de proteção e cuidado* com a *pessoa* e o *patrimônio* da *contraparte*, ou, mesmo, aos *deveres de abstenção*. Os *deveres* de *informação e advertência* podem resultar da lei. Mas também podem ser *deveres* decorrentes de *estipulação clausular expressa*, a exemplo de contratos empresariais nos quais estabelecida detalhada programação, fluxogramação e/ou cronogramação de notificações entre as partes sobre eventos relevantes no curso executivo da avença. Ademais de tudo, podem ser *deveres* decorrentes, modo exclusivo, da *boa-fé objetiva*, que se impõe por si mesma, por princípio jurídico e *standard* ético de conduta, a exemplo da imposição de um *dever de lealdade* ou de *deveres de cuidado* com a *pessoa* e o *patrimônio* da *outra parte*. Ainda no ponto, os *deveres de cuidado* se identificam com os denominados *deveres de proteção*, pertinentes à *pessoa* ou ao *patrimônio* de um dos sujeitos da obrigação, observando-se, todavia, que esses deveres não têm a sua origem *na* relação obrigacional, sendo *antecedentes* a ela, porque decorrem da *boa-fé* e, por isso mesmo, têm *eficácia independente* do conteúdo da relação obrigacional, subsumindo um dever de não afetar a pessoa ou o patrimônio da contraparte, de modo que a sua ofensa não gera uma responsabilidade decorrente do *conteúdo da obrigação*, mas, sim, da regra de vedação de exercício abusivo de direito, a exemplo das hipóteses abertas encartadas no art. 187 do CCB, segundo a qual "Também comete ato ilícito o titular de um direito que, ao exercê-lo, excede manifestamente os limites impostos pelo seu fim econômico ou social, pela boa-fé ou pelos costumes".

Por fim, os *deveres laterais de abstenção* podem provir tanto de disposição contratual, quanto de previsão legal ou incidência direta do princípio da boa-fé objetiva, tomando-se como exemplo o sigilo exigível em série de obrigações entre as partes, pelas quais resulta limitada a possibilidade de divulgar até mesmo a própria existência da relação obrigacional, ou, ainda, informações reservadas sob proteção da privacidade ou do sigilo empresarial, das quais uma das partes conheceu-as em razão da execução da obrigação.

Em face da doutrina brasileira, por exemplo, a *quebra* desses *deveres anexos* gera *violação positiva do contrato*, com *responsabilização civil objetiva* daquele que desrespeita a *boa-fé objetiva*, consoante prescreve o Enunciado n.º 24 do CJF/STJ. Essa responsabilização independente de *culpa* está amparada, também, no Enunciado n.º 363 do CJF/STJ, da *IV Jornada de Direito Civil*, a prescrever que *"Os princípios da probidade e da confiança são de ordem pública, estando a parte lesada somente obrigada a demonstrar a existência da violação"*, tratando-se, portanto, de um preceito de ordem pública.

Bem a propósito, à luz do CPC de 2015, a quebra dos deveres anexos pode gerar uma responsabilidade civil objetiva do violador da boa-fé objetiva processual. Neste diapasão, a doutrina acomete *três funções estruturantes* ao princípio da boa-fé objetiva, quais sejam (1) a *função interpretativa e de colmatação* (CC, art. 113), (2) a *função criadora dos deveres jurídicos anexos ou de proteção* (CC, art. 422) e (3) a *função delimitadora do exercício de direitos subjetivos* (CC, art. 187).

B. Concepções e vertentes do princípio da boa-fé objetiva

Ao discorrer sobre a regra de conduta da boa-fé e a responsabilidade pela confiança, Manuel António Carneiro da Frada[58] dispõe-se a averiguar a conexão existente entre o *standard* de conduta segundo a boa-fé e a

[58] FRADA, Manuel António de Castro Portugal Carneiro da – *Teoria da confiança e responsabilidade civil.* Coimbra: Almedina, 2004, p. 431-434.

confiança, e, neste sentido, preleciona ter sido no domínio dos contratos — do cumprimento das obrigações contratuais — que a norma do comportamento de boa-fé germinou e encontrou a sua guarida mais segura, o que se deveu, especialmente, por força do § 242 do BGB/1900[59], tido como o parágrafo-rei da codificação germânica, que adstringe o devedor (e só o devedor) a efetuar a prestação de acordo com aquilo que a boa-fé (*Treu und Glauben*) reclama. Acolhida aí em seu domínio originário, a boa-fé objetiva expandiu-se, depois, por outros âmbitos e mediante diversas formas de interação entre sujeitos, de que a relação pré-contratual é, quiçá, o exemplo mais significativo. Refletindo essa realidade, o Código Civil determina, genericamente, que as partes devem proceder segundo a boa-fé, tanto no cumprimento da obrigação (de dar, fazer e/ou não fazer), como no *exercício* do direito correspondente, e vincula a idêntico procedimento, durante as *preliminares* ou na *formação* do contrato, os sujeitos que negociam a respectiva conclusão, pena de indenização dos danos causados, conforme dispõem os artigos 762.º/2 e 227.º/1 do CC. No ponto, divisa-se a matriz juspositiva da concepção que constrói uma *ligação especial*, particular, entre sujeitos, como referência da regra de conduta da boa fé.

No tocante ao núcleo inicial da regra da boa-fé — prossegue o jurista —, o estudo dos seus pressupostos e implicações conduziu ao reconhecimento, hoje pacífico, de que o contrato *convoca* uma *ordem normativa* que o envolve e se situa num *plano distinto* quanto às estipulações das partes e, em geral, às próprias disposições supletivamente fixadas pelo ordenamento, sujeitando os contraentes aos ditames daquela regra por todo o seu período de vida. *Por isso, ao lado* dos deveres de prestar — sejam eles *principais de prestação* ou *acessórios de prestação principal* —, na relação obrigacional complexa floresce um leque mais ou menos amplo de deveres que disciplinam o desenrolar da relação contratual, que podem ser designados como *deveres laterais* ou *simples deveres de conduta*. Todavia, eles não se apresentam estritamente *funcionalizados* ao adequado cumprimento dos *deveres de prestar*. Neste passo, outros interesses que tenham de ser razoavelmente levados em conta pelos contraentes durante a relação são suscetíveis de ser contemplados através

[59] O preceito do § 242 do BGB prescreve que "O devedor tem a obrigação de executar a prestação, tal como o exigem a confiança e a fidelidade levando em consideração os usos de tráfico", e deve ser interpretado, no plano dos deveres anexos ou acessórios do princípio da boa-fé objetiva, em consonância com o § 157, determinativo de que "Os negócios jurídicos devem ser interpretados conforme a boa fé e os usos do lugar de sua celebração".

desses *deveres anexos*. Por causa disso, a sua sorte não tem de permanecer idêntica à dos deveres de prestar: o que se manifesta, nomeadamente, na possibilidade de sobreviverem à invalidade ou à ineficácia do contrato, bem assim no fato de serem suscetíveis de surgir *ainda antes* da sua *celebração* e perdurar, também, *para além* da *extinção* dos deveres de prestar. Já no plano da relação desses deveres com a confiança, a conexão é sublinhada em setores importantes da doutrina, que vão encontrar na *tutela da confiança* uma explicação principal da regra de conduta de boa fé, que constitui a origem desses deveres. Mas também são descritos, por vezes, sem qualquer referência específica à necessidade de acautelar as expectativas das partes. Larenz, por exemplo, aponta a necessidade de adoção do *comportamento que se espera de um contraente honesto e leal,* fundamentada no princípio da boa-fé. Na realidade — enfatiza o jurista —, apesar da relativa facilidade com que aparecem retratados, discursivamente, esses deveres, e embora sabendo, por igual, que são abundantemente documentáveis as aplicações da regra da conduta da boa-fé, muito caminho existe ainda a percorrer em ordem a uma racionalização plena da norma da conduta da boa-fé e à explicitação do seu conteúdo, bem como da sua ligação com a confiança.

No direito obrigacional português, sob inspiração do princípio da boa-fé objetiva, Menezes Cordeiro sistematiza os pressupostos da proteção da confiança nos seguintes termos, *verbis*[60]:

> "1.º Uma situação de confiança conforme com o sistema e traduzida na boa fé subjetiva e ética, própria da pessoa que, sem violar os deveres de cuidado que ao caso caibam, ignore estar a lesar posições alheias;
>
> 2.º Uma justificação para essa confiança, expressa na presença de elementos subjetivos capazes de, em abstrato, provocarem uma crença plausível;
>
> 3.º Um investimento de confiança consistente em, da parte do sujeito, ter havido um assentar efetivo de atividades jurídicas sobre a crença consubstanciada;
>
> 4.º A imputação da situação de confiança criada à pessoa que vai ser atingida pela proteção dada ao confiante: tal pessoa, por ação ou omissão, terá dado lugar à entrega do confiante em causa ou ao fato objetivo que a tanto conduziu."

---

[60] CORDEIRO, António Manuel da Rocha e Menezes – *Da Boa fé no Direito Civil.* Coimbra: Almedina, 2001, p. 971.

Nada obstante, Menezes Cordeiro registra que a *articulação* entre os *pressupostos* para a *tutela da confiança* não são todos indispensáveis, de modo que "a falta de alguns deles possa ser compensada pela intensidade especial que assuma alguns, ou algum, dos restantes"[61]. *A situação de confiança tutelada pelo direito resulta de uma crença legitimada pela conduta da outra parte, levando-a a um comportamento determinado, baseada nisso.* Nesse sentido, a proteção da confiança a estabelece como *fonte autônoma de responsabilidade*, na hipótese em que um dos sujeitos da relação obrigacional *viole* os *deveres* que dela são decorrentes. Esta *responsabilidade pela confiança* (*Vertrauenshaftung*) constitui o modelo essencial pelo qual se reconhece a *proteção da crença* gerada a partir do comportamento das partes em dada relação obrigacional, seja em relação à sua *constituição*, *execução* ou, mesmo, *após a sua extinção*, preservando-se os *efeitos* decorrentes da *crença estabelecida*. Esta crença surge por meio do comportamento das partes ou de informações prestadas, que, na medida em que despertem a confiança legítima da contraparte, vinculam a uma ação futura, ao prosseguimento de uma dada conduta ou, ainda, à manutenção de determinado estado de fato.

No magistério de Pinto Monteiro e Mota Pinto[62], a *boa-fé* é um *princípio fundamental* contemporâneo da ordem jurídica, de particular relevância no campo das relações civis, mas abrangendo todo o direito privado. Nesta esteira, é um princípio fundamental que exprime a preocupação da ordem jurídica pelos *valores ético-jurídicos da comunidade*, pelas *particularidades* da *situação concreta* a regular e por uma *juridicidade social e materialmente fundada*. Assim, pois, a consagração da boa-fé corresponde à *superação* de uma perspectiva *positivista* do direito, pela *abertura* a *princípios* e *valores extralegais*, bem assim pela *dimensão social concreta e material* do jurídico que representa, deste modo ajustando-se e contribuindo para uma visão do direito em conformidade com o *Estado de Direito Social* da atualidade, intervencionista e voltado para a correção dos desequilíbrios e injustiças. Embora a sua larga abrangência jurídica, é no campo dos contratos que o princípio da boa-fé adquire uma grande importância, operando em permanente *diálogo e contraponto* com o *princípio fundamental da autonomia privada*. Nesta linha de afirmações, os

---

[61] CORDEIRO, António Manuel da Rocha e Menezes – *Da Boa fé no Direito Civil*. Coimbra: Almedina, 2001, p. 973.

[62] PINTO, Carlos Alberto da Mota; MONTEIRO, António Pinto; PINTO, Paulo Mota – *Op. cit.*, p. 124-127.

autores em epígrafe enquadram o princípio da boa-fé como *critério normativo* no sentido *objetivo*. Vale distinguir, assim, a boa-fé objetiva da sua consorte em sentido *subjetivo*, que se reporta a um *estado subjetivo* e tem em vista a situação de quem *julga atuar em conformidade com o direito*, por desconhecer ou ignorar, designadamente, qualquer vício ou circunstância anterior, a exemplo, no CC, dentre outros, do art. 243.º, n.º 2, ao preceituar que "a boa fé consiste na *ignorância* da situação", e do art. 291.º, n.º 3, ao considerar de boa-fé o terceiro que "desconhecia, sem culpa, o vício do negócio nulo ou anulável". Em muitos outros casos, porém, a lei recorre à boa-fé objetiva, cujo princípio revela, na atualidade, todo o seu imenso potencial *jurisgênico* e traduz a dimensão de *justiça social materialmente fundada* já referida. Neste sentido, pois, a boa-fé objetiva é um *princípio normativo* transpositivo e extralegal ao qual o *julgador* é remetido a partir de *cláusulas gerais*, pois ele não contém a solução do caso, antes consagra o *critério* da sua solução, carecendo para o efeito de realizar a *mediação concretizadora* do aplicador, mormente o juiz, mas também os árbitros nos métodos alternativos de autocomposição de conflitos, além de outros operadores do direito.

Assim é que, aplicado aos contratos, o princípio da boa-fé objetiva constitui uma *regra de conduta* segundo a qual os contraentes devem agir de *modo honesto*, *correto* e *leal*, não só *impedindo* comportamentos desleais, como *impondo* deveres de *colaboração* entre eles. É neste sentido que o CC, no art. 227.º, n.º 1, menciona as "regras da boa fé", que o art. 239.º convoca os "ditames da boa fé" na integração do negócio jurídico, que o art. 334.º menciona os "limites impostos pela boa fé" como critério do abuso do direito, e que o art. 762.º, n.º 2, manda os contraentes proceder "de boa fé" no cumprimento da obrigação e no exercício do direito correspondente. Nesta perspectiva, pode-se dizer que o princípio da boa-fé objetiva acompanha a relação contratual desde o seu início, permanece toda a sua vida e subsiste mesmo após ela ter se extinguido. Assim, em certa medida, o princípio da boa-fé objetiva conforma a relação contratual, sendo um dos critérios a que se pode recorrer para determinar o *âmbito da vinculação negocial*. Isto quer significar que, para o magistério de Carlos Alberto Mota Pinto, do contrato fazem parte não só as obrigações que expressa ou tacitamente decorrem *do acordo das partes*, mas também, designadamente, *todos os deveres que se fundam no princípio da boa-fé* e mostram-se necessários para integrar a lacuna contratual, desta forma sublinhando o seu papel decisivo no enriquecimento do conteúdo do contrato, mormente por constituir a *matriz* dos denominados *deveres laterais*, a exemplo dos deveres de cuidado para com a pessoa e o patrimônio da contraparte, e os deveres de informação e esclarecimento, dentre outros. Ademais — asserem os juristas em epígrafe —, do prisma da responsabilidade nas quais as partes podem incorrer, a violação da boa-fé objetiva é suscetível de gerar responsabilidade *pré-contratual*, responsabilidade *contratual* ou, mesmo, responsabilidade *pós-contratual*, consoante seja o momento em que ocorra a violação. Por fim, uma manifestação especialmente relevante do princípio da boa-fé objetiva, que vem adquirindo, na atualidade, uma particular *densidade e identificação*, é o *princípio da confiança*, inclusive porque várias das soluções legislativas que apelam ao princípio da boa-fé objetiva são inspiradas, em grande medida, pela necessidade de *tutela da confiança*. Trata-se, no fundo, de acolher a ideia de que, em certos casos, deve *relevar juridicamente* a confiança *justificada* de alguém no comportamento de outrem, quando este tiver *contribuído* para fundar essa confiança e ela se justifique, igualmente, em face das *circunstâncias* do caso concreto. Essa relevância jurídica pode levar a *atribuir efeitos jurídicos* a uma situação somente aparente, ou, então, como sucederá normalmente, criar a *obrigação de indenização* pela frustração das legítimas expectativas.

Como *standard* de *comportamento contratual*, e não como *estado de fato*, Judith Martins-Costa[63] leciona que os valores intrínsecos à boa-fé são a *probidade*, a *lealdade* e as *considerações às legítimas expectativas* do parceiro contratual. Direcionada a *valores*, a *boa-fé objetiva* configura, normativamente, um *princípio jurídico* que, em consonância com todo *princípio normativo* (prescritivo), conduz o agente ao que Humberto Ávila denomina de *estado ideal de coisas*, no caso uma ação leal, proba (CC, art. 422), em vista do adimplemento satisfativo, finalidade que polariza toda e qualquer relação contratual. Constituindo *princípio normativo* (prescritivo), a boa-fé objetiva tem potencial *jurisgênico*, pois é *princípio produtor* de normas jurídicas dotadas de prescritividade, como todas as normas (os contraentes *devem* agir coerentemente ao pactuado no contrato; o credor *deve* evitar aumentar os seus próprios prejuízos). Assim, desenvolve atuação primacial ao *modular a interpretação* dos contratos, ao *criar deveres* que atuam *lateralmente* aos deveres de prestação (*deveres laterais* de conduta) e ao *balizar limites da licitude* ao *exercício* de direitos subjetivos e

---

[63] MARTINS-COSTA, Judith – *Critérios para aplicação do princípio da boa-fé objetiva. In:* MARTINS-COSTA, Judith; FRADERA, Véra Jacob de (Orgs.) [*et al.*] – *Estudos de Direito Privado e Processual Civil em homenagem a Clóvis do Couto e Silva*. São Paulo: RT, 2014, p. 194-196.

faculdades jurídicas. Bem por isto, é possível perceber que boa-fé objetiva e boa-fé subjetiva não apenas se revestem de *natureza* e *significados diversos*, mas *têm diferentes âmbitos e diversas funções*. Mas, de regra, embora a independência das instâncias, poderá não haver boa-fé objetiva no negócio jurídico contratual quando a conduta ou o comportamento de parceiro contratante violar a boa-fé subjetiva, no mesmo passo que a contrafação da boa-fé objetiva poderá resultar em violação da boa-fé subjetiva, dependendo da natureza dos deveres anexos violados. Aí, no entanto, a concepção é de que o princípio da boa-fé objetiva caracteriza uma dimensão — positiva ou negativa — acima e além da vontade das partes, consoante já sublinhado.

C. Alguns marcos normativos do princípio da boa-fé objetiva

Na abordagem doutrinária lusitana, há acentuado consenso de que o reconhecimento da *dignidade da pessoa humana* e dos *direitos de personalidade*, a *autonomia privada*, *a boa-fé*, a *propriedade privada* e a *responsabilidade civil* constituem *princípios fundamentais do direito civil português*. O reconhecimento da *dignidade da pessoa humana* e dos *direitos de personalidade*, quiçá o princípio mais fundamental entre os princípios fundamentais do Direito Civil lusitano, constitui pressuposto lógico do Direito, que deve ser aceito e compreendido, no seu patamar mínimo, pela necessidade de convivência em sociedade, sendo consagrado no art. 6.º da Declaração Universal dos Direitos do Homem da ONU, de 10/12/1948, e nos artigos 12.º e 13.º, dentre outros, da Constituição da República Portuguesa (CRP), recebendo concretização no Código Civil (*v.g.:* artigos 27.º/1, 66.º/1, 68.º, 70.º/1, dentre outros). As autonomias privada e contratual, bem assim a liberdade contratual, também constituem princípios fundamentais do direito civil lusitano, a primeira por sua relevância essencial na esfera de atuação dos particulares, as demais por traduzirem legítimas manifestações da autonomia privada, conferindo às pessoas a possibilidade de celebração de negócios e contratos que bem entenderem, arbitrando a sua conformação nos limites da lei, estando consagradas no art. 405.º do Código Civil. A boa-fé, por sua vez, é um *princípio fundamental* do direito português com aplicação transversal, constituindo uma das bases mais substanciais do Direito Civil, por isso que extrapola os seus próprios limites para outros campos do Direito, impondo-se às pessoas e coarctando qualquer atuação que a contrarie, abrangendo o domínio de atuações lícitas ou até resultantes de outros princípios relevantes do ordenamento jurídico, como o da já referida autonomia privada. A dificuldade de prever todas as manifestações concretas de exercício juridicamente censurável da autonomia privada impõe o recurso ao conceito indeterminado de boa-fé objetiva, que se concretiza em cada caso com base nos elementos disponíveis pertinentes à situação sob análise. De regra, consoante já assinalado, distingue-se a boa-fé subjetiva da boa-fé objetiva, a primeira dizendo respeito a um estado da pessoa, nomeadamente o conhecimento ou desconhecimento de um fato ou circunstância, ao passo que a segunda pertine a algo exterior à pessoa, mas que a esta se impõe, por exprimir valores fundamentais do sistema jurídico. Nesta perspectiva, o princípio da boa-fé objetiva caracteriza uma norma de conduta que todas as pessoas devem respeitar.

Na abordagem doutrinária brasileira contemporânea, os princípios assumem uma função de grande importância na atual codificação jusprivatista, sendo comum afirmar que o Código Civil de 2002 é um *Código de Princípios*, tão grande a sua presença na codificação vigente, o mesmo podendo ser dito em relação ao Código de Defesa do Consumidor de 1990 e ao novo Código de Processo Civil de 2002, que valorizam *princípios* como a *dignidade da pessoa humana* e a *boa-fé objetiva*, tanto no plano jusmaterialístico, quanto no processual. Além disso, consoante gizado pela Escola de Direito Civil Constitucional, sobressai a importância assumida pelos *princípios constitucionais* no ordenamento jurídico brasileiro, pois eles constituem regramentos básicos aplicáveis a determinados institutos jurídicos juscivilistas que pertinem aos contratos de direito privado. Os princípios são abstraídos das normas, dos costumes, da doutrina, da jurisprudência e dos aspectos políticos, econômicos e sociais, podendo estar expressos na norma, embora não necessariamente. No ponto, observe-se que o *princípio da função social dos contratos* está expresso no Código Civil, no art. 421 e no parágrafo único do art. 2035, e implícito no CDC e na CLT, contendo normas que protegem o vulnerável na relação contratual. No caso do CDC (Lei Federal n.º 8.078, de 1990), a *função social dos contratos* pode ser retirada de vários dos seus dispositivos, a exemplo dos artigos 46, 47, 51, 52 e 53, dentre outros. Avulta, no ponto, a importância do CDC, uma vez que, na regra geral, os negócios jurídicos contratuais são adesivos de consumo — não paritários, portanto — e estão enquadrados nos seus artigos 2.º e 3.º. Neste contexto, agiganta-se o uso da *teoria do diálogo das fontes* entre essas codificações no vasto campo dos contratos de direito privado, pois, por meio desse caminho metodológico e científico, é possível aplicar a determinado contrato, modo simultâneo, tanto o CDC quanto o CC, desde que isso não prejudique o consumidor vulnerável.

Nesta toada, portanto, toma vulto a apregoada *aproximação principiológica* entre esses dois Estatutos, gerando adesão imediata à *teoria do diálogo das fontes*, que decorre, em substância, dos *princípios sociais contratuais* encampados pela nova codificação, quais sejam a *função social dos contratos* e a *boa-fé objetiva*. Nesta perspectiva, o *Enunciado n.º 167* do CJF/STJ, aprovado na *III Jornada de Direito Civil*, estabelece a cláusula geral de que, *"Com o advento do Código Civil de 2002, houve forte aproximação principiológica entre esse Código e o Código de Defesa do Consumidor, no que respeita à regulação contratual, uma vez que ambos são incorporadores de uma nova teoria geral dos contratos"*. Além dessa interação entre CDC/CC, a *teoria do diálogo das fontes* constrói a interação destas codificações com a Constituição Federal no âmbito dos contratos de direito privado, nomeadamente a partir dos princípios do *Direito Civil Constitucional*, a exemplo da principiológica *cláusula geral de tutela e proteção da personalidade e dignidade da pessoa humana* (CRFB, art. 1.º, III), da *solidariedade social* (CRFB, art. 3.º, I) e da *igualdade* em sentido lato, ou *isonomia* (CRFB, art. 5.º, *caput*), constituindo uma realidade hermenêutica que encontra consolidado respaldo na jurisprudência dos Tribunais de Apelação e nos Tribunais Superiores da Federação (STF, STJ e TST).

Ademais, é preciso destacar que o art. 1.º do CPC/2015 prescreve que o processo civil será ordenado, disciplinado e interpretado em consonância com os valores e as normas fundamentais da Constituição da República Federativa do Brasil (CRFB), no mesmo passo que o seu art. 8.º determina que o juiz, ao aplicar o ordenamento jurídico, atenderá aos fins sociais e às exigências do bem comum, resguardando e promovendo a dignidade da pessoa humana e observando a proporcionalidade, a razoabilidade, a legalidade, a publicidade e a eficiência, deste modo substanciando a visão civil-constitucional do sistema jurídico.

Nesse contexto, a boa-fé é, antes de tudo, uma *diretriz principiológica de fundo ético* e *espectro eficacial jurídico* que subsume substratos éticos e morais revestidos de natureza jurídica cogente. Constitui, portanto, um princípio vinculado a normas de comportamento ligadas à eticidade da ordem social. Neste sentido, uma releitura da estrutura obrigacional, sem as amarras tecnicistas da teoria clássica e revista à luz desse construto ético, conduz à conclusão de que o *contrato* não se esgota apenas na *obrigação principal* de *dar*, *fazer* ou *não fazer*, pois a boa-fé objetiva impõe aos contratantes, *também*, a observância de *deveres jurídicos anexos ou de proteção*, que, embora não estejam inscritos no contrato, integram-no com a mesma relevância e intensidade dos deveres jurídicos principais, minimamente bilaterais no campo obrigacional do sinalagma. Assim, os *deveres anexos ou de proteção* decorrentes do *princípio da boa-fé objetiva* podem ser exemplificados nos *deveres de lealdade, confiança, assistência, informação, confidencialidade* ou *sigilo*, dentre outros. Tais deveres são impostos tanto ao sujeito ativo quanto ao sujeito passivo da relação jurídica obrigacional bilateral, referindo-se à exata satisfação dos *interesses comutativos* envolvidos nas prestações e contraprestações obrigacionais assumidas, *por força e em decorrência* dos *deveres da boa-fé contratual.*

V. APROXIMAÇÕES FINAIS

Por fim, em Portugal ou no Brasil, nada mais simbólico do que concluir este sintético estudo com os paradigmas epistemológicos anunciados no seu início, chamando à colação alguns depoimentos doutrinários representativos da tábua de valores adotada no seu curso.

Nessa perspectiva, o Direito do século XXI, para os juristas Cristiano de Farias, Felipe Braga Netto e Nelson Rosenvald[64], *"exige uma leitura ética, que dialogue com a sociedade, e não se satisfaz com conceitos puramente apriorísticos e formais. Isso não significa, convém repetir, que o juiz possa se libertar dos limites do sistema jurídico. Não se trata de voluntarismo, mas de reconhecer a força normativa dos princípios e a importância da teoria dos direitos fundamentais. A solução dos casos difíceis não virá apenas da norma, mas de uma construção complexa em que atuam a sociedade, o intérprete e os atores sociais, com valores plurais e nem sempre homogêneos"*. No ponto, as categorias, conceitos e institutos devem ser lidos à luz da função exercida, com a *passagem da estrutura à função* e com o abandono de uma concepção estrutural do direito em favor de uma postura funcionalizada, na qual sobreleva a atuação social dos direitos. Para Diogo Leite de Campos, *"Ao primado dos direitos do sujeito, contraponho o primado da ética — como conteúdo e limites de tais direitos. Rejeitando a soberania absoluta de cada um, que só pode levar ao domínio absoluto, na dialéctica do senhor-escravo"*[65], *bem por isto que "a constante*

[64] FARIAS, Cristiano Chaves de; BRAGA NETTO, Felipe Peixoto; ROSENVALD, Nelson. *Novo Tratado de Responsabilidade Civil.* 4.ª ed. São Paulo: Saraiva Educação, 2019, p. 707.

[65] CAMPOS, Diogo Leite de – Nós – Estudos sobre o Direito das Pessoas. Coimbra: Almedina, 2004, p. 130.

redescoberta da dignidade da pessoa humana, em termos de personalismo ético, torna dificilmente aceitável o poder de alguém sobre o outro ou em relação a uma actividade de outro."[66] Para Maria Celina Bodin de Moraes, *"À identificação taxativa e ao desdobramento dos direitos da personalidade se opõe a consideração de que a pessoa humana — e, portanto, sua personalidade — configura um valor unitário, daí decorrendo o reconhecimento, pelo ordenamento jurídico, de uma cláusula geral de tutela a consagrar a proteção integral da personalidade, em todas as suas manifestações tendo como ponto de confluência a dignidade da pessoa humana, posta no ápice da Constituição Federal de 1988."*[67] Para Gustavo Tepedino, *"tem-se a personalidade como o conjunto de características e atributos da pessoa humana, considerada como objeto de proteção por parte do ordenamento jurídico. A pessoa, vista deste ângulo, há de ser tutelada das agressões que afetam a sua personalidade, identificando a doutrina, por isso mesmo, a existência de situações jurídicas subjetivas oponíveis erga omnes. Dito diversamente, considerada como sujeito de direito, a personalidade não pode ser dele o seu objeto. Considerada, ao revés, como valor, tendo em conta o conjunto de atributos inerentes e indispensáveis ao ser humano (que se irradiam da personalidade), constituem bens jurídicos em si mesmos, dignos de tutela privilegiada."*[68] Destarte, Tepedino leciona que os direitos da personalidade são atributos e características essenciais à dignidade e à integridade da pessoa humana, exigindo especial proteção, inclusive e com especial ênfase nas relações privadas. Considerada como valor, a personalidade da pessoa humana constitui um bem jurídico em si mesmo, sendo digno de tutela privilegiada e não se compadecendo com o paradigma dos direitos patrimoniais.[69] Para Menezes Cordeiro[70], *"A sistemática deve ser reformulada, admitindo-se um sistema aberto, móvel,*

[66] CAMPOS, Diogo Leite de – As Relações de Associação – O Direito sem Direitos. Coimbra: Almedina, 2011, p. 127.

[67] MORAES, Maria Celina Bodin – *Recusa à realização de exame de DNA na investigação de paternidade e direitos da personalidade. In:* BARRETO, Vicente. *A nova família.* Rio de Janeiro: Renovar, 1994, p. 174, *apud* FACHIN, Luiz Edson. *Artic. et op. cit.*, p. 7.

[68] TEPEDINO, Gustavo – *A tutela da personalidade no ordenamento jurídico-constitucional brasileiro. In:* TEPEDINO, Gustavo – *Temas de Direito Civil – Tomo I.* 3.ª ed. rev. atual. Rio de Janeiro: Renovar, 2004, p.27.

[69] TEPEDINO, Gustavo – *A tutela da personalidade no ordenamento jurídico-constitucional brasileiro. In:* TEPEDINO, Gustavo – *Temas de Direito Civil – Tomo I.* 3.ª ed. rev. atual. Rio de Janeiro: Renovar, 2004, p.49, *passim.*

[70] CORDEIRO, António Manuel da Rocha e Menezes – Da Boa fé no Direito Civil. 7.ª reimpr. Coimbra: Almedina, 2017, p. 1.299.

heterogéneo e cibernético; a boa fé articula-se com esta realidade, distinguindo-se das lacunas. A boa fé traduz, no caso concreto, a projecção dos dados materiais relevantes do sistema, a cuja luz devem ser vistas a confiança e a materialidade da regulação jurídica". Para Judith Martins-Costa[71], *"o caminho da construção dogmática da boa-fé, com base em critérios firmes e em distinções que oferecem segurança deve ser ainda trilhado pela doutrina brasileira. Para tanto é necessário um diálogo mais ativo entre doutrina e jurisprudência. Almeja-se que possa contribuir, para tanto, o esforço de crítica sincera e construtiva aqui ensaiado".*

Assim, em Portugal e no Brasil, cada qual trilhando os seus históricos caminhos próprios, a densidade dos estudos sobre os princípios da função social dos negócios e da boa-fé objetiva nos contratos privados encontra tutela de concretização, efetividade e reciprocidade sistêmica em cláusulas gerais de tutela e normas constitucionais e juscivilistas abertas, flexíveis, que sufragam substratos ético-jurídicos vinculados aos valores supremos dos direitos da personalidade e do postulado fundamental da dignidade da pessoa humana.

Portanto, na conclusão, o momento é de reafirmar a carta de paradigmas subscrita no início deste estudo. O Direito estatal e as suas formas de organização social decorrem dos anseios antropológicos do Homem por segurança, paz e harmonia, fundamentando, estruturando e aperfeiçoando a própria existência do Estado de Direito democrático. Nesta perspectiva, concluir que os princípios da função social e da boa-fé objetiva nos contratos de direito privado devem substanciar uma *longa manus* dimanente de direitos da personalidade e do postulado fundamental da dignidade da pessoa humana significa comprometer-se com a evolução do *homo sapiens* em direção ao exercício de padrões de comportamento civilizatórios — juridicizáveis e juridicizados — demarcados por uma eticidade permanente que o afaste, modo definitivo, do seu estado de natureza.

REFERÊNCIAS BIBLIOGRÁFICAS

ANDRADE, José Carlos Vieira de – *Os Direitos Fundamentais na Constituição Portuguesa de 1976*. 5.ª ed. Coimbra: Almedina, 2016. ISBN 978-972-40-4669-3

71 MARTINS-COSTA, Judith – A Boa-fé no Direito Privado – Critérios para a sua aplicação. 2.ª ed., 2.ª tiragem, São Paulo: Saraiva Educação, 2018, p. 775.

ASCENSÃO, José de Oliveira – *O Direito – Introdução e Teoria Geral.* 13.ª ed. refundida, 8.ª reimpr. da edição de 2005. Coimbra: Almedina, 2016. ISBN 978-972-40-2443-1

ÁVILA, Humberto Bergmann – *Teoria dos Princípios – da definição à aplicação dos princípios jurídicos.* 5.ª ed. rev. e ampl. São Paulo: Malheiros, 2006. ISBN 85-7420-704-7

BENJAMIN, Antonio Herman; MARQUES, Cláudia Lima; MIRAGEM, Bruno (Coord.) – *O Direito do Consumidor no mundo em transformação.* São Paulo: Thomson Reuters Brasil, 2020. 978-65-5614-355-2

CAMPOS, Diogo Leite de – *As Relações de Associação – O Direito sem Direitos.* Coimbra: Almedina, 2011. ISBN 978-972-40-4385-2

________ – *O Direito e os Direitos da Personalidade. In:* CAMPOS, Diogo Leite de – *Nós – Estudos sobre os Direitos das Pessoas.* Coimbra: Almedina, 2004. ISBN 974-48-8155-6.

________ – *Os direitos da personalidade: categoria em reapreciação.* CAMPOS, Diogo Leite de – *Nós – Estudos sobre os Direitos das Pessoas.* Coimbra: Almedina, 2004. ISBN 974-48-8155-6.

CANOTILHO, J.J. Gomes – *Direito Constitucional.* 6.ª ed. rev. Coimbra: Almedina, 1993. ISBN 972-40-0757-X

________ – *Direito Constitucional e Teoria da Constituição.* 7.ª ed., 13.ª reimpr. Coimbra: Almedina, 2003. ISBN 978-972-40-2106-5

CARVALHO, Jorge Morais – *O Direito Civil como direito privado comum – Os princípios gerais. In:* ROSÁRIO, Pedro Trovão do (Coord. Geral) [*et al.*] – *Introdução ao Direito.* 2.ª reimpr. Coimbra: Almedina, 2017. ISBN 978-972-40-6474-1

________ – *Os limites à liberdade contratual.* Coimbra: Almedina, 2016. ISBN 978-972-40-6470-3

CORDEIRO, António Manuel da Rocha e Menezes – *Da Boa fé no Direito Civil.* 7.ª reimpr. Coimbra: Almedina, 2017. ISBN 978-972-40-7193-0

________ – *Tratado de Direito Civil – Parte Geral – Exercício Jurídico – Vol. V.* 3.ª ed. rev. e actual. Coimbra: Almedina, 2018. ISBN 978-972-40-7218-0

________ – *Tratado de Direito Civil – Direito das Obrigações – Sistemas e Direito Europeu – Dogmática Geral – Vol. VI.* 2.ª ed. rev. Coimbra: Almedina, 2012. ISBN 978-972-40-4980-9

________ – *Tratado de Direito Civil – Direito das Obrigações – Contratos – Negócios Unilaterais – Vol. VII.* 2.ª reimpr. da 1.ª ed. do tomo II da parte II de 2010 Coimbra: Almedina, 2016. ISBN 978-972-40-4101-8

COSTA, Helena Regina Lobo da – *A Dignidade Humana – Teorias de prevenção geral positiva.* São Paulo: Revista dos Tribunais, 2008. ISBN 978-85-203-3307-5

COSTA, Mário Júlio de Almeida – *Direito das Obrigações*. 12.ª ed. rev. e actual., 4.ª reimpr. Coimbra: Almedina, 2016. ISBN 978-972-40-4033-2

FACHIN, Luiz Edson; RUZYK, Carlos Eduardo Pianova – *Direitos fundamentais, dignidade da pessoa humana e o novo Código Civil: uma análise crítica. In:* SARLET, Ingo Wolfgang (Org.) [*et al.*]. – *Constituição, Direitos Fundamentais e Direito Privado*. 2.ª ed., rev. e ampl. Porto Alegre: Livraria do Advogado, 2006. ISBN 85-7348-407-1

FARIAS, Cristiano Chaves de; BRAGA NETTO, Felipe Peixoto; ROSENVALD, Nelson. *Novo Tratado de Responsabilidade Civil*. 4.ª ed. São Paulo: Saraiva Educação, 2019. ISBN 978-85-536-1069-3

FRADA, Manuel António de Castro Portugal Carneiro da – *Teoria da confiança e responsabilidade civil*. Reimpr. da edição de 2004. Coimbra: Almedina, 2016. ISBN 978-972-40-2122-5

FRADERA, Vera Maria Jacob de – *A boa fé objetiva, uma noção presente no conceito alemão, brasileiro e japonês de contrato*. Revista da Faculdade de Direito da UFRGS – Edição Especial. n.º 22, set/2002, p. 125-140. Porto Alegre: FDUFRGS, 2002. [Em linha]. [Consult. 27 Mai 2018]. Disponível na Internet: <*http://dx.doi.org/10.22456/2317-8558.48655*> ISSN 0104-6594

FRITZ, Karina Nunes – *Boa-fé objetiva na fase pré-contratual – A responsabilidade pré-contratual por ruptura das negociações*. Curitiba: Juruá, 2008. ISBN 978-85-362-2242-4

GAGLIANO, Pablo Stolze; PAMPLONA FILHO, Rodolfo – *Manual de Direito Civil – Volume Único*. São Paulo: Saraiva, 2017. ISBN 978-85-472-1572-9

________ – *Novo Curso de Direito Civil – Vol. 4, Tomo I – Contratos: Teoria Geral*. 13.ª ed. rev. e atual. – de acordo com o novo CPC. São Paulo: Saraiva, 2017. ISBN 978-85-472-1479-1

GONÇALVES, Glácio Maciel (Coord.); POTTES DE MELLO, Aymoré Roque; NETO, Abrão Amisy; *et al.* – *Temas Relevantes de Direito Processual Civil: Abordagens e Reciprocidades Luso-Brasileiras*. Curitiba: CRV, 2018. ISBN 978-85-444-2928-0

LOTUFO, Renan – *Da oportunidade da Codificação Civil e a Constituição. In:* SARLET, Ingo Wolfgang (Org.) [*et al.*]. – *O novo Código Civil e a Constituição*. 2.ª ed., rev. e ampl. Porto Alegre: Livraria do Advogado, 2006. ISBN 85-7348-423-3

MAFFINI, Rafael – *Princípio da Proteção Substancial da Confiança no Direito Administrativo Brasileiro*. Porto Alegre: Verbo Jurídico, 2006. ISBN 85-7699-013-X

MARQUES, Cláudia Lima; BENJAMIN, Antonio Herman V.; MIRAGEM, Bruno – *Comentários ao Código de Defesa do Consumidor*. 6.ª ed. rev., atual. e ampl. São Paulo: Thomson Reuters Brasil, 2019. ISBN 978-85-5321-377-1

MARQUES, Cláudia Lima; MIRAGEM, Bruno (Coord.) – *Diálogo das Fontes – Novos Estudos sobre a Coordenação e Aplicação das Normas no Direito Brasileiro*. São Paulo: Thomson Reuters Brasil, 2020. ISBN 978-65-5065-436-8

MARTINS-COSTA, Judith – *A Boa-fé no Direito Privado*. São Paulo: RT, 2000. ISBN 85-2031-796-0

________ – *A Boa-fé no Direito Privado – Critérios para a sua aplicação.* 2.ª ed., 2.ª tiragem, São Paulo: Saraiva Educação, 2018. ISBN 978-85472-2895-8

________ – *Critérios para aplicação do princípio da boa-fé objetiva. In:* MARTINS-COSTA, Judith; FRADERA, Véra Jacob de (Orgs.). [*et al.*]. – *Estudos de Direito Privado e Processual Civil em homenagem a Clóvis do Couto e Silva.* São Paulo: RT, 2014. ISBN 978-85-203-5431-5

MENDES, Gilmar Ferreira; COELHO, Inocêncio Mártires; BRANCO, Paulo Gustavo Gonet – *Curso de Direito Constitucional.* São Paulo: Saraiva, 2007. ISBN 978-85-02-06468-3

MIRAGEM, Bruno – *Direito Civil: Direito das Obrigações.* São Paulo: Saraiva, 2017. ISBN 978-85-472-1471-5

MIRANDA, Jorge; MEDEIROS, Rui – *Constituição Portuguesa Anotada – Vol. I.* 2.ª ed. rev. Lisboa: Universidade Católica, 2017. ISBN 978-972-54-0541-3

________ – *Manual de Direito Constitucional – Tomo IV.* 4.ª ed. rev. e atual. Coimbra: Coimbra, 2013. ISBN 978-972-32-2274-6

MORAES, Maria Celina Bodin. *O conceito de dignidade humana: substrato axiológico e conteúdo normativo. In:* SARLET, Ingo Wolfgang (Org.) [*et al.*]. *Constituição, Direitos Fundamentais e Direito Privado.* 2.ª ed., rev. e ampl. Porto Alegre: Livraria do Advogado, 2006. ISBN 85-7348-407-1

NEGREIROS, Teresa Paiva de Abreu Trigo de – *Fundamentos para uma Interpretação Constitucional do Princípio da Boa-Fé.* Rio de Janeiro: Renovar, 1998. ISBN 85-7147-095-2

NOVAIS, Jorge Reis – *A Dignidade da pessoa humana – Dignidade e Direitos Fundamentais – Vol. I.* Coimbra: Almedina, 2016. ISBN 978-972-40-6157-3

OLIVEIRA, Nuno Manuel Pinto – *Princípios de Direito dos Contratos.* Coimbra: Coimbra, 2011. ISBN 978-972-32-1915-9

PENTEADO, Luciano de Camargo – *Figuras Parcelares da Boa-fé Objetiva e Venire Contra Factum Proprium. THESIS* São Paulo, v. 8, ano IV, 2.º semestre, 2007, p. 39-70 [Em linha]. [Consult. 07 Jan 2018]. Disponível na Internet: <*http://www.cantareira.br/thesis2/ed_8/3_luciano.pdf*> ISSN 1806-762X

PEREIRA, António Pinto – *Princípios Gerais de Direito.* Coimbra: Coimbra, 2013. ISBN 978-972-32-2111

PERLINGIERI, Pietro – *Perfis do Direito Civil – Introdução ao Direito Civil Constitucional.* Trad. de Maria Cristina De Cicco. 1.ª ed. rev. e ampl. Rio de Janeiro: Renovar, 1999. ISBN 85-7147-038-3

PINTO, Paulo Mota – *Notas sobre o direito ao livre desenvolvimento da personalidade e os direitos da personalidade no direito português. In:* SARLET, Ingo Wolfgang (Org.) [*et al.*]. *A Constituição concretizada.* Porto Alegre: Livraria do Advogado, 2000. ISBN 85-7348-162-5

PINTO, Carlos Alberto da Mota; MONTEIRO, António Pinto; PINTO, Paulo Mota – *Teoria Geral do Direito Civil.* 4.ª ed., 2.ª reimpr. Coimbra: Coimbra, 2012. ISBN 978-97232-2102-2

PRATA, Ana – *A Tutela Constitucional da Autonomia Privada.* Reimpr. da edição de 1982. Coimbra: Almedina, 2017. ISBN 978-972-40-6184-9

RODRÍGUEZ, Carlos Eduardo López – *Introdução ao pensamento e à obra jurídica de Karl Larenz.* Porto Alegre: Livraria do Advogado, 1994. ISBN 85-8561-678-4

SÁ, Priscila Zeni de. *Poder Judiciário e as Cláusulas Gerais – Parâmetros para a concretização no direito civil-constitucional.* Florianópolis: Tirant Lo Blanch, 2018. ISBN 978-85-9477-1506

SANSEVERINO, Paulo de Tarso Vieira – *Princípio da Reparação Integral – Indenização no Código Civil.* 1.ª ed., 2.ª tiragem São Paulo: Saraiva, 2011.ISBN 978-85-02-08611-1

________ – *Responsabilidade Civil no Código de Defesa do Consumidor e a Defesa do Fornecedor.* 3.ª ed. São Paulo: Saraiva, 2010. ISBN 85-0203-544-4.

SARLET, Ingo Wolfgang – *Dignidade da Pessoa Humana e Direitos Fundamentais.* 9.ª ed. rev. e atual., 2.ª tiragem. Porto Alegre: Livraria do Advogado, 2012. ISBN 978-85-7348-816-6

SARLET, Ingo Wolfgang; MARINONI, Luiz Guilherme; Mitidiero, Daniel – *Curso de Direito Constitucional.* 6.ª ed. rev. e atual. São Paulo: Saraiva, 2017. ISBN 978-85-472-1446-3

SARLET, Ingo Wolfgang. *A influência dos direitos fundamentais e relações privadas, em especial na jurisprudência do STF e ao caso da proteção do consumidor. In:* BENJAMIN, Antonio Herman; MARQUES, Cláudia Lima; MIRAGEM, Bruno (coordenadores). *O Direito do Consumidor no mundo em transformação.* São Paulo: Thomson Reuters Brasil, 2020. ISBN 978-65-5614-355-2

SCHREIBER, Anderson – *Direito da Personalidade.* 3.ª ed. rev. e atual. São Paulo: Atlas, 2014. ISBN 978-85-224-9343-2

SILVA, Almiro do Couto e – *Prefácio à "Obrigação como Processo". In:* MARTINS-COSTA, Judith; FRADERA, Véra Jacob de (Orgs.) [*et al.*]. – *Estudos de Direito Privado e Processual Civil – Em homenagem a Clóvis do Couto e Silva.* São Paulo: Revista dos Tribunais, 2014. ISBN 978-85-203-5431-5

SILVA, Clóvis Veríssimo do Couto e – *A obrigação como processo.* São Paulo: Bushatsky, 1976. ISBN 85-225-0581-0

________ – *O princípio da boa-fé no Direito brasileiro e português. In:* FRADERA, Vera Maria Jacob de (Org.). [*et al.*] – *O Direito Privado brasileiro na visão de Clóvis do Couto e Silva.* Porto Alegre: Livraria do Advogado, 1997. ISBN 85-7348-026-2

SILVA, Jorge Cesa Ferreira da – *Princípios de direito das obrigações no novo Código Civil. In:* SARLET, Ingo Wolfgang (Org.) [*et al.*]. *O Novo Código Civil e a Constituição.* 2.ª ed., rev. e ampl. Porto Alegre: Livraria do Advogado, 2006. ISBN 85-7348-423-3

STJ – Superior Tribunal de Justiça – *Princípio da boa-fé objetiva pelo STJ em todas as áreas do direito.* [Em linha]. [Consult. 02 Jan 2018]. Disponível na Internet: <https://stj.jusbrasil.com.br/noticias/100399456/principio-da-boa-fe-objetiva--e-consagrado-pelo-stj-em-todas-as-areas-do-direito>

SZANIAWSKI, Elimar – *Direitos da Personalidade e sua Tutela.* 2.ª ed., rev., atual. e ampl. São Paulo: RT, 2005. ISBN 85-203-2755-9

TARTUCE, Flávio – *Direito Civil – Teoria Geral dos Contratos e Contratos em Espécie – Vol. 3.* 13.ª ed. rev., atual. e ampl. Rio de Janeiro: Forense, 2018. ISBN 978-85-309-7788-7

TARTUCE, Flávio; NEVES, Daniel Amorim Assumpção – *Manual de Direito do Consumidor – Direito Material e Processual – Volume Único.* 8.ª ed. rev., atual. e ampl. Rio de Janeiro: Forense; São Paulo: Método, 2019. ISBN 978-85-309-8441-0

________ – *Manual de Direito Civil – Volume Único.* 8.ª ed., rev., atual. e ampl. Rio de Janeiro: Forense, 2018. ISBN 978-85-309-7796-2

TEPEDINO, Gustavo – *A tutela da personalidade no ordenamento jurídico-constitucional brasileiro.* TEPEDINO, Gustavo – *Temas de Direito Civil – Tomo I.* 3.ª ed. rev. e atual. Rio de Janeiro: Renovar, 2004. ISBN 85-7147-427-3

________ – *O Velho Projeto de um Revelho Código Civil.* TEPEDINO, Gustavo – *Temas de Direito Civil – Tomo I.* 3.ª ed. rev. e atual. Rio de Janeiro: Renovar, 2004. ISBN 85-7147-427-3

TEPEDINO, Gustavo; Joyceane Bezerra de Menezes (Coord.) – *Autonomia Privada, Liberdade Existencial e Direitos Fundamentais.* Belo Horizonte: Fórum, 2019. ISBN 978-85-450-0585-8

TEPEDINO, Gustavo; OLIVA, Milena Donato – *Teoria Geral do Direito Civil – Questões Controvertidas.* Belo Horizonte: Fórum, 2019. ISBN 978-85-450-0566-7

USTARRÓZ, Daniel – *Direito dos Contratos: Temas Atuais.* 2.ª ed. rev. e ampl. Porto Alegre: Livraria do Advogado, 2012. ISBN 978-85-7348-790-9

VARELA, João de Matos Antunes – *Das Obrigações em Geral – Vol. I.* 10.ª ed. rev. e actual., 13.ª reimpr. da 10.ª ed. de 2000. Coimbra: Almedina, 2016. ISBN 978-972-40-1389-3

________ – *Das Obrigações em Geral – Vol. II.* 7.ª ed., 11.ª reimpr. da 7.ª ed. de 1997 Coimbra: Almedina, 2016. ISBN 978-972-40-1040-3

VASCONCELOS, Pedro Pais de – *Contratos Atípicos.* 2.ª ed. Coimbra: Almedina, 2009. ISBN 978-972-40-3701-1

________ – *Direito de Personalidade.* Reimpr. de 2006. Coimbra: Almedina, 2014. ISBN 972-40-2994-8

ZANINI, Leonardo Estevam de Assis – *Direitos da Personalidade – Aspectos essenciais.* São Paulo: Saraiva, 2011. ISBN 978-85-02-12646-6

A ASSEMBLEIA DE CONDÓMINOS EM PORTUGAL E NO BRASIL: A PROTEÇÃO DO DIREITO DA MINORIA NAS DELIBERAÇÕES

THE CONDOMINIUM ASSEMBLY IN PORTUGAL AND BRAZIL: THE PROTECTION OF MINORITY RIGHTS IN DELIBERATIONS

PEDRO IVO LEÃO RIBEIRO AGRA BELMONTE[1]

RESUMO: O regime jurídico da propriedade horizontal assemelha-se em Portugal e no Brasil. Como regra geral, a assembleia dos condóminos delibera, em segunda convocação, por maioria dos votos presentes, proporcionalmente ao capital investido na edificação por cada condóminos, conforme o valor da sua propriedade, independentemente do número de pessoas. Assim, em determinadas situações, o direito da minoria condominial (que poderá ser de pessoas, mas pode ser simplesmente patrimonial, ou mesmo circunstancial) poderá ver-se ameaçado pela "maioria". Se um condómino for proprietário de mais de 50% do valor total da edificação, terá ele condições de impor a todos os demais condóminos a sua vontade nas deliberações ordinárias. Há situações, ainda, em que um único condómino recusa-se a aprovar uma deliberação importante para a coletividade, não permitindo a formação do quórum exigido em lei. Portanto, intenta-se demonstrar que em tais casos, nos dois países, mesmo inexistindo ilegalidade evidente na deliberação havida e, ainda que formalmente regular a assembleia e as deliberações aprovadas, é possível a fiscalização judicial – por meio da impugnação do interessado –, inclusive quanto ao mérito e ao conteúdo das deliberações, a fim de evitar abuso do direito.

Palavras-chave: *Propriedade horizontal; abuso do direito da maioria; direito comparado.*

ABSTRACT: The legal regime for horizontal property is similar in Brazil and Portugal. As a general rule, the assembly of joint owners decides, on second call, by a majority of votes present, in proportion to the capital invested in the building by each joint owner, according to the value of their property, regardless of the number of people. Thus, in

[1] BELMONTE, Pedro Ivo Leão Ribeiro Agra. Mestre em Direito (Ciências Jurídicas) pela Universidade Autónoma de Lisboa – UAL. Especialista em Direito Privado Patrimonial pela PUC-Rio. Especialista em Direito e Processo do Trabalho. Advogado e professor universitário.

certain situations, the rights of the condominium minority (which may belong to people, but may simply be patrimonial, or even circumstantial) may be threatened by the "majority". If a joint-owner owns more than 50% of the total value of the building, he will be able to impose his will on all other joint-owners in ordinary deliberations. There are also situations in which a single owner refuses to approve an important decision for the community, not allowing the formation of the quorum required by law. Therefore, it is intended to demonstrate that in such cases, in both countries, even in the absence of intrinsic illegality in the deliberation taken and, even if formally regulating the assembly and the approved deliberations, judicial inspection is possible – through the opposition by the interested party –, including regarding the merit and content of the deliberations, in order to avoid abuse of the right.

Keywords: *Horizontal property; abuse of rights by the majority; comparative law.*

1. INTRODUÇÃO

Neste breve estudo[2], de direito comparado (Portugal-Brasil), enfoca-se a assembleia de condóminos na propriedade horizontal e, nomeadamente, a proteção dos direitos das minorias – e mesmo maiorias – nas assembleias e deliberações tomadas, designadamente em casos de abuso do direito, bem como a análise da possibilidade concreta de fiscalização judicial nestes casos, lastreada no exame de casos judiciais dos dois países.

Portugal e Brasil possuem regimes jurídicos assemelhados em matéria de propriedade horizontal. Em ambos os países, a administração do condomínio é realizada, essencialmente, por um órgão executivo (administrador) e por um órgão deliberativo soberano – a assembleia de condóminos –, composto pela totalidade dos condóminos, cujas deliberações, em regra, são tomadas por maioria de votos dos presentes, sendo estes proporcionais ao capital

[2] Originado da dissertação de mestrado defendida e aprovada perante a Universidade Autónoma de Lisboa – UAL, intitulada "A assembleia de condóminos em Portugal e no Brasil e a proteção do direito da minoria nas deliberações", sob orientação do Prof. Doutor Ruben Bahamonde. Metodologicamente, a análise empreendida baseou-se na legislação – inclusive projetada –, dogmática jurídica e jurisprudência luso-brasileiras, sem prejuízo de breve menção ao direito de outros países, procedendo-se à avaliação jurídica crítica, à moda dos comentários jurídicos.

investido pelos condóminos na edificação (equivalentes às "frações ideais"[3] de cada condómino).

Sendo os votos proporcionais ao valor da propriedade de cada condómino e não ao número de pessoas, em determinadas situações, o direito da *minoria (condominial)* – que poderá coincidir de ser uma minoria de pessoas, mas também poderá ser uma minoria simplesmente patrimonial, composta por várias pessoas – poderá ver-se ameaçado pela *maioria (patrimonial)*.

Se, a título de exemplo, um condómino for proprietário de mais de 50% do valor total da edificação, poderia impor a todos os demais condóminos a sua vontade nas deliberações ordinárias (mesmo que não haja ilicitude direta na deliberação tomada). Se detiver frações equivalentes a 2/3 ou mais do capital investido no edifício, poderia impor aos demais inclusive deliberações às quais a lei atribui quórum qualificado para aprovação, como a alteração dos estatutos do condomínio ou a aprovação de obras desnecessárias – o que se torna sobremaneira sensível quando tais deliberações passam a ser movidas unicamente por interesses individuais e egoísticos daquele(s) que tem a maioria do capital investido na edificação.

Além dessas hipóteses, *maiorias meramente eventuais* – compostas por uma ou poucas pessoas – poderão formar-se em segunda convocação da assembleia, a facilitar deliberações contrárias ao interesse coletivo. E há situações, ainda, nas quais um único condómino, e mesmo configurando minoria condominial (patrimonial), se recusa a aprovar deliberação de relevo para a coletividade, não permitindo a formação do quórum qualificado exigido em lei.

Intenta-se, sem qualquer pretensão de esgotamento da temática, demonstrar que em casos tais, tanto em Portugal quanto no Brasil, mesmo inexistindo legislação específica, e inobstante a regra geral de não-intervenção na vida condominial, é possível a fiscalização judicial a fim de coibir abuso do

[3] A lei brasileira, na compropriedade e relativamente às partes comuns na propriedade horizontal, refere às "frações ideais" (quotas) de cada condómino, isto é, às quotas abstratas que representam, quantitativamente, a medida do aproveitamento económico de cada consorte em relação à coisa. O Código português, no regime da propriedade horizontal, refere ao valor proporcional da propriedade em relação à edificação, ao capital investido por cada condómino no edifício, proporcional ao valor das suas frações autónomas. Note-se, portanto, que a "fração autónoma" portuguesa – parte de propriedade exclusiva do condómino – em nada se confunde com as "frações ideais" brasileiras, equivalendo àquilo que o Direito brasileiro denomina de "unidade autónoma", "unidade de propriedade exclusiva", "unidades independentes" ou "unidades imobiliárias".

direito e a "ditadura" da maioria (ou da minoria), inclusive quanto ao mérito e conteúdo das deliberações, mesmo não havendo ilegalidade evidente ou direta na deliberação ou sua substância, e ainda que *formalmente* regulares a assembleia e as deliberações aprovadas.

2. A PROPRIEDADE HORIZONTAL E A ASSEMBLEIA DE CONDÓMINOS EM PORTUGAL E NO BRASIL

A propriedade horizontal[4], que conta com regimes jurídicos assemelhados em Portugal[5] e no Brasil[6], caracteriza-se como um direito real[7] que compreende a coexistência indissolúvel, em uma edificação, de partes de propriedade exclusiva[8] – *frações independentes* (ou unidades autónomas,

---

[4] Assim denominado o direito pela Lei portuguesa (não obstante corrente na doutrina ser também chamado de "condomínio"), é no Brasil atualmente regulado pelo Código Civil sob o título de "condomínio edilício" (diferindo do "condomínio geral", que trata do regime jurídico de compropriedade). A lei brasileira anterior (Lei nº 4591/1964) o intitulava de "condomínio em edificações".

[5] Em Portugal, a "Propriedade Horizontal" é regulada primordialmente pelo Código Civil português, nos arts. 1414º a 1438º-A, com as alterações e aditamentos oriundos do Decreto-Lei (DL) nº 267/1994, e normas regulamentares do DL nº 268/1994. Entre outras leis complementares aplicáveis ou extensíveis à propriedade horizontal, cite-se o DL nº 269/1994, o DL nº 106/1996, e o DL nº 123/2009. Em matéria fiscal, o DL nº 287/2003, o Código do Imposto Municipal sobre Imóveis, e o Estatuto dos Benefícios Fiscais.

[6] No Brasil, o "Condomínio Edilício" é tratado essencialmente pelo Código Civil de 2002 (arts. 1331 a 1358), e, supletivamente (não obstante alguma controvérsia doutrinal a esse respeito), pela Lei nº 4591/1964, que dispõe sobre "condomínio em edificações" e incorporações imobiliárias (e sofreu revogação parcial tácita com o advento do Código de 2002, que tratou da matéria por inteiro).

[7] Complexo o debate teórico respeitante ao enquadramento enciclopédico e definição da natureza jurídica da propriedade horizontal, mas que parece caminhar, tanto no Brasil quanto em Portugal, para o reconhecimento de sua plena autonomia como direito real novo, "condominial".

[8] Partes exclusivas sobre os quais exerce o condómino de forma plena e exclusiva todos os poderes e faculdades inerentes ao direito real de propriedade exercido sobre a coisa. Acerca destes poderes e faculdades, segundo LEITÃO, Luís Manuel Teles de Menezes, *op. cit.*, p. 279, "em termos de conteúdo do direito de propriedade, o art. 1305º [do Código Civil Português] refere-nos que este abrange as faculdades de uso, fruição e disposição do direito, de modo pleno e exclusivo".

na terminologia da legislação brasileira) – aliadas a *partes comuns*, estas pertencentes a todos os condóminos em regime de compropriedade[9].

Com efeito, se as partes de um edifício forem passíveis de individualização, em condições de constituírem frações independentes ligadas por partes comuns, é possível a instituição do regime da propriedade horizontal, de modo que cada condómino será proprietário exclusivo de certa(s) fração(ões) autónomas(s) e será comproprietário[10] das demais partes da edificação (partes comuns)[11]. De facto, a essência do regime da propriedade horizontal

[9] Na doutrina portuguesa, *v.*: ALMEIDA, L. P. Moitinho – *Propriedade horizontal.* 3ª ed. Coimbra: Almedina, 2001, p. 11; ARAÚJO, António Magro Borges de – *A propriedade horizontal e o notariado: minutas e comentários. Coimbra*: Almedina, 1990, p. 14-15; FERNANDES, Luís A. Carvalho – *Lições de direitos reais.* 6ª ed. Lisboa: Quid Juris Sociedade Editora, 2010, p. 370-371; LEITÃO, Luís Manuel Teles de Menezes – *Direitos Reais.* 3.ª ed. Coimbra: Almedina, 2012, p. 289; NETO, Abílio – *Manual da Propriedade Horizontal.* 4ª ed., Lisboa: Editora Ediforum, 2015, p. 14 PASSINHAS, Sandra – *A assembleia de condóminos e o administrador na propriedade horizontal.* 2.ª ed. Coimbra: Almedina, 2009, p. 17; RAMOS, José Luís Bonifácio – *Manual de direitos reais.* Lisboa: AAFDL, 2017, p. 382-383; e SEIA, Jorge Alberto Aragão – *Propriedade Horizontal: condóminos e condomínios.* 2ª ed. Coimbra: Almedina, 2002, p. 12-13. Na dogmática jurídica brasileira, *v.* especialmente, AVVAD, Pedro Elias – *Condomínio edilício.* 3ª ed. Rio de Janeiro: Forense, 2017, p. 19; CÂMARA, Hamilton Quirino – *Condomínio Edilício.* 3.ª ed. Rio de Janeiro: Lumen Juris, 2010, p. 7-8; DINIZ, Maria Helena – *Curso de direito civil brasileiro.* 28ª ed. São Paulo: Saraiva, 2013, p. 253; FARIAS, Cristiano Chaves de; ROSENVALD, Nelson – *Curso de direito civil.* Vol. 5: reais. 14ª ed. Salvador: Editora JusPodivm, 2018, p. 766; GAMA, Guilherme Calmon Nogueira da – *Direitos Reais.* São Paulo: Atlas, 2011, p. 396; LÔBO, Paulo – *Direito civil: coisas.* 2ª ed. São Paulo: Saraiva, 2017, p. 236; MATIELLO, Fabrício Zamprogna – *Código civil comentado.* 5ª ed. São Paulo: LTr, 2013, p. 843; João Batista – *Condomínio.* 10ª ed. São Paulo: Revista dos Tribunais, 2008, p. 21-22 e 65-66; PEREIRA, Caio Mário da Silva – *Instituições de direito civil.* Vol. 4. 21ª ed. Rio de Janeiro: Forense, 2012, p. 160; SCAVONE Jr., Luiz Antonio – *Direito Imobiliário: Teoria e Prática.* 10ª ed. Rio de Janeiro: Forense, 2016, p. 838-839.

[10] O regime jurídico da compropriedade – denominada "condomínio geral" no direito positivo brasileiro (arts. 1314 e ss., Código Civil) está previsto nos arts. 1403º e ss., Código Civil Português. Nele, os direitos dos comproprietários sobre a coisa comum são considerados pela lei como *qualitativamente* iguais, embora possam ser *quantitativamente* diferentes, presumindo-se quantitativamente iguais as quotas de cada um, na falta de estipulação diversa (Art. 1403º, nº, Código Civil português; e art. 1315, Código Civil brasileiro). V. PEREIRA, Caio Mário da Silva – *Instituições...*, p. 151-152.

[11] A título de exemplo da edificação constituída sob a forma de propriedade horizontal, pode-se cogitar de um edifício para moradia, com diversos apartamentos, cada qual pertencente a um dono diferente – portanto, frações de propriedade exclusiva –, e partes

assenta[12] na obrigatória existência conjunta de partes de propriedade exclusiva[13] e partes comuns[14].

Não obstante pontuais diferenças quanto à definição das frações autónomas e a forma adotada para a divisão da edificação em quotas e valores das frações autónomas, essencialmente, os ordenamentos jurídicos português e brasileiro, em linha, estabelecem que, na propriedade horizontal, cada condómino é proprietário exclusivo da unidade que lhe pertence e comproprietário das

---

de propriedade e uso comum a todos, tais como a entrada do edifício, portaria, escadas, corredores, instalações gerais de água, luz, gás e eletricidade, os elevadores, entre outros – partes comuns.

[12] Cfr. art. 1.331, do Código Civil brasileiro; art. 1º, Lei nº 4591/1964; art. 1414º do Código Civil português. Em Portugal, *v.* DUARTE, Rui Pinto – *Curso de direitos reais. 3ª ed. Cascais: Princípia, 2013*, p. 115; RAMOS, José Luís Bonifácio, *op. cit.*, p. 398; SEIA, Jorge Alberto Aragão, *op. cit.*, p. 13-14; ALMEIDA, L. P. Moitinho, *op. cit.*, p. 11; VIEIRA, José Alberto – *Direitos reais.* Coimbra: Almedina, 2017, p. 629-631; LEITÃO, Luís Manuel Teles de Menezes, *op. cit.*, p. 289, segundo o qual "a propriedade horizontal constitui um novo direito real, regulado nos arts. 1414º e ss., que faz coexistir sobre o mesmo edifício dois tipos de faculdades distintas dos condóminos: as faculdades correspondentes à propriedade exclusiva sobre uma fracção autónoma do prédio e as faculdades correspondentes à compropriedade sobre as partes comuns do edifício". Na doutrina brasileira, por todos, *v.* PEREIRA, Caio Mário da Silva – *Instituições...*, p. 160 que define o instituto como a "reunião orgânica e indissolúvel da propriedade exclusiva, incidente sobre a unidade, e o condomínio sobre as partes e coisas comuns".

[13] No que toca à propriedade exclusiva, além de decorrer do conceito exposto no art. 1414º do Código português, o art. 1420º estabelece que cada condómino é proprietário exclusivo da fração que lhe pertence e comproprietário das partes comuns da edificação. O código civil brasileiro (art. 1331, § 1º) exemplifica as partes exclusivas, que constituem "unidades autónomas": "As partes suscetíveis de utilização independente, tais como apartamentos, escritórios, salas, lojas e sobrelojas, com as respectivas frações ideais no solo e nas outras partes comuns, sujeitam-se a propriedade exclusiva, podendo ser alienadas e gravadas livremente por seus proprietários, exceto os abrigos para veículos, que não poderão ser alienados ou alugados a pessoas estranhas ao condomínio, salvo autorização expressa na convenção de condomínio".

[14] O Código Civil português diferencia as partes forçosamente comuns (art. 1421º, nº 1), tidas por fundamentais ao uso comum do prédio, das partes presumidamente comuns (art. 1421º, nº 2), relativamente às quais o título constitutivo poderá dispor de forma diversa. O código civil brasileiro, a seu turno, apenas exemplifica algumas partes comuns (art. 1331, § 2º), a saber o "solo, a estrutura do prédio, o telhado, a rede geral de distribuição de água, esgoto, gás e eletricidade, a calefação e refrigeração centrais, e as demais partes comuns, inclusive o acesso ao logradouro público, são utilizados em comum pelos condôminos, não podendo ser alienados separadamente, ou divididos.".

partes comuns do edifício[15], sendo o conjunto dos dois direitos incindível, pelo que nenhum deles pode ser alienado separadamente[16], ainda que sejam partes acessórias[17].

2.1. A assembleia de condóminos

Nas duas ordens jurídicas estudadas, a administração do condomínio (edilício) é feita por um órgão executivo, representado pelo administrador (Portugal) ou síndico (Brasil), e por um órgão deliberativo soberano, a assembleia dos condóminos.

Trata-se a assembleia, composta pela totalidade dos condóminos[18], do órgão administrativo máximo das partes comuns do edifício – ou melhor, do condomínio[19] –, de caráter deliberativo, por meio do qual manifesta sua vontade o condomínio[20], soberanamente[21] (internamente)[22], formando e emitindo sua vontade[23] coletiva.

Com efeito, a reunião dos condóminos representativos da totalidade das frações autónomas e da integralidade do capital investido na edificação de uma mesma edificação constitui o organismo nominado de *assembleia*, regido pela lei e pelos estatutos internos, que os representa e que tem por objetivo decidir a respeito das questões e matérias de interesse do condomínio e dos condóminos, designadamente em vista das partes, bens e serviços de uso e propriedade comum[24].

---

[15] Art. 1420º, nº 1, Código Civil Português; art. 1331, Código Civil brasileiro.

[16] Art. 1420º, nº 2, Código Civil Português.

[17] Art. 1339, Código Civil brasileiro.

[18] LEITÃO, Luís Manuel Teles de Menezes, *op. cit.*, p. 306.

[19] PASSINHAS, Sandra, *op. cit.*, p. 188; AVVAD, Pedro Elias, *op. cit.*, p. 149.

[20] AVVAD, Pedro Elias, *op. cit.*, p. 149.

[21] PEREIRA, Caio Mário da Silva – *Instituições...*, p. 168.

[22] Com efeito, segundo FRANCO, J. Nascimento, *op. cit.*, p. 66, "Na hierarquia dos órgãos do condomínio a Assembléia Geral situa-se no plano mais alto, razão pela qual suas deliberações obrigam o síndico, o Conselho Consultivo, os condôminos e demais ocupantes do edifício", mas ressalva a hipótese de eventualmente suas deliberações: "conflitarem com a lei, com a Convenção de Condomínio, ou quando violarem direitos individuais dos condôminos".

[23] PASSINHAS, Sandra, *op. cit.*, p. 188.

[24] AVVAD, Pedro Elias, *op. cit.*, p. 149.

À vontade (plural) formada nas reuniões assembleares – correspondente à proposição vencedora nas votações – dá-se o nome de *deliberação*, que tem força de lei, obrigando indistintamente todos os condóminos, hajam dela participado ou não[25].

Os poderes da assembleia condominial alcançam inequivocamente todos os atos próprios "*administração das partes comuns*" do edifício – como consta na lei portuguesa[26] –, excluídos os poderes de disposição, que exigem unanimidade dos proprietários[27]. E inobstante a redação aparentemente restritiva do Código português ao enunciar os poderes gerais, o próprio regime legal amplia a atuação deliberativa da assembleia para além dos limites das partes comuns[28]. A legislação brasileira adota referência mais ampla, tratando da administração do *condomínio*[29] – sem prejuízo dos atos de disposição e alteração das "frações ideais" e unidades autónomas pela unanimidade condominial.

A assembleia dos condóminos reúne em sessões *ordinárias* ou *extraordinárias*, sendo as primeiras realizadas anualmente, para aprovação das matérias essenciais à vida condominial[30], ao passo que as segundas serão realizadas sempre que convocadas na forma prevista em lei[31], para resolução de assuntos específicos, extraordinários, urgentes e/ou que não foram tratados em

---

[25] RIZZARDO, Arnaldo, *op. cit.*, p. 667.

[26] Art. 1430º, Código Civil português.

[27] NETO, Abílio, *op. cit.*, p. 642.

[28] Cfr. RAMOS, José Luís Bonifácio, op. cit., p. 386-387, remetendo ao art. 1422º do Código Civil português; e FERNANDES, Luís A. Carvalho, *op. cit.*, p. 392, referindo ao regime de autorização de certas obras (art. 1422º, nº 3), de alteração do uso das frações – unidades autónomas (art. 1422, nº 4) e de divisão de frações – unidades autónomas (art. 1422º-A).

[29] Arts. 1347 e ss., Código Civil brasileiro, em competência que compreende, além dos atos ordinários, inclusive a alteração da convenção de condomínio e da destinação da edificação (arts. 1351, Código Civil brasileiro), a prática de atos de disposição e alteração das "frações ideais" e unidades autónomas pela unanimidade condominial.

[30] Entre elas, a aprovação das contas do período anterior e aprovação do orçamento para o seguinte e eleição do síndico. Cfr. art. 1431º, Código Civil português; e art. 1350, Código Civil brasileiro. Ver ainda o *novel* art. 1354-A do Código Civil, incluído pela recém aprovada Lei 13.409/2022, que admite a convocação, realização e deliberação da assembleia de forma eletrónica ou "híbrida, com a presença física e virtual de condôminos concomitantemente no mesmo ato" (§ 4º).

[31] Cfr. art. 1431º, nº 2, Código Civil português, com as alterações da Lei 8/2022; art. 1355, Código Civil brasileiro; art. 25, Lei nº 4591/1964.

sessão ordinária da assembleia. Em segunda convocação, a lei (portuguesa e brasileira) flexibiliza os quóruns de aprovação das matérias submetidas à votação em assembleia[32].

No direito português, compete à assembleia, exemplificativamente: (*a*) eleger e exonerar o administrador[33]; aprovar as contas respeitantes ao último ano e aprovar o orçamento das despesas a efetuar durante o ano[34]; estabelecer compromisso arbitral obrigatório para a resolução de conflitos internos[35]; fixar penas pecuniárias para o descumprimento da lei, das deliberações assembleares e decisões do administrador[36]; definir as atribuições do administrador, além das já estabelecidas em lei[37], (*b*) nomeadamente, com quórum qualificado: aprovar a realização das obras que modifiquem a linha arquitetônica ou o arranjo estético do edifício por maioria representativa de dois terços do valor total do prédio[38]; a divisão de "frações" (unidades autónomas) em novas "frações autónomas" (unidades autónomas)[39]; aprovar obras que constituam "inovações", por maioria dos condóminos que representem 2/3 do valor total do prédio[40]; deliberar a respeito da reconstrução do edifício, pela maioria do número dos condóminos e do capital nele investido, no caso de destruição de uma parte inferior a ¾ do valor da edificação[41] [42].

---

[32] Cfr. Art. 1432º, Código Civil português – alterado pela Lei 8/2022 –; e art. 1353, Código Civil brasileiro. E no Brasil, com o recente advento da Lei nº 14.309/2022, foram incluídas novas disposições no art. 1353, permitindo converter a assembleia em "sessão permanente" e prorrogada para outras sessões – até um limite máximo de 90 dias – a fim de possibilitar a aprovação de matéria que exija quórum especial.

[33] Art. 1435º, nº 1, Código Civil português.

[34] Art. 1431º, nº 1, Código Civil português.

[35] Art. 1434º, nº 1, Código Civil português.

[36] *Idem*.

[37] Art. 1436º, Código Civil português.

[38] Art. 1422º, nº 3, Código Civil português.

[39] Art. 1422º-A, nº 3, Código Civil português.

[40] Art. 1425º, nº 1, Código Civil português.

[41] Art. 1428º, nºs 1 e 2, do Código Civil português.

[42] A legislação portuguesa extravagante prevê, ainda, deliberações a respeito de outras matérias, a exemplo da atualização anual do seguro contra o risco de incêndio, a abertura de "contas poupança-condomínio", a administração do fundo comum de reserva. V. NETO, Abílio, *op. cit.*, p. 643.

No Brasil, similarmente, a lei refere à votação e deliberação acerca das seguintes matérias: (*a*) *ordinariamente*, por maioria simples, a aprovação ou rejeição das despesas condominiais, compreendendo as de conservação da edificação ou conjunto de edificações, manutenção de seus serviços e correlatas[43], aprovação de eventual modificação do regimento interno do edifício, eleição do síndico, dos membros do conselho fiscal (se houver), aprovação de aforamento de ação judicial de interesse dos condóminos, a aprovação da prestação de contas elaborada pelo síndico e do orçamento das despesas para o exercício seguinte[44], contração de obrigações (serviços, prestadores, funcionários), e aprovação de obras; (*b*) em caráter *especial*, dependente de quórum qualificado ou unanimidade assemblear, a alteração da convenção de condomínio, a mudança da destinação do edifício ou das unidades autónomas[45], a aprovação da construção de outro pavimento ou de outro edifício no solo comum, destinado a conter novas unidades imobiliárias, por unanimidade[46], a aprovação da demolição, reconstrução ou alienação total da edificação em caso de condenação do edifício por autoridade pública[47], a aprovação de obras nas partes comuns da edificação[48].

Relativamente ao *direito de voto* de cada condómino na assembleia, como visto, adota-se um critério de natureza real, patrimonial, conforme o direito de propriedade, seu valor e sua extensão. Com efeito: (i) em Portugal, cada condómino tem na assembleia tantos votos quantas forem as unidades inteiras que couberem na percentagem ou permilagem que exprime o valor (relativo) da(s) sua(s) fração(ões) (unidades) em relação ao valor da totalidade da edificação[49]; (ii) no Brasil, ressalvada estipulação diversa na convenção de

---

[43] V. art. 24, Lei nº 4591/1964.

[44] Deliberações típicas da assembleia geral ordinária, cfr. art. 1350, Código Civil brasileiro, ainda que algumas apenas ocorram eventualmente.

[45] Art. 1351, Código Civil brasileiro. A recentíssima Lei nº 14.405/2022 abrandou o quórum necessário para a mudança de destinação do edifício ou das frações autónomas (até então a reclamar unanimidade dos condóminos do edifício). Eis a nova redação: "Depende da aprovação de 2/3 (dois terços) dos votos dos condôminos a alteração da convenção, bem como a mudança da destinação do edifício ou da unidade imobiliária.".

[46] Cfr. Art. 1343, Código Civil brasileiro.

[47] Hipótese prevista no art. 17, § 3º, Lei nº 4591/1964.

[48] Art. 1341 e 1342, Código Civil brasileiro.

[49] Art. 1430, nº 2 c/c art. 1.418, Código Civil português. Como anota Abílio Neto (*op. cit.*, p. 690), o critério é eminentemente pragmático, excluindo eventual resíduo. Apesar disso, independentemente do que consta no título constitutivo da propriedade horizontal – e da

condomínio, os votos na assembleia são proporcionais às frações ideais no solo e nas outras partes comuns pertencentes a cada condómino[50].

Efetivamente, lei não prevê o voto "por cabeça" ou sequer "por unidade/fração" como regra, pois o cômputo dos votos não se faz pelo número de condóminos, e sim mediante critério patrimonial, proporcionalmente ao capital investido na edificação, proporcionalmente às frações ideais de cada condómino no solo e nas demais partes comuns (o valor da propriedade do condómino em relação a todo o edifício)[51].

Não por outra razão a doutrina luso-brasileira aponta sobressair o cariz patrimonial do direito de voto e das deliberações na assembleia de condóminos. Com efeito, sendo o cômputo dos votos nas assembleias proporcional às quotas ideais, isto é, "proporcional, portanto, ao conteúdo e extensão do direito condominial"[52] em relação à totalidade do edifício, a adoção deste critério pela legislação portuguesa revela um "cariz marcadamente patrimonialista", não pessoal[53]. Já se afirmou que, dada a relatividade das quotas ideais conforme o valor das unidades, e considerando que "estas podem ser pertencentes por grupos a um mesmo proprietário, é justo que a maioria de valor, que traduz a maioria de interêsse, atraia para o condomínio especial o referido princípio [de valor]"[54].

eventual adoção do critério da percentagem na discriminação das frações –, na hipótese de um condómino ter fração inferior a 1%, opera-se a alteração do critério de contagem para a permilagem, a fim de não se tolher o direito de voto de nenhum condómino. De facto, mesmo que o voto de um único condómino não tenha capacidade de influir no resultado da deliberação assemblear, seu preterimento importará em nulidade (ou anulabilidade).

[50] Art. 1352, parágrafo único, Código Civil brasileiro.

[51] LOPES, João Batista, *op. cit.*, p. 129. Ver também: FRANCO, J. Nascimento, *op. cit.*, p. 101-102.

[52] VENOSA, Sílvio de Salvo, *op. cit.*, p. 398.

[53] PASSINHAS, Sandra, *op. cit.*, p. 246-247. Segundo a referida autora, a lei espanhola de propriedade horizontal e o Código Civil Italiano seguem a mesma orientação, enquanto outros ordenamentos jurídicos, a exemplo do alemão, conferem direito de voto por condómino, ou seja, "cada condómino tem um voto. O cômputo da maioria faz-se pelas pessoas dos condóminos" (idem, p. 246).

[54] PEREIRA, Caio Mário da Silva – *Propriedade Horizontal...*, p. 125. No dizer explicativo de BEZERRA DE MELO, Marco Aurélio – *Novo código civil anotado.* 2ª ed. Vol. 5: Direito das Coisas. Rio de Janeiro: Lumen Juris Ltda., 2003, p. 200: "[n]ão se contam os votos, tendo em vista a quantidade de pessoas, mas sim pelas frações ideais representadas pelas pessoas, de modo que se uma pessoa, por exemplo, é titular de quatro unidades imobiliárias de mesma

No Brasil, ainda que o critério de peso dos votos (proporcionais às frações ideais dos condóminos no solo e nas outras partes comuns pertencentes a cada condómino) possa ser alterado pela convenção de condomínio, tal só terá efeito para as deliberações ordinárias da assembleia, em primeira e segunda convocação. Relativamente às matérias cujos quóruns especiais a própria lei estabelece, designadamente aquelas com referência expressa às frações ideais ou aos condóminos em relação à edificação, são normas de ordem pública, indisponíveis e inderrogáveis pela vontade dos particulares.

Para além do direito de voto em si, a análise dos quóruns constitutivo e deliberativo também revela o viés marcadamente patrimonial nas votações: tanto no regime brasileiro como no português, as assembleias são constituídas, e as deliberações tomadas, entre outros, com base no "valor total do prédio", no "capital investido na edificação", nas "frações ideais", no "total de unidades isoladas e frações ideais". Logo, quanto maior o capital investido na edificação, mais representatividade e votos terá na assembleia[55].

Especula-se[56] que, ao abandonar por completo o elemento pessoal do regime condominial, a intenção poderia ser a de facilitar a resolução de todas as questões no âmbito da assembleia, mitigando a possibilidade de intervenção judicial.

---

dimensão que a unidade imobiliária dos demais condôminos, o voto dela valerá por quatro. Da mesma forma, o voto do proprietário da cobertura, normalmente de maior fração ideal do que o restante dos moradores, terá uma valoração quantitativa e, portanto, qualitativa maior. A norma segue a orientação da lei especial, referindo-se à possiblidade de a convenção dispor diferentemente (art. 24, § 3º da Lei 4.591/64)".

[55] Com efeito, em primeira convocação, na qual a assembleia constitui-se por maioria simples do capital investido na edificação, tem como quórum deliberativo a maioria dos votos presentes, bastaria a presença de um único condómino à sessão detentor de mais da metade do capital investido no edifício para deliberar o que for de seu interesse. Presentes este condómino majoritário e mais um ou outros condóminos, poderia ele deliberar isoladamente os assuntos da ordem do dia, mesmo sem nenhum voto concordante. Do mesmo modo, em segunda convocatória, que apenas exige a presença de ¼ do valor total do prédio para constituir-se a assembleia, deliberando por maioria dos votos presentes, bastaria o voto deste único condómino para formar a vontade condominial, desde que seja proprietário de ao menos ¼ do valor total do prédio, ainda que sem quaisquer votos com ele concordantes.

[56] Nesse sentir, PASSINHAS, Sandra, *op. cit.*, p. 159.

O paradoxo é que, não obstante amplamente aceitos a *prevalência do interesse coletivo* e do *voto maioritário*[57] como informadores das regras deliberativas da assembleia, tais princípios parecem colidir com a noção francamente patrimonial de representatividade deliberativa conforme o número de frações ideais na edificação.

Ora, a adoção do critério de valor para fixação do peso do voto dos condóminos pode resultar, em termos práticos, na desconsideração da *ratio* fundante da prevalência do voto maioritário e de sua legitimação a partir de uma igualdade numérica entre os votantes. Se a razão de ser da preponderância do interesse coletivo é justamente a de evitar-se o individualismo e o egoísmo, ao basear-se as deliberações da assembleia na maioria de capital – e não de pessoas –, acaba-se por permitir que uma ou poucas pessoas proprietárias da maior parte das frações da edificação possam impor sua vontade individual e interesses próprios e egoístas, ainda que contrária à vontade da maior parte dos condóminos (da coletividade).

Por fim, cabe destacar que existem nos ordenamentos brasileiro e português – cada qual com seus mecanismos, procedimentos e prazos, bastante distintos – meios de impugnar as deliberações das assembleias de condóminos. Em Portugal, há regime específico para impugnação de deliberações das assembleias de condóminos[58], sem prejuízo da aplicação

---

[57] CÂMARA, Hamilton Quirino, *op. cit.*, p. 266. Referem largamente os juristas portugueses à aplicação do princípio maioritário como subordinativo da vontade plural dos condóminos manifestada em assembleia (cfr. NETO, Abílio, op. cit., p. 699; PASSINHAS, Sandra, *op. cit.*, p. 172-173), prevalecendo nas deliberações da assembleia de condóminos o método de decisão colegiado e o princípio do voto maioritário, instrumentos técnicos necessários ao funcionamento de um grupo organizado, limitando o exercício do interesse individual – naturalmente egoístico –, em observância ao interesse coletivo, mas sem eliminar a autonomia e plenitude de cada direito individual. Segundo PASSINHAS (*op. cit.*, p. 172-174), o "princípio maioritário, enquanto característica do procedimento colegial, como modo de formação da declaração de vontade, constitui indício normal, ou mesmo principal, da existência de uma organização do grupo plurisubjectivo".

[58] O Código Civil trata especificamente da impugnação das deliberações da assembleia de condóminos em dispositivo próprio (art. 1433º), referindo, de um lado, às deliberações anuláveis – a requerimento de qualquer condómino que não as tenha aprovado, das deliberações da assembleia contrárias à lei ou aos regulamentos anteriormente aprovados (nº 1) –, e, de outro, genericamente, à possibilidade (incluída no dispositivo pelo Decreto-Lei nº 267 de 1994) de revogação de deliberações inválidas ou ineficazes realizada pela própria Assembleia Geral, em sessão extraordinária exigida por condómino ausente ou por qualquer

supletiva da teoria geral das *invalidades injurídicas*[59] – regime geral a que fica restrito o operador do direito no Brasil, inexistindo norma específica para a impugnação de assembleia em "Condomínio Edilício"[60]. Cumpre ressaltar, ainda, que, não obstante alcancem o mesmo resultado por diversa via, enquanto o Código Civil português admite tão somente a impugnação e anulação de deliberações da assembleia (cujo fundamento pode ser a invalidade de ato praticado na sessão da assembleia), a doutrina e jurisprudência brasileiras não negam a possibilidade de anular as deliberações, e, de forma autónoma, anular diretamente os atos praticados na sessão, bem como toda a assembleia (o ato assemblear).

Assim, são genericamente passíveis de impugnação as deliberações tomadas pela assembleia de condóminos, objetivando sua revogação ou

interessado (nº 2). Assim, consagrou-se doutrinariamente a existência de três categorias de (eventuais) vícios das deliberações da assembleia condominial, a saber, referente às deliberações nulas (inválidas e ineficazes), anuláveis (podendo ser consideradas inválidas e ineficazes) e ineficazes (stricto sensu), cada qual com pressupostos e regime jurídico diferenciados – sem falar nas deliberações juridicamente inexistentes –, à luz do regime geral das invalidades da Teoria Geral do Direito Civil. V., ainda, NETO, Abílio, *op. cit.*, p. 719-722; e PASSINHAS, Sandra, *op. cit.*, p. 250.

[59] Em Portugal, *v.* NETO, Abílio, op. cit., p. 720-721. VASCONCELOS, Pedro Pais de – *Teoria Geral do Direito Civil.* 7ª ed. Coimbra: Almedina, 2014, p. 631-642; PASSINHAS, Sandra, *op. cit.*, p. 250-263. No Brasil, *v.* LOPES, João Batista, *op. cit.*, p. 137-138; FRANCO, J. Nascimento, *op. cit.*, p. 118; SCAVONE JR. *op. cit.*, p. 893.

[60] Apesar de não haver qualquer previsão no Código Civil vigente quanto à possibilidade de recurso à própria assembleia para potencial revogação de deliberações inválidas (ou mesmo para qualquer outro fim). De toda forma, convocada especialmente, não se nega que a Assembleia possa, a qualquer tempo, rever seus atos, tanto como pode aprovar novas regras para os mesmos temas, desde que observado o quórum e requisitos legais para tanto. Sem prejuízo, consoante entendimento dogmático (*v.* SCAVONE JR., Luiz Antonio, *op. cit.*, p. 891; VENOSA, Sílvio de Salvo, *op. cit.*, p. 398; LOPES, João Batista, *op. cit.*, p. 137), (i) às assembleias e às deliberações nela tomadas, como atos jurídicos que são, se lhes aplicam a teoria geral da teoria geral dos atos e negócios jurídicos, estando, pois, sujeitas à anulação, consoante o regime geral das invalidades dos arts. 166 (nulidades) e 171 (anulabilidades) do Código Civil; e (ii) por analogia, complementarmente, em especial nos (vários) casos de omissão na legislação específica, as disposições do direito de empresa e das assembleias nas sociedades empresariais – particularmente no que toca aos vícios das assembleias, a Lei das Sociedades por Ações (Lei nº 6404 de 1976) é também omissa, aplicando-se-lhe, igualmente, a teoria geral das invalidades do direito civil (cfr. FRANCO, J. Nascimento, *op. cit.*, p. 72-73; 89-91; 109.

anulação (declaração de nulidade, anulabilidade, inexistência ou simples ineficácia), seja pela própria assembleia, por arbitragem, ou pela jurisdição ordinária dos tribunais (em ação declaratória ou por via de *exceção*)[61].

Contudo, como cediço na doutrina, não compete aos tribunais sindicar do mérito das deliberações, nem se imiscuir na vida condominial, decidindo no lugar da Assembleia. Com efeito, o entendimento prevalecente, em ambos os países, é o de que a atuação jurisdicional estaria limitada à verificação da legalidade dos atos praticados, e não seu mérito – não cabendo ao juiz sindicar o modo como a assembleia de condóminos usou os seus poderes discricionários, ou a adequação da deliberação tomada em face dos interesses dos condóminos[62]. Não caberia ao juiz decidir as matérias de competência da assembleia, restringindo "o pronunciamento jurisdicional à determinação da observância das normas internas"[63], pelo que estaria limitado às hipóteses de flagrante ilegalidade[64], nas quais decretaria a nulidade ou anulação da deliberação, sem reapreciar o seu mérito ou decidir em lugar da assembleia[65].

Logo, não caberia ao tribunal avaliar a conveniência, oportunidade ou pertinência da deliberação da assembleia, especialmente se não violar

[61] Possível a suspensão cautelar das deliberações, cfr. NETO, Abílio, *op. cit.*, p. 734-735. A possibilidade de suspensão está expressa no art. 1433º, nº 5 do Código Civil português, sendo a suspensão das deliberações da assembleia de condóminos regulada por seu art. 383º. No direito brasileiro, com semelhante *ratio*, possível a tutela jurisdicional de urgência ou de evidência, que poderá ter natureza cautelar ou antecipatória do mérito da decisão final, nas hipóteses previstas na legislação processual nos arts. 294 e ss., do Código de Processo Civil brasileiro.

[62] PASSINHAS, Sandra, *op. cit.*, p. 262; NETO, Abílio, *op. cit.*, p. 733.

[63] MATIELLO, Fabrício Zamprogna – *Código civil comentado.* 5ª ed. São Paulo: LTr, 2013, p. 861.

[64] Nessa linha de entendimento posicionou-se o Tribunal de Justiça do Distrito Federal e Territórios (BRASIL. Tribunal de Justiça do Distrito Federal e dos Territórios, Ap. Cív. nº 889011 [Proc. 20100810056117], Rel. Des. Fátima Rafael, 3ª Turma Cível, j. 12.08.2015) ao julgar improcedente o pedido de anulação de assembleia condominial precisamente por não ter havido "flagrante ilegalidade". No caso concreto, o autor pretendia a anulação da assembleia por não ter concordado com seu resultado (o mérito da deliberação), mas não logrou êxito precisamente porque as formalidades e requisitos legais para a deliberação foram atendidos pela assembleia de condóminos.

[65] MATIELLO, Fabrício Zamprogna, *op. cit.*, p. 861.

diretamente a lei ou estatutos internos condominiais, mas apenas conflitar com os interesses de algum(ns) condómino(s)[66].

Mesmo nos casos de suprimento de vontade, quando a assembleia não consegue se reunir ou há recusa de um condómino em deliberar, seria incabível pretender que o juiz promova o suprimento da vontade negado pelo condómino ou perquira a motivação da sua recusa ou atitude, por tratar-se de "elemento subjetivo intocável e que diz respeito apenas ao próprio consorte"[67]. Em casos tais, a atuação do juiz será restrita a colocar em funcionamento a assembleia; estaria limitado o juiz, assim, a adotar medidas que efetivem a realização da assembleia, através de convocação especial ou adoção de outra providência a viabilizar a reunião assemblear.

Entretanto, o poder da assembleia não pode ser absoluto nem ilimitado, sofrendo não só as limitações decorrentes dos próprios regulamentos e convenção, mas *podendo ser judicialmente controlado*[68].

Maior dificuldade não haverá quando estiver em causa deliberação frontalmente contrária à lei ou aos regulamentos (ou convenção) do condomínio. No entanto, mais complexos serão os casos de abuso de direito, casos nos quais a abusividade ou ilegalidade não está na deliberação tomada singularmente considerada, mas sim em como foi tomada, no procedimento (tal como no exercício do direito de voto, abuso da maioria, abuso da minoria). Ainda maior dificuldade se terá quando, para verificação do abuso, se faça necessário analisar o mérito das deliberações, atitudes praticadas em anteriores reuniões da assembleia ou em outras manifestações no âmbito condominial. Se, por exemplo, por capricho, um condómino que detém maioria qualificada resolve aprovar obra nova absolutamente desnecessária, a simples apreciação da deliberação em si mesmo considerada não revelará qualquer ilegalidade ou irregularidade, mas tão somente a vontade de uma pretensa maioria.

---

66 NETO, Abílio, *op. cit.*, p. 733; PASSINHAS, Sandra, *op. cit.*, p. 262-263.

67 MATIELLO, Fabrício Zamprogna, *op. cit.*, p. 861.

68 DINIZ, Maria Helena, *op. cit.*, p. 280. A autora cita, além de farta doutrina, decisões judiciais em situações nas quais o tribunal, efetivamente, imiscuiu-se nas deliberações assembleares (ainda que para mantê-las), em hipóteses tais como a de destituição de síndico.

3. ASPETOS JURÍDICOS DO ABUSO E "DITADURA" DA MAIORIA E DA MINORIA NAS ASSEMBLEIAS CONDOMINIAIS NO BRASIL E EM PORTUGAL

Ante o poder-político do voto condominial, consoante critério eminentemente patrimonial adotado pelo legislador – ignorando a contagem pelo número de pessoas –, é possível a ocorrência de abusos tanto da maioria quanto da minoria nas assembleias condominiais.

Muitas vezes, a maioria do capital coincidirá de ser a maioria de pessoas, de modo que a prevalência do voto maioritário afigurar-se-á, *a priori*, justa e isonômica (ainda que possa haver abuso por parte *da – efetiva – maioria* de pessoas). Mas há muitos casos em que a maioria condominial, de capital, será representada por uma *minoria de pessoas*, facilitando desigualdades e abusos, na medida em que essa minoria (ou mesmo uma única pessoa) terá condições de, unilateral e singularmente, impor aos demais condóminos sua vontade (justa ou injusta, certa ou errada, em benefício ou em prejuízo da coletividade) nas deliberações.

E a depender do capital investido na edificação pelo "condómino maioritário", terá condições não apenas de se impor nas deliberações ordinárias, mas também em matérias que exijam quórum qualificado (caso detenha 2/3 ou ¾ do valor total do edifício, por exemplo) – podendo, por exemplo, aprovar obras e alterar estatutos –, afetando sobremaneira a coletividade consoante seu interesse particular.

Ter-se-á uma maioria *de capital*, composta por uma minoria de pessoas – ou até mesmo uma única pessoa –, cuja vontade sobrepor-se-ia à vontade da maioria das pessoas do condomínio, representativas de apenas minoria das quotas ideais condominiais, prestigiando-se, ao fim e ao cabo, um interesse absolutamente individual (e por vezes egoístico).

O problema torna-se maior quando tais deliberações passam a ser movidas unicamente por interesses privados e egoísticos daquele que tem a maioria do capital investido na edificação ou poder de voto nas assembleias, fazendo surgir um "poder tirânico da maioria de um só"[69], favorecendo posturas e deliberações ilegais, abusivas (ainda que não ilícitas em seu simples conteúdo) ou mesmo inconvenientes, custosas, e contrárias ao interesse coletivo.

---

[69] Cfr. LOPES, João Batista, *op. cit.*, p. 131; e SCAVONE Jr., Luiz Antonio, *op. cit.*, p. 895, entre outros, consoante será tratado *infra*.

Exemplifica-se com o seguinte caso[70]: um condomínio é composto de doze apartamentos de igual valor e mesmo capital investido na edificação (todos com a mesma fração ideal no solo e nas demais partes comuns), e um dos condóminos é o proprietário de nove deles (75% do capital investido na edificação). Convocada reunião da assembleia ordinária para tratar de assuntos gerais, aprovação do orçamento da receita e despesa anual, eleição do administrador, presente à reunião o condómino maioritário e mais três, o primeiro, sendo maioria isolada, decidiu todas as matérias conforme o seu interesse, contra o voto de todos os demais. Passados seis meses, o condómino maioritário convoca individualmente, regularmente – eis que detém mais de ¼ do capital investido na edificação da edificação – sessão extraordinária da assembleia, na qual aprova, isoladamente, novamente contra o voto dos demais condóminos da edificação, a realização de obras desnecessárias e onerosas: ao invés de conservar o revestimento ainda novo, delibera o refazimento desnecessário de toda a fachada do prédio.

O caso narrado revela o tamanho do poder político do condómino maioritário – desde a convocação até a deliberação de matérias de alto impacto para a coletividade condominial –, sendo que, dum prisma legalista, houve regular convocação e submissão das matérias à sessão da assembleia, e as deliberações se deram conforme o critério legal real. Deveria prevalecer a vontade da "maioria patrimonial", na figura de um único condómino, contra a vontade e interesse da coletividade, onerando-a desnecessariamente?

A hipótese não é de difícil verificação prática, pois tanto em Portugal quanto no Brasil, as maiorias eventuais, para as deliberações ordinárias, tanto em primeira quanto em segunda convocação, não tomam em conta os votos ou opinião dos ausentes, formando-se a maioria a partir apenas dos votos dos condóminos presentes à sessão da assembleia – e que são proporcionais ao seu quinhão na edificação. Portanto, poderá haver, ainda, ditadura eventual ou a partir de maiorias meramente eventuais, em determinadas reuniões da assembleia, no tocante à aprovação de certas matérias. E ainda

[70] Baseado, com adaptações, em caso real descrito na obra de CÂMARA, Hamilton Quirino, *op. cit.*, p. 265-266, adicionando o exemplo (mas com inclusões e modificações) de deliberação no exercício de poder "tirânico" de um condómino proprietário da maioria das frações ideais proposto, por SCAVONE Jr., Luiz Antonio, *op. cit.*, p. 895.

há situações nas quais um único condómino, e mesmo configurando minoria condominial (patrimonial), se recusa a aprovar deliberação de relevo para a coletividade, não permitindo a formação do quórum qualificado exigido em lei.

Entretanto, diferente do verificado em outros ordenamentos jurídicos, as leis brasileira e portuguesa silenciam quanto ao tema.

3.1. Breve menção ao direito estrangeiro

Em Espanha, a *Ley de la propiedade horizontal*, em seu art. 18[71], admite a impugnação das deliberações da assembleia, entre outros motivos, quando resultarem *gravemente lesivos aos interesses da própria coletividade em benefício de um ou vários condóminos* ou quando, sem previsão jurídica legal ou contratual, impuserem grave prejuízo a algum condómino, ou quando tenham sido adotadas com *abuso de direito*.

Em França, a Lei nº 557/1965, com as alterações da Lei nº 10/2018[72] –, a fim de prevenir o abuso do "condómino maioritário", estabelece regra prévia de recálculo dos votos. O voto do condómino proprietário singularmente de mais da metade das quotas na edificação é reduzido nas deliberações da assembleia condominial para igualar-se à soma dos votos dos demais.

---

[71] "Artículo dieciocho. 1. Los acuerdos de la Junta de Propietarios serán impugnables ante los tribunales de conformidad con lo establecido en la legislación procesal general, en los siguientes supuestos: [...] b) Cuando resulten gravemente lesivos para los intereses de la propia comunidad en beneficio de uno o varios propietarios. c) Cuando supongan un grave perjuicio para algún propietario que no tenga obligación jurídica de soportarlo o se hayan adoptado con abuso de derecho. 2. Estarán legitimados para la impugnación de estos acuerdos los propietarios que hubiesen salvado su voto en la Junta, los ausentes por cualquier causa y los que indebidamente hubiesen sido privados de su derecho de voto [...]. La impugnación de los acuerdos de la Junta no suspenderá su ejecución, salvo que el juez así lo disponga con carácter cautelar, a solicitud del demandante, oída la comunidad de propietarios".

[72] "Article 22. I. [...] Chaque copropriétaire dispose d'un nombre de voix correspondant à sa quote-part dans les parties communes. Toutefois, lorsqu'un copropriétaire possède une quote-part des parties communes supérieure à la moitié, le nombre de voix dont il dispose est réduit à la somme des voix des autres copropriétaires".

No México, após sucessivas leis[73], atualmente vige a "Lei de Propriedade em Condomínio de Imóveis", de 27 de Janeiro de 2011, com as modificações oriundas da Reforma de 24 de Março de 2017, estabelecendo: (*a*) que, no caso de um único condómino representar mais de 50% dos votos, para a validade das deliberações seriam necessários, também, 50% dos votos restantes, e, não chegando a consenso os condóminos, qualquer deles pode submeter a questão à arbitragem; e (*b*) em segunda convocação, à assembleia constituída em segunda convocação, exigindo-se, neste caso, pelo menos 75% dos votos dos condóminos presentes[74].

Portanto, as legislações francesa e mexicana estabeleceram critério prévio de recálculo do número de votos por condómino para evitar o condómino maioritário, enquanto a legislação espanhola apresenta uma cláusula aberta para impugnação *a posteriori* quando houver atos gravemente lesivos ao interesse da coletividade pelo condómino maioritário.

3.2. Dogmática jurídica brasileira

No Brasil, a questão não passou despercebida pela *doutrina*. Duas posições antagônicas se colocam a respeito da temática: (*i*) de um lado, há quem entenda pela prevalência invariável da vontade da "maioria" condominial – esta parece ser a posição defendida por CÂMARA[75],

[73] Notadamente, o *Decreto de 30/1954*, regulamentado pela *Lei/1954*, sucedida pela *Lei de 28/1972*. Posteriormente, a *Lei de 31/1998* regulou a matéria, modificada pela *Reforma de 10/2000*, e, enfim, a *Lei de 27/2011*, alterada pela *Reforma de 24/2017.* Na doutrina, *v.* GALVÁN, Fco. Xavier Arredondo. El nuevo regimen jurídico del condominio. *Revista de Derecho Notarial Mexicano*. Cidade do México. Nº 117 (2002), Tomo I, p. 94-203; MARTÍNEZ, Manuel Borja. La propiedad em pisos o departamentos em derecho mexicano. *Comunicaciones mexicanas al VIII Congreso Internacional de Derecho Comparado (Pescara, 1970)*, p. 53-69.

[74] "*Ley de Propiedad en Condominio de Inmuebles para el Distrito Federal*": "Artículo 31 [...] VII.- Cuando un solo condómino represente más del 50% de votos y asista el resto del valor total de votos del condominio se requerirá, cuando menos, la mitad de los votos restantes para que sean válidos los acuerdos. De no asistir cuando menos el 75% del valor total del condominio procederá la segunda convocatoria de Asamblea General, en la cual para que sean válidos los acuerdos se requerirá cuando menos el 75% de los votos de los asistentes. Cuando no se llegue a acuerdo válido, el condómino mayoritario o el grupo minoritario podrá someter la discrepancia en los términos del Título Cuarto Capítulo IV de esta Ley".

[75] CÂMARA, Hamilton Quirino, *op. cit.*, p. 265-266. Sustenta o autor a primazia da vontade da maioria nas assembleias [ainda que a maioria seja das frações, é de se acrescentar],

privilegiando o critério real, patrimonial –; (*ii*) de outro, há quem defenda a possibilidade de temperamento da regra legal, nomeadamente nas hipóteses de abuso de direito ou violação ao princípio da boa-fé – nessa quadra se posicionam FRANCO[76], DINIZ[77], LOPES[78],

---

equiparando a assembleia de condóminos às assembleias legislativas – nas quais há prevalência da vontade da maioria – e também às sociedades empresárias – em que o peso dos votos nas deliberações é determinado pelo número de quotas sociais. Caberia, portanto, à minoria, legitimamente, unir-se, acompanhar as assembleias de condóminos e suas votações, delas participando de forma ativa, pois, conquanto não detenha a minoria poder deliberativo capaz de alterar diretamente o resultado das votações assembleares, muitas questões e problemas seriam resolvidos pela adequada participação e intervenção dos condóminos minoritários, visando os interesses maiores da coletividade.

[76] FRANCO, J. Nascimento, *op. cit.*, p. 109. Nos dizeres do autor, "[p]onto dos mais delicados é o da preservação do direito da minoria, quando um grupo ou alguns poucos condôminos possuem diversas unidades autônomas e, por isso, podem direcionar as deliberações da assembleia segundo seus interesses. Em alguns casos, um só condômino possui a maior parte do condomínio, de sorte que a assembleia constitui mera formalidade porque um só voto aniquila todos os dados em sentido contrário. Invocando-se analogia com as sociedades comerciais, em que nas deliberações predomina a maioria de interesses, tem-se admitido no Brasil, a ditadura da maioria, deslembrando-se que nem sempre as regras aplicáveis às sociedades servem para o condomínio de edifícios. Nas assembleias das sociedades empresariais delibera-se sobre interesse predominantemente económico, enquanto nas dos edifícios, mormente quando residenciais, decide-se sobre problemas humanos e familiares, delicadas relações de vizinhança, o que justifica normas flexíveis no objetivo de se alcançar tranquilidade e harmonia entre os habitantes do edifício. Trata-se de uma situação diferenciada, em que não se busca decisão sobre um proveito económico, mas consenso para a melhor convivência de seres humanos, e, por isso, incompatível com a chamada 'maioria de um só' ou de uns poucos". Mais à frente, acresce, em defesa do direito da minoria, que o "poder deliberativo da maioria não é absoluto. Em todas as comunidades de interesses, desde as sociedades anônimas até os simples clubes associativos, impera o respeito aos direitos subjetivos de seus membros e à opinião da minoria, que tem o direito de se fazer ouvir, pois é para isso que são convocados todos os condôminos ou pessoas a eles equiparados." (p. 117).

[77] DINIZ, Maria Helena, *op. cit.*, p. 277. A célebre professora expõe o problema, reverberando o posicionamento defendido por NASCIMENTO FRANCO, e a existência do projeto de lei nº 699/2011, referindo precisamente que o mesmo objetiva ressalvar o direito das minorias.

[78] LOPES, João Batista, *op. cit.*, p. 130-133. O autor em sua obra, sinteticamente: (a) expõe o problema – demonstrando que, face à regra da maioria de interesses (e não de pessoas) que prevalece como regra no regime da propriedade horizontal, o condómino titular de frações ideais que representem mais de 50% do total da edificação, terá de facto e de direito o controle das assembleias e de suas deliberações, podendo surgir a figura da "maioria de um só" –; (b) faz alusão à doutrina italiana – que adotava sistema misto, conjugando o número de votantes

FARIAS e ROSENVALD[79], SCAVONE JR.[80], LOUREIRO[81], e

---

com as frações ideais do condómino – e legislação francesa – com a referida norma específica acerca da "pouvir tyrannique" da maioria sobre a minoria, regra que reduz o número de votos do condómino majoritário à soma dos votos dos demais condóminos, tendo por *ratio*, precisamente, a proteção da minoria –; (c) propõe a aplicação do abuso do direito – quando seu titular (o condómino majoritário) o exerce manifestamente acima dos limites impostos por seus fins económicos e sociais, boa fé e bons costumes – para solução dos problemas oriundos dessa "tirania"; (d) deixa expresso que não estão excluídos do controlo judicial os casos de abuso de direito – cabendo ao juiz, em cada caso, indagar se o condómino exerceu seu direito conforme os fins económicos ou sociais ou "se outro propósito menos nobre o anima"; (e) trata da relativização do direito do condómino majoritário, mediante a observância dos seus fins económicos e sociais – a mitigar o direito do condómino majoritário, que não poderá ser exercido ilimitadamente ou em desconformidade com seu escopo e espírito, vedados os comportamentos de mero capricho ou com espírito emulativo.

[79] FARIAS, Cristiano Chaves de; ROSENVALD, Nelson, *op. cit.*, p. 818-819. Os autores observam a possibilidade de afronta ao *direito das minorias* (ou o *direito das maiorias*, conforme o caso), sob dois diferentes ângulos: *a uma*, na medida em que as deliberações assembleares são tomadas com base na maioria dos *presentes* à assembleia, a opinião dos *ausentes* será ignorada – ausentes estes que, acresça-se ao pensamento dos juristas citados, que poderão corresponderão à maioria de pessoas que ocupam a edificação, e que, por vezes, corresponderão mesmo à maioria das frações ideais na edificação, mas não representadas naquela específica sessão da assembleia geral –; e, *a duas*, na hipótese de *sobreposição da vontade da minoria de pessoas por serem titulares da maior parte da edificação* (a "maioria de um só"). Além de se apoiarem no pensamento de LOPES no tocante à possibilidade de submeter o questionamento acerca da validade de determinada deliberação assemblear à fiscalização judicial, também sustentam a aplicação do *abuso do direito* – como modalidade especial de ato ilícito objetivo no direito brasileiro (art. 187 do Código Civil brasileiro) –, propondo, ainda, a aplicação da *teoria das invalidades jurídicas* (dos atos e negócios jurídicos em geral) a possibilitar ao juiz a declaração judicial da invalidade (ou mesmo inexistência) do ato que, *não obstante atenda às formalidades legais assembleares*, seja *lesivo ao objeto social condominial e ao interesse da maioria de pessoas* – ainda que estas não detenham a maior parte das frações ideais no edifício.

[80] SCAVONE Jr., Luiz Antonio, *op. cit.*, p. 894-895. Em seus dizeres: "A rigor, o Código Civil parece subjugar a minoria à vontade da maioria, de forma incondicional. Portanto, o condômino que disponha de mais de 50% das frações ideais pode, em tese, controlar o condomínio. Seria o 'poder tirânico' da 'maioria de um só'. Não nos parece, todavia, que esse controle seja absoluto, a ponto de prejudicar a minoria. É que o abuso de direito passa a ser previsto de forma geral no Código Civil [...]".

[81] PELUSO, Cezar (coord.); LOUREIRO, Eduardo... [et al.] – *Código Civil comentado*. 7ª ed. Barueri: Editora Manole, 2013, p. 1395. Consoante as lições de Eduardo Loureiro: (a) relembra-se que o facto de um condómino possuir a maioria das frações ideais no solo e demais partes comuns (ou das unidades autónomas, caso o condomínio adote voto "por cabeça", sendo um voto para cada unidade) não dispensa a regular convocação, deliberação

VENOSA[82]. Outros tantos passam ao largo da discussão, notadamente nos manuais e cursos de direito civil[83].

3.3. Proposições legislativas

No Brasil, objetivando regular a matéria, existe projeto de lei objetivando instituir controlos prévios ao condómino maioritário – inspirados na legislação francesa e na doutrina –, a saber, o Projeto de Lei nº 6.960 de 2002[84], convertido no atual Projeto de Lei nº 699 de 2011[85], de iniciativa da Câmara dos Deputados. O projeto propõe a inclusão de um § 2º ao art. 1.352 do Código Civil brasileiro, ao dispor que "[n]o caso de um mesmo condômino possuir mais de uma unidade ou fração ideal, seu direito de voto será limitado

e votação das matérias de interesse comum; e (b) propõe também a aplicação do abuso de direito como fundamento para impugnação judicial de medidas (abusivas) adotadas pela maioria condominial, podendo ser "reparado por decisão judicial".

[82] VENOSA, Sílvio de Salvo, *op. cit.*, p. 396-398. Relembra o doutrinador que a "maioria de um só (ou poucos) condôminos" poderá formar-se com frequência, principalmente, nos casos de *incorporação imobiliária* (quando o incorporador ainda não alienou todas as unidades, concentrando na sua propriedade considerável parcela da totalidade das frações ideais). Refere, ainda, ao projeto de lei que pretende instituir regra legal acerca do tema. Por fim, reconhece a possibilidade de a *minoria dissidente* impugnar a *legalidade das deliberações tomadas na assembleia*, deixando expresso que, a par da questão formal, o *tribunal poderá examinar eventuais abusos de direito no uso da propriedade*, sujeitando-se os atos praticados em assembleia à teoria geral das nulidades e anulabilidades dos negócios jurídicos, podendo o juiz, com cautela e prudência, deferir medidas cautelares que se façam necessárias, podendo designar representante seu (auxiliar do juízo, tal como o perito) para presidir ou acompanhar a assembleia, se a situação de beligerância no condomínio o exigir.

[83] Entre outros: GAMA, Guilherme Calmon Nogueira da. *Direitos Reais.* São Paulo: Atlas, 2011, no capítulo respeitante ao "Condomínio Edilício", p. 396-425; RIZZARDO, Arnaldo, *op. cit.*, no capítulo "Propriedade Horizontal ou Edilícia", p. 637-687; TARTUCE, Flávio, *Manual de Direito Civil: volume único.* 6. ed. Rio de Janeiro: Forense; São Paulo: Método, 2016, no sub tópico "Do condomínio edilício"; PEREIRA, Caio Mário da Silva – *Condomínio e incorporações.* 13ª ed. Rio de Janeiro: Forense, 2018, p. 153-169; e AVAAD, Pedro Elias, *op. cit.*, que trata da assembleia de condóminos e seus respetivos quóruns nos Capítulos 15º (p. 145-147), 16º (p. 149-154) e 18º (p. 163-169), sem referir em especial à temática proposta.

[84] BRASIL. Câmara dos Deputados, *Projeto de Lei nº 6.960/2002.*

[85] BRASIL. Câmara dos Deputados, *Projeto de Lei nº 699/2011: "Altera o Código Civil, instituído pela Lei nº 10.406, de 10 de janeiro de 2002".*

à soma dos votos dos demais coproprietários, cabendo ao presidente da mesa, em caso de empate, o voto de desempate"[86].

Apesar de aplaudido pela doutrina[87], o projeto recebeu pareceres de rejeição: (i) da Comissão de Constituição e Justiça da Câmara dos Deputados, ao argumento de que a matéria deve ser regulada internamente, na convenção de condomínio, não sendo possível, "de um momento para o outro, limitar o direito do proprietário sem previsão da convenção de condomínio"[88]; e (ii) da Comissão de Desenvolvimento Económico, Indústria e Comércio, ao argumento de que as *quotas-partes ideais refletem o poder político de cada condómino*, além de as *convenções de condomínio poderem estabelecer critério diverso da regra legal*, de modo que a modificação legal *interferiria no direito de propriedade* constitucionalmente previsto[89].

---

[86] BRASIL, Câmara dos Deputados, *Projeto de Lei nº 6.960/2002*; BRASIL, Câmara dos Deputados, *Projeto de Lei nº 699/2011"*. De acordo com a justificativa do projeto, referindo à SCHWARTZ, que sugeriu o acréscimo do § 2º ao art. 1.352, e, principalmente, à já mencionada obra de FRANCO, tem-se por objetivo ressalvar o direito das minorias no condomínio, buscando instituir na legislação brasileira critério semelhante ao francês – tido por mais justo e humano: "[...] Art. 1352: O acréscimo do parágrafo segundo ao art. 1352 foi sugerido pela professora ROSELY BENEVIDES DE OLIVEIRA SCHWARTZ, da Faculdade Metropolitana Unida - FMU - São Paulo, autora do livro Revolucionando o Condomínio, publicado pela Editora Saraiva em 1996 (2001 - 6ª edição) e objetiva ressalvar o direito das minorias. Atualmente, nas assembléias de condôminos, os votos são proporcionais às frações ideais do terreno e partes comuns, ou número de unidades pertencentes a cada condômino [...]".

[87] Cfr. DINIZ, Maria Helena, *op. cit.*, p. 277; e VENOSA, Sílvio de Salvo, *op. cit.*, p. 397.

[88] BRASIL, Câmara dos Deputados, *Parecer da Comissão de Constituição e Justiça e de Redação ao Projeto de Lei nº 6.960/2002*, Relator Deputado Vicente Arruda, 2003.

[89] BRASIL, Câmara dos Deputados, *Parecer da Comissão de Desenvolvimento Econômico, Indústria e Comércio ao Projeto de Lei nº 699/2011*, Relator Deputado Laércio Oliveira, 2014. Nos termos do documento, quanto à alteração "do art. 1.352 entendo que a iniciativa do legislador busca apresentar uma solução a questão que tem sido objeto de acaloradas discussões nos tribunais. A Convenção do Condomínio poderá estabelecer um critério para estas situações como ocorre, comumente, no caso das edificações mistas que preveem a possibilidade de votos não proporcional à fração ideal, ainda que este seja o critério para o rateio das despesas. A fixação da quota-parte ideal se reflete no direito de propriedade e no poder político de cada condômino, ocorrendo no momento da instalação do condomínio. Desta forma, a alteração proposta interfere diretamente no direito de propriedade previsto no art. 5º da Constituição Federal".

Na limitada investigação empreendida não foram localizadas proposições legislativas a tramitar em Portugal.

3.4. Dogmática jurídica portuguesa

Apesar de o tema ser objeto de atenção da literatura jurídica estrangeira, além de regulado em diversos ordenamentos jurídicos estrangeiros, *não é particularmente tratado pela doutrina portuguesa*[90]. Entretanto, considerada a forma de composição do número dos votos de cada condómino na assembleia consoante a legislação civil de Portugal, trata-se de hipótese de fácil ocorrência prática.

Já há muito, quando a propriedade horizontal era tratada pelo Decreto-Lei nº 40333 de 1955, CUNHA GONÇALVES criticava o critério de cálculo adotado por seu art. 28 (mais por questões práticas), preferindo o cômputo segundo a maioria de pessoas e não tomando por base o capital, buscava inspiração no critério adotado pelo direito societário, que repudiava a desproporção no capital social para fins de apuração da maioria na hipótese

[90] Além das demais obras já citadas no presente estudo, sob diversas vertentes, foram objeto de consulta para este fim as seguintes, corroborando não se tratar de uma questão usualmente tratada nos manuais de direitos reais e monografias portuguesas dedicadas ao tema da propriedade horizontal: ALMEIDA, L. P. Moitinho, *op. cit.*, p. 103-113 (aqui incluída a jurisprudência nela citada); ARAÚJO, António Magro Borges de, *op. cit.*; FERNANDES, Luís A. Carvalho – *Lições de Direitos reais...*, p. 392-402; LEÃO, Angelina Barbosa; VIEIRA, Iva Carla – *Guia prático das assembleias gerais*. Coimbra: Almedina, 2005, p. 31-37; LEITÃO, Luís Manuel Teles de Menezes, *op. cit.*, p. 306-308; MARCELINO, Américo Joaquim – *Preferência, propriedade horizontal e outros temas de direito civil e penal*. 2ª ed. Lisboa: Livraria Petrony, 1988, p. 43-44; METELLO, Francisco Cabral – *Condomínio: casos resolvidos, legislação e jurisprudência*. Coimbra: Almedina, 2011; MORENO, Carlos – *Manual da propriedade horizontal*. 2ª ed. Lisboa: Livraria Petrony, 1979, p. 79-89; NETO, Abílio, *op. cit.*, p. 641-782; PARDAL, Francisco Rodrigues; FONSECA, Manuel Baptista Dias da, *op. cit.*, p. 207-243; PIRES, Antonio, *op. cit.*, p. 126-141; PASSINHAS, Sandra, *op. cit.*, p. 205-284; RAMOS, José Luís Bonifácio, *op. cit.*, p. 386-389; SARDINHA, Ana; METELO, Francisco Cabral – *Manual do condomínio (propriedade horizontal) e legislação comentada*. 2ª ed. Coimbra: Almedina, 2003, p. 113-118, 154-160; SEIA, Jorge Alberto Aragão, *op. cit.*, p. 164-191; VIEIRA, José Alberto, *op. cit.*, p. 637-641. Também foram consultados os acórdãos constantes da seguinte obra de compilação jurisprudencial: BOTELHO, João – *Propriedade Horizontal – Studia Jurisprudentia*. Calendário: Novacausa, 2015.

de divergência entre os sócios[91]. É certo, contudo, que prevaleceu na legislação portuguesa (assim como nos demais ordenamentos consultados) o atual critério de natureza patrimonial, segundo o qual a maioria é calculada conforme o capital investido no edifício.

A questão que se coloca em discussão na doutrina lusa é atinente à *(im)possibilidade de se aprovar uma deliberação com os votos de apenas um único condómino, ainda que ele represente a maioria,* seja, em primeira convocação, do capital investido na totalidade da edificação, ou, em segunda convocatória, da *maioria presente, com ao menos ¼ do valor total do prédio.* Contudo, isso se dá por questões de interpretação literal dos requisitos constantes do Código Civil português.

Com efeito, enquanto: (*a*) alguns autores portugueses[92] defendem a impossibilidade de se constituir validamente e deliberar a assembleia com os votos de um único condómino, ainda que represente a maioria condominial – estritamente baseados no facto de que a o Código Civil (art. 1.432º, nº 4) textualmente se refere aos "*condóminos presentes*" e desde que "*estes representem*"

---

[91] GONÇALVES, Luís da Cunha, *op. cit.*, p. 52. Nos dizeres do próprio: "entendemos que seria mais prático o disposto no já citado nº 5 do art. 1.270º do Código Civil, sendo a maioria constituída só por pessoas, sem se atender às tais percentagens ou permilagens, que, na maioria dos casos, terão medíocre importância e só servirão para suscitar conflitos e provocar litígios onde só deve reinar paz, harmonia e solidariedade". Referia-se o mestre ao nº 5º do art. 1270º do Código Civil português de 1867 (Código Seabra), inserto na Seção relativa ao direito societário, que assim dispunha: "A falta de estipulação expressa sobre a fórma da administração suppre-se pelas seguintes regras: [...] 3º Se houver divergencia entre os socios, serão os negocios resolvidos por maioria, seja qual for a desproporção das suas entradas; em caso de empate, o negocio ficará assim indeciso até ulterior resolução".

[92] Por todos, *v.* SEIA, Jorge Alberto Aragão, *op. cit.*, p. 177. Tratando precisamente da hipótese de haver apenas dois condóminos presentes em segunda convocação da assembleia, defende a impossibilidade da deliberação por maioria constituída pelos votos de um único condómino, ainda que ele represente mais de um quarto do valor total do prédio, exigindo a unanimidade dos votos dos (dois) condóminos presentes. A lei exigiria votos dos condóminos presentes que representem ao menos ¼ do valor total do prédio, a indicar que não poderia apenas um condómino formar tal maioria. A posição do autor, contudo, não se baseia na exigência de uma coletividade assemblear como princípio, nem na proteção da minoria condominial ou maioria de pessoas ou do interesse coletivo, mas sim na própria literalidade do nº 4, art. 1432º, do Código Civil português, que, ao estabelecer que a assembleia pode deliberar, em segunda convocação, por maioria de votos dos "condóminos presentes", e desde que "estes representem" pelo menos ¼ do valor total do prédio, pelo que não poderia os votos de um só condómino formá-la.

pelo menos ¼ do valor total do prédio – a indicar a exigência de pluralidade –; (*b*) outros juristas, em direção oposta, rejeitam a literalidade da lei, porquanto *violaria o princípio da prevalência do voto maioritário*, reforçando, assim, o caráter real da legislação, admitindo-se que a maioria se forme pelo voto de apenas um condómino, em primeira ou segunda convocação[93].

3.5. Princípios e regras aplicáveis nos dois países: proposta resolutiva

Independentemente da ausência de regra legal específica tratando do direito das minorias condominiais, o arcabouço jurídico existente nas Ordens Jurídicas brasileira e portuguesa permite a correção de ilegalidades e abusos que porventura que se verifiquem nas assembleias de condóminos e suas deliberações.

Aliás, as deliberações da assembleia, como atos jurídicos que são, sujeitam-se aos princípios gerais regentes dos negócios (e atos) jurídicos em geral e sua teoria geral das invalidades, de modo que o eventual controlo judicial pode, a par da questão formal da assembleia, examinar e coibir eventuais ilegalidades e abusos de direitos[94]. Com efeito, as deliberações da assembleia sujeitam-se não só aos princípios e institutos dos negócios jurídicos em geral mas também a diversos princípios (e cláusulas gerais) e regras, previstos, essencialmente, nas Constituições e nos Códigos Civis dos dois países – em disposições que se assemelham.

---

[93] NETO, Abílio, *op. cit.*, p. 699. Ademais, sob um ponto de vista puramente pragmático, sustenta o autor que não se formaria a unanimidade exigida em lei, o que obrigaria a submeter a questão à via judicial, com "desvantagens superiores aos benefícios propiciados".

[94] Cfr. VENOSA, Sílvio de Salvo, *op. cit.*, p. 398. Segundo o autor "à minoria dissidente cabe discutir a legalidade das decisões tomadas na assembleia, mas, enquanto não anulada a deliberação, deve-se submeter a elas. Note que existem matérias pontilhadas na lei que exigem *quorum* mínimo para aprovação. O controle judicial examinará, a par da questão formal da assembleia, eventuais abusos de direito. Trata-se de aplicação de regra geral no uso da propriedade. Sujeitam-se as assembleias aos princípios gerais de nulidade e anulabilidade. A regra geral é da teoria geral dos negócios jurídicos. As medidas cautelares que impeçam a realização ou cumprimento de decisões de assembleias devem ser concedidas com prudência. Nada impede que o juiz designe um representante seu para acompanhar ou presidir a assembleia, com funções de auxiliar do juízo, tal como perito, se a situação de beligerância entre os condôminos o exigir."

Em síntese, os atos e deliberações da assembleia de condóminos, sujeitam-se à incidência: (i) genericamente, das normas *constitucionais*[95] – com destaque para os princípios da *isonomia* e da *função social da propriedade* –; (ii) das normas regentes da *teoria geral dos negócios jurídicos* e da *teoria geral das invalidades jurídicas*, limitativas da autonomia da vontade privada; (iii) nomeadamente, (*a*) dos *princípios fundamentais do direito civil*, notadamente a *função social da propriedade* e a *boa-fé objetiva*; e (*b*) da teoria do *abuso de direito* e seus balizadores: *boa-fé* e *função social e económica do negócio jurídico* (e, pois, do condomínio, da assembleia, seus atos e deliberações). Nota-se que alguns dos princípios incidem em diferentes níveis do ordenamento.

Sumariando:

(i) inegável que o direito das minorias (em geral), em qualquer esfera do direito, encontra respaldo no direito fundamental à *igualdade material*, isto é, à isonomia[96];

[95] Notadamente os direitos fundamentais. Com efeito, os princípios que consubstanciam direitos, liberdades e garantias fundamentais (*i.e.*, *direitos fundamentais* previstos art. 17º, Constituição da República Portuguesa; art. 5º da Constituição da República Federativa do Brasil) são dotados de plena *força normativa* e de aplicabilidade *direta* e *imediata, vinculando entidades* públicas e *privadas*, não podendo ser restringidos por lei, senão para salvaguarda de outros direitos constitucionalmente protegidos (art. 18º, Constituição da República Portuguesa e art. 5º, § 1º, Constituição da República Federativa do Brasil). Acerca da aplicabilidade direta e imediata dos direitos fundamentais, *v.* GOUVEIA, Jorge Bacelar – *Manual de Direito Constitucional*. Vol. II. 4ª ed. Coimbra: Almedina, 2011, p. 1118-1126; MENDES, Gilmar Ferreira; BRANCO, Paulo Gustavo Gonet – *Curso de direito constitucional*. 10ª ed. São Paulo: Saraiva, 2015, p. 147-155; SARLET, Ingo Wolfgang; MARINONI, Luis Guilherme; MITIDIERO, Daniel – *Curso de direito constitucional*. 3ª ed. São Paulo: Revista dos Tribunais, 2014, p. 261-358; e BARROSO, Luís Roberto – *Curso de Direito Constitucional Contemporâneo: os conceitos fundamentais e a construção do novo modelo*. 4ª ed. São Paulo: Saraiva, 2013, este último a tratar não só da aplicação dos direitos fundamentais às relações privadas (p. 394-395), mas também da constitucionalização do direito civil e do direito (p. 387-404) – ainda que com controlo dos riscos da "constitucionalização excessiva" (p. 449-452) – senão também da efetividade e normatividade, não só dos direitos fundamentais, mas das normas constitucionais (p. 240-243), e, designadamente, dos princípios de direito (p. 343-347).

[96] Cfr. MARTINS, Argemiro Cardoso Moreira; MITUZANI, Larissa – Direito das Minorias Interpretado: o compromisso democrático do direito brasileiro. In: *Seqüência: Estudos Jurídicos e Políticos*. Florianópolis: Universidade Federal de Santa Catarina. Vol. 32, nº 63 (dezembro 2011), p. 319-352. A propósito, as constituições portuguesa (art. 12º e 13º) e brasileira (art. 5º, *caput*) consagram o princípio da igualdade.

(ii) a *função social da propriedade*[97], enquanto norma de *concretização, conformação* ou *limitação*, ou mesmo *restrição*[98], do direito fundamental de propriedade (integrando ou não do seu conceito), mitiga a primazia puramente patrimonial do condómino maioritário em detrimento do interesse maior da coletividade[99];

---

[97] A Constituição brasileira consagra a função social da propriedade no rol de direitos fundamentais (art. 5º, XXIII), e também como princípio da ordem económica (art. 170, III), e, ainda, como princípio com conteúdo definido relativamente às propriedades urbana (art. 182) e rústica (arts. 184 e 186). V., ainda, CANOTILHO, J. J. Gomes; MENDES, Gilmar Ferreira; SARLET, Ingo Wolfgang... [et al.]. – *Comentários à Constituição do Brasil.* São Paulo: Saraiva/Almedina, 2013. p. 314. Já a Constituição da República Portuguesa não prevê explicitamente a função social, sendo certo que o seu art. 62º trata apenas do direito social de propriedade privada (nº 1), seguido da justa indenização em caso de expropriação por utilidade pública (nº 2). Não obstante, tal como o próprio direito de propriedade, a função social poderá considerar-se um direito fundamental de natureza análoga, mediante recurso ao art. 17º. Com efeito, são abundantes as referências à propriedade rústica na Parte II da "Organização Económica" da Constituição Portuguesa e os condicionamentos à propriedade privada, "contextualizando a propriedade numa lógica de utilidade social" (cfr. GOMES, Carla Amado. *Reflexões [a quente] sobre o princípio da função social da propriedade...*, 2017). No plano infraconstitucional, o Código Civil brasileiro de 2002 faz uma única menção à função social da propriedade, em suas disposições finais e transitórias, como condicionante dos atos e negócios jurídicos (art. 2035, parágrafo único), ao passo que o Código Civil português não trata expressamente do princípio – razão pela qual alguns autores o deduzem a partir do abuso do direito estatuído no art. 334º, ante a alusão aos "fins sociais" no exercício de direitos.

[98] Cfr. MENDES, Gilmar Ferreira; BRANCO, Paulo Gustavo Gonet, *op. cit.*, p. 321-364.

[99] Com efeito, "funcionalizado" o direito de propriedade, por decorrência sistêmica-lógica, a propriedade horizontal, como direito real que é, tratando-se de um regime jurídico no qual a propriedade pertence a várias pessoas, também se submete à observância de seu fim social. Para além de o direito de propriedade não ser ilimitado – podendo o intérprete ou legislador estabelecer-lhe restrições observado o critério da proporcionalidade –, particularmente no regime da propriedade horizontal, a propriedade e os poderes dominiais dos condóminos sofrem diversas restrições decorrentes do próprio exercício do regime em "comunidade", inclusive quanto ao destino da fração autónoma e aos poderes de transformação. O próprio legislador – tanto o português quanto o brasileiro – fez constar expressamente a prevalência do interesse comum sobre o interesse do condómino particular, eis que os bens comuns na edificação se destinam ao uso do grupo condominial e para satisfazer um interesse habitacional. Vai-se, em algumas hipóteses, ao ponto de forçar o condómino a alienar seus direitos, como ocorre na hipótese destruição. Portanto, a "ditadura da minoria" ou "da maioria de um só" atenta contra a função social da propriedade – configurando abuso desse direito. Há quem deduza o abuso de propriedade do abuso de direito: Nesse sentido, v. VASCONCELOS, Pedro Pais de. *Teoria Geral do Direito Civil.* 7ª. ed. Coimbra: Almedina, 2014, p. 25; LEITÃO,

(iii) a *função social do contrato*[100] – ou melhor, do negócio jurídico –, intimamente ligada à *socialidade* (princípio solidário), atua, objetivamente, como *condicionante da autonomia da vontade* quando em confronto com o *interesse social*, sendo de se destacar o *aspeto público*

Luís Manuel Teles de Menezes, *op. cit.*, p. 173-176. Relevantes as lições de RAMOS, José Luís Bonifácio, *op. cit.*, p. 309-310, que sintetizam os posicionamentos doutrinais acerca do tema: "[...] assumindo que o CC actual consagra o princípio do abuso do direito e que ele se compatibiliza, em nome da congruência entre o plano legislativo e o constitucional, com o princípio da função social, sustenta que o proprietário não pode contrariar, durante a fruição da coisa de que é titular, os interesses sociais relevantes. Nesse desiderato, Menezes Cordeiro também procura compatibilizar o abuso de direito e a função social, defendendo que os Direitos Reais, ao serem limitados pela boa fé, pelos bons costumes ou pelo fim económico e social, pretendem indicar que tais limitações podem ser reconduzidas à função social. [...] Ao contrário, outro sector doutrinário não aceita compatibilizar função social e o abuso de direito. Ou estuda-o, circunscrito a determinado regime jurídico, ou sequer atribui relevo especial ao assunto, preferindo extrair virtualidades do conteúdo negativo do direito de propriedade, a partir de suas limitações negativas. Quanto à primeira orientação, Carvalho Fernandes sustenta a prevalência da função social sobre a figura do abuso de direito. Relativamente à segunda, Sousa Antunes privilegia o instituto do fracionamento e emparcelamento de prédios rústicos. No que respeita à terceira ideia, José Alberto Vieira entende o abuso de direito enquanto limitação de todos os Direitos Reais, pretendendo construir uma Parte Geral da realidade, de modo a colocar aí as limitações próprias do conteúdo negativo dos Direitos Reais.". Seguindo essa linha, haveria abuso do direito de propriedade na utilização desviada do direito de apropriação dos bens da terra e do direito que o proprietário tem sobre suas coisas, porquanto estes direitos não são ilimitados, nem permitem ao proprietário fazer com seus bens o que bem entender, orientado apenas pelo seu egoísmo – os direitos não são um fim em si mesmos, são apenas instrumentos. Assim, o poder que o proprietário exerce sobre a coisa está funcional e finalisticamente orientado por suas utilidades (aptidão para satisfazer necessidades e permitir a prossecução de fins das pessoas). Sindica-se, portanto, da licitude dos meios e dos fins pretendidos pelo proprietário no exercício do direito de propriedade, mediante um juízo que exige um critério material axiológico de decisão, segundo a qual a propriedade privada não apaga a originária e fundamental destinação comum de todos os bens, nem o sentido solidário de sua utilização.

[100] No direito brasileiro está prevista no art. 421 do Código Civil de 2002, tendo natureza jurídica de *cláusula geral* do ordenamento civilista, permeando e conformando as normas, atos e negócios jurídicos (ainda que prevista a intervenção mínima nas relações privadas, cfr. parágrafo único). Além disso, o *fim social e económico* é tratado como balizador do abuso de direito (art. 187). No Direito português, os "fins sociais e económicos" são igualmente tratados como balizas do exercício regular do direito, sob pena de abuso (art. 334º, Código Civil português).

da função social, atinente ao *interesse da coletividade sobre o negócio*[101]; apresenta-se, pois, como limitadora de condutas que privilegiem o interesse estritamente particular em detrimento de legítimos interesses coletivos, conformando-as às exigências do bem comum[102], o que alcança a atuação condominial, inclusive em assembleia, ainda que pelo condómino maioritário. Na verdade, tanto no Direito brasileiro quanto no português, o *fim social e económico* apresenta-se também como limitador do exercício de direitos, sob pena de *abuso de direito*.

(iv) incide a *boa fé objetiva*, não apenas *contratual*[103] ou simples balizadora subjetiva do exercício regular do direito[104], mas como efetiva *norma de conduta objetiva*[105] das relações privadas – prescindindo do

[101] GONÇALVES, Carlos Roberto – *Direito civil brasileiro*. Vol. 3: contratos e atos unilaterais. São Paulo: Saraiva, 2004, p. 4-9.

[102] MATIELLO, Fabrício Zamprogna, *op. cit.*, p. 283.

[103] Cfr. art. 422, Código Civil brasileiro.

[104] Cfr. art. 187, Código Civil brasileiro; art. 334º, Código Civil português. E por ser um dos princípios fundamentais do Direito Civil Português, a boa fé desempenha um papel de controlo do exercício dos direitos em geral, estabelecendo, ao lado dos bons costumes e dos fins sociais e econômicos, os *limites* da autonomia privada *no exercício* jurídico, os quais, se ultrapassados, restará caracterizado o *abuso do direito* (cfr. VASCONCELOS, Pedro Pais de, *op. cit.*, p. 232).

[105] Sobre o tema, indispensável a paradigmática obra de CORDEIRO, António Menezes – *Da boa fé no direito civil*. 6ª reeimp. Coimbra: Almedina, 2015, p. 632 e ss. Acerca de alguns dos deveres anexos à boa fé, tratados pelo Prof. CORDEIRO foram estudadas nas seguintes obras: SCHREIBER, Anderson – *A proibição de comportamento contraditório: tutela da confiança e venire contra factum proprium*. 2ª ed. Rio de Janeiro: Renovar, 2007; e NEVES, Julio Gonzaga Andrade – *A supressio (verwirkung) no direito civil*. São Paulo: Almedina, 2016. Com efeito, tal como no regime jurídico brasileiro, a boa fé em Portugal, neste caso, apresenta-se como um instituto objetivo (sem prejuízo da boa fé como instituto subjetivo), como norma de conduta, remetendo, outrossim, "para princípios, regras, ditames ou limites por ela comunicados ou, simplesmente, para um modo de atuação dito 'de boa-fé': artigos 3.º/1, 227.º/1, 239.º, 272.º, 334.º, 437.º/1 e 762.º/2, respectivamente. A boa-fé atua como uma regra imposta do exterior e que as pessoas devem observar. Nalguns casos, a boa-fé surge como um corretivo de normas suscetíveis de comportar uma aplicação contrária ao sistema; noutros, ela surge como a única norma atendível. Em todos eles, todavia, ela concretiza-se em regras de atuação. Em Direito, quem diz regras de atuação diz regras de proibição. Assim, a boa-fé objetiva abrange regras como as do artigo 15.º da LCCG [Lei das Cláusulas Contratuais Gerais, acresce-se ao texto original], que considera nulas determinadas cláusulas contrárias à boa-fé", cfr. CORDEIRO, António Menezes – *Tratado de Direito Civil*. Vol. 1: Introdução: fontes do direito; interpretação

conhecimento ou desconhecimento do agente a respeito da situação jurídica própria[106]. Dada sua natureza principiológica e de *cláusula geral*, tem o condão de permear todos os atos e negócios jurídicos, conformando-os, vedando condutas que, mesmo não expressamente vedadas em lei, não observam uma norma geral de conduta proba, honesta e leal, inclusive quanto a fornecimento de informações acerca do negócio firmado – vedada, objetivamente, a má-fé[107]; inegavelmente, o atuar da assembleia e dos condóminos sujeita-se aos ditames da boa fé;

(v) o *abuso do direito* é particularmente relevante ao estudo, pois amplamente aplicado como fundamento para a impugnação e anulação de deliberações assembleares – inclusive porque se utiliza dos institutos e princípios supramencionados como balizadores do atuar regular.

---

da lei; aplicação das leis no tempo; doutrina geral. 4ª ed. Coimbra: Almedina, 2012, p. 964. De facto, no Direito Português, o *princípio da boa fé* figura como um dos princípios fundamentais do Direito Civil, sendo uma norma geral de conduta da pessoa honrada. Com efeito, o princípio tem origem no direito natural e contém profundo sentido moral, dotado de validade por sua própria justiça, independentemente de sua positivação no ordenamento, resumida na vinculação à palavra empenhada, colocada a confiança como base imprescindível de todas as relações humanas, que não deve ser frustrada nem abusada; cada um deve comportar-se como se espera de uma pessoa honrada (*v.* VASCONCELOS, Pedro Pais de, *op. cit.*, p. 10; 20-21). Cabe apontar que o agir sem observância do *honeste agere* – inscrevendo-se aqui as hipóteses de *exceptio doli* e *tu quoque* –, do *alterum non laedere* e do *non venire contra factum proprium* – incluindo os casos de *supressio*, *surrectio* e a *inalegabilidade de vícios formais* –, traduz-se em agir sem boa fé. Especificamente sobre a *supressio*, inclusive distanciando-se da usual relação com a *surrectio*, *v.* NEVES, Julio Gonzaga Andrade, *op. cit.*

[106] VASCONCELOS, Pedro Pais de, *op. cit.*, p. 21-22. Segundo o autor, o "juízo de boa fé é sempre profundamente moral e a sua realização enfrenta as mesmas dificuldades de concretização de todos os juízos éticos. O seu critério material é um dado extrajurídico que o Direito vai buscar no campo da Ética. Constitui uma das janelas do sistema". Ainda assim, concretizando o conteúdo axiológico da boa fé, não se perquire da existência de boa fé ou má fé subjetivas, mas sim de um "*standart*" jurídico de comportamento a se seguir, baseado num modelo geral de conduta honesta – assim considerada a moralmente correta ou, ao menos, aceitável nas circunstâncias concretas.

[107] GONÇALVES, Carlos Roberto – *Direito civil esquematizado*. Vol. 2. São Paulo: Saraiva, 2013, p. 724-725. Portanto, independentemente da questão psicológica e da intenção do agente, por se tratar de um modelo jurídico, de uma regra de conduta de probidade e boa fé.

Considera-se *ilícito* (Código Civil Brasileiro, art. 187) ou *ilegítimo*[108] (Código Civil português, art. 334º) o exercício de um direito quando o titular de um direito o exerce de forma que *exceda manifestamente os limites* impostos pela *boa-fé*, pelos *bons costumes* ou pelo *fim social ou económico* desse direito. Segundo a doutrina, o abuso de direito se dá quando um comportamento, ação ou omissão, aparentando tratar-se do exercício de um direito, traduz-se na não realização dos interesses pessoais de que esse direito é instrumento e na negação de interesses sensíveis de outrem[109]. Nesse sentido, podem ser classificados como situações[110] ou critérios (ou subcritérios)[111] nos quais o exercício do direito se manifesta abusivo: o *exercício emulativo* de um direito (com a intenção de prejudicar ou de fazer mal a outrem); o exercício *danoso inútil ou injustificado* (que não representa qualquer vantagem para o seu titular, conquanto importe em sacrifício alheio injusto); o *dolo agit qui petit quod statim redditurus est* (agindo ilegitimamente aquele que exige aquilo que, em seguida, será obrigado a restituir); e *desproporção no exercício* (quando a vantagem resultante do exercício do direito para o seu titular for ínfima e desproporcional relativamente ao sacrifício alheio).

Destarte, a dicção dos ordenamentos jurídicos de ambos os países apresenta o abuso do direito como limitador do exercício de direitos subjetivos, naquelas hipóteses em que seu exercício *exceda manifestamente*[112] os limites do exercício do direito, marcadamente os limites traçados pela *boa fé*[113],

[108] Literalmente, o traço distintivo entre os dois ordenamentos é que, enquanto a lei lusa atribui a pecha de ilegitimidade ao exercício do direito abusivo, a lei brasileira estabelece tratar-se de modalidade típica de ato ilícito este tal exercício. Nada obstante, segundo a doutrina portuguesa, o exercício abusivo do direito por seu titular constitui ilícito. Nessa linha, VASCONCELOS, Pedro Pais de, *op. cit.*, p. 242.

[109] ABREU, Jorge Manuel Coutinho de, *Do abuso de direito*. 2006. Coimbra: Almedina, p. 17-43. Particularmente sobre o abuso do direito na propriedade horizontal, *v.* DUTRA, André Abelha, *op. cit.*, que estuda casos comuns, tais como de abuso no uso das vagas de garagem (p. 115-128), e do condómino antissocial (p. 129 e ss.).

[110] VASCONCELOS, Pedro Pais de, *op. cit.*, p. 241.

[111] ABREU, Jorge Manuel Coutinho de, *op. cit.*, p. 44-45.

[112] MATIELLO, Fabrício Zamprogna, *op. cit.*, p. 149. Configurará abuso o exercício do direito que "ultrapasse notoriamente as barreiras do razoável e tolerável".

[113] Apesar da aparente "confusão" conceitual legal entre abuso de direito e boa fé existente nos arts. 334º do Código Civil português e 187 do Código brasileiro, eventual deliberação da assembleia lesiva à maioria dos condóminos, poderá, a um só tempo, estar em contradição com a boa fé autonomamente considerada, e, ainda, constituir abuso de direito por inobservância

bons costumes[114], e *função (fim) social ou económica*[115] – consagrando, assim a conceção objetiva do abuso do direito, independentemente da vontade do agente.

Constatado o abuso de direito, além da eventual responsabilidade civil, pode ser invalidado o negócio jurídico, declarando-se a *nulidade*[116] do ato abusivo praticado. Portanto, uma deliberação tomada pela assembleia de condóminos, seja em seu conteúdo, seja pelos atos praticados em assembleia (inclusive pelo presidente da mesa) que a antecedeu, poderá ser invalidada. À luz da doutrina do abuso de direito, a atuação e as deliberações da assembleia de condóminos, como atos jurídicos que são, deverão conformar-se com as concepções ético-jurídicas reinantes, não podendo ser abusivas, nem contrariar a boa-fé, a função social e os bons costumes.

---

dos limites da boa fé. Em percuciente análise, VASCONCELOS distingue os dois sentidos principais da boa fé, e destaca algumas das suas "hipóteses típicas" ou "figuras sintomáticas" concretizadoras da cláusula geral. Após estas considerações, o autor critica a confusão entre os princípios da boa fé e do abuso de direito espelhada no art. 334º do Código Civil português: "O abuso de direito, como o próprio nome indica e a experiência confirma, talhou-se para certos exercícios (embora aparentes) dos direitos (embora entendidos latamente). Por seu lado, o princípio da boa fé, apesar de se revelar principalmente em 'hipóteses típicas' relacionadas com o exercício de direitos, não deixa de actuar também no cumprimento das obrigações. Mais, este princípio vale para todo o comportamento juridicamente relevante das pessoas." (*op. cit.*, p. 53-61).

[114] Para uma concepção atual dos bons costumes, ligada à boa fé objetiva, *v.* CASTRO, Thamis Dalsenter Viveiros de – *Bons costumes no direito civil brasileiro*. São Paulo: Almedina, 2017. Classicamente, é dito tratar-se do conjunto de regras de convivência que, num dado ambiente e em certo momento, as pessoas honestas e corretas aceitam comumente, sendo certo que os bons costumes têm contato com a boa fé, mas configuram uma cláusula geral de maior amplitude, compreendendo questões éticas e morais – extra sistemáticas, numa busca, fora dos quadros regulares do Direito, de soluções valorativas (cfr. VASCONCELOS, Pedro Pais de, *op. cit.*, p. 235).

[115] Quanto ao desvio dos fins sociais e económicos – além do que já foi dito acima quanto ao tema autonomamente considerado relativamente à função social da propriedade e do contrato –, consoante VASCONCELOS, Pedro Pais de, *op. cit.*, p. 237, além da finalidade pessoal subjetiva dos direitos, a Ordem Jurídica, ao reconhecer o direito ao seu titular, pode impor uma finalidade social objetiva para a sua realização. Relaciona-se, pois, com a própria função instrumental do direito, que determina limites ao exercício de direitos.

[116] Em princípio, a hipótese é de nulidade e não anulabilidade, cfr. ABREU, Jorge Manuel Coutinho de, *op. cit.*, p. 76-77; e VASCONCELOS, Pedro Pais de, *op. cit.*, p. 242.

Evidentemente, a baixa densidade normativa dos princípios, cláusulas gerais e regras destacados, prenhes de conceitos jurídicos indeterminados, com forte carga subjetiva, exigem alta reflexão e construção argumentativa complexa. Na prática, nem sempre é fácil distinguir o exercício regular ou abusivo[117] de um condómino.

3.6. Jurisprudência: estudo de casos

Finalmente, o passar dos olhos pela jurisprudência confirma que os tribunais luso-brasileiros – a requerimento dos interessados – fiscalizam as deliberações e atos da assembleia condominial. Enquanto decisões dos tribunais brasileiros referem à "maioria de um só", "ditadura da maioria" e nomes correlatos, de outro lado, os tribunais portugueses, apesar de não referirem ao tema, efetivamente julgam casos concretos que tratam de ilegalidades e abusos de direito na vida condominial – das maiorias e minorias –, à luz da ordem jurídica.

Exemplificativamente, da jurisprudência brasileira, colhem-se arestos nos quais invocou-se, essencialmente, o abuso de direito, a boa-fé, a função social do contrato e da propriedade, e/ou o princípio da isonomia como fundamento para julgar:

(*a*) o Tribunal de Justiça do Estado do Rio de Janeiro, fazendo menção à "*vedação da ditadura da minoria*", declarou nula deliberação havida em assembleia, não aprovada por rejeição de um único condómino, bem como a cláusula convencional que exigia unanimidade dos condóminos para aprovar alteração da convenção da assembleia – afastando-se, no caso concreto, o interesse particular de um condómino em detrimento da coletividade, para permitir a alteração da convenção pela maioria de 2/3;[118]

---

[117] A concretização dos bons costumes poderá revelar-se difícil e controversa, não sendo fácil distinguir, por exemplo, *quando o direito de voto numa sociedade comercial é exercido abusivamente* – e igual constatação (e perplexidade) aplica-se à realidade assemblear condominial (cfr. VASCONCELOS, Pedro Pais de, *op. cit.*, p. 236).

[118] BRASIL. Tribunal de Justiça do Estado do Rio de Janeiro, Ap. Cív. nº 0012881-52.2006.8.19.0209, Rel. Des. Antonio Ricardo Binato de Castro, 12ª Câmara Cível, j. 15.12.2009. Entre os fundamentos adotados pelo acórdão, destacou que tal regra visa

(*b*) o Tribunal de Justiça do Espírito Santo, buscando afastar a "*ditadura da maioria*" anulou deliberação aprovada pela maioria (de pessoas e valor) em assembleia que aplicava multa contra um condómino (minoria de pessoas e de valor) por manter cachorro no condomínio, atestando a abusividade da proibição que o proibia e a ausência de prejuízo ou lesão aos demais condóminos *in concretu*[119];

(*c*) o Tribunal de Justiça de São Paulo, referindo expressamente à flagrante desigualdade de tratamento e consequente afronta ao princípio da *isonomia*, por indevido privilégio de um proprietário em detrimento de todos os demais condóminos e em prejuízo à vida condominial, decretou a nulidade de cláusula da convenção de condomínio que isentava parcialmente apenas as frações imobiliárias de um único condómino (a construtora, no caso concreto), rateando as despesas pelos demais consortes[120].

---

precipuamente que "o interesse da maioria prevaleça, de forma razoável e proporcional", advertindo que caso contrário, a prevalecer a regra de que somente a unanimidade poderia dispor sobre as normas da convenção, "esta nunca seria alterada quando apenas um dos condôminos tivesse seu interesse contrariado, impedindo que o desejo da maioria se concretizasse" – o que configuraria, no dizer do julgado, uma "ditadura da minoria" ou "ditadura de uma só pessoa". Invocou o Tribunal a aplicação dos princípios da função social (da propriedade e do contrato) e da boa-fé, para atestar a prevalência da vontade da maioria.

[119] BRASIL. Tribunal de Justiça do Estado do Espírito Santo. Ap. Cív. nº 35989001546. Rel. Maurílio Almeida de Abreu, 3ª Câmara Cível, j. 02.03.1999. Da ementa colhe-se: "[...] Apelo improvido, eis que embora seja soberana a assembléia nas suas deliberações, o certo é que as disposições convencionais hão de estar balizadas pelos arts. 10, inc. III e 19 da lei N.4.591/64, justamente para que não haja o afrontar do direito de propriedade propiciando-se sem qualquer sensibilidade, a ditadura da maioria. Só seria possível a retirada do animal do apartamento caso sua permanência fosse nociva ou perigosa ao sossego, a salubridade e a segurança dos demais moradores, o que não é o caso, eis que verifica-se que houve tolerância quanto à permanência do animal, não se permitindo apenas o uso do elevador social. recusa injusta pelo condomínio a receber a cota condominial normal, eis que cobrou a taxa do condomínio com a cota extra/multa cachorro, circunstância que constitui coação arbitrária. Conclusão: à unanimidade, rejeitar a preliminar arguida, e, por igual votação, negar provimento ao recurso de apelação e ao agravo retido".

[120] BRASIL. Tribunal de Justiça do Estado de São Paulo, Ap. Cív. nº 0134001-64.2010.8.26.0100, Rel. Des. Alexandre Bucci, 36ª Câmara de Direito Privado, j. 23.01.2014. Ementa: "Ação de cobrança. Encargos condominiais. Artigo 31º da convenção condominial prevendo que a construtora pagará somente o percentual de 50% das taxas condominiais. Previsão manifestamente ilegal, portanto, afastada, no caso concreto, por ofensa ao princípio

De outra banda, a jurisprudência portuguesa, na esteira da doutrina, não menciona a doutrina da "vedação da ditadura da maioria" ou minoria, mas enfrenta e controla as deliberações eventualmente impugnadas pelos interessados. São alguns exemplos:

(*a*) acórdão do Tribunal da Relação de Lisboa[121] que revogou uma deliberação unânime da assembleia de condóminos, para, em seu lugar, privilegiar o direito (fundamental) individual do arrendatário (não-condómino), de idade avançada, morador do terceiro andar do edifício sem elevador, autorizando a instalação de cadeira elevatória no corrimão das escadas, nas partes comuns da edificação – pragmaticamente, ainda que por fundamentos diversos, o tribunal protegeu a minoria, avaliando que os incômodos aos demais condóminos seriam inferiores àqueles sentidos pelo arrendatário;

(*b*) acórdão do Supremo Tribunal de Justiça de Portugal[122] que analisou em concreto – e rejeitou – a ocorrência de abuso de direito, afastando

---

da isonomia entre os condôminos. R. sentença de procedência do pedido que merece ser prestigiada. Recurso da construtora requerida que não comporta provimento".

[121] PORTUGAL. Tribunal da Relação de Lisboa, Proc. nº 2345/10.2YXLSB.L1-1, Rel. Des. Afonso Henrique, j. 21.06.2011. Sumário: "T: – Direitos de personalidade ST:- Procedimento cautelar com vista à instalação da cadeira elevatório no prédio onde os requerentes (pessoas doentes) residem e, tendo em conta, a oposição dos restantes condóminos. 1 – O artº 70º do CC define a tutela geral da personalidade, protegendo os indivíduos contra qualquer ofensa ilícita ou ameaça de ofensa à sua personalidade física ou moral. 2 – Dos factos provados decorre que o requerente do presente procedimento cautelar está gravemente doente e afectado particularmente quanto à sua locomoção, não conseguindo por si próprio ter acesso à sua habitação, localizada num terceiro andar dum prédio sem elevador. 3 – A Lei nº 46/2006, de 28 de Agosto, obedece a directiva comunitária e a normativos constitucionais de protecção aos doentes ou deficientes. 4 – A limitação voluntária ao exercício de direitos de personalidade que contendam com princípios de ordem pública, com é caso dos direitos fundamentais, levam à sua nulidade ou à sua revogação. 5 – O facto do processo especial de tutela de personalidade previsto nos artºs 1474º e 1475º do CPC ser expedito e simplificado, não proíbe antes aconselha o meio processual agora em apreço, designadamente, quando há um conflito com a administração do prédio e restantes condóminos, os quais se opõem a instalação da cadeira elevatória no prédio onde todos vivem".

[122] PORTUGAL. Supremo Tribunal de Justiça, Proc. nº SJ200206060014792, Rel. Cons. Ferreira Girão, j. 06.06.2002. Sumário: "PROPRIEDADE HORIZONTAL. ASSEMBLEIA DE CONDÓMINOS. DELIBERAÇÃO. OBRAS. DESPESAS DE CONDOMÍNIO. INVALIDADE. ANULABILIDADE. I- Os condóminos que não desejem participar nas despesas de

a pretensão de invalidade das deliberações da assembleia de condóminos; entre as alegações analisadas pela Corte, sustentava-se contrariedade ao *princípio democrático* e violação da exigência legal de *pluralidade de votos* para validade de qualquer deliberação;

(*c*) também do Supremo Tribunal de Justiça, acórdão[123] que procedeu à detida análise dos pressupostos do abuso de direito – e, por consequência, da boa-fé, dos bons costumes e fim social do direito exercido – para desprover a pretensão recursal de um casal de condóminos, que pretendiam, sem a observância das regras condominiais, em detrimento dos demais condóminos, validar obras inovatórias realizadas em parte comum da edificação; e

(*d*) julgado do Tribunal da Relação do Porto[124] que validou a atuação do Presidente da Mesa da assembleia, impedindo o direito de voto de uma condômina maioritária por conflito de interesses – o potencial

reconstrução só poderão ser obrigados a alienar os seus direitos a outros condóminos, não podendo ser compelidos a participar nesses custos. II- A norma do nº. 2 do artº. 1428º do C. Civil, que exige uma dupla maioria (do número de condóminos e do capital investido) para a deliberação sobre a reconstrução do edifício não possui carácter imperativo, encontrando-se, por isso, sujeita ao regime da mera anulabilidade. III- Pressupondo sempre o instituto do abuso de direito ou existência de um direito válido, não é o mesmo invocável quando se pretende impugnar não os limites do respectivo exercício, mas a própria existência do direito".

[123] PORTUGAL. Supremo Tribunal de Justiça, Proc. nº 309/07.2TBLMG.C1.S1, Rel. Cons. Nunes Ribeiro, 7ª Secção, j. 17.05.2017. Do sumário do acórdão extrai-se: "PROPRIEDADE HORIZONTAL. PARTES COMUNS. OBRAS. DEMOLIÇÃO DE OBRAS. ABUSO DO DIREITO. BOA FÉ. BONS COSTUMES. FIM SOCIAL. LICENCIAMENTO DE OBRAS. INOVAÇÃO. [...] porém, o exercício do direito só é abusivo quando o excesso cometido for manifesto. [...] A sanção natural para a execução pelo condómino de obras ilícitas nas partes comuns de edifício em regime de propriedade horizontal é a sua demolição (art. 829.º, n.º 1, do CC), não constituindo, por isso, abuso de direito, o pedido de demolição dessas obras já que é a própria lei que o determina e o condómino, requerendo-o, não está a exceder em nada os limites impostos pela boa fé, pelos bons costumes ou pelo fim social ou económico do respectivo direito, mas antes a reagir contra o condómino que inovou, para que o edifício seja restituído ao estado anterior. [...]".

[124] PORTUGAL. Tribunal da Relação do Porto, Proc. nº 1950/16.8T8PRT.P1, Rel. Des. Ana Lucinda Cabral, j. 09.10.2018. Sumário: "A norma do artigo 176º do Civil que regula o impedimento de voto relativamente às deliberações das associações é subsidiariamente aplicável às deliberações das assembleias de condóminos do edifício constituído em propriedade horizontal por força do artigo 157º do mesmo código".

abuso da maioria patrimonial formada por apenas uma condômina foi evitado pela própria assembleia, atitude validada pelo tribunal.

Destarte, a análise jurisprudencial confirma, em concreto, a possibilidade de controlo judicial contra eventuais ilegalidades e abusos da maioria e mesmo da minoria na assembleia e na vida condominial.

4. NOTAS CONCLUSIVAS

Da análise empreendida, conclui-se que a omissão das leis portuguesa e brasileira quanto ao tema da prevalência e limites de voto do condómino maioritário nas assembleias condominiais – e da chamada "ditadura da maioria de um só" – em nada impede o enfrentamento judicial dos casos concretos, designadamente quando há abuso de direito nas deliberações ou atos praticados em assembleia, ainda que, para tanto, se faça necessário ultrapassar a regra geral não-interventiva dos tribunais nas relações condominiais.

Com efeito, restam desnaturados os princípios do voto maioritário e da primazia do interesse coletivo sobre o particular – e o princípio geral da solidariedade social – ao se interpretar o conceito de maioria e de coletividade sob o prisma estritamente real. Este caráter não é absoluto – até porque o próprio direito de propriedade sujeita-se à sua função social, de modo que deliberações da assembleia que atendam a uma só vontade não se coadunam com as noções de interesse coletivo e de função social.

Assim, mesmo sendo os votos na assembleia de condóminos proporcionais ao capital investido no valor total do prédio (ou às "frações ideais no solo e nas demais partes comuns", no direito brasileiro), não há como admitir a existência de um "poder tirânico" de uma "maioria de um só" (ou de poucos), que sejam proprietários da maioria das frações da edificação.

E, de facto, o arcabouço jurídico existente nos dois países permite a correção de pontuais casos de abuso ou ilegalidade – como se verificou, na prática jurisprudencial. Na ausência de norma específica – que preestabeleça mecanismos de proteção da minoria (ou maioria) condominial –, resta aos interessados e operadores do direito, caso a caso, analisar, impugnar, e buscar a revogação ou eventualmente a anulação das deliberações (por si mesmas ou pelos atos praticados na assembleia), em observância aos princípios constitucionais, aos princípios, cláusulas e regras gerais do direito civil, nomeadamente, a vedação ao abuso de direito, a boa fé objetiva e a primazia do interesse coletivo sobre o particular.

Procedimentalmente, o instrumental à disposição do operador do direito é o mesmo referente à impugnação, interpretação, confirmação ou invalidação dos atos e negócios jurídicos em geral – com a adição, em Portugal, de regime jurídico próprio para impugnação das deliberações da assembleia de condóminos, sendo as deliberações da assembleia (ou o próprio ato assemblear, no caso do Brasil) passíveis de declaração de nulidade ou anulabilidade. Para evitar-se a consumação de prejuízos irremediáveis, tanto a legislação processual brasileira quanto a portuguesa admitem a concessão de medidas cautelares para a suspensão das deliberações tomadas.

5. REFERÊNCIAS

ABREU, Jorge Manuel Coutinho de – *Do abuso de direito*. Coimbra: Almedina, 2006.

ALMEIDA, L. P. Moitinho – *Propriedade horizontal*. 3ª ed. Coimbra: Almedina, 2001.

ARAÚJO, António Magro Borges de – *A propriedade horizontal e o notariado: minutas e comentários*. Coimbra: Almedina, 1990.

AVVAD, Pedro Elias – *Condomínio edilício*. 3ª ed. Rio de Janeiro: Forense, 2017.

AZEVEDO, Álvaro Villaça – *Direito das coisas*. São Paulo: Atlas, 2014.

BARROSO, Luís Roberto – *Curso de Direito Constitucional Contemporâneo: os conceitos fundamentais e a construção do novo modelo*. 4ª ed. São Paulo: Saraiva, 2013.

BELMONTE, Pedro Ivo Leão Ribeiro Agra – *A assembleia de condóminos em Portugal e no Brasil e a proteção do direito da minoria nas deliberações*. 201 f. [Dissertação de Mestrado em Direito, especialidade Ciências Jurídicas – Universidade Autónoma de Lisboa]. Lisboa, 2020.

CÂMARA, Hamilton Quirino. *Condomínio Edilício*. 3ª ed. Rio de Janeiro: Lumen Juris, 2010,

CANARIS, Claus-Wilhelm – *Direitos fundamentais e direito privado*. Trad. Ingo Wolfgang Sarlet e Paulo Mota Pinto. Coimbra: Almedina, 2012.

CANOTILHO, J. J. Gomes; MENDES, Gilmar Ferreira; SARLET, Ingo Wolfgang... [et al.] – *Comentários à Constituição do Brasil*. São Paulo: Saraiva/Almedina, 2013.

CASTRO, Thamis Dalsenter Viveiros de – *Bons costumes no direito civil brasileiro*. São Paulo: Almedina, 2017.

CORDEIRO, António Menezes – *Tratado de Direito Civil*. Vol. 1: Introdução: fontes do direito; interpretação da lei; aplicação das leis no tempo; doutrina geral. 4ª ed. Coimbra: Almedina, 2012.

_______. *Da boa fé no direito civil.* 6ª reeimp. Coimbra: Almedina, 2015.

DINIZ, Maria Helena – *Curso de direito civil brasileiro.* Vol. 4: direito das coisas. 28ª ed. São Paulo: Saraiva, 2013.

DUARTE, Rui Pinto – *Curso de direitos reais.* 3ª ed. Cascais: Princípia, 2013.

DUTRA, André Abelha – *Abuso do direito no condomínio edilício.* Porto Alegre: Sergio Antonio Fabris Editor, 2013.

FARIAS, Cristiano Chaves de; ROSENVALD, Nelson – *Curso de direito civil.* 14ª ed. Vol. 5: reais. Salvador: Editora JusPodivm, 2018.

FERNANDES, Luís A. Carvalho – «Da natureza jurídica do direito de propriedade horizontal». In: *Faculdade de Direito da Universidade de Lisboa: Estudos em honra de Ruy de Albuquerque*, Vol. 1, Coimbra: Coimbra Editora, 2006, pp. 270-284.

_______. *Lições de direitos reais.* 6ª ed. Lisboa: Quid Juris Sociedade Editora, 2010.

FRANCO, J. Nascimento – *Condomínio.* São Paulo: Editora Revista dos Tribunais, 1997.

FUENTES LOJO, Juan V – *Suma de la propiedad por apartamentos.* 2ª ed. Barcelona: Bosch, 1969. 2 tomos: T. 1: 936 p.; T. 2: 897 p.

GALVÁN, Fco. Xavier Arredondo – «El nuevo regimen jurídico del condomínio». In: *Revista de Derecho Notarial Mexicano.* Cidade do México. Tomo I, nº 117, 2002, pp. 94-203. [Consultado em: 27 de maio de 2019]. Disponível em: http://historico.juridicas.unam.mx/publica/librev/rev/dernotmx/cont/117/est/est4.pdf.

GAMA, Guilherme Calmon Nogueira da – *Direitos Reais.* São Paulo: Atlas, 2011.

GOMES, Carla Amado – «Reflexões (a quente) sobre o princípio da função social da propriedade». In: *e-Pública: Revista Eletrónica de Direito Público.* Lisboa. Vol. 4, nº 3, dez-2017. [Consultado em: 13 de julho de 2019]. Disponível em: http://www.scielo.mec.pt/scielo.php?script=sci_arttext&pid=S2183-184X2017000300002#_ftn5.

GONÇALVES, Carlos Roberto – *Direito civil brasileiro.* Vol. 3: contratos e atos unilaterais. São Paulo: Saraiva, 2004.

_______. *Direito civil brasileiro.* Vol. 5: direito das coisas. São Paulo: Saraiva, 2006.

_______. *Direito civil esquematizado.* Vol. 2. São Paulo: Saraiva, 2013.

GONÇALVES, Luís da Cunha – *Da propriedade horizontal ou por andares: breve estudo e comentário do Decreto nº 40.333, de 14 de outubro de 1955.* Lisboa: Edições Ática, 1956.

GOUVEIA, Jorge Bacelar – *Manual de Direito Constitucional.* Vol. II. 4ª ed. Coimbra: Almedina, 2011.

JUSTO, A. Santos – *Direitos reais.* 3ª ed. Coimbra: Coimbra Editora, 2011.

LEÃO, Angelina Barbosa; VIEIRA, Iva Carla – *Guia prático das assembleias gerais.* Coimbra: Almedina, 2005.

LEITÃO, Luís Manuel Teles de Menezes – *Direitos Reais*. 3ª ed. Coimbra: Almedina, 2012.

LÔBO, Paulo – *Direito civil: coisas*. 2ª ed. São Paulo: Saraiva, 2017.

LOPES, João Batista – *Condomínio*. 10ª ed. São Paulo: Revista dos Tribunais, 2008.

LOPES, Miguel Maria Serpa – *Curso de direito civil*. 2ª ed. Vol. 6: direito das coisas. Rio de Janeiro: Livraria Freitas Bastos S.A., 1962.

MARCELINO, Américo Joaquim – *Preferência, propriedade horizontal e outros temas de direito civil e penal*. 2ª ed. Lisboa: Livraria Petrony, 1988.

MARTÍNEZ, Manuel Borja – «La propiedad em pisos o departamentos em derecho mexicano». In: *Comunicaciones mexicanas al VIII Congreso Internacional de Derecho Comparado (Pescara, 1970)*. Cidade do México: Universidad Nacional Autónoma de México, Instituto de Investigaciones Jurídicas, 1971, pp. 53-69. [Consultado em: 4 de maio de 2019]. Disponível em: https://biblio.juridicas.unam.mx/bjv/detalle-libro/693-comunicaciones-mexicanas-al-viii-congreso-internacional-de-derecho-comparado-pescara-1970?c=28149.

MARTINS, Argemiro Cardoso Moreira; MITUZANI, Larissa – «Direito das Minorias Interpretado: o compromisso democrático do direito brasileiro». In: ***Seqüência: Estudos Jurídicos e Políticos.*** Florianópolis: Universidade Federal de Santa Catarina. ISSNe 2177-7055. Vol. 32, nº 63, Dez-2011, pp. 319-352. [Consultado em: 29 de março de 2019]. Disponível em: <https://periodicos.ufsc.br/index.php/sequencia/article/view/2177-7055.2011v32n63p319/21068>.

MATIELLO, Fabrício Zamprogna – *Código civil comentado*. 5ª ed. São Paulo: LTr, 2013.

MELLO, Cleyson de Moraes – *Condomínio*. Rio de Janeiro: Editora Freitas Bastos, 2012.

MELO, Marco Aurélio Bezerra de – *Novo código civil anotado*. Vol. 5: Direito das Coisas (arts. 1.196 a 1.510). 2ª ed. Rio de Janeiro: Lumen Juris Ltda., 2003.

MENDES, Armindo Ribeiro – «A propriedade horizontal no Código Civil de 1966». In: *Revista da Ordem dos Advogados*. Lisboa: Ordem dos Advogados. Ano 30, 1970, p. 5-78. [Consultado em: 27 de Abril de 2019]. Disponível em: https://portal.oa.pt/upl/%7B79a022aa-0440-4941-8e15-1a76ca47d2ae%7D.pdf.

MENDES, Gilmar Ferreira; BRANCO, Paulo Gustavo Gonet – *Curso de direito constitucional*. 10ª ed. São Paulo: Saraiva, 2015.

METELLO, Francisco Cabral – *Condomínio: casos resolvidos, legislação e jurisprudência*. Coimbra: Almedina, 2011.

MIRANDA, Francisco Cavalcanti Pontes de – *Tratado de Direito Privado: parte especial*. Tomo XII: Direito das Coisas. São Paulo: Editora Revista dos Tribunais, 2012.

MORENO, Carlos – *Manual da propriedade horizontal*. 2ª ed. Lisboa: Livraria Petrony, 1979.

NETO, Abílio – *Manual da Propriedade Horizontal.* 4ª ed. Lisboa: Editora Ediforum, 2015.

NEVES, Julio Gonzaga Andrade – *A supressio (verwirkung) no direito civil.* São Paulo: Almedina, 2016.

PARDAL, Francisco Rodrigues; FONSECA, Manuel Baptista Dias da – *Da propriedade horizontal no código civil e legislação complementar.* Coimbra: Coimbra Editora. 1993.

PASSINHAS, Sandra – *A assembleia de condóminos e o administrador na propriedade horizontal.* 2ª ed. Coimbra: Almedina, 2009.

PELUSO, Cezar (coord.); LOUREIRO, Eduardo... [et al.] – *Código Civil comentado.* 7ª ed. Barueri: Editora Manole, 2013.

PEREIRA, Caio Mário da Silva – *Condomínio e incorporações.* 13ª ed. Rio de Janeiro: Forense, 2018.

_______. *Instituições de direito civil.* Vol. 4. 21ª ed. Rio de Janeiro: Forense, 2012.

_______. *Propriedade Horizontal.* Rio de Janeiro: Forense, 1961.

PIRES, Antonio – *Da propriedade por andares.* 151 f. [Dissertação de Licenciatura em Ciências Jurídicas, Universidade de Lisboa]. Lisboa, 1948-1949.

PITÃO, José António de França – *Propriedade Horizontal: anotações aos artigos 1414.º a 1438º-A do Código Civil.* Coimbra: Almedina. 2007.

RAMOS, José Luís Bonifácio – *Manual de direitos reais.* Lisboa: AAFDL, 2017.

RIZZARDO, Arnaldo – *Direito das coisas.* 7ª ed. Rio de Janeiro: Forense, 2014.

SARDINHA, Ana; METELO, Francisco Cabral – *Manual do condomínio (propriedade horizontal) e legislação comentada.* 2ª ed. Coimbra: Almedina, 2003.

SARLET, Ingo Wolfgang; MARINONI, Luis Guilherme; MITIDIERO, Daniel – *Curso de direito constitucional.* 3ª ed. São Paulo: Revista dos Tribunais, 2014, p. 261-358.

SCAVONE Jr., Luiz Antonio – *Direito Imobiliário: Teoria e Prática.* 10ª ed. Rio de Janeiro: Forense, 2017.

SCHREIBER, Anderson – *A proibição de comportamento contraditório: tutela da confiança e venire contra factum proprium.* 2ª ed. Rio de Janeiro: Renovar, 2007.

SEIA, Jorge Alberto Aragão – *Propriedade Horizontal: condóminos e condomínios.* 2ª ed. Coimbra: Almedina, 2002.

TARTUCE, Flávio – *Manual de Direito Civil: volume único.* 6ª. ed. Rio de Janeiro: Forense; São Paulo: Método, 2016.

VASCONCELOS, Pedro Pais de – *Teoria Geral do Direito Civil.* 7ª. ed. Coimbra: Almedina, 2014.

VENOSA, Sílvio de Salvo – *Direito Civil: direitos reais.* 14ª. ed. São Paulo: Atlas, 2014.

VIEIRA, José Alberto – *Direitos reais.* Coimbra: Almedina, 2017.

A (IM)PERFEIÇÃO DA DECLARAÇÃO NEGOCIAL: FALTA E VÍCIOS DA VONTADE

THE (IM)PERFECTION OF A PROMISE: LACK OF WILL AND ITS VICES

Érika Severino[1]

RESUMO: A declaração negocial, enquanto ato primário pelo qual as partes manifestam a sua intenção de contratar, assume grande relevância na formação dos contratos. A nossa ordem jurídica rege-se pelo princípio da liberdade contratual, art.405º CC, segundo o qual as partes são livres de celebrar todos os contratos que entenderem dentro dos limites legalmente estabelecidos. Porém, aquando do processo de formação da declaração negocial, podem surgir vícios na vontade ou na declaração que impedem a formação de um contrato válido e que têm como consequência jurídica a anulabilidade ou, em último caso, a nulidade do negócio jurídico. É precisamente todo o processo de formação do negócio jurídico e os seus possíveis vícios que me proponho a analisar no presente artigo, dada a relevância que esse importante instrumento jurídico tem para o nosso quotidiano.

Palavras-chave: *Declaração negocial; Erro; Vícios.*

ABSTRACT: The negotiating declaration, as a primary act by which the parties express their intention to contract, assumes great relevance in the formation of contracts. Our legal order is governed by the Principle of Contractual Freedom, Art.405 CC, according to which the parties are free to enter into all contracts they see within the legally established limits. However, at the time of the process of forming the negotiating declaration there may arise defects in the will or declaration which prevent the formation of a valid contract, and which have as legal consequence the nullity or in the last case the nullity of the legal business. It is precisely the whole process of formation of the legal business and its possible vices that I propose to analyze in this article, given the relevance that this important legal instrument has for our daily lives.

Keywords: *Negotiating statement; Error; Vices.*

---

[1] Licenciada em Direito pela Universidade Autónoma de Lisboa. Mestranda em Ciências jurídicas na Universidade Autónoma de Lisboa.

INTRODUÇÃO

Primeiramente, e antes de passar à temática central do presente artigo no que diz respeito à relevância do erro na declaração negocial, cabe fazer uma breve introdução sobre o valor das declarações no nosso dia a dia. Como sabemos, no decorrer do nosso quotidiano emitimos várias declarações de vontade tendo em vista um certo fim. Porém, essas declarações não apresentam relevância para o Direito, na medida em que não exteriorizam uma decisão com vista à produção de efeitos jurídicos.

Desta forma, um indivíduo que pretenda efetuar uma compra, mas que não manifeste qualquer comportamento exterior neste sentido, não se poderá concluir que essa intenção que ainda habita em seu íntimo assuma relevância para o Direito. Diferentemente será se o indivíduo, por exemplo, dirigir-se a um estabelecimento comercial e declarar expressamente diante do vendedor a sua intenção de realizar certa compra.

Em suma, um simples comportamento externo apenas será relevante como facto ou acontecimento, e não como ato jurídico.

Menezes Cordeiro descreve como facto jurídico todo o evento ao qual o Direito lhe associa determinados efeitos, ou seja, cada facto jurídico acaba por preencher a previsão de uma norma jurídica que se encontra numa correlação com a sua estatuição ou consequência também prevista na lei.[2] Entendem-se por factos jurídicos todos os acontecimentos dos quais necessariamente decorrem efeitos jurídicos.

Dentro da grande categoria de factos jurídicos incluem-se os factos jurídicos em sentido estrito e os atos jurídicos (inserindo-se nesta última categoria, os atos jurídicos em sentido estrito e os negócios jurídicos).

São factos jurídicos em sentido estrito todos os acontecimentos que ocorrem independente da vontade humana. Estes subdividem-se em factos naturais e factos humanos.

Como facto natural, imaginemos um raio que destrói uma propriedade causando impacto a nível de direitos tutelados pela ordem jurídica, como a propriedade e potencialmente vida e integridade física dos residentes, carecendo por isso de tutela jurídica. Relativamente aos factos humanos, a título de exemplo temos o nascimento que desencadeia os efeitos do poder

---

[2] CORDEIRO, António Menezes. *Teoria Geral do Direito Civil* Vol. 1. 2ª ed. Lisboa: AAFDL, 1987, p. 465.

paternal (art. 1921º a 1972º do Código Civil, doravante designado por CC) e a morte que dá início à abertura do processo sucessório (art. 2031º e ss CC).

Por sua vez, os atos jurídicos em sentido estrito são diferentes na medida em que pressupõem a vontade humana, ou seja, há uma exteriorização de vontade à qual o direito atribui certos efeitos jurídicos. Estes decorrem da expressão da autonomia privada dos indivíduos, que traduz a amplitude deixada aos particulares para disciplinarem os seus interesses.[3]

Nos atos jurídicos em sentido estrito existe, assim, a presença da liberdade de celebração, mas não da liberdade de estipulação, na medida em que a vontade humana é tida em conta na prática do ato, porém inexiste a possibilidade de regulação dos efeitos jurídicos. É exemplo de um ato jurídico a perfilhação, prevista no art. 1849º CC. Esta caracteriza-se como o ato através do qual se estabelece o reconhecimento (voluntário ou judicial) da paternidade. Deste ato jurídico decorrem todos os efeitos do poder paternal, não obstante do declarante não possuir qualquer liberdade de estipulação quanto aos mesmos, conforme referencia o art. 1852º CC[4].

Os negócios jurídicos, por sua vez, constituem uma manifestação do princípio da autonomia privada (art. 405º CC), que determina que no âmbito das relações creditórias a vontade das partes assume especial relevância[5].

Segundo Mota Pinto[6], os negócios jurídicos são atos jurídicos constituídos por uma ou mais declarações de vontade, dirigidas à produção de efeitos jurídicos conformes à intenção manifestada pelo declarante ou declarantes. Sendo certo que a vontade devidamente declarada, enquanto expressão da

---

[3] ALMEIDA COSTA, Mário Júlio. *Direito das Obrigações.* 10.ª edição. Coimbra: Livraria Almedina, 2006, p. 228.

[4] ANDRADE, Manuel de. *Teoria Geral da relação jurídica.* Coimbra: Livraria Almedina, 1983. Neste sentido, o autor refere que os efeitos decorrentes dos atos jurídicos em sentido estrito são *ex lege* e não *ex voluntate.*

[5] "Esta faculdade de auto-regulação exprime-se, aqui, no princípio da liberdade contratual ou da liberdade de contratar. O Cód. Civ. Afirma-o com toda a nitidez no pórtico das normas que dedica aos contratos «Dentro dos limites da lei, as partes têm a faculdade de fixar livremente o conteúdo dos contratos, celebrar contratos diferentes dos previstos neste código ou incluir nestes as cláusulas que lhes aprouver.» (art. 405º, nº 1 CC). A regra consiste, pois, em os particulares, na área dos contratos, poderem agir por sua própria e autónoma vontade. Os limites que a lei imponha constituem a exceção.", cit. ALMEIDA COSTA, Mário Júlio. *Direito das...*, pp. 228-229.

[6] PINTO, Carlos Mota, *Teoria Geral do Direito Civil,* 4.ª ed. por António Pinto Monteiro e Paulo Mota Pinto, Coimbra: Coimbra Editora, 2005, p. 379.

intenção de negociar, é essencial à consolidação do negócio jurídico. É esta a temática que irá ocupar o presente estudo, sustentada pela posição da nossa doutrina e jurisprudência.

I. CONCEÇÕES HISTÓRICAS SOBRE O NEGÓCIO JURÍDICO

Historicamente, o negócio jurídico começou por ser entendido pelos jusnaturalistas e no iluminismo liberal como um ato de vontade. Posteriormente, Savigny[7] veio introduzir a teoria da vontade, segundo a qual o negócio jurídico é descrito como um ato de liberdade e de vontade do declarante. Desta forma, considera-se a vontade do declarante a fonte da qual derivam os efeitos jurídicos do contrato, não podendo o mesmo valer sem ou contra essa vontade.

A vontade pressupõe três momentos: o primeiro momento referente à vontade em si, o segundo momento corresponde à sua declaração e o terceiro a identificação entre a vontade e a declaração. Savigny entende estes momentos como dependentes e indissociáveis, pois estando a vontade intimamente ligada ao agente é indispensável que a declaração, como forma de exteriorização da vontade, esteja sempre com ela em relação de concordância.

Em conclusão, para a teoria da vontade sempre que não haja concordância entre a vontade e a declaração o negócio jurídico deve ser "afastado", sob pena de se criar um negócio em que não esteja expressa a vontade real e efetiva do declarante.

De forma a corrigir a teoria da vontade, e a superar as críticas ao seu excesso de subjetivismo, surge a teoria da declaração[8]. Também denominada de teoria objetiva, esta defende que na formação de um negócio jurídico deveriam relevar os seus elementos objetivos. Assim, da vontade declarada deveria prevalecer exatamente aquilo que foi exteriorizado, isso porque se entende que é impossível conhecermos a real vontade do declarante sem que essa se exteriorize, devendo ser essa exteriorização que releva para o Direito.

A teoria objetiva entende que, ao contrário dos elementos subjetivos (como a vontade), a valorização dos elementos objetivos confere ao negócio maior segurança jurídica e proteção dos vínculos criados.

---

[7] CORDEIRO, António Menezes. *Teoria Geral...*, pp. 487-488.

[8] *Idem.*

A doutrina portuguesa consagra ainda outras teorias, como a Teoria Finalista de Hanz Welzel[9] e a Teoria Normativista de Dias Marques[10]; no presente artigo, pretendemos apenas desenvolver a teoria desenvolvida por Menezes Cordeiro, que concebe o negócio jurídico como um ato de autonomia privada.

A. Noção adotada pelo Código Civil

A posição adotada por Menezes Cordeiro direciona-se à adotada pelo Código Civil, onde o negócio jurídico destaca-se como expressão máxima do princípio da autonomia privada.

Neste sentido, Pedro Pais de Vasconcelos entende que «os negócios jurídicos são atos de autonomia privada que põem em vigor a regulação jurídica vinculante para os seus autores, com o conteúdo que estes lhe quiserem dar, dentro dos limites jurídicos da autonomia privada».[11]

Veja-se que é possível identificar, no âmbito do instituto da autonomia privada, um vasto espaço de liberdade atribuído pelo Direito aos contratantes no campo de ação dos negócios jurídicos, funcionando como uma espécie de espaço de auto-regulação de interesses.

Neste sentido, a autonomia privada na celebração de negócios jurídicos é comprovada pelas liberdades de celebração e de estipulação. A liberdade de celebração corresponde a manifestação da livre intenção de contratar da parte, já a liberdade de estipulação compreende a possibilidade de as partes modelarem o conteúdo do negócio jurídico através da inserção de cláusulas, condições ou até mesmo penalizações por possíveis situações de incumprimento[12].

---

[9] Esta teoria foi criada no âmbito do Direito Penal, porém, foi transposta para o Direito Civil por Ludwig Enneccerus e Hans Carl Nipperdey, dois juristas alemães que em conjunto escreveram uma das maiores obras do Direito alemão. Entre nós a teoria finalista é também defendida por Oliveira Ascensão e Manuel de Andrade. Por Oliveira Ascensão em "A Teoria Finalista e o Ilícito Civil" e Manuel de Andrade em "Teoria Geral da Relação Jurídica", vol. II, cujas referências encontram-se em sede de bibliografia.

[10] MARQUES, José Dias. *Noções elementares de direito civil*, 7ª Ed., Lisboa, 1992, p. 70.

[11] VASCONCELOS, Pedro Pais de. *Teoria Geral do Direito Civil*, 8.ª Ed., Almedina, 2015, p. 362.

[12] COSTA, Mário Júlio de Almeida – *Direito das Obrigações*. Reimpressão da 12ª ed. Coimbra: Almedina, 2018, p. 736. A cláusula penal, prevista nos art. 810º a 812º CC. Segundo

Porém, a liberdade concedida pela autonomia privada não é absoluta. É o que se retira da letra da lei nos arts. 280º e 281º CC, em que se apela à legalidade e licitude do objeto negocial, mas também ao respeito à lei ou ordem pública e aos bons costumes.

II. A DECLARAÇÃO NEGOCIAL

O fundamento da eficácia do negócio jurídico é a autonomia privada, consistindo esta na vontade do declarante como critério base para a formação do negócio. Desta forma, pressupõe-se que essa vontade é exteriorizada pela emissão da declaração negocial.

Mota Pinto considera a declaração negocial como um "comportamento que, exteriormente observado, cria a aparência de exteriorização de um certo conteúdo negocial, caracterizando, depois, a vontade negocial como a intenção de realizar certos efeitos práticos, com ânimo de que sejam juridicamente tutelados e vinculantes".[13] A declaração exprime um comportamento da parte no sentido de se vincular negocialmente tendo em conta o alcance de um certo fim tutelado pelo Direito.

A estrutura da declaração negocial prevê a presença de dois elementos essenciais: por um lado, a vontade que traduz a intenção de se assumir como parte contratante e, por outro, a comunicação que é exteriorizada dessa vontade, podendo ser feita por qualquer forma admissível por lei e desde que dela se possa compreender o sentido negocial.

O nosso código inicia o regime do negócio jurídico pela declaração negocial, podendo esta ser expressa ou tácita, tendo como critério de distinção o modo como a vontade se exprime (art.217º CC). A declaração expressa é exteriorizada de forma escrita, oral ou por qualquer meio direto de manifestação de vontade; por sua vez, na declaração tácita não existe qualquer meio direto de manifestação da vontade, mas sim, comportamentos dos quais com toda probabilidade se possa extrair uma intenção negocial da parte.[14]

Almeida Costa "define-se cláusula penal como a estipulação em que num negócio jurídico, designadamente num contrato, as partes fixam o montante de indemnização para o caso de incumprimento".

[13] PINTO, Carlos Alberto da Mota. Teoria Geral ... (2005), p. 414.

[14] A propósito da distinção entre declarações expressas ou táticas, dispõe o Ac. do Supremo Tribunal de Justiça (STJ) de 31 de Maio de 2005 que: "A declaração é expressa quando "é

Adotando as declarações a forma de declaração negocial receptícia ou não receptícia consoante tenham ou não destinatários determinados (art. 224º CC).

O art. 217º CC estabelece duas importantes regras, a primeira postula a equivalência entre a declaração expressa e a declaração tácita, e a segunda a liberdade declarativa. Assim, as partes podem optar por emitir uma declaração de forma expressa ou tácita não fazendo a lei distinção entre ambas, atribuindo-se aos contraentes liberdade de escolha no que se refere ao modo de exteriorização das declarações.

A exigência de declaração expressa constitui uma exceção à regra da liberdade declarativa, conforme refere o art. 294º CC.[15]

O art. 218º CC consagra o valor do silêncio enquanto meio declarativo. O silêncio corresponde à ausência de vontade ou a inexistência de qualquer ação. Logo, só releva negocialmente quanto este valor lhe seja atribuído por lei, uso ou convenção.

A expressão popular "quem cala, consente", que deriva do Direito Canónico, não se aplica ao nosso ordenamento jurídico, na medida em que o silêncio não tem em regra valor positivo. Assim, não é possível que, na ausência de declaração expressa ou tácita, um sujeito possa ficar vinculado a um determinado contrato, pois da inércia não se pode deduzir qualquer facto positivo.[16]

---

feita por qualquer modo que, segundo as regras convencionais (na sociedade ou inter partes), tem por finalidade primária a de transmitir um conteúdo de pensamento". É tácita, quando "é feita mediante factos que, tendo como finalidade primária algo diferente, no entanto permitem deduzir com toda a probabilidade uma vontade funcional ou negocial". "...a nossa lei consagra a teoria objectiva nesta matéria, não se exigindo, para se apurar a declaração tácita, "a consciência subjectiva por parte do seu autor desse significado implícito, bastando que objectivamente, de fora, numa consideração de coerência, ele possa ser deduzido do comportamento do declarante". No entanto, "para se saber se a declaração é expressa ou tácita tem antes que se saber se ela é ou não feita (qualquer que seja a intenção do declarante) por um meio que socialmente ou "inter partes" desempenhe a função de transmissor de pensamento, em virtude de regras pré-existentes de conexão entre esse meio e um conteúdo de pensamento".

[15] É o que acontece relativamente à disciplina dos contratos mais solenes como a compra e venda de bens imóveis, sujeitos a forma requerida por lei sob pena de não se considerarem válidos, art.875º CC.

[16] No mesmo sentido se tem pronunciado a jurisprudência, através das exposições feitas em acórdãos. O Ac. do Supremo Tribunal de Justiça (STJ) de 31 de Maio de 2005, refere que

A. Processo de exteriorização da declaração negocial

A declaração negocial, enquanto expressão da autonomia contratual das partes, deve refletir as suas vontades intrínsecas. Sendo ideal que a mesma seja manifestada de forma correta, por forma a consolidar o negócio jurídico.

O processo de formação de uma declaração negocial envolve pelo menos três fases: uma fase inicial que corresponde à fase da tomada de decisão, em que há um tratamento da informação atinente ao contrato pelas partes; uma segunda fase que corresponde à fase da decisão, em que após o processamento de toda informação a parte já se encontra com a decisão de prosseguir ou não com o negócio; e por fim uma terceira fase, a fase da exteriorização da decisão, em que a parte revelará a sua decisão à contraparte, pressupondo-se que haja concordância entre a declaração enunciada e a vontade real.

Todavia, nem sempre isso se verifica, sendo precisamente nesta última fase que nos situamos quando se verifica a existência de divergências entre a vontade real e a vontade declarada, originando o que a nossa ordem jurídica apelida de vícios do negócio jurídico.

Os vícios correspondem a desconformidades genéticas que ocorrem na formação do negócio jurídico.

Conforme refere a nossa jurisprudência, "o negócio jurídico só poderá operar de pleno, enquanto manifestação de duas (ou mais) vontades livres e esclarecidas, se as mesmas tiverem sido obtidas dessa forma, sem quaisquer deformações provindas de influências externas. Se a formação da vontade foi abalada por algum vício que a toldou, é óbvio que a expressão da mesma ficou viciada. Ocorrendo um vício, está em causa o lado interno da declaração, o qual conduziu a uma deformação da vontade durante o seu processo formativo: a vontade viciada diverge da vontade que o declarante teria tido sem a deformação."[17]

Conforme sublinha Iara Campos, o surgimento de vícios evidencia "... o interesse em salvaguardar a liberdade de decisão negocial do declarante que o princípio da autonomia privada postula e o interesse em proteger as expetativas criadas pelo declaratário que resulta do acolhimento, pela

---

"Fora das hipóteses previstas no – art. 218º CC, diz Inocêncio Galvão Telles, o silêncio não tem qualquer valor jurídico, não valendo como aceitação. Nomeadamente não são admissíveis neste domínio as presunções do julgador (*presumptiones hominis*)."

[17] Ac. Supremo Tribunal de Justiça (STJ) de 17 de Janeiro de 2017.

nossa ordem jurídica de valores como a confiança e a segurança jurídicas. Entram em contexto, ainda que mediatamente, os interesses de terceiros conexionados com o vínculo negocial bem como, em última instância, os interesses inerentes ao bom funcionamento do comércio jurídico, como sejam "a segurança, a fluência e a celeridade da contratação".[18]

Em conclusão, a existência de falhas no processo de exteriorização da declaração negocial podem originar o surgimento de vícios. Esses vícios podem verificar-se a nível da vontade ou da declaração negocial.

III. VÍCIOS DA VONTADE

Os vícios da vontade correspondem a problemas na formação da vontade, que levam a que a mesma não coincida com a declaração negocial que dela advém. Há uma perturbação do elemento volitivo, que origina uma declaração desconforme à pretendida pelo declaratário.

Os vícios na vontade dividem-se em duas categorias, são elas os vícios originados pela falta de vontade e os vícios originados pela vontade malformada.

A. Ausência de vontade

1) Declaração não séria.

Este vício encontra-se previsto no art. 245º CC, sendo descrito como toda declaração emitida livre e conscientemente, mas sem a querer como declaração negocial e em que inexiste o intuito de enganar o declaratário.[19]

Nesta figura é proferida uma declaração à qual o autor não quer atribuir qualquer sentido negocial; porém, espera-se que o destinatário perceba que

---

[18] CAMPOS, Iara Marisa Silva. *"A Desvinculação Negocial como consequência da Responsabilidade Pré-Contratual"*. Dissertação apresentada à Faculdade de Direito da Universidade de Coimbra no âmbito do 2.º Ciclo de Estudos em Direito (conducente ao grau de Mestre), na Área de Especialização em Ciências Jurídico-Civilísticas com menção em Direito Civil. Coimbra, 2017. pp. 36-37.

[19] TELLES, Inocêncio Galvão. *Manual dos Contratos em Geral* 4ª ed. Coimbra: Coimbra Editora, 2010, pp. 79-81.

esta reveste um carácter não sério. Estas declarações caracterizam-se por serem "ostensivamente não sérias, declarações sobre cuja falta de seriedade ninguém tem dúvidas, porque é patente, é visível."[20]

As declarações não sérias revestem-se de uma certa conformação jurídica. Todavia, não há da parte do declaratário qualquer intenção de concluir o negócio, emitindo-a na expetativa de que o destinatário a perceba no sentido real que este a quis transmitir.[21]

A lei comina para a declaração não séria o desvalor da nulidade, conforme previsto pelo nº 1 do art. 245º CC. Porém, se a declaração for feita em meio a um circunstancialismo que torne difícil a perceção pelo destinatário[22] de que a declaração não carece de seriedade, o declaratário pode vir a ter que indemnizá-lo por qualquer prejuízo sofrido, segundo o nº 2 do mesmo artigo.

2) Falta de consciência na declaração.

Este vício encontra-se disposto no art. 246º nº 1, 1ª parte CC, e a sua formação ocorre quando o declaratário emite uma declaração, sem ter consciência de que esta possa assumir a relevância e os efeitos de uma declaração negocial emitida conscientemente.

No entender de Menezes Cordeiro, "na falta de consciência da declaração, o agente mantém o discernimento e a liberdade; simplesmente, julga mover-se fora do palco do juridicamente relevante...".[23] Encontra-se patente que não existe qualquer razão que leve o declaratário a não compreender o sentido negocial da sua declaração, mas tão somente este pressupõe que não a emite num contexto suscetível de a ela se poderem associar quaisquer efeitos jurídicos.[24]

---

20 *Ibidem* 79.

21 A este respeito, ver Ac. Do Tribunal da Relação de Évora (TRE) de 20 de Setembro de 2016.

22 Estas declarações não são feitas com intuito de que delas se retire qualquer intenção negocial, muitos autores apontam a título de exemplo as representações cénicas (novelas ou teatro) ou até declarações proferidas no seio de relações de amizade. Porém ressalta-se que aquele que exceder-se tornando a declaração credível age com culpa, e como tal, deve indemnizar.

23 CORDEIRO, António Menezes. *Tratado de Direito Civil*, II p. 794.

24 Sobre a delimitação jurídica da figura em análise, ver Ac. Do Tribunal da Relação do Porto (TRP) de 19 de Dezembro de 2012; Ac. Do Tribunal da Relação de Lisboa (TRL) de 19 de Novembro de 2009.

A lei comina para a declaração emitida sob falta de consciência o desvalor da nulidade, ressalvando-se a possibilidade de indemnização se a falta de consciência na declaração se dever a culpa do declaratário, art. 246º CC parte final.

3) Coação física.

Encontra-se prevista no art. 246º, 2ª parte do CC e prevê, desde logo, a falta de liberdade do declarante na celebração do negócio jurídico, a qual acresce a ausência do elemento volitivo sob o qual deve repousar todo ato jurídico destinado a gerar efeitos na ordem jurídica.

Galvão Telles entende haver coação física se "uma irresistível força física aniquila o querer e mecanicamente impõe a vítima um gesto, uma atitude". Referindo, a título de exemplo, a situação em que alguém por meio da força física obriga outrem a assinar um documento que o vincule juridicamente.[25]

Neste sentido, podemos referir que o coagido é usado como instrumento de modo a realizar a pretensão do coator, não revestindo a declaração qualquer conexão com a vontade do coagido.

A declaração emitida sob coação física associa-se ao desvalor da nulidade, tutelando-se o declarante, não havendo lugar ao dever de indemnização, nos termos do art. 246º CC.

4) Incapacidade acidental.

Encontra-se expressa no art. 257º CC e engloba as situações em que o declarante emite uma declaração negocial num momento em que se encontra transitoriamente incapaz de compreender as implicações jurídicas da mesma.

A incapacidade acidental surge associada a situações que ocorrem em contexto social, em que o indivíduo se encontra numa posição de especial fragilidade que impossibilita o domínio das suas capacidades racionais. Desta forma, segundo o entendimento do Tribunal da Relação de Évora (TRE), "Na chamada incapacidade acidental estamos no domínio da falta de aptidão ou exercício naturais ou dos vícios de consentimento e não perante incapacidades jurídicas propriamente ditas. Trata-se de um vício que afecta a capacidade de discernimento ou de livre exercício da vontade, por tal

[25] TELLES, Inocêncio Galvão. *Manual dos Contratos em Geral* 4ª ed. Coimbra: Coimbra Editora, 2010, pp. 77-78.

modo que o incapacitado forma uma vontade e emite uma correspondente declaração que em condições normais não quereria nem emitiria."[26]

Mota Pinto condiciona a verificação do estado de incapacidade acidental à verificação de dois requisitos: primeiramente, que no momento do ato haja uma incapacidade de entender o sentido da declaração negocial ou falte o livre exercício da vontade; e por último que a incapacidade natural existente seja notória ou conhecida do declaratário.[27]

A lei prevê a possibilidade de anular a declaração emitida acidentalmente, desde que seja notório que a mesma tenha sido emitida nessas circunstâncias, nº 2 do art. 257º CC.

Na mesma sequência, Castro Mendes defende que "do artigo 257.º do C. Civ. resulta que o acto é anulável se a incapacidade era notória – no sentido de manifesta a uma pessoa de normal inteligência – ou conhecida da outra parte. Se a contraparte não conhecia a incapacidade nem se devia ter apercebido dela, o acto é válido (...). Se um maior demente, não interditado nem inabilitado, vende um objecto a outra pessoa, há que ver se ele no momento do acto estava lúcido ou não. Se estava, o acto é válido; se não estava: a) ou o comprador sabia que o vendedor não estava lúcido, ou, então, dever-se-ia ter apercebido dessa circunstância e, nestes dois casos, o acto é anulável; b) ou o comprador não sabia nem tinha que saber que o vendedor não estava lúcido e, então, o acto é válido. A anulabilidade está sujeita às regras gerais do artigo 287º CC."[28]

B. Vontade malformada/erro-vício

Por erro entende-se toda a falsa representação da realidade a respeito dos factos ou do direito presentes no momento da celebração do contrato.

No caso do erro-vício, este facto leva a que a parte ocorra numa divergência entre a vontade real ou efetiva e a vontade viciada. Em suma, o erro vício consiste na "representação inexata ou a ignorância de uma qualquer

---

[26] Ac. Do Tribunal da Relação de Évora (TRE) de 3 de Dezembro de 2020.

[27] PINTO, Carlos Alberto. *Teoria Geral do Direito Civil*, Coimbra, 1973, pp. 454-455.

[28] MENDES, Luís de Castro. *Teoria Geral*, vol. I, Associação Académica da Faculdade de Direito de Lisboa, Lisboa, 1978, p. 341-359. De modo idêntico se posicionam na nossa doutrina Pires de Lima e Antunes Varela, Carvalho Fernandes e Menezes Cordeiro.

circunstância de facto ou de direito que foi determinante na decisão de efetuar o negócio."[29]

1) Erro sobre a pessoa ou objeto do negócio.[30]

Encontra-se previsto no art. 251º CC, que por sua vez remete para o art. 247º CC.

Para que se verifique uma situação de erro sobre a pessoa ou objeto do negócio, é necessário que o declaratário emita a sua declaração em erro sobre a identidade ou qualidades da pessoa, por um lado, ou ainda que se encontre em erro sobre as qualidades do objeto do negócio.

Desta feita, "o erro sobre as qualidades do objeto existirá quando uma das partes do contrato pressupuser (incorretamente) uma característica intrínseca dele, que pode reputar-se essencial ou que pode apenas considerar para efeitos de conformação do restante conteúdo contratual. Já não existirá um erro sobre o objeto se o que existir for um erro sobre o valor ou o preço, independentemente das qualidades identitárias da coisa."[31]

No entender da nossa doutrina, para que este tipo de erro assuma relevância exige-se a verificação de dois requisitos, a "essencialidade do erro" e "o conhecimento ou cognoscibilidade do erro".[32] O requisito da essencialidade requer que o elemento sobre o qual incide o erro seja determinante para a formação do negócio, sem o qual previsivelmente a declaração negocial no sentido da contratação não seria emitida. A cognoscibilidade do erro é reconhecida quando a essencialidade do erro fosse percetível por qualquer homem médio colocado numa situação de real declaratário.[33]

Em conclusão, sem a verificação dos requisitos acima mencionados não é possível ao declaratário arguir a anulabilidade da sua declaração, art. 247º CC por remissão do 251º CC.

---

[29] PINTO, Carlos Alberto. *Teoria Geral do Direito Civil*, Coimbra, 1973, p. 504.

[30] Sobre esta categoria de erro ver, Ac. Do Supremo Tribunal de Justiça (STJ) de 15 de Março de 2012.

[31] BARBOSA, Mafalda Miranda. *Falta e Vícios da Vontade: Uma viagem pela Jurisprudência*, p. 26. Texto disponível em: www.cidp.pt

[32] CARVALHO, Pedro Nunes de. *Considerações acerca do Erro em sede de patologia da Declaração Negocial*, p. 173-174. Disponível em www.portal.oa.pt

[33] CARVALHO, Pedro Nunes de. *Considerações acerca do Erro em sede de patologia da Declaração Negocial*, p. 173. Disponível em www.portal.oa.pt

2) Erro sobre os motivos.

Encontra-se previsto no art. 252º nº 1 CC, descrito como aquele que incide sobre os fundamentos da decisão de contratar. É uma categoria residual de erro porquanto não incide sobre o objeto, mas antes sobre o motivo que levou a decisão de contratar e ao qual as partes atribuíram carácter "essencial" para a celebração do negócio, dependendo a requisição da anulação do carácter essencial do motivo.

3) Erro sobre a base do negócio.

Encontra-se consagrado no art. 252º nº 2 CC; este incide sobre circunstâncias que levaram as partes a contratar.

A relevância que resulta do erro sobre a base do negócio é semelhante à presente no erro sobre a pessoa ou sobre o objeto, pois nesses casos requer-se os requisitos da essencialidade e cognoscibilidade. Essa semelhança deve-se ao facto de essas três figuras de erro (erro sobre o objeto, sobre a pessoa, e sobre os motivos) constituírem situações de erro sobre os motivos referentes a realidades especialmente relevantes.[34]

O art. 252º nº 2 CC consagra que a relevância do erro sobre a base do negócio repousa sobre os mesmos pressupostos que disciplinam o regime da resolução ou modificação do contrato por alteração de circunstâncias, presente no art. 437º CC.[35]

A circunstância dessa remissão legislativa pode levar ao surgimento de algumas dúvidas. Como tal, Menezes Cordeiro esclarece, a esse propósito, que "o facto de um elemento ser conhecido da outra parte não significa que ela também incorra em erro, porque simplesmente pode não ter formulado qualquer opinião sobre essa circunstância. A impossibilidade de se mobilizar a este nível o regime do artigo 252º/2, na sua conjugação com o artigo 437º CC, prende-se com o facto de, no caso concreto, o erro não incidir sobre a base negocial. O caso deveria ser assimilado pelo âmbito de relevância do

[34] *Ibidem* p. 175.

[35] "Trata-se, contudo, de uma remissão parcial: do artigo 437º CC não colhemos a consequência jurídica, não estando em causa uma hipótese de resolução do contrato, mas apenas a noção de base do negócio… É que, estando em causa circunstâncias que foram assumidas por ambos os contraentes ou que, de acordo com os ditames da boa-fé, não poderiam deixar de o ser, facilmente se compreende que se poderá prescindir do acordo acerca da essencialidade do motivo."; BARBOSA, Mafalda Miranda. *Falta e Vícios da Vontade: Uma viagem pela Jurisprudência*, p. 37. Texto disponível em: www.cidp.pt.

artigo 252º/1 CC, tudo dependendo, para efeitos de anulabilidade do negócio, de saber se houve ou não um acordo acerca da essencialidade desse motivo."[36]

Em suma, este erro diz respeito a uma circunstância essencial à celebração do negócio, que por alguma razão já não se verificará[37]. Razão que condiciona e obsta a celebração do contrato nos moldes em que este foi acordado.

IV. VÍCIOS DA DECLARAÇÃO

Os vícios da declaração surgem quando a declaração negocial, não obstante corresponder à real vontade do declarante, é mal expressa. Nestes casos não se apresentam desconformidades a nível volitivo, mas a declaração vem a ser exteriorizada num sentido divergente à vontade do declaratário.

Esta categoria de vícios divide-se consoante a desconformidade seja criada de forma intencional ou não intencional pelo declarante.

A. Divergência intencional

As situações em que há uma divergência intencional entre a vontade e a declaração têm o intuito de enganar, prejudicando a outra parte ou terceiros. Sendo elas as seguintes:

1) Reserva mental.

Encontra-se prevista no art. 244º CC e consiste na declaração negocial através da qual o destinatário declara algo que o seu íntimo não quer, não por simples divertimento (*animus ludendi*), mas com verdadeira intenção enganatória (*animus decipiendi*).[38]

---

[36] BARBOSA, Mafalda Miranda. *Falta e Vícios da Vontade: Uma viagem pela Jurisprudência*, p. 40. Texto disponível em: www.cidp.pt.

[37] Imaginamos uma situação em que uma das partes reserva estadia num hotel, no intuito de puder estar presente num evento da Fórmula 1, que deixou de ser realizado em decorrência de um incêndio com combustíveis que destruiu parte do local do evento. Há aqui uma situação que de certa forma prejudica a contratação, e que consequentemente constituía um fundamento base para a sua ocorrência.

[38] TELLES, Inocêncio Galvão. *Manual dos...* (2010), p. 162.

Na emitida sob reserva mental, o declarante age tendo plena consciência de que a declaração emitida não corresponde à sua pretensão real, e ainda assim emite-a no intuito de manter a contraparte em erro, configurando uma espécie de simulação unilateral, porquanto não se verifica a presença de acordo simulatório entre o declarante e o declaratário.

Importa salientar, também, a relevâncias das distinções entre reserva mental unilateral ou bilateral, e reserva mental absoluta ou relativa. A reserva mental relativa verifica-se quando a parte, "no seu foro íntimo, quis fazer um negócio diverso do falsamente declarado, mas também o manteve oculto"; em sentido diverso, na reserva mental absoluta "o declarante não quis fazer negócio algum"[39], ou seja, não se encontra patente no consciente do declarante a vontade de se vincular juridicamente àquele contrato.

Segundo o nº 2 do art. 244º, a emissão de uma declaração sob reserva mental não prejudica a validade da mesma[40], respeitando-se desta forma o princípio da responsabilidade que visa acima de tudo tutelar as expectativas do declaratário, bem como a segurança das relações jurídicas.[41]

Na reserva mental unilateral, existe intuito de enganar apenas uma das partes, permanecendo a outra em ignorância quanto a isso; na reserva mental bilateral, as partes pretendem enganar uma a outra. Nesta última hipótese aplica-se à reserva mental os efeitos da simulação, art. 244º nº 2 CC parte final, associando-se à mesma consequentemente o desvalor da nulidade.

Em suma, no regime da reserva mental é atribuída relevância à intenção declarada pelo sujeito, em detrimento da intenção oculta, pois, de outro modo, estar-se-iam a frustrar as legítimas expectativas do declaratário.

---

[39] Idem (2010), p. 162.

[40] Segundo o Ac. Do Tribunal da Relação de Lisboa (TRL) de 16 de Abril de 2009, "a relevância jurídica da reserva mental depende do conhecimento que dela tenha o declaratário. O que se passa no foro íntimo do declarante não prejudica a declaração, embora ela não corresponda à vontade real subjacente".

[41] Segundo a doutrina do Princípio da Responsabilidade, " o direito protege a vontade; e assim, por via de regra, nega a validade aos actos jurídicos que não a reflictam; mas esta proteção tem limites, só fazendo sentido pleno quando o sujeito tenha agido sem intenção de enganar, ou, em suma, se procedeu com culpa, o ordenamento jurídico poderá desinteressar-se da vontade divergente da declaração, afastando a invalidade que dessa divergência decorreria, e vinculando pois o indivíduo à palavra dada."; TELLES, Inocêncio Galvão. *Manual dos...* (2010), p. 161.

2) Simulação.[42]

Na qualidade de vício do negócio jurídico a simulação encontra-se prevista nos arts. 240º a 243º CC, caracterizando-se esta no facto do declarante e do declaratário falsearam a aparência de um contrato (pacto simulatório), com conteúdo não pretendido pelos mesmos, ou pelo menos não nas condições declaradas, no intuito de enganar terceiros, "não tendo intenção de dar aos seus interesses a regulamentação jurídica que de facto se depreende..."[43]

A simulação pode assumir diversas classificações, entre elas, simulação inocente ou fraudulenta; absoluta ou relativa (esta última modalidade, prevista no art. 241º CC); e objetiva ou subjetiva.

De realçar que a simulação poderá incidir também sobre um negócio unilateral. É o que se retira da letra da lei do art. 2200º CC, a propósito das disposições testamentárias feridas de simulação às quais a lei atribui o desvalor da anulabilidade.

Na simulação inocente, o acordo simulatório é feito no intuito de enganar, mas não de prejudicar; por outro lado, a simulação fraudulenta visa não só enganar como prejudicar a contraparte.[44]

A outra classificação distingue entre as situações de situação absoluta ou relativa.

Na simulação absoluta as partes acordam criar a aparência da celebração de um contrato, quando na verdade não querem e nem celebram contrato

---

[42] Sobre a simulação, ver Ac. Do Supremo Tribunal de Justiça (STJ) de 3 de Dezembro de 2015; Ac. Do Tribunal da Relação de Lisboa (TRL) de 7 de Maio de 2009. Na nossa doutrina Carvalho Fernandes considera a simulação como a "principal modalidade de divergência intencional entre a vontade real e a declarada, nomeadamente pela frequência com que ocorre na prática social e pelos complexos problemas dogmáticos implicados no seu regime"; FERNANDES, Luís Alberto Carvalho – Teoria Geral do Direito Civil, Vol. II: *Fontes, conteúdo e garantia da relação jurídica* – 5. ed. – Lisboa: Universidade Católica Editora (2017), p. 310

[43] TELLES, Inocêncio Galvão. *Manual dos...* (2010), p. 165.

[44] Galvão Telles dá-nos exemplos para as duas situações: seria uma situação de simulação inocente aquela em que alguém quer doar um prédio e pode livremente fazê-lo, máxime porque não tem sucessores legitimários; prefere, todavia, mascarar de venda a doação, para não concitar a má vontade dos parentes. Por outro lado, seria uma simulação fraudulenta aquela em que uma pessoa que tem um imóvel, receando que os credores o executem para fazer pagar, combina com um parente ou amigo para fingir vender-lho. Aqui o ato simulatório não só traduz a aparência de um negócio fictício, como também impede os credores de satisfazerem os seus créditos junto do devedor;

algum.[45] A simulação é relativa quando as partes querem de facto celebrar um contrato, mas com características diferentes do que simulam celebrar, havendo nestes casos um negócio simulado (meramente aparente) e um negócio dissimulado (o realmente celebrado).[46]

A última distinção estabelece a diferença entre a simulação objetiva e subjetiva.

A simulação é objetiva quando recai sobre o conteúdo ou objeto do negócio, sendo casos típicos a simulação de preços ou do tipo negocial em causa. A simulação é subjetiva quando recai sobre as partes que de facto integram o negócio, sendo caso típico a situação em que *A* finge vender um prédio a *B*, quando na verdade vende a *C*.

Relativamente ao regime jurídico, a lei estabelece para o negócio viciado por simulação o desvalor da nulidade, nos termos do art. 240º nº 2 CC. Não poderia ser de outra forma, pois a verdade é que a simulação acaba por ser uma forma de contornar as normas legais, arrastando consigo o desrespeito por valores como o princípio da responsabilidade e a tutela da confiança.

Outra questão relevante prende-se com o valor do negócio dissimulado (na simulação relativa), uma vez que o nº 2 do art. 241º CC refere que a nulidade do negócio simulado não fere necessariamente a validade do negócio dissimulado. Segundo o artigo anteriormente citado, o "negócio sombra ou encoberto" valerá, sendo-lhe aplicável o regime que lhe corresponderia sem a dissimulação.[47]

O art. 242º CC refere que a simulação pode ser arguida por todos aqueles a quem a validade do negócio simulado afete diretamente ou todos aqueles que têm interesse na sua arguição.

Por fim, o art. 243º CC aborda a questão da inoponibilidade da simulação a terceiros de boa-fé, ou seja, através da previsão deste artigo tutelam-se

---

[45] Como acontece, por exemplo, nas situações de venda simulada de bens imóveis.

[46] Um exemplo de simulação relativa, seria o dado em nota anterior em que se simula a venda de um bem, para dissimular o verdadeiro negócio que é a doação.

[47] Só não será assim "se por alguma razão for nulo ou anulável porque não reveste a necessária forma legal ou o sujeito não tem capacidade para o celebrar, etc.."; imaginemos uma situação em que "faz-se, simuladamente, a escritura pública de doação de um prédio para encobrir a venda; a venda é nula porque da escritura não consta referência do preço". Em suma, a validade do negócio dissimulado só será afetada neste tipo de situações, mas se nada se verificar o mesmo procede sem quaisquer consequências decorrentes da simulação; TELLES, Inocêncio Galvão. *Manual dos...* (2010), p. 180-181.

as expectativas de terceiros que contratam com os simuladores e que mantêm interesse na conservação do ato simulado, primeiramente, porque o desconhecem enquanto tal, e por último porque encontram-se de boa-fé e estão isentos de culpa, não podendo a simulação repercutir-se na esfera jurídica dos mesmos.[48]

B. Vontade mal expressa/divergência não intencional

Nas situações em questão, observa-se uma divergência entre a vontade real das partes e a declaração expressa contida no contrato, porém, diferentemente das hipóteses em que há divergência intencional, a divergência não foi criada de forma intencional e não tem o objetivo de prejudicar a contraparte.

1) Erro na transmissão da declaração.

Encontra-se previsto no art. 250º CC e ocorre quando a declaração negocial é mal transmitida por um terceiro ou intermediário incumbido de o fazer corretamente, gerando uma desconformidade entre a vontade real e a vontade expressa pelo transmissor.

O erro na transmissão da declaração é anulável nos termos do art. 250º nº 1 *ex vi* art. 247º CC, desde que "o declaratário conhecesse ou não devesse ignorar a essencialidade, para o declarante, do elemento...", ou seja, mais uma vez a lei chama à colação a verificação dos requisitos da essencialidade e cognoscibilidade para efeitos de anulabilidade do erro.

O nº 2 do art. 250º CC distingue a situação de erro na transmissão de declaração consoante haja ou não dolo por parte do intermediário, referindo que caso se verifique dolo a declaração é sempre anulável, e caso não se verifique a declaração é anulável.

Galvão Telles suscita uma crítica acentuada à distinção supramencionada (consoante haja ou não dolo do intermediário), na medida em que as soluções apresentadas para as duas situações, "ser anulada ou anulável, significam rigorosamente a mesma coisa." Para o autor, a distinção não acrescenta

[48] Imaginemos uma situação em que: "A passa uma procuração fingida a B, que se valendo desta, e em nome de A, celebra negócios jurídicos com C... Em todos esses casos e em outros semelhantes o terceiro C, achando-se de boa-fé, é merecedor de proteção, e tem-na, pois são inatacáveis os actos em que intervém, apesar do outro contraente não ser realmente titular do poder à sombra do qual os praticou"; TELLES, Inocêncio Galvão. *Manual dos...* (2010), p. 175.

relevância à solução, preconizando uma solução que passa por continuar "... a ser necessária a essencialidade, para o declarante, do elemento em que o erro recaiu; mas não se requer que o declaratário, autor do dolo, conheça essa essencialidade; e não se põe sequer o problema de saber se agiu ou não culposamente, porque agiu mais do que culposamente, agiu dolosamente. O requisito da essencialidade permanece, pois de outro modo não haveria motivo para anulação do negócio; mas não se põe a questão da culpa, que é absorvida ou, melhor, substituída pelo dolo."[49]

Em suma, a solução passaria por estabelecer-se unicamente o regime da anulabilidade da declaração viciada por erro de transmissão, uma vez que questão do dolo não permite solucionar o obstáculo do erro.

2) Erro de cálculo ou de escrita.

Encontra-se previsto no art. 249º CC e assume a forma de um erro material que poderá ser de escrita ou cálculo, resultante do próprio contexto da declaração ou das circunstâncias em que a mesma é feita.

Por ser um erro relativamente simples, a lei atribui a possibilidade de retificação da declaração, sanando-se desta forma o vício em causa.

A nossa jurisprudência tem-se pronunciado sobre a admissibilidade da faculdade de retificação dos erros materiais apenas quando estes resultem "do teor dos próprios articulados, não se podendo alegar a existência de lapso quando se pretende provar o mesmo através de elementos de prova que nem sequer constavam do processo. Por outro lado, a faculdade de correcção dos erros materiais manifestos verificados nas peças processuais destina-se, tão só, à correcção de erros pontuais em que seja manifesta ou ostensiva a divergência entre a vontade expressa e a que se quis declarar e, como tal, não consente que, ao abrigo dela, se possa substituir integralmente (ou quase integralmente) uma peça processual já apresentada nos autos por outra totalmente distinta...".[50]

Em conclusão, é possível verificar-se que a correção em sede de erro de cálculo ou de escrita apenas se destina a desmistificar a contradição entre a vontade real do declaratário e o que consta da declaração negocial. Não havendo lugar à modificação do seu conteúdo, mas apenas a clarificação do seu sentido.

---

[49] TELLES, Inocêncio Galvão. *Manual dos...* (2010), p. 110-111.

[50] Ac. Do Tribunal da Relação de Lisboa (TRL) de 15 de Janeiro de 2013.

3) Erro na declaração ou erro-obstáculo.

Encontra-se previsto no art. 247º CC e caracteriza-se por prever uma correta formação da vontade, porém verifica-se um engano na comunicação da mesma. Ou seja, nesta situação a incorreta exteriorização da declaração funciona como um "obstáculo" à sua perceção.

No entender da nossa jurisprudência este erro "recai apenas sobre o elemento externo da declaração e afecta o comportamento declarativo, isto é, a exteriorização da declaração, produzindo uma divergência entre a vontade, que não está viciada ou deformada, e o que é declarado. Trata-se, portanto, de um *erro no processo de formulação* ou *de manifestação da vontade*".[51]

A formação deste tipo de erro pode ocorrer de diversas formas, ora porque "o declarante, por distração ou precipitação, escreve uma palavra ao invés de outra; ... ou copia uma minuta ocultando aspectos importantes, de tal modo que o texto assim adulterado exprime o oposto do que desejava".[52]

Contudo, a relevância do erro-obstáculo e a sua consequente anulabilidade depende da verificação dos requisitos da essencialidade e cognoscibilidade[53] conforme dispõe o art. 247º CC.

Reconhece-se, ainda, a partir da previsão do art. 248º CC, a possibilidade de convalidação do negócio se o declaratário aceitar o sentido atribuído pelo declarante. Esta disposição constitui uma manifestação do princípio do aproveitamento do negócio jurídico, que nos diz que as partes devem cooperar para garantir o sucesso do contrato e buscar soluções para eventuais problemas que possam surgir durante a sua execução.

V. CONCLUSÃO

O objetivo deste artigo foi analisar todo o processo que envolve a declaração negocial, desde o momento em que a vontade das partes é expressa até à formação de um negócio jurídico válido perante a nossa ordem jurídica. No entanto, esse percurso não é necessariamente simples e linear, pois

[51] Ac. Do Tribunal da Relação de Coimbra (TRC) de 16 de Fevereiro de 2017.

[52] TELLES, Inocêncio Galvão. *Manual dos...* (2010), p. 196.

[53] Relembrando que a essencialidade pressupõe que se não fosse o erro, o declarante não se emitiria a declaração de vontade no sentido em que emitiu; e a cognoscibilidade pressupõe que o carácter essencial do elemento do negócio seja conhecido, ou não pudesse ser ignorado pelo declaratário.

envolve uma série de atos jurídicos que requerem a participação das partes e a expressão da vontade das mesmas. No entanto, durante esse processo, podem surgir divergências ou até mesmo erros que podem comprometer a validade do negócio jurídico. Por isso, é imperativo que a declaração negocial seja clara e inequívoca e que as partes compreendam exatamente os termos e as condições do negócio celebrado.

O negócio jurídico, enquanto expressão máxima do princípio da autonomia privada, postula a formação de contratos em que as partes tenham consciência das suas declarações, tendo em vista uma tomada de decisão no sentido negocial que seja livre e esclarecida. Porém, a ordem jurídica não se preocupa apenas com a tutela da vontade, assumindo também relevância o princípio da responsabilidade e as legítimas expectativas que as partes têm de poder confiar uma na outra durante todo processo que conduz a formação do negócio jurídico.

O princípio da responsabilidade pré-contratual ou *"culpa in contrahendo"*, que poderá ser inferido do art. 227º CC, pretende suscitar nos contraentes uma conduta diligente na formação dos contratos, apelando a uma atuação de acordo com os ditames do princípio da boa-fé. Este princípio exprime uma preocupação da ordem jurídica com ética no seio das relações jurídicas, apelando a valores como a honestidade, correção e lealdade.

A boa-fé assume especial relevância no regime dos vícios, onde consequentemente se inclui a figura do erro, uma vez que esta regula a fase pré-negocial em que se determinará o destino das negociações em curso.

Por todo exposto, verifica-se que o nosso ordenamento jurídico, pelos valores que postula, não se coaduna com a subsistência de negócios desconformes à vontade das partes ou em que não se verifique uma atuação que encontre correspondência com a letra da lei, sancionando essas situações com o correspondente desvalor jurídico, pois só assim se poderá assegurar a segurança jurídica e a conformidade no âmbito do tráfego negocial.

BIBLIOGRAFIA

I. Obras

ANDRADE, Manuel A. Domingues de – *Teoria Geral da relação jurídica*. Coimbra: Livraria Almedina, 1983

ANDRADE, Manuel A. Domingues de – Teoria da Relação Jurídica, vol. II – Facto Jurídico, em especial Negócio Jurídico, Livraria Almedina – Coimbra, 2003

ASCENSÃO, José de Oliveira – *A Teoria Finalista e o Ilícito Civil*, Revista da Faculdade de Direito de Lisboa, 1987

BARBOSA, Mafalda Miranda – *Falta e Vícios da Vontade: Uma viagem pela Jurisprudência. Revista Jurídica Luso Brasileira*, Vol. 4 (2018), No. 6, 2391 ss. Centro de Investigação de Direito Privado (CDIP) da Faculdade de Direito da Universidade de Lisboa. Texto disponível em: www.cidp.pt

CAMPOS, Iara Marisa Silva – *"A Desvinculação Negocial como consequência da Responsabilidade Pré-Contratual"*. Dissertação apresentada à Faculdade de Direito da Universidade de Coimbra no âmbito do 2.º Ciclo de Estudos em Direito (conducente ao grau de Mestre), na Área de Especialização em Ciências Jurídico-Civilísticas com menção em Direito Civil. Coimbra, 2017

FERNANDES, Luís Alberto Carvalho – Teoria Geral do Direito Civil, Vol. II: *Fontes, conteúdo e garantia da relação jurídica* – 5. ed. – Lisboa: Universidade Católica Editora (2017)

CARVALHO, Pedro Nunes de – *Considerações acerca do Erro em sede de patologia da Declaração Negocial*. Disponível em www.portal.oa.pt

CORDEIRO, António Menezes. *Teoria Geral do Direito Civil*. Vol. 1. 2ª ed. Lisboa: AAFDL, 1987

CORDEIRO, António Menezes – *Tratado de Direito Civil*, II, 5ª ed. Coimbra: Almedina, 2021

COSTA, Mário Júlio de Almeida. *Direito das Obrigações*. 10.ª edição. Coimbra: Livraria Almedina, 2006

COSTA, Mário Júlio de Almeida – *Direito das Obrigações*. Reimpressão da 12ª ed. Coimbra: Almedina, 2018

LARANJEIRO, Daniela Filipa Dias Lopes – *Responsabilidade pela confiança: entre a vinculatividade negocial e a juridicidade pré-negocial*. Dissertação de Mestrado em Ciências Jurídico-Forenses, orientada pela Professora Doutora Ana Mafalda Castanheira Neves de Miranda Barbosa e apresentada à Faculdade de Direito da Universidade de Coimbra, 2018.

MARQUES, José Dias. *Noções elementares de direito civil*, 7ª Ed., Lisboa, 1992

MENDES, Luís de Castro – *Teoria Geral*, vol. I, Associação Académica da Faculdade de Direito de Lisboa, Lisboa, 1978

PINTO, Carlos Mota, Teoria Geral do Direito Civil, 4.ª ed. por ANTÓNIO PINTO MONTEIRO e PAULO MOTA PINTO, Coimbra: Coimbra Editora, 2005

PINTO, Carlos Alberto – *Teoria Geral do Direito Civil*, Faculdade de Direito da Universidade de Coimbra, 1973

PRATA, Ana – *Notas sobre a responsabilidade pré-contratual*. Coimbra: Livraria Almedina, 2005

PRATA, Ana – *Dicionário Jurídico*.5ª ed., Coimbra: Livraria Almedina, 2014

ROCHA, Gilliard Nobre – *"ANULABILIDADE DO NEGÓCIO JURÍDICO POR ERRO NA FORMAÇÃO DA VONTADE E DO PROCESSO DE DECISÃO, SEGUNDO O DIREITO PORTUGUÊS". Revista Científica da Ordem dos Advogados do Brasil* – Acre, IS, 2021SILVA, Eva Sónia Moreira da – *As Relações entre a Responsabilidade Pré-contratual por Informações e os Vícios da Vontade (Erro e Dolo): O Caso da Indução Negligente em Erro*. Coimbra: Almedina, 2010

TELLES, Inocêncio Galvão – *Manual dos Contratos em Geral* 4ª ed. Coimbra: Coimbra Editora, 2010

VASCONCELOS, Pedro Pais de – *Teoria Geral do Direito Civil*, 8.ª Ed., Almedina, 2015

II. Jurisprudência

Acórdão do STJ, de 31 de Maio de 2005, processo nº 05B1411
Acórdão do STJ, de 17 de Janeiro de 2017, processo nº 4527/14.9T8FNC.L1. S1
Acórdão do TRL, de 20 de Setembro de 2016, processo nº 1671/15.9T8FAR.E1
Acórdão do TRP, de 19 de Dezembro de 2012, processo nº 1267/06.TBAMT.P2
Acórdão do TRL, de 19 de Novembro de 2009, processo nº 4846/05.5TJLSB.L1-6
Acórdão do TRE, de 3 de Dezembro de 2020, processo nº 1193/16.0T8STR.E1
Acórdão do STJ, de 15 de Março de 2012, processo nº 772/10.4TVPRT.P1. S1
Acórdão do TRL, de 16 de Abril de 2009, processo nº 8849/05.1TBCSC-8
Acórdão do STJ, de 3 de Dezembro de 2015, processo nº 2936/07.9TBBCL.G1. S1
Acórdão do TRL, de 7 de Maio de 2009, processo nº 6092/05.9TBOER-8
Acórdão do TRL, de 15 de Janeiro de 2013, processo nº 493/09.0TCFUN.L1-1
Acórdão do TRC, de 16 de Fevereiro de 2017, processo nº 67/14.4T8OHP-A.C1

CESSÃO DA POSIÇÃO CONTRATUAL E NOVAÇÃO; CARACTERÍSTICAS DA CESSÃO E TRANSMISSÃO LEGAL DO CONTRATO

ASSIGNMENT OF CONTRATUAL POSITION AND NOVATION; FEATURES OF THE ASSIGNMENT AND LEGAL TRANSMISSION OF THE CONTRACT

Leocádia Sofia Vaz[1]

RESUMO: A Cessão da Posição Contratual traduz-se no negócio jurídico bilateral ou sinalagmático, por via do qual um dos contraentes transmite a terceiro, com o consentimento do outro contraente, o complexo dos direitos e obrigações que lhe advierem desse contrato.[2] No decorrer do meu trabalho de investigação, para além de aprofundar as características da Cessão da Posição Contratual ao nível do Direito Civil, Direito do Trabalho e no Código dos Contratos Públicos, também me debrucei sobre as suas figuras afins, dando um especial enfoque à Novação, tendo a minha pesquisa se debruçado na análise da legislação vigente no nosso ordenamento jurídico, no Direito Comparado e jurisprudência.

Palavras-Chave: *Contrato, Cessão, Transmissão.*

ABSTRACT: The Assignment of the Contractual Position consists of a bilateral or synallagmatic legal transaction, whereby one of the contracting parties transmits to a third party, with the consent of the other contracting party, the complex of rights and obligations arising from that contract. In the course of my research work, in addition to deepening the characteristics of the Assignment of Contractual Position in terms of Civil Law, Labor Law and in the Public Contracts Code, I also analysed its related

---

[1] Licenciada em Direito pela Universidade Autónoma de Lisboa, jurista, desenvolveu trabalho num escritório especializado em processo executivo e insolvências. Frequenta o Mestrado em Direito, especialidade em Ciências Jurídicas na mesma instituição de ensino universitário.

[2] Cfr. Ac. Tribunal da Relação do Porto de 10/12/2019, referente ao Processo nº 1929/18.5T8MAI.P1, que trata da figura da Cessão da Posição Contratual ao nível do Direito do Trabalho.

figures, giving a special focus to Novation, having my research focused on the analysis of the legislation in force in our legal system, in Comparative Law and jurisprudence.

Key Words: *Contract, Assignment, Streaming.*

INTRODUÇÃO

No presente trabalho de reflexão será devidamente abordada a temática da Cessão de Posição Contratual, o seu conceito, características e as suas diferenças relativamente à *Novação*, na medida em que esta última poder-se-á confundir com a nossa temática principal.

Durante a minha investigação, parto de uma abordagem hipotético-dedutiva, histórica e comparativa da Cessão da Posição Contratual, relativamente a outras figuras jurídicas semelhantes, procedendo à análise de índole científica de algumas fontes de direito, nomeadamente debruçando-me sobre a opinião de alguns Autores, jurisprudência, legislação nacional (avulsa e codificada) e Direito Comparado.

Com a minha pesquisa, procurarei destacar a importância da Cessão da Posição Contratual, não só a nível nacional, mas também nos ordenamentos jurídicos por mim escolhidos, sendo eles dentro e fora da Europa, enquanto uma autêntica manifestação do Princípio da Autonomia Privada, mais propriamente no âmbito do Princípio da Liberdade Contratual, sempre em observância dos limites legalmente impostos para a celebração dos contratos.

Trata-se de um contrato típico e nominado, previsto nos arts. 424º a 427º do Código Civil, tendo bastante adesão ao nível do nosso Direito Civil, na medida em que tem por base um outro contrato, civil ou comercial, gratuito ou oneroso. Daí a sua elevada importância, atribuindo às partes que, por alguma razão, profissional, financeira ou outra, a possibilidade de transmitirem a sua posição contratual a um terceiro, obstando a que a outra parte fique prejudicada (podendo autorizar ou não), mantendo-se o vínculo contratual.

Não obstante, é necessário salientar a importância desta figura jurídica, não só ao nível do Direito Privado, mas também tratada em contexto de Direito Público, mais propriamente no Código dos Contratos Públicos. Paralelamente, também a podemos encontrar regulada no Código do

Trabalho, relativamente à cessão do vencimento do trabalhador para outra entidade, ao possuir um crédito sobre o mesmo, mormente tratada em Processo Executivo.

Contudo, é importante salientar que se encontram tipificadas no nosso ordenamento jurídico algumas figuras jurídicas semelhantes à Cessão da Posição Contratual, apresentando algumas diferenças quanto às características, objecto e finalidade, quer do lado do credor, quer do lado do devedor, sendo elas: a Cessão de Créditos, o *"Factoring"*, a Cessão de Exploração, a Assunção de Dívida e a Cessão de Habilitação, sendo desenvolvidas ao longo do presente trabalho.

I. CARACTERIZAÇÃO DA CESSÃO DA POSIÇÃO CONTRATUAL

A. Delimitação do Tema

Ao longo do presente Capítulo, procuro dar a conhecer ao leitor que, dentro do ordenamento jurídico português, deparamo-nos com a figura jurídica da Cessão da Posição Contratual regulada tanto no Direito Público, como ao nível do Direito Privado, levando à criação de outras figuras jurídicas afins e semelhantes, cujo objetivo se prende com a alteração de uma das partes da relação jurídica, sem alterar o conteúdo e objeto do negócio jurídico, evitando, assim, a cessação do vínculo contratual.

Podemos considerar a Cessão da Posição Contratual como um contrato típico, por estar regulado na lei; bilateral ou sinalagmático, por gerar obrigações para ambas as partes; gratuito ou oneroso, consoante a natureza do contrato que serve de base à Cessão; assim como de execução instantânea ou duradoura.[3] Tal como refere Nuno Manuel Pinto Oliveira, para existir uma cessão da posição contratual serão necessárias duas partes com vontades divergentes, tal como o facto de, atendendo ao Princípio da Autonomia Privada, enquanto uma manifesta vontade de se desvincular da relação jurídica, a outra demonstra o interesse de substituir a mesma, assumindo os direitos e obrigações a ela inerentes.

[3] OLIVEIRA, Nuno Manuel Pinto – Princípios de Direito dos Contratos, Coimbra Editora, 2011, pg. 120, 125, 130 e 132.

Há quem a considere como sendo um contrato trilateral[4], na medida que *"envolve três partes: o contraente que transmite a sua posição contratual (cedente), o terceiro que adquire a posição transmitida (cessionário) e a contraparte do cedente, no contrato originário, que passa a ser contraparte do cessionário (cedido)."*[5] De acordo com a posição do citado autor, ao considerar a existência de três partes na relação jurídica aquando a celebração do Contrato de Cessão da Posição Contratual, podemos constatar que tem a sua razão, na medida em que a outra parte da relação contratual, externa à cessão, para que produza efeitos, terá, por imposição legal, de aceitar expressamente a sua celebração entre o cedente e o cessionário. Logo, atendendo à natureza da cessão, a sua importância é vital, pois não basta a sua notificação para lhe atribuir eficácia jurídica.

Podemos também encontrar esta figura, tal como foi mencionado, no âmbito do Direito do Trabalho. Neste ramo de Direito aparece de forma indirecta, na medida em que tanto o Código do Trabalho de 2003, como o de 2009, não a prevêem especificamente, sendo admitida pela doutrina no âmbito da relação laboral, atendendo aos princípios da autonomia da vontade e da liberdade negocial. Ou seja, tendo ocorrido uma Cessão da Posição Contratual da entidade empregadora, não constando no acordo de cessão a específica referência à manutenção do motivo justificativo para a contratação a termo, o mesmo contrato de trabalho a termo não se converteu, dessa forma, em contrato de trabalho por tempo indeterminado.[6]

Esta figura contratual, tal como já foi mencionado, também é admitida no âmbito do Direito Público, ao nível dos contratos administrativos, onde podemos ler no nº 3 do art. 280º do CCP que "*as disposições relativas ao regime substantivo dos contratos administrativos têm por finalidade a proteção do Princípio da Concorrência, e do Princípio da Igualdade de Tratamento e Não Discriminação, assim como, o tratamento das disposições relativas aos regimes de invalidade, os limites à modificação objectiva, à cessão da posição contratual e subcontratação*". Desta disposição legal, podemos retirar que o legislador visou garantir a

---

[4] LEITÃO, Luís Manuel Teles de Menezes – Direito das Obrigações – Transmissão e Extinção das Obrigações, Não Cumprimento e Garantias de Crédito; Volume II; Almedina; 2008, pg. 92.

[5] VARELA, João de Matos – Das Obrigações em Geral; Volume II; Almedina; 2017, pg. 384.

[6] *Idem*, Ac. Tribunal da Relação do Porto de 10/12/2019, referente ao Processo nº 1929/18.5T8MAI.P1.

prossecução do interesse público com a realização do contrato de cessão da posição contratual.

Assim, tal como resulta do disposto nos arts. 318º e 319º do CCP, e no estipulado no Código Civil, para que produza eficácia é necessário que seja previamente autorizada pelo contraente público. Contudo, cumpre salientar que à Administração Pública não é aplicado o Princípio da Liberdade Contratual, mas sim as normas e princípios imperativos de direito público, tendo de atuar no âmbito e de acordo com as suas competências legais.[7]

Sobre a temática da Cessão da Posição Contratual, também apresento como exemplo uma situação ocorrida a nível autárquico, cuja finalidade consiste em aprovar a celebração de um contrato de delegação de competências entre o Município de Lisboa e a Junta de Freguesia de Arroios (JFA), bem como aprovar a respectiva minuta de contrato.

Esta situação tem por base o facto de a JFA, além de servir cerca de 31.634 moradores, numa área de 2,13 Km2, se ter deparado com a Reorganização Administrativa da cidade de Lisboa, a qual passou algumas competências para as juntas de freguesia, nos termos do art. 12º da Lei nº 56/2012, de 8 de Novembro, com as alterações constantes da Lei nº 85/2015, de 7 de Agosto.

Um dos espaços objecto da transferência *supra* é o Jardim Constantino, onde está situado o quiosque municipal, pertença da CML, cuja exploração, por contrato, foi concessionada à empresa Félix & Celso, Lda., a 16/03/2010, sendo posteriormente objecto de dois contratos de Cessão da Posição Contratual.

Assim, o vereador da CML propõe que seja discutida, em Assembleia Municipal, a autorização de celebração do Contrato de Delegação de Competências entre a CML e a JFA, para cedência do quiosque municipal do ramo alimentar com área de esplanada e aprovar a respectiva minuta do contrato que faz parte integrante da proposta, a qual tem em vista a prossecução do interesse público.[8]

---

[7] FRUTUOSO, Elisabete Maria Viegas; Parecer Jurídico da Administração Local, proferido a 13 de Setembro de 2010, da Divisão de Apoio Jurídico da Comissão de coordenação e Desenvolvimento Regional do Centro, cuja consulta para enriquecimento do presente trabalho ocorreu a 25/11/2021.

[8] FERNANDES, Vereador José Sá – Proposta nº 704/CM/2016; Delegação de Competências na Freguesia de Arroios, sendo debatida e votada em Assembleia Municipal a 20 de Dezembro de 2016, tendo passado a Deliberação nº 450/AML/2016 e publicada no 4º Suplemento ao BM nº 1193, cuja consulta para enriquecimento do presente trabalho ocorreu a 25/11/2021.

Tendo em conta que, por regra, a figura jurídica em análise é tratada como sendo um negócio jurídico bilateral ou sinalagmático, Menezes Leitão defende a possibilidade de ser admitida a sua celebração no âmbito dos negócios jurídicos unilaterais já executados por uma das partes, pois*"(...) mesmo que se entendesse que a norma do art. 424º não os poderia abranger, estaria sempre aberta a via da sua aplicação por analogia (art. 10º do CC)".*[9]

Concordando que a celebração deste negócio jurídico constitui uma autêntica manifestação do Princípio da Liberdade Contratual, o qual decorre do Princípio da Autonomia Privada, Hans Kelsen considera que o negócio jurídico é instituído pela ordem jurídica como um facto produtor de Direito, conferindo aos indivíduos que lhe estão subordinados o poder de, através de normas criadas pela via jurídico-negocial, regularem as suas relações mútuas dentro dos quadros das normas gerais criadas pela via legislativa (...).[10]

Enumerados os pontos fundamentais da Cessão da Posição Contratual, enquanto contrato típico que tem por base um contrato principal, surge a necessidade de assinalar a sua importância noutros ramos do Direito, conforme podemos verificar no presente Capítulo.

a. No Direito Civil

Na Cessão da Posição Contratual ou Assunção do Contrato, sendo um contrato de prestações recíprocas ou sinalagmático, qualquer das partes tem a faculdade de transmitir a terceiro a sua posição contratual, na sua totalidade, desde que o outro contraente, antes ou depois da celebração do contrato, consinta na transmissão. Contudo, se o consentimento do outro contraente for anterior à cessão, esta só produz efeitos a partir da sua notificação ou reconhecimento.[11]

Para reforçar, temos o Acórdão do Tribunal da Relação de Lisboa de 03/11/2005, onde se pode ler: *"constitui elemento fundamental da eficácia da cessão da posição contratual, a notificação ou reconhecimento da cessão por parte do outro contraente"*, sendo que, *"o que torna a cessão eficaz em relação ao devedor, é o*

---

[9] LEITÃO, Luís Manuel Teles de Menezes – Direito das Obrigações..., pp. 83 e 84.

[10] KELSEN, Hans – Teoria Pura do Direito, 7ª Edição da Tradução Portuguesa; Almedina; Coimbra; 2019, pg. 285 e 286.

[11] Nos termos e para os efeitos do disposto no Art. 424º do Código Civil.

facto de este a conhecer, conhecimento que pode revelar-se de várias maneiras, entre as quais a notificação efectuada por um dos contraentes da cessão".

Assim, tal como refere Carlos Alberto da Mota Pinto, *"a transmissão da relação contratual, com todo o seu conteúdo, opera-se por mero efeito do contrato de cessão, (...)".*[12] Desta forma, podemos considerar que basta a celebração de um contrato de cessão para que uma das partes seja substituída por outro sujeito jurídico, passando a recair sobre o mesmo todos os direitos e obrigações decorrentes da cessão, mantendo-se o vínculo contratual com a outra parte.

A modificação subjectiva operada num dos titulares do "negócio-base" não prejudica a identidade da relação contratual que se mantém a mesma, mudando apenas um dos titulares. [13] Logo, a identidade do contrato que serve de base à cessão não sofre qualquer alteração, apenas a mesma operando ao nível das partes, ao abrigo do Princípio da Liberdade Contratual.

A forma da transmissão, a capacidade de dispor e de receber, a falta e vícios da vontade e as relações entre as partes definem-se em função do tipo de negócio que serve de base à cessão.[14] Assim, atendendo ao negócio que lhe serve de base, o mesmo vai orientar as partes no sentido de respeitar aos requisitos legais inerentes à sua celebração, atribuindo-lhe eficácia jurídica.

Desta forma, é de considerar que o cedente está ligado ao cessionário por vários *deveres laterais* e *deveres acessórios*, tais como: o dever de prestar as informações necessárias para a execução do contrato, o dever de entrega dos documentos e outros meios probatórios do contrato ou que titulem o crédito (...).[15] Sobre este ponto, resulta do Acórdão do TR de Coimbra de 25/05/1993 que *"o facto de a forma da cessão se definir em função do tipo negocial que lhe serve de base não parece excluir que deva também atender-se, porventura, à forma legal presente no contrato de que deriva a posição cedida, devendo a questão ser resolvida em atenção às razões da exigência de forma. As razões por que a lei exige documento pelo promitente para a validade do contrato-promessa são igualmente aplicáveis à cessão da posição contratual desse promitente, já que o cessionário irá ocupar a posição do cedente".*

---

[12] PINTO, Carlos Alberto da Mota – Cessão da Posição Contratual (Reimpressão), Almedina, Coleção Teses, 2003, p. 450.

[13] CARMO, F. Cunha Leal – Dicionário Jurídico – Contratos e Obrigações, Volume I; Escolar Editora; Verba Legis; 2013, p. 39.

[14] Ao abrigo do Art. 425º do Código Civil.

[15] PINTO, Carlos Alberto da Mota – Cessão da..., pp. 473.

O cedente garante ao cessionário, no momento da cessão, a existência da posição contratual transmitida, nos termos aplicáveis ao negócio, gratuito ou oneroso, em que a cessão se integral.[16] Existindo esta garantia, cabe ao cessionário assumir a sua posição na relação jurídica contratual, com todos os direitos e obrigações a ela inerentes.

A modificação subjectiva verificada, aquando da Cessão da Posição Contratual, não vai interferir com o estipulado no contrato que lhe serve de base, mantendo-se o mesmo, operando uma transmissão global dos direitos e obrigações emergentes do contrato.[17] Desta forma, evita-se que as partes ponham termo ao vínculo contratual, garantindo o seu cumprimento com sucesso.

A outra parte no contrato tem o direito de opor ao cessionário os meios de defesa provenientes desse contrato, mas não os que provenham de outras relações com o cedente, a não ser que os tenha reservado ao consentir na cessão.[18] Logo, em matéria de responsabilidade, a outra parte, exterior ao contrato de cessão, terá legitimidade para demandar o cessionário relativamente a situações que não tenha na sua génese as suas relações com o cedente, exceto se houver consentimento nesse sentido.

Sobre esta temática, Menezes Leitão defende que *"o cessionário só poderá invocar o erro na formação da vontade ou na declaração, se o contraente cedido conhecesse ou não devesse ignorar a essencialidade para o declarante do elemento sobre que incidiu o erro; só pode invocar o dolo se o cedido o conhecia ou deveria conhecer; e só pode invocar a incapacidade acidental no caso de esta ser conhecida ou cognoscível pelo cedido"*.[19] Atendendo à posição do autor, poderemos considerar que estabelece limites à responsabilidade, nomeadamente à invocação de vícios no negócio jurídico. Pois, na altura da celebração do negócio jurídico, esses vícios poderiam ser evitados, tendo em conta um especial cuidado das partes em garantir a respetiva legalidade, conferindo-lhe eficácia jurídica. Assim, poderei considerar que estaremos perante uma situação de negligência na formação da vontade negocial.

---

[16] Nos termos e para os efeitos do disposto no Art. 426º nº 1 do Código Civil.

[17] Cfr. Ac. Tribunal da Relação do Porto de 13/01/2015, referente ao Processo nº 6/13.0TVPRT.P1, que, ocorrendo uma modificação subjetiva operada pela Cessão da Posição Contratual não interfere com a identidade do contrato, pois este se mantém o mesmo, apenas com um novo arrendatário a ocupar a posição do primitivo.

[18] Nos termos e para os efeitos do Art. 427º do Código Civil.

[19] LEITÃO, Luís Manuel Teles de Menezes – Direito das Obrigações..., p. 92.

Para concretizar a Cessão da Posição Contratual, cabe ao cedente e cessionário elaborar um contrato denominado como Habilitação de Cessionário, onde o cedente concretiza formalmente a transmissão da sua posição contratual para o cessionário, a qual é devidamente estabelecida nas suas diversas cláusulas, e posteriormente notificada à outra parte para, se assim o entender, se opor à cessão.

Sobre este ponto, como exemplos de oposição à transmissão da posição contratual, pode ocorrer que um empreiteiro, para a realização dos "acabamentos" da obra, ceda a sua posição contratual a uma outra empresa para efectuar esse serviço, dando-lhe assim oportunidade de "agarrar" outro serviço para o qual entretanto foi contratado. Sendo posteriormente notificado da cessão, o cliente poder-se-á opor à mesma, com o fundamento de que conhece o elevado profissionalismo do cedente, levando a que não aprove a cessão, por desconhecer a empresa cessionária.

No âmbito de um contrato de arrendamento celebrado em 1975, dou como exemplo o facto de, aquando a celebração do contrato de cessão de posição contratual celebrado em 2002, estipulou-se que as obras a realizar no locado passarão a ser da responsabilidade do locatário. Ora, esta cláusula é nula pois, sendo o contrato de arrendamento datado de 1975, não lhe será aplicável o Decreto-Lei nº 257/95, de 30 de Setembro, o qual veio a permitir a possibilidade de as partes convencionarem que as obras ficariam a cargo do arrendatário, sendo que o seu art. 6º exclui a sua aplicação aos contratos celebrados antes da sua entrada em vigor. Sobre esta temática, a data a atender para aferir da validade da cláusula é a data da celebração do contrato de arrendamento e não a data da celebração do contrato de cessão da posição contratual.[20]

B. No Direito Público

O Código dos Contratos Públicos estabelece o regime jurídico aplicável à contratação pública e aos contratos públicos que revistam a natureza de contrato administrativo. O contrato público insere-se no âmbito estatutário da Administração Pública. É celebrado pelo Estado (ou entidade a ele

[20] *Idem*, Ac. Tribunal da Relação do Porto de 13/01/2015, referente ao Processo nº 6/13.0TVPRT.P1.

equiparada), ao abrigo de legislação especial, pressupondo esquemas próprios de acompanhamento, de fiscalização e de sanção. Contudo, aplicam-se subsidiariamente a estes contratos as regras contratuais privadas, presentes no nosso Código Civil.[21]

A figura jurídica da Cessão da Posição Contratual também encontra a sua previsão dentro do Direito Público, mais propriamente no Código dos Contratos Públicos, aprovado pelo Decreto-Lei nº 18/2008, de 29 de Janeiro, recentemente alterado pelo Decreto-Lei nº 111-B/2017, de 31 de Agosto.

Segundo o disposto no art. 316º do CCP, "*na falta de estipulação contratual ou quando outra coisa não resultar da natureza do contrato, são admitidas a cessão da posição contratual e a subcontratação (...).*" Desta disposição legal, podemos constatar que, tal como no Direito Civil, as partes poderão ceder a sua posição contratual a um terceiro, devendo esta possibilidade estar previamente prevista no contrato base.

Contudo, tanto a Cessão da Posição Contratual como a Subcontratação poderão ser afastadas quando a escolha do co-contratante tenha sido determinada por ajuste directo, nos casos em que só possa ser convidada uma entidade; às entidades abrangidas pelas causas de impedimento previstas no art. 55º do mesmo diploma legal; e quando existam fortes indícios de que da sua verificação resultem actos, acordos, práticas ou informações susceptíveis de falsear as regras da concorrência.[22]Neste último caso, o contraente público deve, de imediato, comunicar à Autoridade da Concorrência e, no caso de empreitadas ou de concessões de obras públicas, deve comunicar ao Instituto dos Mercados Públicos, do Imobiliário e da Construção, I.P., os indícios de actos, acordos, práticas ou informações susceptíveis de falsear as regras da concorrência.[23]

Face ao exposto, é de referir que os limites ora estabelecidos são limites legais, cuja imposição decorre da lei. Como tal, tendo em conta que estamos perante um vínculo contratual, não se afasta a possibilidade de serem estabelecidos outros limites[24]. Por outro lado, esses limites também vão

---

[21] CORDEIRO, António Menezes Cordeiro – *Tratado de Direito Civil VII, Direito das Obrigações, Contratos, Negócios Unilaterais* – Almedina, Coimbra, 2016, pg. 164 e 170.

[22] Nos termos e para os efeitos do disposto no Art. 317º nº 1 do Código dos Contratos Públicos.

[23] Cfr. *Idem.*

[24] SILVA, Jorge Andrade da – Código dos Contratos Públicos, Anotado e Comentado – 7ª Edição Revista e Atualizada; Almedina, Coimbra, 2018; Cfr. José Luís Esquível, "O Contrato de Subempreitada de Obras Públicas..., p. 47.

implicar que o contraente público não possa autorizar a cessão da posição contratual ou a subcontratação pelo cocontratante. Segundo o citado autor, os limites legais são determinados ou pela coerência imposta pela especificidade de ordem técnica, artística ou outra do objeto do contrato que, com a sua celebração originou o convite por ajuste direto; ou porque o cessionário ou o subcontratado estava legalmente impedido de celebrar o contrato em causa, nos termos do art. 55º; ou, por último, por haver sérios indícios de que se enquadram em procedimentos legais destinados ou com possibilidade de violar o princípio da concorrência.[25] Com isto, o autor quis dar a entender a importância dos contratos *intuito personae*, tendo em conta a natureza do contrato adjudicado.

Tal como já abordei, a possibilidade de as partes recorrerem à Cessão da Posição Contratual, no Direito Público, deverá constar expressamente do contrato base, em cláusula de revisão ou opção inequívoca, salvo quando se verifique uma das seguintes condições: haja transmissão universal ou parcial da posição do co-contratante, na sequência de reestruturação societária, nomeadamente, oferta pública de aquisição, aquisição ou fusão, a favor do cessionário que satisfaça os requisitos mínimos de habilitação e de capacidade técnica, económica e financeira exigidos ao co-contratante; e quando o próprio contraente público assume as obrigações do co-contratante para com os subcontratados.[26]

A Cessão da Posição Contratual depende ainda: da prévia apresentação dos documentos de habilitação relativos ao potencial cessionário, que sejam exigidos ao cedente na fase da formação do contrato em causa; e do preenchimento, por parte do potencial cessionário, dos requisitos mínimos de capacidade técnica e de capacidade financeira exigidos ao cedente para efeitos de qualificação, quando esta tenha tido lugar na fase de formação do contrato em causa.[27]

Sobre este ponto, Jorge Andrade da Silva entende que tanto a cessão da posição contratual, como a subcontratação, têm de ser previamente autorizadas pelo contraente público. Autorização essa que pode ser dada de imediato, aquando a celebração do contrato, com a inclusão de uma cláusula de revisão. Relativamente aos contratos *intuito personae*, cabe ao

---

[25] Cfr. *Idem*, 2018, p. 672.

[26] Conforme resulta do disposto no Art. 318º nº 1 do Código dos Contratos Públicos.

[27] Cfr. *Idem*.

contraente público apreciar a idoneidade moral, técnica e financeira do substituto. Logo, é exigível ao cessionário ou subcontratante oferecer as mesmas garantias profissionais, técnicas e financeiras que foram exigidas ao adjudicatário. Assim, havendo sério e justificado receio de que a cessão da posição contratual do cocontratante possa resultar num aumento de risco de cumprimento defeituoso ou incumprimento do contrato, será vedada a respetiva autorização. Deste modo, salvaguarda-se o interesse público subjacente ao contrato. Face ao exposto, segundo o autor, decorre igualmente que, ao pedir ao contraente público a necessária autorização, o cocontratante deve instruir a sua pretensão com os documentos necessários àquela averiguação. O mesmo sucede quando a cessão ou a subcontratação não estão previstas no contrato.[28]

A Cessão da Posição Contratual pelo contraente público só poderá ser recusada pelo co-contratante quando haja fundado receio de que a cessão envolva um aumento do risco de incumprimento das obrigações emergentes de contrato, pelo potencial cessionário ou a diminuição das garantias do co-contratante.[29] Nesta lógica, poderemos retirar que a finalidade da sua celebração tem em vista a prossecução do interesse público, sendo ilegal quando haja o indício da existência de interesses privados envolvidos. Conhecendo-se tal situação, a mesma será comunicada às autoridades competentes, movendo-se um processo de natureza administrativa, o qual será julgado no competente Tribunal Administrativo e Fiscal.

Este preceito legal regula a modificação subjetiva do contrato por substituição do contraente público, procurando salvaguardar o cumprimento das obrigações contratuais do contraente público para com aquele. Enquanto a cessão da posição contratual do cocontratante tem que ser aprovada pelo contraente público, a cessão da posição contratual deste não tem que ser autorizada por aquele[30], podendo deduzir oposição. Por outro lado, os fundamentos de recusa de autorização por parte do contraente público são bem mais amplos que os da oposição do cocontratante à cessão da posição contratual do contraente público.

[28] SILVA, Jorge Andrade da – Código dos Contratos Públicos..., 2018, pg. 674-675.

[29] Nos termos e para os efeitos do preceituado no Art. 324º do Código dos Contratos Públicos.

[30] SILVA, Jorge Andrade da – Código..., p. 688; Cfr. Pedro Costa Gonçalves – Direito dos Contratos Públicos – Almedina, 2015, pg. 577.

C. No Direito do Trabalho

No Código do Trabalho podemos encontrar a Cessão de Crédito Retributivo no seu art. 280º, onde se constata que "*o trabalhador só pode ceder crédito a retribuição, a título gratuito ou oneroso, na medida em que o mesmo seja penhorável.*" Este preceito refere-se ao facto de o ordenado do trabalhador estar a ser penhorado, sendo que são impenhoráveis dois terços da parte líquida, tendo como limite mínimo o montante equivalente a um salário mínimo nacional[31].

Para reforçar a existência desta cessão de crédito laboral, cujo objecto é uma penhora de vencimento, temos o Acórdão do Tribunal da Relação de Guimarães de 05/12/2013 onde se pode ler que: "*(...) operando-se uma cessão de créditos salariais futuros válida e até reconhecida judicialmente, o crédito futuro cedido nasce directamente na titularidade do cessionário. Enquanto não se efectivar a cessão de créditos salariais futuros, acordada no Processo de Execução, as quantias mensais que devem ser entregues ao ali exequente, nascem directamente na titularidade do cessionário, pelo que não podem ser penhoradas na execução (...). Ou seja, esta penhora não deve ser levantada, mas só efectivada depois de terminar a cessão de créditos salariais.*"[32]

Da leitura deste acórdão, podemos retirar que, enquanto não for devidamente concretizada a cessão da posição contratual entre o cedente e o cessionário, a penhora de vencimento fica suspensa. Finda a suspensão da instância executiva, é retomada a penhora de vencimento do executado, sendo os montantes futuros entregues ao cessionário, passando este a adquirir a nova posição de exequente. Neste âmbito, podemos igualmente inserir a penhora de créditos que o executado detenha junto da Autoridade Tributária e da Segurança Social, os quais, no decorrer da ação executiva, passarão a ser também entregues ao cessionário, novo exequente.

Para efetivação de penhora que recaia sobre rendas, abonos, vencimentos, salários ou outros rendimentos periódicos, consiste na notificação do locatário, empregador ou a entidade que os deve processar, para que proceda,

---

31 Cfr. Resulta do disposto no Art. 738º nºs 1 e 3 do Código de Processo Civil.

32 Cfr. Ac. Tribunal da Relação de Guimarães de 05/12/2013, referente ao Processo nº 285/12.0TBCBT-B.G1, operando-se uma cessão de créditos salariais futuros válida e até reconhecida judicialmente, o crédito futuro cedido nasce diretamente na titularidade do cessionário.

nas quantias devidas, o desconto correspondente ao crédito penhorado e proceda ao depósito em instituição de crédito.[33] Por sua vez, deverá esta entidade declarar, perante o agente de execução, as garantias que existam sobre os rendimentos, do seu valor, do seu vencimento e de quaisquer vicissitudes que possam influir no depósito imediato.[34] Se já existirem outras penhoras sobre o vencimento ou rendimento do executado, a entidade empregadora ou processadora deverá dar conhecimento ao agente de execução dos valores em causa e da percentagem penhorada. Por outro lado, se o executado não tiver vencimento fixo ou for pago à comissão, a entidade processadora deverá informar da periodicidade dos pagamentos e da forma de cálculo da remuneração.

As quantias depositadas ficam à ordem do agente de execução, mantendo-se indisponíveis até ao trânsito em julgado da decisão que seja proferida nos autos de oposição à execução. Findo o prazo de oposição, se esta não tiver sido deduzida ou julgada a oposição improcedente, o exequente pode requerer ao agente de execução que lhe sejam entregues as quantias depositadas, que não garantam crédito reclamado, até ao valor da quantia exequenda, depois de descontado o montante relativo a despesas de execução.

Se, eventualmente, a entidade locadora, empregadora ou processadora, devidamente notificada para proceder ao desconto na renda, vencimento, remuneração, pensão ou rendimento, nada disser e não proceder ao depósito ordenado, o exequente pode, de imediato, requerer execução contra a mesma, nos termos do nº 3 do art. 860º do CPC. Previamente, cabe ao agente de execução dirigir-lhe uma advertência, dando disso conhecimento ao exequente para, querendo, em caso de silêncio, promover execução contra a referida entidade. Contudo, esta falta de colaboração pode culminar na aplicação de uma multa, mediante decisão judicial.[35]

---

[33] PEREIRA, Joel Timóteo Ramos Pereira – *Prontuário de Formulários e Trâmites, Volume IV – Processo Executivo* – 4º Edição (revista e atualizada); Quid Juris; Lisboa, 2007, p. 903.

[34] *Idem*, 2007; Cfr. Ac. RE 12/02/1998.

[35] Idem, 2007, pg. 905, 908 e 909.

II. A CESSÃO DA POSIÇÃO CONTRATUAL E A NOVAÇÃO

A. Diferenças da Cessão da Posição Contratual para com a Novação

A Novação tanto pode ser objetiva como subjetiva: Na Novação *objetiva*, o devedor contrai perante o credor uma nova obrigação em substituição da antiga, conforme resulta do preceituado no art. 857º do CC. Por seu turno, a Novação *subjetiva*, por substituição do credor, dá-se quando um novo credor é substituído ao antigo, vinculando-se o devedor para com ele por uma nova obrigação; e a novação por substituição do devedor dá-se quando um novo devedor, contraindo nova obrigação, é substituído ao antigo, que é exonerado pelo credor, à luz do disposto no art. 858º do CC.

Deste modo, conforme resulta do Acórdão do Supremo Tribunal de Justiça de 07/03/2006, *"Para haver novação é essencial que os interessados queiram realmente extinguir a obrigação primitiva por meio da contracção de uma nova obrigação e que essa vontade resulte de declaração expressa, pois nem a novação se presume nem bastam os simples facta concludentia em que as declarações tácitas se apoiam. Sendo a novação um facto extintivo da obrigação accionada, quer a intenção de novar, quer a expressa manifestação dessa intenção, têm que ser provadas por quem a invoca, tal como resulta do nº 2 do art. 342º do CC."*

A vontade de contrair a nova obrigação em substituição da antiga deve ser expressamente manifestada.[36] Neste sentido, e segundo o Acórdão do Supremo Tribunal de Justiça de 26/03/1998, *"(...) não havendo declaração expressa de que se pretende novar, a obrigação primitiva não se extingue."*. Logo, não podendo a declaração ser tácita, deixa de haver Novação, não valendo aqui o silêncio como declaração negocial, como podemos retirar do disposto no art. 218º do Código Civil.

Será apenas modificado ou transmitido o crédito ou a dívida para terceiro. Extinta a obrigação antiga, vai abranger igualmente as obrigações acessórias tais como as garantias de crédito que tenham sido prestadas pelo originário devedor, quer por terceiro, admitindo-se, quanto a elas, uma reserva de conservação ou manutenção que tem de ser expressa.[37]

---

[36] Nos termos e para os efeitos do Art. 859º do Código Civil.

[37] Cfr. Ac. Tribunal da Relação de Évora de 06/12/2018, referente ao Processo nº 363/15.3T8PTG.E1, que se debruça sobre o tema da Novação, tanto objetiva como subjetiva.

Se a primeira obrigação estava extinta ao tempo em que a segunda foi contraída, ou vier a ser declarada nula ou anulada, fica a novação sem efeito. Se for declarada nula ou anulada a nova obrigação, subsiste a obrigação primitiva; mas sendo a nulidade ou anulação imputável ao credor, não renascem as garantias prestadas por terceiro, salvo se este, na data em que teve notícia da novação, conhecia o vício da nova obrigação, por força do art. 860º do CC.

A causa da nulidade ou da anulação será imputável ao credor se foi ele, por exemplo, o autor da coação ou do dolo que serviu de fundamento à anulação do novo vínculo.[38] Desta forma, o autor entende que, verificada a existência de um vício no negócio jurídico, a responsabilidade presume-se do credor, na medida em que sobre o mesmo recairá obrigação de responder judicialmente sobre a causa do mesmo, assim como de ilidir a presunção.

Por força do art. 861º do CC, extinta a obrigação antiga pela Novação ficam igualmente extintas, na falta de reserva expressa, as garantias que asseguravam o seu cumprimento, mesmo quando resultantes da Lei. Dizendo a garantia respeito a terceiro, é necessária também a reserva expressa deste. Logo, à partida, extinguem-se as garantias (reais ou pessoais) que asseguravam o cumprimento do crédito extinto por força da novação, mesmo quando resultavam da lei e independentemente de terem sido prestadas pelo próprio devedor ou por terceiro.[39] Contudo, admite-se que as partes acordem no sentido da manutenção de tais garantias mediante declaração expressa, derrogando o efeito natural da extinção da obrigação garantida, em benefício da linha de continuidade que aproveite a relação originária e prolongue as garantias.[40]

O novo crédito não está sujeito aos meios de defesa oponíveis à obrigação antiga, salvo estipulação em contrário, nos termos e para os efeitos do disposto no art. 862º do CC. Ora, regra geral, extinta a obrigação primitiva extinguem-se também os direitos, obrigações e meios de defesa a ela inerentes e decorrentes do vínculo contratual entre as partes, exceto se as partes estipularem o contrário com a celebração do novo negócio jurídico (logo, ao abrigo do Princípio da Liberdade Contratual).

---

38 NETO, Abílio – *Código Civil Anotado* – 20ª Edição Atualizada; Ediforum, Edições Jurídicas, Lda.; 2018, p. 884.

39 AFONSO, Ana; e outros – *Comentário ao Código Civil; Direito das Obrigações, Das Obrigações em Geral* – Universidade Católica Editora, Lisboa, 2019; p. 1294.

40 AFONSO, Ana; e outros – *Comentário...*, p. 1294; Cfr. Ramos Alves, 2017, pg. 200-201.

Tendo analisado a Novação, pude verificar que são bem patentes as diferenças entre estes dois contratos, na medida em que, para existir Novação, é necessária a vinculação de uma nova obrigação, levando à extinção da anterior, ao passo que na Cessão da Posição Contratual não há qualquer alteração da obrigação, mas antes a transmissão da posição contratual de uma das partes (cedente) para um terceiro (cessionário).

Na Cessão da Posição Contratual, a parte contrária, após notificada, tem legitimidade para se opor à cessão se assim o entender, o que originará a sua ineficácia.[41] Facto este que impossibilitará ao cedente ceder a sua posição contratual ao cessionário, mantendo-se as partes primitivas da relação negocial. Em contrapartida, tal como podemos verificar no preceituado art. 862º do CC, na Novação a nova obrigação não está sujeita aos meios de defesa oponíveis à obrigação antiga, salvo estipulação em contrário.

III. OUTRAS FIGURAS JURÍDICAS SEMELHANTES

A. Breve Abordagem Histórica

Neste âmbito, procura-se aprofundar cada uma das figuras que, além de semelhantes, têm a sua génese na Cessão da Posição Contratual. No fundo, a existência destas figuras no nosso e noutros ordenamentos jurídicos visam possibilitar às partes transmitir a respetiva posição contratual. Contudo, apesar de terem como base a cessão da posição contratual de uma das partes, a sua observância prende-se com a verificação de algumas diferenças, nomeadamente no que concerne às características, requisitos de validade para a sua celebração, natureza das partes no negócio e objetivos com a celebração do mesmo. Contudo, tanto a cessão de créditos como de dívidas, não é recente, tendo a sua origem no Direito Romano, a qual apenas poderia ser verificada a título universal, tal como a transmissão por morte. Sendo verificada a título universal, implicaria aos sujeitos da relação jurídica passar por uma nova obrigação. Assim, podemos considerar que estas particularidades deram origem à Novação tal como a conhecemos hoje e entretanto tratada no Capítulo II. Todavia, nesta época histórica, era um

---

[41] Cfr. Resulta do disposto no Art. 427º do Código Civil.

processo que trazia algumas dificuldades, sendo exigido o consentimento do devedor, o qual só era dado a troco de contrapartidas.[42]

Como tal, no tocante à cessão de um contrato, os romanos não conseguiam fazer com que as obrigações pudessem, juntamente com os direitos, passar para outrem. Não conseguiram compreender como um *vinculum iuris* nascido entre A e B, em razão de um negócio, pudesse vir a atingir C, que é um terceiro. Para eles, esse vínculo era pessoal e só poderia ser transferido mediante sucessão universal, por morte de uma das partes. A obrigação caracterizava-se pelo seu objeto e pelo sujeito, posto que era pessoal, e a mudança de sujeito importaria uma novação. Para ULPIANO, a novação é a passagem ou a transmissão de um débito primitivo, de modo que aparece outra obrigação, civil ou natural, isto é, por causa da anterior, constitui-se nova obrigação, de tal modo que a primeira desaparece.[43]

Deste modo, podemos verificar que o direito antigo era adverso à referida transmissibilidade, pois concebia a obrigação como um vínculo estritamente pessoal entre o credor e devedor. A primeira abertura ao princípio deu-se no sentido de se admitir uma transmissão, a título universal, integrada no património hereditário, olhando-se o herdeiro como continuador da pessoa do *de cuius*. Um segundo passo consistiu em reconhecer-se a transmissão por ato entre vivos e a título particular de crédito, mas esta ideia ainda não obteve completo desenvolvimento no âmbito do direito romano.[44]

Posteriormente foi criado o esquema da *procuratio in rem suam*, concedendo ao credor a possibilidade de passar uma procuração a terceiro para cobrar o crédito ao devedor. Contudo, além do anterior, este esquema também implicava algumas dificuldades, na medida em que a morte do credor/representado levava à revogação e extinção da procuração, assim como a sua outorga não impedia o credor de cobrar o crédito pessoalmente. Para contornar estas situações, o Direito Justinianeu veio possibilitar ao adquirente do crédito participar a situação ao devedor através de uma *denuntiatio*, a partir da qual o devedor deixaria de poder pagar ao credor. Ao mesmo

---

[42] LEITÃO, Luís Manuel Teles de Menezes – Direito das Obrigações..., p. 12.

[43] CABRAL, António da Silva – *Evolução Histórica do Instituto da Cessão dos Contratos* – Revista, Brasília, 1988, p. 354; Consultado a 27/12/2022 e disponível em https://www2.senado.leg.br/bdsf/bitstream/handle/id/181896/000442100.pdf?sequence=1&isAllowed=y

[44] COSTA, Mário Júlio de Almeida Costa – Direito das Obrigações – 6ª Edição, Almedina, Coimbra, 1994, p. 699.

tempo, era concedida ao terceiro (adquirente) uma *actio utilis* para cobrar o crédito em seu próprio nome e já não como representante do credor. No entanto, é necessário ter presente que na época vigorava o Princípio da Intransmissibilidade do Crédito, sendo que, para todos os efeitos, o verdadeiro titular era o primitivo credor, sendo que o adquirente apenas tinha ao seu dispor uma *actio utilis* e não uma *actio directa*. Posteriormente, a partir dos séculos XIV e XV, e graças ao desenvolvimento das trocas comerciais, o sistema foi alterado, passando a ser admitida a transmissão das obrigações, com privação integral do direito por parte do transmitente.[45]

Finalmente, fruto de uma evolução legislativa, surgiu a possibilidade de se transmitirem não apenas créditos ou débitos enquanto situações jurídicas isoladas, mas a própria posição contratual, com o conjunto de situações jurídicas a ela inerentes. Assim, passamos a ter a inserção da figura da Cessão da Posição Contratual no Código Italiano de 1942 e, mais tarde, no Código Civil Português.[46]

Portugal passou também a adotar o instituto no Código Civil de 1867, cujo art. 424º prevê a cessão dos contratos à maneira dos italianos, ou seja, o contrato passa a ser bilateral e o cedido passa a consentir na cessão. O art. 425º foi mais a fundo, estabelecendo a forma de transmissão, a capacidade de dispor e receber, a falta e vícios da vontade e as relações entre as partes.[47]

Atendendo à sua evolução histórica e à importância jurídica, em virtude da evolução social e dos novos desafios comerciais e sociais ao nível do Direito Privado, cumpre analisar cada uma das figuras individualmente ao longo do presente Capítulo.

B. A Cessão de Créditos

Na Cessão de Créditos, o credor pode ceder a terceiro uma parte ou a totalidade do crédito, independentemente do consentimento do devedor, contanto que a cessão não seja interdita por determinação da lei ou convenção das partes e o crédito não esteja, pela própria natureza da prestação, ligado à pessoa do devedor. A convenção pela qual se proíba ou restrinja a

[45] Cfr. LEITÃO, Luís Manuel Teles de Menezes – *Direito das...*, p. 12.

[46] LEITÃO, Luís Manuel Teles de Menezes – Direito das... ..., p. 13.

[47] CABRAL, António da Silva – Evolução Histórica..., p. 361.

possibilidade da cessão não é oponível ao cessionário, salvo se este a conhecia no momento da cessão, nos termos do art. 577º do CC. Logo, tal como enuncia Mota Pinto, nesta figura jurídica é correntemente enunciado o princípio de que o crédito se transfere para o cessionário com as sua vantagens (*acessorium sequitur principale*) e defeitos, isto é, tal como pertencia ao cedente.[48]

Os requisitos e efeitos da cessão entre as partes definem-se em função do tipo de negócio que lhe serve de base, conforme resulta do nº 2 do art. 578º do CC. Sendo, normalmente, um contrato, será necessário para a sua formação tanto a declaração negocial do cedente como do cessionário. Ao ser sempre causal, vai implicar que a Cessão de Créditos não constitua, entre nós, uma forma de transmissão abstrata do crédito.[49] Com esta expressão, Menezes Leitão dá enfase à imposição de forma para celebração desta figura jurídica entre as partes, sendo exigida a forma escrita, uma exceção ao princípio da Liberdade de Forma, tipificado no art. 219º do CC.

A cessão de créditos, ou outros direitos litigiosos, feita directamente ou por interposta pessoa, a juízes ou magistrados do Mistério Público, funcionários da justiça ou mandatários judiciais é nula, se o processo decorrer na área em que exercem habitualmente a sua actividade ou profissão; é igualmente nula a cessão desses créditos ou direitos, feita a peritos ou outros auxiliares da justiça que tenham intervenção no respectivo processo.[50]

Para ser válida, é necessário que não esteja interdita por Lei ou convenção das partes, havendo uma transferência desse crédito. É necessário, também, que esteja verificado o carácter litigioso do direito relativamente a determinadas pessoas. Sobre este ponto, cumpre referir que é permitida a compra e venda de créditos litigiosos, desde que corresponda a interesses legítimos dos compradores.[51] Ora, celebrada a cessão de créditos e tendo-se verificado posteriormente que afinal não vai ao encontro dos interesses legítimos dos compradores, teremos então a manifestação de um vício no negócio jurídico, podendo culminar na anulabilidade do mesmo, podendo ser invocada dentro de um ano subsequente ao conhecimento do vício, para os efeitos do disposto no art. 286º do CC.

---

[48] PINTO, Carlos Alberto da Mota – *Cessão...* – p. 161; Cfr. Vaz Serra – *Cessão de Créditos ou outros Direitos*, in BMJ, 1955, nº esp., p. 109.

[49] LEITÃO, Luís Manuel Teles de Menezes – *Direito das Obrigações...*, p. 19.

[50] Nos termos e para os efeitos do Art. 579º nº 1 do Código Civil.

[51] CARMO, F. Cunha Leal – *Dicionário Jurídico...*, p. 40.

Diz-se litigioso o direito que tiver sido contestado em juízo contencioso, ainda que arbitral, por qualquer interessado, nos termos do nº 3 art. 579º do CC. Ora, verificada a existência do vício e invocada a anulabilidade ou nulidade do mesmo, abrir-se-á o correspondente processo judicial, possibilitando à parte interessada concretizar a anulabilidade do mesmo através de sentença nesse sentido, proferida em tribunal competente, ainda quc arbitral.

Todavia, se alguma das entidades mencionadas no nº 1 do art. 579º do CC atuar como cessionário, mesmo estando impedido, a Cessão, além de ser nula, sujeita o cessionário à obrigação de reparar os danos causados, nos termos gerais. A nulidade da cessão não pode ser invocada pelo cessionário,[52] não lhe sendo, por isso, atribuída legitimidade, culminando numa exceção dilatória. Constitui, assim, uma exceção ao princípio de que a nulidade poderá ser invocada por qualquer interessado na relação jurídica.

Conforme resulta do nº 1 do art. 583º do CC, a cessão produz efeitos em relação ao devedor desde que lhe seja notificada, ainda que extrajudicialmente, ou desde que ele a aceite. Portanto, por imposição legal, para que a cessão de créditos produza efeitos jurídicos, cabe ao cedente notificar o devedor da celebração da respetiva celebração. Caso contrário, o devedor continua a responder pela dívida ao credor inicial, não reconhecendo o cessionário como atual credor.

O efeito mencionado neste preceito legal é a transmissão do crédito, do cedente para o cessionário, passando o devedor a estar obrigado ao cumprimento do crédito para com o cessionário, passando este a assumir a posição de credor. Logo, recairá sobre o mesmo a receção do pagamento do crédito, que passou a ser-lhe devido por força do contrato de cessão.

Esta notificação pode ser feita através da citação para a execução proposta pelo credor cessionário. Neste enquadramento, a única exigência é que, com a entrada do Requerimento Executivo, o exequente demonstre a *habilitação-legitimidade*, alegando e provando os factos constitutivos da cessão. A Cessão de Créditos consiste numa forma de transmissão do crédito que opera por virtude de um negócio jurídico, normalmente um contrato celebrado estre o credor e o terceiro, (...) produzindo efeitos em relação ao devedor desde que lhe seja notificada, ainda que extrajudicialmente, ou desde que ele a aceite, não estando sujeitas a forma especial, podendo a aceitação ser

[52] Nos termos e para os efeitos do disposto no Art. 580º do Código Civil.

efectuada tacitamente, como acontecerá no caso de o devedor combinar com o cessionário qualquer alteração na obrigação.[53]

O efeito fundamental da Cessão é a transmissão do crédito. E sendo parcial, o devedor passa a ser responsável perante dois credores, o cedente e o cessionário, relativamente à parte do crédito não cedido e cedido, respectivamente, modificando-se subjectivamente a relação obrigacional. A cessão produz efeitos em relação ao devedor com notificação extrajudicial daquela, sendo certo que, mesmo antes desta notificação, o credor deixa de poder exigir do devedor a parte do crédito que cedeu. Assim, como entende Antunes Varela, "*o principal efeito do contrato de cessão é a transferência (do cedente para o cessionário) do direito à prestação debitória. É por mero efeito do contrato que o cessionário adquire o poder de exigir a prestação, em seu nome e no seu próprio interesse, ao mesmo tempo que o cedente ao perde.*"[54]

Neste sentido, podemos considerar que o devedor passa apenas estar vinculado ao cessionário, enquanto novo credor, adquirindo este a legitimidade para o demandar judicialmente em caso de incumprimento contratual, deixando o cedente de ter qualquer influência no mesmo. Por força da cessão, adquire a posição de um terceiro, estranho à relação jurídica vigente entre os novos contraentes, pois deixou de figurar como sujeito, perdendo a sua legitimidade processual.

Pode verificar-se que a Cessão da Posição Contratual ocorra na sua plenitude, tendo "*(...) por conteúdo a totalidade da posição contratual, no seu conjunto de direitos e obrigações e pressupõe que na cessão, o cedente se desliga da sua posição contraente, entrando o cessionário para o lugar dele.*"[55] Atendendo ao Acórdão em questão, podemos considerar que resume na íntegra o que tem sido exposto na presente reflexão sobre o tema, na medida em que, transmitida a posição contratual do cedente para o cessionário, o primeiro adquire a posição de terceiro, deixando de estar vinculado aos seus direitos e obrigações.

---

[53] Cfr. Ac. Tribunal da Relação de Évora de 27/05/2021, referente ao Processo nº 2784/20.0T8STB-C.E1. Trata dos requisitos da Cessão da Posição Contratual, de modo a que produza os devidos efeitos legais.

[54] Cfr. Ac. Tribunal da Relação do Porto de 23/02/2021, referente ao Processo nº 939/16.1T8LSB.L1-7. Debruça-se sobre a situação da existência de uma Cessão de Crédito parcial e nas respetivas implicações para o negócio jurídico em si.

[55] Cfr. Ac. Supremo Tribunal de Justiça, de 25/05/2021, referente ao Processo nº 1411/18.0T8LMG.C1.S1. trata do facto de a Cessão da Posição Contratual abranger a totalidade do seu conteúdo, direitos e obrigações.

C. O "Factoring"

Esta figura, também denominada por Cessão Financeira, no fundo, trata-se de um contrato de facturação ou cobrança, instituído pelo Decreto-Lei nº 171/95, de 18 de Julho.

Estamos perante um contrato financeiro substancialmente integrado por uma cessão de créditos em que o *factor* representa o cessionário e o *aderente* tem a posição de credor cedente.[56] Trata-se de uma atividade continuada de transmissão de créditos, ou seja, com a celebração deste contrato, o titular dos créditos (aderente ou cliente) transfere todos ou alguns créditos provenientes da sua actividade empresarial para o *factor*, sendo estes créditos a curto prazo decorrentes da venda de produtos ou da prestação de serviços do aderente. Tem como finalidade a resolução de problemas de gestão financeira de uma empresa ou garantia contra o risco de falência dos devedores, constituindo, assim, uma forma de financiamento continuado do aderente, mediante transmissão de créditos resultantes da sua atividade, tendo como contrapartida uma remuneração.[57] Segundo Freitas Gomes, "*é o contrato pelo qual uma das partes cede à outra vários créditos de vendas mercantis, assumindo o risco de não os receber, mediante o pagamento de comissão pelo cedente.*"[58] De acordo com o autor, considero que estamos perante um negócio jurídico oneroso, na medida em que a sua realização pressupõe o pagamento de uma retribuição ao *factor* para proceder à administração dos bens em questão. Contudo, é importante salientar que as suas competências não passam pela administração de bens alheios, mas sim créditos que eram de outrem (do cedente), sendo cessionário dos créditos a curto prazo derivados da venda de produtos ou prestações de serviços do aderente ao cliente.[59]

Ao abrigo do art. 585º do CC, é lícito ao devedor opor ao *factor* (cessionário) todos os meios de defesa que, até ao momento do conhecimento da cessão, podia opor ao *aderente*, isto é, ao precedente credor. No entanto, pode ser

---

[56] Cfr. Ac. Tribunal da Relação de Coimbra de 17/07/2014, referente ao Processo nº 381/12.3TBACN-A.C1. Trata do contrato de "Factoring" enquanto "(...) modelo de contrato financeiro substancialmente integrado por uma cessão de créditos em que o "factor" representa o cessionário e o "aderente" tem a posição de credor cedente."

[57] CARMO, F. Cunha Leal – *Dicionário Jurídico...*, p. 118.

[58] GOMES, Luiz Roldão de Freitas – Curso de Direito Civil – Contrato, 2ª Edição, Renovar, 2002, p. 365.

[59] CARMO, F. Cunha Leal – Dicionário Jurídico, p. 118.

válida e plenamente eficaz a declaração emitida do devedor perante o *factor*, ou seja, perante o cessionário, na qual, além de confessar determinada dívida, aquele se compromete genericamente a não invocar quaisquer direitos de que dispusesse contra o anterior credor. Notificada a cessão ao devedor, ela passa a ser-lhe plenamente eficaz.[60]

D. A Cessão de Exploração

Esta figura jurídica também aparece denominada como Locação de Estabelecimento, por força do disposto no art. 1109º do Código Civil. Para a celebração deste contrato, aplicam-se as regras do arrendamento para fins não habitacionais, previstas nos arts. 1108º e seguintes do Código Civil. Consiste numa transferência temporária e onerosa de estabelecimento comercial instalado em local arrendado, não carecendo de autorização do senhorio, mas deve ser-lhe comunicada no prazo de 1 (um) mês, sendo imposta a forma escrita para a sua celebração, nos termos e para os efeitos do nº 2 do art. 1109º e nº 3 do art. 1112º do CC.

Com a celebração deste contrato, o arrendatário de um estabelecimento comercial ou industrial cede a terceiro a exploração, a título oneroso e temporariamente, de um determinado estabelecimento, com todos os bens e pertences. Esse terceiro, o cessionário, paga ao arrendatário um montante mensal pela exploração. A sua celebração não está sujeita a forma solene, nem depende de autorização do senhorio, mas deve ser-lhe devidamente comunicada, sob pena de o senhorio requerer a resolução judicial do arrendamento.[61]

Figura esta que claramente se distingue do arrendamento comercial, na medida em que, neste, o locador transfere para o locatário o direito de gozo de um prédio. Ao passo que, na locação de estabelecimento, o detentor do estabelecimento transfere para o cessionário o gozo e fruição de uma unidade comercial.[62] Ou seja, podemos dizer que, no contrato de arrendamento,

---

[60] *Idem*, Ac. Tribunal da Relação de Coimbra de 17/07/2014, referente ao Processo nº 381/12.3TBACN-A.C1.

[61] CARMO, F. Cunha Leal – *Dicionário*...p. 40.

[62] Cfr. Ac. Tribunal da Relação de Lisboa de 13/12/2021, referente ao Processo nº 1942/07.8TBBNV-1. Trata da figura da Cessão de Exploração de um estabelecimento comercial.

temos uma cedência definitiva, por oposição à cessão de exploração onde a transmissão é a título temporário, na medida em que se assemelha ao trespasse do estabelecimento.[63]

Quando o contrato de cessão em apreço se encontra regulado pelo RAU, o seu art. 111º pressupõe que se verifiquem os seguintes requisitos: transferência para outrem da exploração de um estabelecimento comercial ou industrial, englobando a transmissão das instalações, utensílios, mercadorias ou outros elementos que integrem o estabelecimento; feita juntamente com o gozo do prédio, continuando a exercer-se nele o mesmo ramo de comércio ou indústria, não podendo ser-lhe dado destino diferente; temporário; e oneroso. Mesmo que o estabelecimento se encontre desfalcado de algum ou alguns dos seus estabelecimentos não essenciais, haverá cessão de estabelecimento. O que não pode faltar são os elementos essenciais à sua existência, que só caso a caso é possível precisar.[64]

Sendo este um arrendamento para fins não habitacionais, é permitida a transmissão por acto entre vivos da posição do arrendatário, sem dependência da autorização do senhorio: no caso de trespasse de estabelecimento comercial ou industrial; e a pessoa que no prédio arrendado continue a exercer a mesma profissão liberal ou a sociedade profissional de objecto equivalente. Caso contrário, esta transmissão deixa de ser permitida quando não obedeça aos requisitos legalmente impostos, conforme resulta do disposto no art. 1112º do CC.

As regras relativas à duração, denúncia e oposição à renovação do contrato são livremente estabelecidas pelas partes, aplicando-se, na falta de estipulação, o disposto quanto ao arrendamento para habitação. Na falta de estipulação, o contrato considera-se celebrado com prazo certo, pelo período de 5 (cinco) anos, não podendo o arrendatário denunciá-lo com antecedência inferior a 1 (um) ano.[65]

Por força do art. 1111º do CC, as regras relativas à responsabilidade pela realização das obras de conservação ordinária ou extraordinária, requeridas por Lei ou pelo fim do contrato, são livremente estabelecidas pelas partes. Se as partes nada convencionarem, cabe ao senhorio executar as obras de

---

[63] Cfr. Ac. *Idem*.

[64] *Idem*, Ac. Tribunal da Relação de Lisboa de 13/12/2021, referente ao Processo nº 1942/07.8TBBNV-1.

[65] Nos termos e para os efeitos do Art. 1110º do Código Civil.

conservação, considerando-se o arrendatário autorizado a realizar as obras exigidas por Lei ou requeridas pelo fim do contrato.

O arrendamento não caduca por morte do arrendatário, mas os sucessores podem renunciar à transmissão, comunicando a renúncia ao senhorio no prazo de 3 (três) meses, com cópia dos documentos comprovativos da ocorrência. A sua inobservância obriga o transmissário faltoso a indemnizar por todos os danos derivados da omissão.[66]

A cessão de exploração de estabelecimento comercial pressupõe, nos termos do art. 111º do RAU, que se verifiquem, cumulativamente, os seguintes requisitos: a) transferência para outrem da exploração de um estabelecimento comercial ou industrial, englobando a transmissão das instalações, utensílios, mercadorias ou outros elementos que integrem o estabelecimento; b) feita juntamente com o gozo do prédio, continuando a exercer-se nele o mesmo ramo de comércio ou indústria, não podendo ser-lhe dado destino diferente; c) temporária; d) onerosa. Mesmo que o estabelecimento se encontre desfalcado de algum ou alguns dos seus elementos não essenciais, haverá cessão de estabelecimento. O que não pode faltar são os elementos essenciais à sua existência.[67]

Dentro desta figura jurídica, podemos encontrar o Trespasse, sendo este uma transmissão definitiva do estabelecimento, podendo operar por via de qualquer contrato, típico ou atípico, dependendo o seu regime do contrato que estiver na sua base. [68]

E. Transmissão da Posição Contratual no Contrato de Locação

Segundo o preceituado nos arts. 1022º e 1023º do CC, o contrato de locação é o contrato pelo qual uma das partes se obriga a proporcionar à outra o gozo temporário de uma coisa, mediante retribuição, designando-se de aluguer quando versa sobre coisa móvel.

---

[66] Nos termos e para os efeitos do disposto nos Arts. 1107º nº 2 e 1113º do Código Civil.

[67] *Idem,* Ac. Tribunal da Relação de Lisboa de 13/12/2021, referente ao Processo nº 1942/07.8TBBNV-1.

[68] CORDEIRO, António Menezes – Tratado de Direito Civil XI – Contratos em Especial (1ª Parte) – Compra e Venda, Doação, Sociedade, Locação; Almedina, 2018, pg. 1162.

Por força do disposto no art. 1038º do CC, são obrigações do locatário, entre outras, pagar a renda; facultar ao locador o exame da coisa locada; não aplicar à coisa fim diverso daqueles a que ela se destina; não fazer dela uma utilização imprudente; não proporcionar a outrem o gozo total ou parcial da coisa por meio de cessão onerosa ou gratuita da sua posição jurídica, sublocação ou comodato, excepto se a lei o permitir ou o locador o autorizar; restituir a coisa locada findo o contrato.

O adquirente do direito com base no qual foi celebrado o contrato sucede nos direitos e obrigações do locador, sem prejuízo das regras de registo.[69] Relativamente à *transmissão da posição do locador*, a doutrina vem defender que a sucessão do adquirente no direito do locador com base no qual este celebrou a locação, muito se diferencia do outrora preceituado princípio romano, segundo o qual, esta transmissão culminava com a extinção do contrato. Assim, o novo princípio *emptio non tollit locatum* substituiu o antigo *emptio tollit locatum*.[70] Segundo o citado autor, esta transmissão forçada da posição do locador para o adquirente da coisa locada resulta da necessidade de tutelar a posição do locatário, que pode sempre opor o seu direito a qualquer adquirente da coisa locada, mesmo que ignorasse a existência da locação quando adquiriu o bem. Salvo acordo em contrário, apenas se transmitem para o adquirente da coisa locada os direitos e obrigações do locador alienante respeitantes à execução futura do contrato; por isso, permanecem na esfera jurídica do alienante, salvo se ocorrer simultaneamente uma cessão de créditos, as rendas vencidas antes da alienação.[71]

Conforme resulta do disposto no art. 1058º do CC, a liberação ou cessão de rendas ou alugueres não vencidos é inoponível ao sucessor entre vivos do locador, na medida em que tais rendas ou alugueres respeitem a períodos de tempo não decorridos à data da sucessão.[72] Sobre este disposição, Abílio Neto entende que, no caso de o prédio ser transmitido, as rendas ou alugueres, vencidos e não pagos à data da transmissão, pertencem ao transmitente a não ser que, no respetivo contrato, se insira uma cláusula por força da qual o adquirente fica com direito a receber as rendas ou alugueres em atraso.

---

[69] Nos termos e para os efeitos do preceituado no Art. 1057º do Código Civil.

[70] JUSTO, A. Santos – *Manual de Contratos Civis, vertentes romana e portuguesa* – Petrony, 2017; p. 258.

[71] JUSTO, A. Santos – *Manual...*, 2017, p. 259.

[72] Por força do disposto no Art. 1058º do Código Civil.

Se nada se tiver convencionado, o adquirente apenas tem direito a receber as rendas, que se vencerem depois da transmissão.[73]

A posição contratual do locatário é transmissível por morte dele ou, tratando-se de pessoa colectiva, pela extinção desta, se assim tiver sido convencionado por escrito. A cessão da posição do locatário está sujeita ao regime geral dos arts. 424º e seguintes, sem prejuízo das disposições especiais previstas no Capítulo IV do Código Civil relativo à Locação.[74] Por outro lado, no que toca à transmissão da posição do locatário, a sujeição ao regime geral dos arts. 424º e seguintes implica a exigência de consentimento do locador e, se for anterior, a cessão só produz efeitos a partir da sua notificação ou reconhecimento. Se a cessão for realizada sem o consentimento do senhorio, ser-lhe-á ineficaz e poderá pedir a resolução do contrato, a menos que tenha reconhecido o cessionário como tal ou a comunicação lhe tenha sido feita por este. Contudo, existem situações que não dependem do consentimento do senhorio, tais como: no arrendamento de casa de morada de família, os cônjuges podem, em caso de divórcio ou de separação judicial de pessoas e bens, optar pela transmissão do arrendamento ou pela sua concentração a favor de um deles; em caso de separação dos membros de união de facto, estes gozam da mesma faculdade; tratando-se de locação de estabelecimento comercial ou industrial. Por último, também existem as situações em que a transmissão deve ser celebrada por escrito e comunicada ao senhorio, sob pena de nulidade, nos arrendamentos para o exercício de profissões liberais.[75]

Resolvido, validamente, o contrato de locação, por incumprimento do locatário, cessam os vínculos contratuais, ficando o locatário obrigado a restituir a coisa locada, sob pena de ter de indemnizar o locador, até ao momento da restituição, no valor correspondente ao aluguer que as partes tenham estipulado, sendo essa indemnização, em caso de mora, elevada ao dobro, nos termos dos arts. 1038º, al. *i)*, 1043º nº1 e 1045º do Código Civil.[76]

Na sublocação, tal como resulta nos arts. 1060º e seguintes do CC, há uma transferência de direitos, sendo o arrendatário substituído, na relação

---

[73] NETO, Abílio – *Código...*, 2018; p. 1003.

[74] Nos termos e para os efeitos do disposto no Art. 1059º do Código Civil.

[75] JUSTO, A. Santos – *Manual...*, 2017, p. 260.

[76] Cfr. Ac. Tribunal da Relação de Lisboa de 27/11/2014, referente ao Processo nº 1410/11.3TJLSB.L1-6. Trata do Contrato de Locação Financeira, tendo em conta o regime jurídico das Cláusulas Contratuais Gerais.

jurídica, pelo cessionário. O arrendatário continua a ser, perante o senhorio, o único contraente. Deste modo, é de considerar que estamos perante a vigência de dois contratos: no primeiro, o locador cede ao locatário o gozo temporário de uma coisa, mediante retribuição: no segundo contrato, o locatário proporciona ao sublocatário o gozo da mesma coisa, que pode ser total ou parcial. No fundo, existe uma subordinação do segundo contrato ao primeiro contrato. O locatário só pode proporcionar o gozo da coisa locada a terceiro se for previamente autorizado pelo locador. E, mesmo autorizado, deve comunicar a sublocação ao senhorio no prazo de 15 dias após a sua realização, exceto se este último reconheceu o sublocatário como tal. Só depois da comunicação ou do reconhecimento da sublocação, é que esta se torna eficaz em relação ao locador. Até lá, terá o senhorio legitimidade para resolver o contrato.[77]

Relativamente à renda, é vedado ao locatário cobrar do sublocatário, renda ou aluguer superior ou proporcionalmente superior ao que é devido pelo contrato de locação, aumentado de 20%, salvo se outra coisa tiver sido convencionada com o locador, nos termos do art. 1062º do CC. Sobre este preceito legal, o Supremo Tribunal de Justiça, no seu Acórdão de 22-05-2001, entende que o senhorio, proprietário do locado, pode exigir, com base no enriquecimento sem causa do seu inquilino, o montante que este tenha cobrado, acima das rendas que paga, como sub-rendas, por sublocação ilícita.[78]

E. A Assunção da Dívida

Por oposição à Cessão de Créditos que opera entre os credores, a Assunção da Dívida vai operar entre devedores, encontrando a sua previsão legal nos arts. 595º e seguintes do Código Civil. Pode verificar-se por contrato entre o antigo e o novo devedor, ratificado pelo credor; ou por contrato entre o novo devedor e o credor, com ou sem consentimento do antigo devedor. Em qualquer dos casos, a transmissão só exonera o antigo devedor havendo declaração expressa do credor; de contrário, o antigo devedor responde solidariamente com o novo obrigado.

---

[77] JUSTO, A. Santos – *Manual*..., 2017, p. 262.

[78] JUSTO, A. Santos – *Manual*..., 2017, p. 263; Cfr. Abílio Neto, Código Civil Anotado, p. 1004.

Com a celebração deste contrato, um terceiro, o *assuntor*, obriga-se perante um credor a efectuar a prestação devida, mantendo-se inalterados, quer o conteúdo, quer a natureza e identidade da obrigação. Tem como requisitos o credor ter de dar o seu consentimento à transmissão, assim como ser verificada a validade da dívida transmitida e do contrato de transmissão.[79]

Desta forma, podemos considerar que a Assunção de Dívida pode resultar de um contrato entre o antigo e o novo devedor, ratificado pelo credor, ou de um contrato entre o novo devedor e o credor. Através de qualquer destes contratos, o novo devedor, ou assuntor, torna-se devedor de uma obrigação já existente. Na primeira modalidade, em que intervém no contrato o antigo e o novo devedor, é necessário o consentimento do credor, que toma a forma de ratificação, ao passo que na segunda o credor é parte no contrato com o novo devedor, não sendo necessário o consentimento do antigo devedor.[80]

Enquanto não for ratificado pelo credor, podem as partes distratar o contrato a que se refere a al a) do nº 1 do art. 595º. Qualquer das partes tem o direito de fixar ao credor um prazo para a ratificação, findo o qual esta se considera recusada.[81] A ratificação poderá ser expressa ou tácita.[82] Após a ratificação, o credor adquire o direito de exigir a prestação ao novo devedor, deixando, por isso, de ser possível o distrate.[83]

Se o contrato de transmissão da dívida for declarado nulo ou anulado e o credor tiver exonerado o anterior obrigado, renasce a obrigação deste, mas consideram-se extintas as garantias prestadas por terceiro, excepto se este conhecia o vício na altura em que teve notícia da transmissão.[84] O renascimento da obrigação do antigo devedor significa que, afinal, não se produziu a projetada transmissão singular da dívida, continuando a ela vinculado o antigo devedor. A extinção das garantias prestadas por terceiros destina-se a proteger estes últimos que puderam confiar na (aparente) exoneração do antigo devedor, desaparecendo a razão justificativa para essa

---

[79] CARMO, F. Cunha Leal – Dicionário Jurídico – Contratos e Obrigações, Volume I; Escolar Editora; Verba Legis, 2013, pg. 25.

[80] AFONSO, Ana; e outros – *Comentário...*, p. 648.

[81] Conforme resulta do disposto no Art. 596º do Código Civil.

[82] AFONSO, Ana; e outros – *Comentário...*, p. 650; Cfr. Ac. STJ de 11/01/2011.

[83] *Idem*, p. 650; Cfr. Pires de Lima/ Antunes Varela, 1987, p. 613.

[84] Nos termos e para os efeitos do disposto no Art. 597º do Código Civil.

proteção quando o autor da garantia conhece, ou desconhece culposamente, o vício do contrato de transmissão de dívida.[85]

Desta forma, temos uma "assunção liberatória da dívida", a qual dá lugar a uma verdadeira transmissão do lado positivo da Obrigação.[86] Logo, assumindo o novo devedor a dívida, vai culminar com a libertação do primeiro devedor da obrigação, passando a ser um terceiro exterior à mesma, rompendo-se o vínculo contratual com o ora credor.

Segundo o disposto no art. 598º do CC, na falta de convenção em contrário, o novo devedor não tem o direito de opor ao credor os meios de defesa baseados nas relações entre ele e o antigo devedor, mas pode opor-lhe os meios de defesa derivados das relações entre o antigo devedor e o credor, desde que o seu fundamento seja anterior à assunção da dívida e se não trate de meios de defesa pessoais do antigo devedor.

Com a dívida, transmite-se para o novo devedor, salvo convenção em contrário, as obrigações acessórias do antigo devedor que não sejam inseparáveis da pessoa deste. Deste modo, mantém-se nos mesmos termos as garantias de crédito, com a excepção das que tiverem sido constituídas por terceiro ou pelo antigo devedor, que não haja consentido na transmissão da dívida.[87] A transmissão singular de dívidas importa, em princípio, a transmissão para o assuntor das obrigações acessórias que não sejam inseparáveis da pessoa do antigo devedor. Neste sentido, entende-se que, na assunção de dívida, a obrigação transmitida é a mesma que pertencia ao antigo devedor, quer seja tomada em si mesma, quer seja como realidade obrigacional complexa que abrange não só o dever principal, mas também deveres acessórios de prestação (como a entrega dos documentos relativos à coisa vendida) e deveres laterais de conduta, como os deveres de lealdade, de informação e de proteção.[88]

Segundo Mota Pinto, relativamente ao novo devedor, "*a sua cooperação jurídico-contratual com o credor resumiu-se à assunção de dívida, pelo que só lhe caberão os direitos potestativos ligados ao fim da Assunção, como tal, integrados na relação contratual emergente desta, e não os ligados ao fim do contrato, donde se desintegrou a*

---

85 AFONSO, Ana; e outros – *Comentário...*, p. 652.

86 VASCONCELOS, L. Miguel Pestana de – *Direito das Obrigações* – Almedina; 2010, p. 180.

87 Nos termos e para os efeitos do preceituado no Art. 599º do Código Civil.

88 AFONSO, Ana; e outros – *Comentário...*, p. 655; Cfr. Menezes Leitão, 2017, p. 62.

dívida transmitida."[89] Neste sentido, o autor pretende transmitir que o novo devedor assumirá os direitos e obrigações inerentes à assunção da dívida, passando a responder perante o credor em caso de incumprimento.

Por força do art. 600º do CC, o credor que tiver exonerado o antigo devedor fica impedido de exercer contra ele o seu direito de crédito ou qualquer direito de garantia, se o novo devedor se mostrar insolvente, a não ser que expressamente haja ressalvado a responsabilidade do primitivo obrigado. Desta forma, a exoneração do antigo devedor é completa, pelo que não pode o credor exercer contra ele qualquer direito ainda que o crédito não seja satisfeito pelo novo devedor, qualquer que seja a causa do incumprimento. A solução da lei deve valer quer quando a insolvência do novo devedor é superveniente, quer mesmo quando este já se encontra em tal situação quando adquiriu o crédito, recaindo sobre o credor que autoriza a cessão exoneratória o ónus de indagar da solvência do novo devedor.[90]

Pode ocorrer que o credor não tenha exonerado expressamente o antigo devedor. Neste caso, o novo devedor juntar-se-á ao antigo, respondendo pela dívida solidariamente. Logo, contrariamente ao mencionado, não teremos uma assunção liberatória da dívida, mas uma modificação do lado passivo da obrigação que, mantendo a sua identidade, passa a ter dois devedores, respondendo ambos pela totalidade da prestação. Desta forma, passamos a ter uma assunção cumulativa da dívida.[91]

Em caso de insolvência de ambos os devedores, aplicam-se as regras dos arts. 95º e 179º do CIRE, enquanto co-devedores solidários.[92] Mas se apenas um dos devedores for declarado insolvente, é passível ao credor exigir a totalidade da prestação ao outro devedor ou mesmo reclamar o seu crédito nos autos de insolvência.[93]

---

[89] PINTO, Carlos Alberto da Mota – *Cessão da Posição Contratual (Reimpressão)* – Almedina, Coleção Teses, 2003, p. 273.

[90] AFONSO, Ana; e outros – *Comentário...*, p. 656; Cfr. Pires de Lima/ Antunes Varela, 1987, p. 616.

[91] VASCONCELOS, L. Miguel Pestana de – *Direito...* p. 180.

[92] Cfr. *Idem*, 2010, p. 186.

[93] Cfr. *Idem*, 2010, p. 185.

F. A Cessão de Habilitação

Trata-se de um incidente processual, concretizado através de uma Habilitação de Herdeiros, os quais, através da aceitação da herança, além de passarem a ser titulares dos bens (património) do *De Cujus*, também assumem as suas dívidas e obrigações, verificando-se, desta forma, uma cessão da posição contratual.

No caso de ações pendentes e de uma das partes falecer, permite o nº 1 do art. 371º do CPC a habilitação de sucessores da parte falecida na pendência da causa, para com eles prosseguirem a mesma, a qual pode ser promovida tanto por qualquer das partes que sobreviverem, como por qualquer dos sucessores e deve ser promovida contra as partes sobrevivas e contra os sucessores do falecido que não forem requerentes. Este incidente rege-se quanto aos tribunais judiciais de 1ª Instância e quanto aos tribunais judiciais superiores, decorrendo com a instância principal suspensa, nos termos da al. *a)* do nº 1 do art. 276º do CPC. A habilitação, neste caso, só vale dentro do processo em causa, por força do disposto no art. 373º do CPC. Tanto o autor como o réu, para iniciarem a atividade processual, terão de alegar, como pressuposto processual, fatos que integrem a sua legitimidade processual (arts. 26 e ss do CPC) e, por vezes, poderão ter de alegar e vir a provar a sua qualidade de sucessor em face da relação jurídica material controvertida.[94]

Tem por objeto a declaração, prestada pelo cabeça-de-casal ou por três pessoas que o conservador ou oficial de registos considerem dignas de crédito, de que os habilitandos são herdeiros do falecido e de não existir quem lhes prefira ou com eles concorra na sucessão. O procedimento deve iniciar-se até ao final do terceiro mês seguinte ao da morte do falecido. Caso o procedimento se inicie após esse prazo, o serviço de registo deve informar o serviço de finanças competente para que proceda à cobrança das coimas que se mostrem devidas.[95]

---

[94] SOUSA, Rabindranath Capelo de – *Lições de Direito das Sucessões* – Vol. I, 4ª Edição Renovada, Coimbra Editora, Coimbra, p. 81.

[95] Espaço Óbito. Informação do IRN sobre procedimentos de habilitação de herdeiros, partilhas e registos, assim como as comunicações obrigatórias à administração fiscal, consultado a 18/05/2022 e disponível em https://justica.gov.pt/Servicos/Espaco-Obito/Habilitacao-de-Herdeiros-Partilha-e-Registos-IRN

Conforme resulta do Acórdão do Tribunal da Relação do Porto de 23/06/1994, *"em incidente de habilitação de herdeiros, ainda que em determinados casos seja legalmente possível a prova testemunhal e a documental com vista a dirimir a qualidade de herdeiro, se foram juntas certidões comprovativas da existência de filhos e alegado que eram os únicos sucessores do falecido, o que não foi objecto de oposição, não pode invocar-se que poderão existir mais herdeiros para o que se aponta a inquirição de testemunhas"*.

Sobre este ponto, cumpre também fazer referência ao Acórdão do TR de Coimbra de 24/01/2012, onde consta que *"a demanda pessoal dos herdeiros do de cujus por uma dívida deste, acompanhada do pedido de que aqueles sejam citados para contestar a acção e a habilitação, configura uma situação ambígua, que não torna claro o sentido em que aqueles respondem por uma dívida desse de cujus, não esclarece o sentido da expressão «habilitação» e, consequentemente, não patenteia a legitimidade processual desses RR. Sendo certo que é a herança – não os herdeiros – que responde pelo pagamento das dívidas do de cujus (art. 2068º do CC), incumbe ao A. demandar directamente a herança, se jacente (art. 6º al. a) do CPC), ou, tendo ocorrido aceitação, os herdeiros conjuntamente, com a expressa indicação dessa qualidade (art. 2091º do CC) (...), poder efectuar-se uma demanda com pluralidade subjetiva subsidiária (art. 31º-B do CPC) referida à herança e aos herdeiros"*.

Os seus efeitos jurídicos na ordem jurídica são meramente processuais e resumem-se a operar a substituição da parte primitiva na acção pendente (autor ou réu) pelo sucessor deste, em caso de falecimento ou extinção dessa parte, não comportando o incidente de habilitação qualquer discussão sobre a relação jurídica em discussão nessa acção principal, sequer interferindo nessa discussão.[96]

IV. DIREITO COMPARADO

A. Em Itália

Segundo o art. 1325º do Código Civil Italiano (CCI), aprovado a 16 de Março de 1942 e publicado na edição extraordinária do Diário Oficial nº 79, de 4 de Abril de 1942, são requisitos do contrato o acordo das partes, a causa, o objecto e a forma, quando se mostra que está prescrita por Lei, sob pena de nulidade.

---

[96] Cfr. Ac. Tribunal da Relação de Guimarães de 23/04/2020, referente ao Processo nº 5239/16.4T8GMR-A.G1. Trata do Incidente da Habilitação e dos seus efeitos jurídicos.

Neste ordenamento jurídico, a Cessão da Posição Contratual aparece denominada como *Cessão do Contrato*, encontrando a sua previsão nos arts. 1406º e seguintes do CCI, no seu Capítulo VIII, intitulado *Della Cessione Del Contratto*. As partes também adquirem outra denominação, sendo o *transferidor* aquele que transmite a sua posição contratual, o *contratante transferido* como a outra parte no contrato inicial, e o *transferido* como a equivalente ao cessionário no Direito Português. Assim, é permitido às partes fazerem-se substituir por terceiro, nas relações decorrentes de um contrato, desde que a outra parte o permita, nos termos e para os efeitos do disposto no art. 1406º do CCI. Deste modo, é atribuída uma estrutura trilateral à figura jurídica em questão, na medida em que existe na sua génese um negócio jurídico bilateral, que carece de autorização, de modo a lhe ser atribuída eficácia jurídica. Existe uma subordinação para lhe ser atribuída eficácia translativa.[97]

O *transferidor* será libertado das suas obrigações como contraente, a partir do momento em que a substituição passar a vigorar em relação ao *contraente transferido*. Pode ocorrer que o *contratante transferido* não permita a Cessão do Contrato entre o *transferidor* e o *transferido*. Neste caso, tomará as providências necessárias contra o *transferidor*, caso o *transferido* não cumpra as obrigações assumidas.[98]

O *contratante transferido* pode opor ao *transferido* todas as excepções decorrentes do contrato, mas não aquelas baseadas em outras relações com o *transferidor*, a menos que ele as tenha expressamente reservado no momento em que permitiu a substituição, nos termos do art. 1409º do CCI.

O *transferidor* é obrigado, por aplicação do art. 1410º do CCI, a garantir a validade do contrato. Se assumir a garantia do cumprimento do contrato, ele é responsável como fiador pelas obrigações do contratante designado.

B. No Brasil

O art. 286º do Código Civil Brasileiro (CCB), aprovado pela Lei nº 10.406, de 10 de Janeiro de 2002 e revisto pela Lei nº 14.195, em 2021, permite

---

[97] CIAN, Giorgio; TRABUCCHI, Alberto – Commentario Breve al Codice Civile – Undicesima edizine, Casa Editrice Dott. Antonio Milani, 2014, p. 1534.

[98] Nos termos e para os efeitos do art. 1408º do CCI.

ao credor a possibilidade de ceder o seu crédito, se a isso não se opuser a natureza da obrigação, a lei, ou a convenção com o devedor. Verificando-se uma cláusula proibitiva da cessão no contrato principal, esta não poderá ser oposta ao cessionário de boa-fé, se não constar do instrumento da obrigação.[99]

A cessão de posição contratual consiste na transferência do conjunto de posições subjetivas, ativas e passivas, titularizadas por uma das partes em um contrato. Ao contrário do que ocorreu em outros ordenamentos jurídicos, como no italiano e no português, o Código Civil brasileiro não regulou expressamente a cessão de posição contratual. A disciplina legal da cessão de créditos e da assunção de dívidas poderia ser tomada como suficiente para a resolução dos conflitos relativos à cessão de posição contratual caso houvesse coincidência integral entre esta última e a transferência da soma dos créditos e dívidas emergentes do contrato.[100] Salvo disposição em contrário, a cessão de um crédito abrange todos os seus acessórios. Para ter eficácia, é imposta a sua celebração mediante instrumento público ou particular, nos termos e para os efeitos dos arts. 287º e 288º do Código Civil Brasileiro.

Na doutrina brasileira, são considerados como requisitos da cessão de contrato: a) a celebração de um negócio jurídico entre um dos contratantes (cedente) e o terceiro (cessionário); b) a integralidade da cessão (cessão global); c) a anuência expressa da outra parte contratante (cedido), como regra. O objeto da cessão de contrato envolve, necessariamente, a ideia de contrato bilateral, congregando direitos e obrigações recíprocos dos contratantes. Além da capacidade do cedente e do cessionário, bem como a legitimação para celebração do contrato, o negócio precisa também do consentimento do cedido, ressalvados alguns casos em que é desde logo consentida a cessão no próprio instrumento do contrato-base e outros em que a lei autoriza tal cessão independentemente da manifestação do cedido, como ocorria, nos contratos de locação, durante a vigência do Código Civil de 1916 (art. 1201).[101]

---

[99] O artigo em questão insere-se no Título II intitulado *Da Transmissão das Obrigações*, sendo o seu Capítulo I intitulado *Da Cessão de Crédito*.

[100] MONTEIRO, Gabriela Cobra e – *Cessão de posição contratual e o papel da anuência do cedido* – Artigo consultado a 27/12/2022 e disponível em https://www.conjur.com.br/2022-out-24/direito-civil-atual-cessao-posicao-contratual-papel-anuencia-cedido.

[101] BUZZI, Marco – *STJ. Saiba tudo sobre a cessão de posição contratual* – 2014; Cfr. Direito das Obrigações. 4. Ed. Rio de Janeiro: Editora Lumen Juris, 2009, p. 377;

Relativamente ao devedor, segundo o disposto no art. 290º do CCB, a cessão da posição contratual só se torna eficaz quando lhe for notificada, o qual, em resposta, em escrito público ou particular, se declarou ciente da cessão realizada. Contudo, na hipótese do cedido não ter sido previamente notificado da cessão, esta não terá validade e muito menos terá qualquer eficácia na sua esfera jurídica, sendo que haverá liberação se o cedido vier a pagar ao cedente, parte originária da relação contratual, tal como dispõe a 1ª parte do Art. 292º do CCB. Não obstante a anterioridade da anuência do cedido, esta pode ocorrer posteriormente à celebração da cessão da posição contratual. A autorização do cedido consiste num requisito de validade, podendo ocorrer antes, durante ou depois da celebração do contrato de cessão.[102] Contudo, ocorrendo várias cessões do mesmo crédito, prevalece a que se completar com a tradição do título do crédito cedido, nos termos e para os efeitos do art. 291º do CCB. Todavia, e por aplicação do art. 294º do CCB, é atribuída legitimidade ao devedor para opor ao cessionário as excepções que tinha contra o cedente.

CONCLUSÃO

A elaboração do presente trabalho sobre a Cessão da Posição Contratual, suas características e diferenças para com a Novação e outras figuras jurídicas semelhantes, levou-me a concluir, como foi demonstrado, que se trata de uma autêntica concretização do Princípio da Liberdade Contratual, enquanto decorrente do Princípio da Autonomia Privada, sendo atribuído às partes a possibilidade de se desvincularem de um determinado negócio jurídico, sem incorrer em incumprimento contratual, bastando, através de um contrato, ceder a sua posição contratual a um terceiro, passando sobre este a recair os mesmos direitos e obrigações inerentes ao contrato base.

Segundo este princípio, dentro dos limites da lei, as partes têm a faculdade de fixar livremente o conteúdo dos contratos, celebrar contratos diferentes

consultado a 27/12/2022 e disponível em http://cc2002.com.br/noticia.php?id=6604/stj-saiba-tudo-sobre-a-nbsp-cess-atilde-o-de-posi-ccedil-atilde-o-contratual.

[102] MIGLIOLI, Marcio Arbahr – *Cessão da Posição Contratual* – Pontifícia, Universidade Católica de São Paulo; São Paulo, 2014, p. 95; consultado a 27/12/2022 e disponível em https://tede2.pucsp.br/bitstream/handle/6623/1/Marcio%20Asbahr%20Miglioli.pdf.

dos previstos no Código Civil ou incluir neles as cláusulas que entendam, podendo, ainda, reunir no mesmo contrato regras de dois ou mais negócios, total ou parcialmente regulados na lei, conforme resulta do disposto no art. 405º do CC.

Para ter eficácia, um contrato deve ser pontualmente cumprido, só podendo modificar-se ou extinguir-se por mútuo consentimento dos contraentes ou nos casos admitidos na lei, sob pena de a parte entrar em incumprimento contratual, incorrendo em responsabilidade civil, respondendo pelos danos que causou à outra parte pelo não cumprimento pontual no estipulado no contrato. Em relação a terceiros, o contrato só produz efeitos nos e termos especialmente previstos na lei.[103]

No caso da Cessão da Posição Contratual, note-se que um dos contraentes desvincula-se (Cedente) daquele negócio jurídico, sendo o outro que passa a assumir a sua posição contratual (Cessionário), cabendo-lhe garantir o cumprimento da obrigação para com a outra parte, terceiro exterior à cessão, não deixando de ter a sua importância na atribuição da eficácia da mesma. Logo, atendendo à doutrina italiana e à opinião de Menezes Leitão, é vista como terceira parte no contrato de cessão.

Desta forma, possibilitará a que o outro contraente, o mencionado terceiro, não seja prejudicado pelo incumprimento da obrigação daquele sujeito que tenciona desvincular-se do contrato, sendo tudo devidamente acordado pelas partes no contrato principal e que serve de base à cessão. Daí a sua importância no nosso ordenamento jurídico, garantindo a própria Lei mecanismos para levar a cabo o cumprimento contratual. Desta forma, evita-se que causas de incumprimento condicionem os nossos tribunais com execuções específicas e pedidos de indemnização pelos danos causados pela parte faltosa.

Sendo uma autêntica concretização do Princípio da Liberdade Contratual, pudemos verificar que é permitida, tando ao nível do Direito Privado, como a nível do Direito Público, sendo comum noutros ordenamentos jurídicos. Esta realidade jurídica é passível de ser verificada noutros ordenamentos jurídicos, tanto dentro como fora da Europa, dada a sua elevada importância dentro do Direito Privado na vertente contratual. No presente trabalho, o meu estudo debruçou-se sobre as realidades jurídicas italiana e brasileira, tendo tocado nos pontos fundamentais da cessão da posição contratual. Deste modo,

---

[103] Nos termos e para os efeitos do disposto no Art. 406º do Código Civil.

concluí que esta figura jurídica é bastante semelhante na sua base, tendo como ponto fundamental a cedência da posição contratual a um terceiro exterior à cessão, passando a outra parte a ter a obrigação de autorizar a realização da mesma, sob pena de ineficácia jurídica, mantendo-se as partes originais que figuram no negócio base.

O surgimento na Lei de figuras jurídicas semelhantes à Cessão da Posição Contratual prende-se com o facto de nem sempre a Cessão se encontrar do lado do credor, da existência de vários tipos contratuais, do objecto ser diferente, entre outros fatores. No fundo, há uma adaptação da Cessão da Posição Contratual às mais variadas situações jurídicas contratuais, garantido o cumprimento do Princípio da Autonomia Privada na esfera jurídica das partes, com os devidos limites legais.

REFERÊNCIAS EXPLORATÓRIAS

Fontes Biliográficas

AFONSO, Ana; e outros – *Comentário ao Código Civil; Direito das Obrigações, Das Obrigações em Geral* – Universidade Católica Editora, Lisboa, 2019; ISBN: 9789725406335.

BUZZI, Marco – *STJ. Saiba tudo sobre a cessão de posição contratual* – 2014, consultado a 27/12/2022 e disponível em http://cc2002.com.br/noticia.php?id=6604/stj-saiba-tudo-sobre-a-nbsp-cess-atilde-o-de-posi-ccedil-atilde-o-contratual.

CARMO, F. Cunha Leal – *Dicionário Jurídico – Contratos e Obrigações, Volume I*; Escolar Editora; Verba Legis; Lisboa; 2013; ISBN: 978-972-592-377-1.

CIAN, Giorgio; TRABUCCHI, Alberto – *Commentario Breve al Codice Civile* – Undicesima edizine, Casa Editrice Dott. Antonio Milani, 2014; ISBN: 978-88-13-33717-9.

CORDEIRO, António Menezes Cordeiro – *Tratado de Direito Civil VII, Direito das Obrigações, Contratos, Negócios Unilaterais* – Almedina, Coimbra, 2016; ISBN:978-972-40-4101-8.

CORDEIRO, António Menezes – *Tratado de Direito Civil XI – Contratos em Especial (1ª Parte) – Compra e Venda, Doação, Sociedade, Locação*; Almedina, Coimbra; 2018; ISBN: 978-972-40-7327-9.

COSTA, Mário Júlio de Almeida Costa – *Direito das Obrigações* – 6ª Edição, Almedina, Coimbra, 1994; ISBN: 972-40-0796-0.

GOMES, Luiz Roldão de Freitas; com colaboração de LIRA, Ricardo Pereira – *Curso de Direito Civil – Contrato, 2ª Edição actualizada de acordo com o novo Código Civil*; Renovar; Rio de Janeiro; 2002; ISBN: 85-7147-113-4.

KELSEN, Hans – *Teoria Pura do Direito, 7ª Edição da Tradução Portuguesa*; Almedina; Coimbra; 2019; ISBN: 978-972-40-3075-3.

LEITÃO, Luís Manuel Teles de Menezes – *Direito das Obrigações – Transmissão e Extinção das Obrigações, Não Cumprimento e Garantias de Crédito, Volume II*; 4ª Edição; Almedina; Coimbra, 2006; ISBN: 972-40-2907-7.

LEITÃO, Luís Manuel Teles de Menezes – *Direito das Obrigações – Transmissão e Extinção das Obrigações, Não Cumprimento e Garantias de Crédito, Volume II*; 6ª Edição; Almedina; Coimbra; 2008; ISBN: 978-972-40-3673-1..

MIGLIOLI, Marcio Arbahr – *Cessão da Posição Contratual* – Pontifícia, Universidade Católica de São Paulo; São Paulo, 2014; consultado a 27/12/2022 e disponível em https://tede2.pucsp.br/bitstream/handle/6623/1/Marcio%20Asbahr%20 Miglioli.pdf.

MONTEIRO, Gabriela Cobra e – Cessão de posição contratual e o papel da anuência do cedido – Artigo consultado a 27/12/2022 e disponível em https://www.conjur.com.br/2022-out-24/direito-civil-atual-cessao-posicao-contratual-papel-anuencia-cedido.

NETO, Abílio – *Código Civil Anotado, 20ª Edição Atualizada*; Ediforum, Edições Jurídicas, Lda.; Lisboa; 2018; ISBN: 978-989-8438-19-5.

OLIVEIRA, Nuno Manuel Pinto – *Princípios de Direito dos Contratos*; Coimbra Editora; Coimbra; 2011; ISBN: 978-972-32-1915-9.

PINTO, Carlos Alberto da Mota – *Cessão da Posição Contratual* (Reimpressão), Almedina, Coleção Teses, Coimbra; 2003; ISBN: 972-40-0040-0.

SILVA, Jorge Andrade da – *Código dos Contratos Públicos, Anotado e Comentado* – 7ª Edição Revista e Atualizada; Almedina, Coimbra, 2018; ISBN: 978-972-40-7490-0.

SOUSA, Rabindranath Capelo de – *Lições de Direito das Sucessões* – Vol. I, 4ª Edição Renovada, Coimbra Editora, Coimbra, 2000, ISBN: 972-32-0968-3.

VARELA, João de Matos – *Das Obrigações em Geral, Volume II*; Almedina; 2017; ISBN: 978-972-401-040-3..

VASCONCELOS, L. Miguel Pestana de – *Direito das Obrigações,* Almedina; Coimbra; 2010; ISBN: 978-972-40-4178-0.

Fontes Documentais[104]

CARVALHO, Tomé de – Acórdão Tribunal da Relação de Évora, de 27/05/2021, referente ao Processo nº 2784/20.0T8STB-C.E1; Título Executivo, Rasura, Cessão de Crédito.

[104] Jurisprudência disponível em www.dgsi.pt

COELHO, Cristina – Acórdão Tribunal da Relação do Porto, de 23/02/2021, referente ao Processo nº 939/16.1T8LSB.L1-7; Ações, Compra e Venda, Formalidades, Reserva de Propriedade, Cessão de Créditos.

DIAS, José Moreira – Acórdão Tribunal da Relação de Guimarães, de 23/04/2020, referente ao Processo nº 5239/16.4T8GMR-A.G1; Habilitação do Adquirente ou Cessionário, Oposição ao Incidente, Valores Mobiliários, Inconstitucionalidade Material.

FERREIRA, Afonso Henrique C. – Acórdão Tribunal da Relação de Lisboa, de 13/12/2012, referente ao Processo nº 1942/07.8TBBNV-1; Cessão de Exploração, Contrato de Arrendamento, Arrendamento Rural.

GOMES, Fátima – Acórdão do Supremo Tribunal de Justiça, de 25/05/2021, referente ao Processo nº 1411/18.0T8LMG.C1.S1; Cessão da Posição Contratual, Assunção de Dívida, Transmissão de Dívida, Contrato de Empreitada, Matéria de Facto, Livre Apreciação da Prova, Factos Conclusivos, Poderes da Relação, Poderes do Supremo Tribunal de Justiça, Ónus da Prova.

LOPES, Teresa Sá – Acórdão do Tribunal da Relação do Porto, de 10/12/2019, referente ao Processo nº 1929/18.5T8MAI.P1; Contrato de Trabalho, Cessão da Posição Contratual, Termo, Justificação, Renovação;

NETO, Freitas – Acórdão Tribunal da Relação de Coimbra, de 17/07/2014, referente ao Processo nº 381/12.3TBACN-A.C1; Contrato de Factoring, Oposição, Defesa.

RAMIÃO, Tomé – Acórdão do Tribunal da Relação de Lisboa de 27/11/2014, referente ao Processo nº 1410/11.3TJLSB.L1-6; Locação Financeira, Cláusulas Contratuais Gerais.

ROCHA, Isabel – Acórdão Tribunal da Relação de Guimarães de 05/12/2013, referente ao Processo nº 285/12.0TBCBT-B.G1; Cessão de Crédito, Crédito Laboral, Execução, Penhora de Vencimento;

SOUSA, Sílvio – Acórdão Tribunal da Relação de Évora, de 06/12/2018, referente ao Processo nº 363/15.3 T8PTG.E1; Contrato de Abertura de Crédito, Novação.

VIEIRA, Freitas – Acórdão do Tribunal da Relação do Porto, de 13/01/2015, referente ao Processo nº 6/13.0TVPRT.P1; Responsabilidade do Transportador, Caso Fortuito e de Força Maior, Sub-rogação, Prescrição;

LOCAÇÃO OPERACIONAL

RENTING

MARIANA GOMES DOS SANTOS FERNANDES[1]

RESUMO: Neste trabalho, cujo tema é "Locação operacional: Renting", o objetivo é desenvolver os aspetos fulcrais deste contrato, com base numa análise clara e comparativa entre o contrato de leasing e de Renting, dando destaque à sua função jurídica. Esta figura jurídica suscitou e ainda suscita interesse, quer na doutrina quer na jurisprudência, pelas semelhanças e diferenças do contrato de locação operacional com outros contratos, entre os quais: a locação e a locação financeira. Apesar de existirem semelhanças com outros contratos, é um contrato que apresenta características jurídicas muito próprias.

Palavras-chave: *Locação operacional, liberdade contratual, bens tecnologicamente avançados.*

ABSTRACT: Through this paper, with the theme "Renting", the goal is to develop the main aspects of this contract, based on a clear and comparative analysis between leasing and renting, highlighting its legal function and aspects. However, this legal figure raised and still raises interest, expressed either in doctrine and national jurisprudence, the similarities, and distinctions of the renting contract with other contracts including lease and leasing. Despite the similarities with other contracts, this contract is a contract with his very own legal characteristics.

Key words: *Renting, contractual freedom, assets technologically advanced.*

---

[1] Licenciada em Direito, aluna de Mestrado em Ciências jurídicas da Universidade Autónoma de Lisboa.

INTRODUÇÃO

Neste trabalho proponho-me examinar e investigar a função da locação operacional – renting, dando especial relevo à sua função jurídica, fazendo também uma breve referência à sua origem e evolução.

Deste modo, dividi o meu estudo em 5 capítulos. No primeiro, é feito um breve enquadramento histórico. No segundo capítulo, por sua vez, faço uma distinção e caracterização de locação pura e locação financeira, visto que é indispensável a fim de percebermos melhor a locação operacional, pois estas três figuras jurídicas, como iremos ver mais à frente, são sensivelmente semelhantes.

No terceiro capítulo, prosseguimos então à análise e classificação do contrato de locação operacional – renting, sendo que com esta análise chegamos à conclusão que se trata de um contrato misto e atípico, o que nos leva a desenvolver a problemática no quarto capitulo, onde se põe em questão a possível aquisição de bens findo o contrato de renting, como acontece no contrato de locação financeira, e também se é possível realizar um contrato de locação operacional sobre bens imóveis.

Por fim, temos o último capítulo, com o objetivo de fazer uma última comparação entre estas 3 figuras jurídicas, dando enfase à comparação do contrato de renting e de leasing.

Devido às dificuldades encontradas para delinear a função da locação operacional, essencialmente na sua vertente jurídica, apoiámo-nos na doutrina, bem como na jurisprudência, cujos contributos têm sido deveras essenciais, no que diz respeito a esta figura jurídica.

I. ENQUADRAMENTO HISTÓRICO

O conceito de locação sofreu ao longo do tempo diversas alterações, alterações estas principalmente acompanhadas pela evolução da sociedade.

No final da Primeira e da Segunda Guerra Mundial, pudemos observar a existência de uma crise habitacional, na qual as pessoas que por conta da guerra ficaram sem casa ocupavam imóveis e afirmavam que ali residiam, supostamente tendo elaborado um contrato de locação com o dono do imóvel. Contudo, na verdade, nada disso tinha sido estabelecido entre as partes. Deste modo, os governos, perante este problema, não tinham uma solução imediata para regularizar a situação[2].

Após o 25 de abril, em 1974, em Portugal sucedeu um fenômeno bastante idêntico. Com o término da revolução, algumas pessoas ocuparam terras desabitadas, utilizando-se delas para habitação. Efetivamente, estas "invasões" ficaram notórias como ocupações selvagens.[3]

Através do exposto, deste período extraem-se importantes lições que orientam o tema. Primeiramente, temos a importância de o contrato ser escrito e, dentro do possível, revestido de todas as formalidades legais. Por exemplo, hoje em dia o Registro do Contrato de Locação no Cartório de Títulos e Documentos garante a microfilmagem deste, ficando fácil, consequentemente, o seu refazimento no caso de extravio. Para Ladislau Carpat, "o Registro Imobiliário dos contratos de locação tem a exclusiva finalidade de garantir o locatário contra o adquirente de imóvel, nos casos em que há a cláusula de vigência do contrato, mesmo em casos de alienação[4]".

Por último, é importante frisar a importância da intervenção do Estado nas relações locativas, contudo, com extremo cuidado. Visto que leis excessivamente protetoras aos locadores, podem causar injustiças sociais o que, consequentemente, motiva a uma nova atuação do Estado a fim de alcançar o reequilíbrio Social.[5]

II. DISTINÇÃO ENTRE LOCAÇÃO E LOCAÇÃO FINANCEIRA

Antes de iniciar o estudo relativo à locação operacional, é importante fazer uma caracterização e distinção de locação pura e locação financeira, a fim de melhor compreender esta pragmática da locação operacional (Renting).

---

[2] KARPAT, Ladislau. *Locação e Aluguéis em Shopping Centers*. São Paulo: Editora Universitária de Direito, 1997. p. 25.

[3] Ibidem. p. 25.

[4] KARPAT, Ladislau.. *Locação e ....* p. 20.

[5] ALMEIDA, José Carlos Moitinho – A Locação Financeira (Leasing). Separata de: Boletim do Ministério da Justiça nº 230. Lisboa, 1973. p. 6-7.

A. Distinção Jurídica

Primeiramente, e fazendo uma distinção jurídica, podemos ver ínsito no artigo 1022º do Código Civil (C.C) a noção legal de locação simples, o qual define que "Locação é o contrato pelo qual uma das partes se obriga a proporcionar à outra o gozo temporário de uma coisa mediante retribuição". Já a locação financeira, com o decreto-lei nº 149/95 de 24 de Junho[6], dá-nos a definição do contrato em causa no seu artigo 1º, como podemos ver: "Locação Financeira é o contrato pelo qual uma das partes se obriga, mediante retribuição, a ceder à outra o gozo temporário de uma coisa, móvel ou imóvel, adquirida ou construída por indicação desta, e que o locatário poderá comprar, decorrido o período acordado, por um preço nele determinado ou determinável mediante simples aplicação dos critérios nele fixados." Assim, podemos afirmar que se chama locação financeira, visto que o locatário vai pagando o montante ao longo do tempo e no final do contrato tem a possibilidade de adquirir o bem.

Nestes termos, podemos observar que se tratam de contratos nominados, previstos e regulados no Direito privado. A lei, ao tipificar a sua definição, indica-nos também as suas características principais.[7]

B. Características do contrato de Locação e de Locação Financeira

O contrato de locação é caracterizado pelo facto de uma das partes obrigar-se a proporcionar à outra o gozo de uma coisa, assim a outra parte tem o direito de exigir esse mesmo gozo; por sua vez, esse gozo é temporário e à cedência desse gozo corresponde uma prestação da outra parte[8].

Com o artigo 1º do decreto-lei nº 1 149/95 podemos verificar que são acrescentadas à locação financeira algumas das características distintivas à base constituída pelo contrato de locação.[9] Neste âmbito, podemos verificar que estas características a mais quanto à locação são: o objeto do contrato é

---

[6] Instituído pela primeira vez pelo decreto-lei nº 171/79.

[7] CAMPOS, Diogo Leite – "Locação Financeira (Leasing) e Locação". *In: Revista da Ordem dos Advogados*, 2002.

[8] MARTINEZ, Pedro Romano – Direito das Obrigações (parte especial): Contratos. 2º Edição. Coimbra: Almedina, 2001. p. 159-160.

[9] CAMPOS, Diogo Leite- "Locação Financeira ... p. 759.

adquirido ou construído por indicação do locatário; contrariamente à locação pura o locatário pode adquirir a coisa decorrido o prazo acordado; por fim o preço deve ser determinado no contrato ou determinável mediante simples aplicação dos critérios nele fixados.[10]

Como iremos ver, e conforme salienta Fernando Gravato Morais[11], a locação financeira difere da locação clássica, visto que a obrigação de proporcionar o gozo da coisa, ínsito no artigo 1022º do CC, tem por sua vez um conteúdo diverso do dever de conceder o gozo do bem, conforme se pode constatar no artigo 1º do DL 149/95; já a duração do contrato envolve contornos peculiares na locação financeira, artigo 6/1 do DL 149/95, pois o prazo da locação financeira de coisas móveis não deve ultrapassar o que corresponde ao período presumível de utilização económica da coisa. No que concerne à retribuição, esta tem funções diversas numa e noutra hipótese: na locação corresponde a mera contrapartida do gozo que é proporcionado, já na locação financeira engloba outras vertentes, as rendas são prestações periódicas na locação, contudo, prestações fracionadas na locação financeira, já o conteúdo do direito de propriedade é essencialmente diverso, pois no caso do locador financeiro este não suporta os riscos intrínsecos a um verdadeiro proprietário, nomeadamente o da perda ou o de deterioração da coisa (artigo 15º do DL nº 149/95), salvo estipulação em contrário. No que respeita ao bem a adquirir ou a construir é indicado ou é escolhido pelo locatário financeiro. Finalmente, no termo do prazo contratual existe a faculdade do locatário comprar o bem locado, através do pagamento de um valor residual (conferir artigo 1º do Decreto-Lei nº 149/95[12]).

III. LOCAÇÃO OPERACIONAL – RENTING

A locação operacional, conhecida também como Renting, é uma figura jurídica relativamente próxima da locação financeira, contudo, não se confunde com esta.

---

[10] Idem. op. cit.

[11] MORAIS, Fernando Gravato – *Manual da Locação Financeira*. 2.ª edição. Almedina. 2011, págs. 61 e 62.

[12] MORAIS, Fernando Gravato- *Manual da Locação Financeira*. Almedina. 2006. p. 25-30.

Importa ter em conta que, na locação operacional, destaca-se a natureza específica da coisa locada, sendo que na maioria dos casos trata-se de móveis de natureza duradoura, tendencialmente com uma limitação de vida útil técnica.

Através do *supra* exposto, podemos concluir que a vida técnico-económica da coisa não se esgota no período de vigência do contrato, daí que a sua duração média seja de um a três anos, assim, com o termo do contrato, os bens, devolvidos ao locador, são novamente inseridos no mercado.

Como foi estabelecido pelo Tribunal da Relação de Lisboa, o Renting é um "negócio através do qual o produtor ou distribuidor de uma coisa, em regra estandardizada ou de elevada incorporação tecnológica, proporciona a outrem o seu gozo temporário, mediante remuneração, prestando também, em princípio e de modo acessório, determinados serviços, v.g., de manutenção do bem[13]"

Neste âmbito, há usualmente um conjunto de serviços acessórios a prestar pelo locador, ou até mesmo por alguém a este ligado, como por exemplo na circunstância de ser necessário a manutenção ou reparação da coisa locada. Ou seja, o locador, como é proprietário jurídico da coisa locada, suporta deste modo os riscos da sua perda ou deterioração, sendo que lhe compete a ele realizar as reparações necessárias à conservação do bem. Contrariamente ao que acontece na locação operacional, na locação financeira o locatário financeiro tem de manter e conservar o bem, cabe a este o risco da perda ou deterioração da coisa e suportar os respetivos custos[14], como podemos ver ínsito nos artigos 10º, nº1, alíneas e), f) e j) do Decreto-Lei nº 149/95.

No Renting, o montante a pagar periodicamente pelo utilizador, do bem locado, está relacionado com o gozo do bem e com a prestação dos serviços anteriormente mencionados, sendo que, em princípio, não cobre o valor da aquisição do bem locado, pago pelo locador. Por exemplo, se uma pessoa quiser usufruir de um Ferrari, contudo não tem dinheiro para o adquirir, mas sim dinheiro para realizar um contrato de renting sobre o mesmo, durante 3 anos, assim o pode fazer, e o valor final das prestações pagas pelo locatário não irá cobrir o valor de aquisição do Ferrari pago pelo locador.

---

[13] Ac. TRL, de 07-06-2016, proc. 1449/14.7JLSB.L1-7.

[14] CAMPOS, Diogo Leite- A Locação Financeira. Lisboa: LEX Edições jurídicas 1994. P. 23-27.

Não olvidar que, normalmente, o locatário pode denunciar o contrato no momento que desejar, desde que, por sua vez, respeite o prazo de pré-aviso fixado; se não o fizer, deve restituir o bem locado no termo do contrato ou prorrogar a sua vigência.[15]

É importante mencionar que tanto a locação financeira, como a locação operacional, são ambas figuras inconfundíveis com a locação ordinária ou até com o aluguer de longa duração (ALD), mesmo que seja reconhecida a existência de afinidade entre estas três figuras jurídicas.[16]

Como é salientado no Acórdão do Tribunal da Relação de Lisboa de 14/09/2021, a especificidade do bem locado, quer pelas suas características técnicas, quer pelo seu valor, afigura-se possível enquadrar o negócio gizado entre as partes na figura atípica da locação operacional, que se reporta a um tipo de locação em que sobressai[17] "[...] a específica natureza da coisa locada, dado que, na maior parte dos casos, se trata de bens móveis de natureza duradoura, com a particularidade de terem tendencialmente uma longa obsolescência técnica. Isto significa que a vida técnico-económica da coisa não se esgota no período de vigência do contrato, daí que a sua duração média seja de um a três anos, a fim de que, no seu termo, os bens, restituídos ao locador, sejam novamente colocados no mercado.

Por outro lado, neste tipo contratual há usualmente um conjunto de serviços acessórios a prestar pelo locador ou por alguém a ele ligado (v.g. manutenção ou reparação da coisa ou assistência técnica). Além disso, o valor a pagar periodicamente pelo utilizador encontra-se relacionado, por um lado, com o gozo do bem e, por outro, com a prestação dos mencionados serviços, sendo que, em princípio, não cobre o preço da aquisição do bem locado, pago pelo locador.

Acresce que, em regra, o locatário pode denunciar o contrato a qualquer momento, desde que respeite o prazo de "pré-aviso" fixado e, se o não fizer, deve restituir a coisa locada no termo do contrato, ou prorrogar a sua vigência. Não lhe assiste, porém, a opção de compra do bem locado[18]."

Neste âmbito, podemos verificar que esta locação distingue-se da locação financeira, pois o prazo do contrato abrange grande parte da vida útil do bem

---

[15] Ac. TRL, de 07-06-2016, proc. 1449/14.7JLSB.L1-7.

[16] Ac. TRL, de 07-06-2016, proc. 1449/14.7JLSB.L1-7.

[17] Ac. TRL, de 14-09-2021, proc. 5769/21.6T8LSB.L1-A-7.

[18] Idem. op. cit.

e a renda destina-se a cobrir os montantes pagos pelo locador com a aquisição do bem, como também o proveito que este pretende obter com o negócio e onde existe sempre a opção de aquisição da coisa locada no termo do contrato, pelo locatário, através de um pagamento de um valor residual.

Não estando em causa uma locação financeira, importa reter que não se trata de uma simples locação. Apesar de ter afinidade com esta, surge antes como um contrato atípico cujo regime jurídico deve ser delineado pelas cláusulas acordadas entre as partes e pelas normas gerais do Código Civil, com as adaptações necessárias, pelas normas da locação, tipificadas nos artigos 1022º e seguintes do C.C.[19]

"Na locação operacional a relação jurídica constituída tem uma estrutura meramente bilateral. Deve ainda realçar-se a específica natureza da coisa locada. Com efeito, trata-se, na maior parte, de bens móveis de natureza duradoura, com a particularidade de terem tendencialmente uma longa obsolescência técnica. Isto significa que a vida técnico-económica da coisa não se esgota no período de vigência do contrato. A duração média do contrato é de um a três anos. Aliás, no seu termo, os bens restituídos ao locador são novamente recolocados por este no mercado. [...] há um conjunto de serviços acessórios normalmente acoplados à locação operacional. Estamos a referir-nos aos serviços de manutenção ou de reparação da coisa e até de assistência técnica a efectuar por terceiros ligados ao locador. No entanto, é este que assume tais obrigações colaterais. O valor a pagar periodicamente pelo utilizador encontra-se relacionado, por um lado, com o gozo do bem e, por outro, com a prestação dos mencionados serviços. Não cobre, em princípio, o preço da aquisição pago pelo locador. [...] Para o locatário operacional, a coisa que utiliza mostra-se fundamental para o adequado funcionamento da sua actividade económico – empresarial. É usualmente uma operação privilegiada para a incorporação de tecnologia avançada na empresa. [...] o locador operacional suporta um duplo risco: o da obsolescência técnica e financeira da coisa e o inerente à propriedade do bem. [...] Caso o locatário tenha interesse na utilização de um novo bem, exclui-se a via da prorrogação contratual. Nesta situação, aplica-se o regime geral: o locador, porque proprietário (jurídico e económico), suporta o risco de perda ou de deterioração da

[19] Neste sentido, ver ATRL de 13-10-2015, relatora Maria do Rosário Morgado, proc. n.º 383/13.7TJLSB.L1-7; e de 26-06-2008, relator Granja da Fonseca, proc. n.º 3513/2008-6.

coisa. Este tipo de locação apresenta similitudes claras com a locação ordinária."[20]

Face aos factos relatados, mas transportando ainda a aplicabilidade das regras do contrato de aluguer de viatura automóvel sem condutor, compreenda-se que o "[...] negócio atípico comummente designado como de aluguer operacional, ou de locação operacional (operating leasing), o qual, como refere Carlos Ferreira de Almeida, caracteriza-se essencialmente em termos negativos e em contraponto aos contratos de locação financeira, por o locador não ter a natureza de entidade financeira, a renda não se incorporar em parcela de amortização, e não dispor o locatário da opção de compra, e, em termos positivos, por se qualificar no direito português como um contrato de aluguer, com uma eventual componente adicional de prestação de serviços.

[...] como resulta de resto do preceituado nos art.ºs 405º e 406º ambos do Código Civil, ao mesmo serão antes de mais aplicáveis as cláusulas nele estipuladas pelas partes, desde que não contrárias a disposições legais imperativas, e, na sua ausência, as disposições legais do contrato típico referência, ou seja, do contrato de aluguer de viatura automóvel sem condutor, previsto no DL n.º 354/86, de 23/10, ou ainda, e subsidiariamente a este último, as do contrato de locação, previsto nos artigos 1022º e seguintes do Código Civil [...]"[21]

Exposto isto, conclui o acórdão que na locação operacional aplicam-se primeiramente as cláusulas acordadas entre as partes, depois as normas da locação previstas no artigo 1022º e seguintes do Código Civil, com as devidas adaptações e as regras gerais de Direito Civil.

Contudo, podemos ver que não é claro qual o regime jurídico aplicável aos contratos de locação operacional, pois possui afinidade com outos tipos contratuais e por vezes são-lhe aplicadas normas de regimes jurídicos contratuais diversos.

Face à relevância que este tipo contratual já tem em Portugal, parece evidente que o legislador português terá, a breve prazo, de tomar a opção de autonomizar este tipo contratual.

---

[20] Ac. TRL, de 14-09-2021, proc. 5769/21.6T8LSB.L1-A-7.

[21] Ac. TRL de 23-11-2010, proc. n.º 2357/08.6TJLSB.L1-1.

A. Classificação do contrato de Locação Operacional – Renting

No que concerne à classificação deste contrato, é importante mencionar que estamos, de facto, perante um contrato: (i) bilateral, visto que há duas ou mais declarações de vontade, de conteúdo oposto, e porque produz efeitos para ambas as partes; (ii) sinalagmático, e aqui o sinalagma é a relação entre a obrigação de pagar o preço e a obrigação de entregar a coisa, com transmissão da propriedade[22]; (iii) oneroso, pois existe vantagens e ónus para ambas as partes; (iv) é um contrato consensual, visto que se forma com um simples acordo de vontades, de ambas as partes; (v) é também um contrato de execução sucessiva, pois o cumprimento das obrigações é protraído no tempo; (vi) e, por fim, é um contrato civil, sendo que se caracteriza pela onerosidade e incide sobre bens móveis.[23]

É importante mencionar que estamos, de facto, perante um contrato misto e atípico[24], que contém aspetos de dois contratos, por sua vez, típicos, passo a citar: "O contrato de renting pode ter consigo uma função acessória de financiamento o que nos permite deduzir que o renting configura um tipo contratual misto, ou seja, que congrega elementos de mais do que um contrato típico, afirmando-se, outrossim, como um negócio jurídico autónomo[25]."

Sucede que o regime deste contrato não se encontra legalmente tipificado e rege-se pelas normas clausuladas entre as partes, os contraentes, e supletivamente pelas normas do C.C[26], que consagram normas gerais, e ainda, com as adaptações necessárias, pelas normas de locação, previstas nos artigos 1022º e ss., do C.C.

"O contrato de renting ou contrato de aluguer de veículo automóvel sem condutor, é um contrato de aluguer, de natureza especial, a que são aplicáveis

---

[22] No contrato de locação, que inclui o arrendamento e o aluguer, o sinalagma estabelece-se entre a atribuição de disponibilização da coisa locada durante um certo período e a obrigação de pagar a renda ou aluguer.

[23] VASCONCELOS, Pedro Pais de – *Teoria Geral do Direito Civil.* 7º Edição. Almedina. 2012, p. 375-388.

[24] Ibidem. p. 457-459.

[25] RIBEIRO, Hugo Miguel Freitas – *O Contrato de Renting na Ordem Jurídica Portuguesa.* Universidade de Coimbra. 2018. Trabalho científico para a obtenção do título e Mestre em Direito, especialidade em ciências Jurídico-Forenses. p. 4.

[26] ALVES, Luís, OLIVEIRA, Adriana e REGALO João – *O papel de Leasing, Renting e Factoring enquanto instrumentos financeiros para a indústria 4.0.* 2017. Trabalho projeto da Unidade Curricular de Dinâmicas sectoriais.

as normas gerais do contrato de locação, as disposições gerais dos contratos e as cláusulas estabelecidas pelos contraentes, ao abrigo do princípio da liberdade contratual, que não estiverem em contradição com aquelas, quando de ordem imperativa."[27]

Através do exposto, é fundamental ter em atenção a norma consagrada no artigo 405º do C.C., na qual podemos verificar o reconhecimento da liberdade de contratar, designadamente da liberdade de estipulação, que se insere no âmbito da matéria a retratar. Assim, o princípio da liberdade contratual é uma aplicação da regra da liberdade negocial, sendo ambos um corolário do princípio da autonomia privada, tendo como limites o disposto no artigo 280º do C.C.[28] Nestes termos, também podemos observar a admissibilidade da liberdade de combinação de tipos, ou seja, contratos mistos, sendo a locação operacional exemplo disso, este funde regras próprias de dois contratos, o contrato de locação pura e o contrato de locação financeira, como podemos ver ínsito no artigo 405º, nº 2, "As partes podem ainda reunir no mesmo contrato regras de dois ou mais negócios, total ou parcialmente regulados na lei.".

Relativamente aos problemas levantados acerca do regime dos contratos mistos e as respostas que a doutrina lhes tem dado, como a teoria da absorção, teoria da combinação e a teoria da aplicação analógica, vejam-se Galvão Telles, *Manual dos contratos em geral,* 3º ed., pg. 392 e ss; Antunes Varela, *Contratos mistos* (separata do "Bol. Da Fac. De Direito de Coimbra", vol. XLIV) e das *Obrigações em geral,* cit., vol. I, nº 65 e ss.

IV. PROBLEMÁTICA DA AQUISIÇÃO DO BEM E RENTING DE BENS MÓVEIS

A. Problemática da aquisição do bem

Como sabemos, na locação financeira existe a possibilidade da aquisição do bem por parte do locatário, findo o contrato, tal como resulta da lei[29] (artigo 1º do DL 149/95 de 24/6).

---

[27] Ac. TRG de 11-07-2013, proc. Nº 7174/08.0TBBRG-A.G1.

[28] VASCONCELOS, Pedro Pais de- *Teoria Geral ...*, pp. 348-366.

[29] CAMPOS, Diogo Leite – Locação Financeira (Leasing).

Nos contratos de locação operacional, em regra tal opção não está prevista. Contudo, nada impede que contratualmente as partes estipulem essa opção de compra.

Tem de se ter em conta o disposto no artigo 405º do C.C., que admite a liberdade contratual, ou seja, desde que as partes estipulem no contrato que haja uma possibilidade de aquisição por parte do locatário findo o contrato, é então admissível tal aquisição.

Tal não põe em causa os requisitos do objeto negocial (artigo 280 do C.C.).[30]

Assim, na locação financeira tal opção de compra resulta da lei e na locação operacional pode ser estipulada contratualmente.[31] Neste sentido, veja-se o Acórdão do Tribunal da Relação de Lisboa de 10-05-2022, processo nº 679/22.2T8TVD.L1-7.

Como já se salientou face à relevância que este tipo contratual já tem em Portugal, parece necessário que o legislador terá de tomar a opção de autonomizar este tipo contratual com regras claras e precisas.

B. Pode existir locação operacional de bens imóveis?

Na maioria dos casos a locação operacional versa sobre coisas móveis de natureza duradoura, tendencialmente com uma limitação de vida útil técnica.

Dispõe o art. 1023 do C.C. que: "A locação diz-se arrendamento quando versa sobre coisa imóvel, aluguer quando incide sobre coisa móvel."

Por outro lado, dispõe o artigo nº 1 do D.L. 149/95 de 24/6 que: "Locação financeira é o contrato pelo qual uma das partes se obriga, mediante retribuição, a ceder à outra o gozo temporário de uma coisa, móvel ou imóvel, adquirida ou construída por indicação desta, e que o locatário poderá comprar, decorrido o período acordado, por um preço nele determinado ou determinável mediante simples aplicação dos critérios nele fixados."

Ou seja, tanto na locação pura como na locação financeira o contrato pode versar sobre coisas imóveis. Assim, com base nos artigos 405º nº 1 do C.C. (Liberdade contratual) e 280º do mesmo diploma legal, nada obsta a que

[30] VASCONCELOS, Pedro Pais de – *Teoria Geral ...*, p. 348- 366.

[31] MORAIS, Fernando Gravato – *Manual da Locação Financeira*. Almedina. 2006. p. 47-49.

a locação operacional verse sobre coisas imóveis, com opção de compra ou não. Tudo depende da vontade das partes, da situação do mercado atual e das perspetivas da futura evolução do mesmo.

A situação pessoal do locatário pode determinar, por exemplo, que seja mais vantajoso para si pagar uma renda fixa, sem custos de manutenção, do que a aquisição do bem (ou seja sem opção de compra). Por outro lado, para o locador também pode ser vantajoso, porque no final do contrato, mesmo que seja de médio /longo prazo, o bem imóvel não perdeu certamente valor comercial, antes pelo contrário (basta pensar no mercado dos imóveis na cidade de Lisboa).

Deste modo, neste tipo de contratos tem de se ter em atenção que a coisa locada tendencialmente não desvaloriza com a sua utilização (ao contrário dos casos em que a locação operacional versa sobre coisas móveis), o que pode ter reflexos no valor da renda fixa a pagar pelo locatário, caso não se estipule a opção de compra.

Ou seja, o locador não está a perder dinheiro, o imóvel está a valorizar e ainda recebe uma renda do locatário.

V. DISTINÇÃO ENTRE LOCAÇÃO OPERACIONAL, LOCAÇÃO FINANCEIRA E LOCAÇÃO PURA

O contrato de locação operacional (Renting), tal como a locação pura, é um contrato temporário, mas distingue-se da locação, pelo facto de, neste caso, o utilizador pretender apenas o uso do bem para tarefas muito definidas, tais como, o aluguer de um automóvel para um curto período de tempo (férias), e afasta-se da locação financeira por não haver, à partida, qualquer tipo de promessa ou de compra e venda no final do contrato.[32] O locatário-utilizador, com este contrato de renting, pretende utilizar o bem de modo transitório, pois apenas necessita dele para uma determinada tarefa e, cumpridos os objetivos pretendidos, o bem deixa de lhe ser útil[33]. Assim, o locatário, como não tem mais interesse no bem, deve ter como propósito a restituição ao locador, cabendo a este suportar todos as despesas inerentes em caso de reparação ou até de substituição da coisa, caso se torne necessário.

---

[32] MORAIS, Fernando Gravato – *Manual da Locação Financeira*. Almedina. 2006. p. 46.

[33] Idem. op. cit.

Podemos, a título de exemplo de um contrato de renting, assinalar o aluguer de um automóvel para umas férias num determinado período ou o aluguer de um camião para transportar uma certa mercadoria de um local para outro local. Durante a vigência destes contratos, todos os riscos que poderão surgir correm sempre por conta do locador, é a ele que compete todas as despesas. [34]

Verifica-se também outra diferença entre locação pura e locação operacional, mencionada anteriormente, no que consta à necessidade da utilização do bem em si, por exemplo, o aluguer de uns patins por um dia ou até mesmo um aluguer de um automóvel por três dias, aqui o objetivo é o aluguer em si e não a prestação de serviços, ao contrário da locação operacional em que há uma necessidade duradoura de utilização[35].

No caso da locação, a renda corresponde ao valor devido pelo uso do bem alugado ou arrendado sendo neste caso igual ao renting, onde se paga apenas pela sua utilização do bem. Porém, no arrendamento não há opção de compra, ou seja, distingue-se da locação financeira e da locação operacional visto que estas têm opção de compra, logo tanto o locatário como o locador saem a "ganhar" com a opção de compra. Exposto isto, no renting para além do contrato feito sobre o imóvel pode ser feito também o renting dos móveis que estão no imóvel, sendo que não há despesas de qualquer manutenção. Com uma renda fixa pago tudo, já no contrato de arrendamento isto não se verifica.

Fazendo agora uma pequena distinção entre locação operacional (renting) e locação financeira, podemos constatar que, primeiramente, relativamente às despesas de serviços acessórios e manutenção e reparação da coisa locada no renting cabe ao locador, contudo na locação financeira cabe ao locatário financeiro[36]. Por outro lado, como já foi referido, uma outra diferença é que na locação financeira há possibilidade legal de aquisição do bem findo o contrato[37], contudo na locação operacional em princípio não se verifica qualquer perspetiva de aquisição do bem, a menos que contratualmente o

[34] MORAIS, Fernando Gravato – *Manual da Locação Financeira*. Almedina. 2006. p. 47.

[35] Ibidem, p. 44-47.

[36] CAMPOS, Diogo Leite – A Locação Financeira. Lisboa: LEX Edições jurídicas 1994. p. 23-27

[37] NETO, Correia dos Santos – Contrato de locação Financeira. Instituições parabancárias. Coimbra Editora, 1986. p. 19.

mesmo fique estipulado[38]. É relevante mencionar também que, na locação financeira, existe uma supervisão feita por parte do Banco Central de Portugal, neste caso uma supervisão comportamental, a fim de regular/fiscalizar possíveis ilícitos ou comportamentos que não sejam adequados. Assim, as pessoas que tenham feito um contrato de leasing de certa forma têm a quem fazer queixa, já na locação operacional o mesmo não se verifica sendo mais difícil para as pessoas "queixarem-se" quando alguma coisa não corre como devido.

Aprofundando um pouco relativamente à matéria de supervisão, supervisão vai ser exatamente um relacionamento que existe entre o regulador (que é o banco central de Portugal) e as outras instituições bancárias. Basta que sejam qualificadas como instituições bancárias que ficam sujeitas à supervisão do Banco de Portugal. O diploma que impõe estas normas é o Regime geral das instituições de crédito e sociedades financeiras, RGICSR. No que concerne à supervisão comportamental (sendo que existem três tipos de supervisão: supervisão geral artigos 116º e ss; supervisão comportamental artigos 73º e ss; supervisão prudencial artigos 94º e ss, todos do RGICSR), como podemos verificar pelo nome, esta está relacionada com os comportamentos das instituições face aos clientes e face aos concorrentes.

CONCLUSÃO

Em suma, o contrato de locação operacional (renting) é um contrato usual na atividade comercial, principalmente nas empresas que não querem correr riscos e querem ter despesas fixas, assim, estas empresas optam normalmente por esta figura jurídica, por ex: empresas no início da sua atividade.

Exposto isto, tem de se ter especial atenção no que concerne às necessidades das pessoas, pois as mesmas querem ter sempre um bem novo com tecnologia nova e atualizada, normalmente sem aquisição de bem, daí o contrato ter uma duração média, há uma necessidade "duradoura" de ter aquele bem e tecnologicamente atualizado. Logo, quando acaba o contrato o locatário pode optar por outro bem mais tecnologicamente evoluído e atualizado.

---

[38] MORAIS, Fernando Gravato – *Manual da Locação Financeira*. Almedina. 2006. p. 47-49.

Contudo, é relevante o tipo de bem como foi referido ao longo do trabalho, visto que há um tipo de máquinas industriais que mesmo tecnologicamente evoluídas têm uma vida muito mais longa e a opção de compra pode ser mais rentável, sendo que a opção de compra, findo o contrato, é uma hipótese neste tipo de contrato, se estiver contratualmente estabelecido.

Ou seja, tudo depende da necessidade do locatário e do bem em questão.

Podemos concluir que este contrato é um contrato que suscita por vezes bastante dúvidas, especialmente na jurisprudência, devido à sua classificação como um contrato atípico e misto, sendo que, face à relevância que tem em Portugal, parece necessário que o legislador tome a opção de autonomizar, tipificando este tipo contratual com regras claras e precisas.

FONTES

Bibliografia

ALMEIDA, José Carlos Moitinho – A Locação Financeira (Leasing). Separata de: Boletim do Ministério da Justiça nº 230. Lisboa, 1973.

ALVES, Luís, OLIVEIRA, Adriana e REGALO João – O papel de Leasing, Renting e Factoring enquanto instrumentos financeiros para a indústria 4.0. 2017. Trabalho projeto da Unidade Curricular de Dinâmicas sectoriais. (consultado a 11 de janeiro de 2022) Disponível em: http://www.alf.pt/media/1116/dinamicas_alf-2017_final.pdf

CAMPOS, Diogo Leite

– A Locação Financeira. Lisboa: LEX Edições jurídicas.

– A locação financeira. Lisboa: AAFDL, 2012. ISNB: 353072/12.

– Locação Financeira (Leasing) e Locação. *In: Revista da Ordem dos Advogados*, 2002. (consultado a 5 de janeiro de 2022) Disponivél em: https://portal.oa.pt/publicacoes/revista-da-ordem-dos-advogados-roa/ano-2002/ano-62-vol-iii-dez-2002/artigos-doutrinais/diogo-leite-de-campos-locacao-financeira-leasing-e-locacao/

MARTINEZ, Pedro Romano – Direito das Obrigações (parte especial): Contratos. 2º Edição. Coimbra: Almedina, 2001. ISNB 165579/01.

MORAIS, Fernando Gravato – *Manual da Locação Financeira*. Almedina. 2006.

NETO, Correia dos Santos – Contrato de locação Financeira. Instituições parabancárias. Coimbra Editora, 1986.

RIBEIRO, Hugo Miguel Freitas – *O Contrato de Renting na Ordem Jurídica Portuguesa*. Universidade de Coimbra. 2018. Trabalho científico para a obtenção do título e Mestre em Direito, especialidade em ciências Jurídico-Forenses. Disponível em: https://eg.uc.pt/handle/10316/85915

VASCONCELOS, Pedro Pais de – Teoria Geral do Direito Civil. 7º Edição. Almedina. 2012.

Fontes Documentais

Acórdão do Tribunal de Contas, de 21-01-2011, processo nº 1022/2010.

Acórdão do Tribunal da Relação de Lisboa, de 07-06-2016, processo nº 1449/14.7JLSB.L1-7.

Acórdão do Tribunal da Relação de Lisboa, de 14-09-2021, processo nº 5769/21.6T8LSB.L1-A-7

Acórdão do Tribunal da Relação de Lisboa, de 13-10-2015, processo n.º 383/13.7TJLSB.L1-7.

Acórdão do Tribunal da Relação de Lisboa de 26-06-2008, processo n.º 3513/2008-6.

Acórdão do Tribunal da Relação de Lisboa de 23-11-2010, processo n.º 2357/08.6TJLSB.L1-1.

Acórdão do Tribunal da Relação de Guimarães de 11-07-2013, processo nº 7174/08.0TBBRG-A.G1.

Acórdão do Tribunal da Relação de Lisboa de 10-05-2022, processo nº 679/22.2T8TVD.L1-7.

Legislação

Decreto-lei nº149/95 de 24 de Junho